本縁部 4

法句経

引田弘道　校註

大蔵出版

目次

巻　下

凡例

一、底本について

底本は、『大正新脩大蔵経』四巻、五五九―五七五頁とし、その所在は各頁各段ごとに、当該行の上の頭註欄に表示する。

二、漢訳の書き下しについて

（1）書き下し文の仮名遣いなどについて

（a）原文にある漢字は、原則として省略しないようにする。例えば、「有り」「無し」「而して」など。

（b）ただし、名詞に直ちに続く「従り」は「より」、「…者」は「…とは」などとする。

（c）また、「亦復」などのように、漢字をそのまま残して「亦復《ま》た」のようにルビを付した場合もある。

（d）送り仮名の敬語は原則として用いない。ただし、帰敬偈などは例外とした。

（e）主格を示す古文の「の」は、意味を明瞭にするために、現代語の「が」で訓じた場合もある。

（f）ルビにはなるべく漢音か、または読みやすくするために訓読みを付し、仏教専門用語と考えられる場合にのみ呉音を付した。

（2）補足

〔　〕は、原文にはないが補足したものであることを示す。

（3）頭註及び補註について

（a）書き下し文横に付した「一」「二」などの数字は頭註、「＊」印は補註を示す。
（b）引用経典などの出典については、漢訳阿含経などは略語の経典名とその巻数、さらに『大正新脩大蔵経』の当該箇所（頁数と段数）を示し、パーリのニカーヤは、PTS（Pali Text Society）の当該箇所（各ニカーヤの頭文字と、巻数と頁数、例えば、SN II. 263 は SN の第二巻の二六三頁）を示す。ただし、Ud と Itv は章数と偈数とを示す。
（c）各偈との対応一覧は、Dhp を中心とした水野［一九九一］と、『出曜経』を中心とした水野［一九八一］三九四―四六九頁を参照。ただし『法句』と関係の深い、Dhp, GDhp, PDhp, Uv、『法喩』、『出曜』、『法集』は必要上、常に参照のため列挙した。さらに水野博士に列挙されていない対応偈や、特に関係あると思われるものは補註に挙げた。
（d）『出曜』と『法集』の偈の番号は水野［一九八一］に従う。

三、略符号は次の通りである。

(大)……『大正新脩大蔵経』
国一……『国訳一切経』
国大……『国訳大蔵経』
P　……パーリ語を示す
S　……サンスクリット語を示す
G　……ガンダーラ語を示す
BSk……仏教梵語を示す

（1）一次資料

〔漢訳仏典〕

『有部薬事』『根本説一切有部毘奈耶薬事』（大正二四巻）

『央掘』『央掘摩羅経』（大正二巻）

『戒徳』『仏説戒徳香経』（大正二巻）

『義足』『義足経』（大正四巻）

『旧婆沙』『阿毘曇毘婆沙論』（大正二八巻）

『解脱道』『解脱道論』（大正三二巻）

『坐禅』『坐禅三昧経』（大正一五巻）

『四分』『四分律』（大正二二巻）

『四分戒』『四分律比丘戒本』（大正二二巻）

『十誦戒』『十誦比丘波羅提木叉戒本』（大正二三巻）

『出三』『出三蔵記集』（大正五五巻）

『出曜』『出曜経』（大正四巻）

『長含』『長阿含経』（大正一巻）

『僧祇』『摩訶僧祇律』（大正二二巻）

『僧祇戒』『摩訶僧祇律大比丘戒本』（大正二二巻）

『増一』『増一阿含経』（大正二巻）

『雑含』『雑阿含経』（大正二巻）

『大婆沙』『阿毘達磨大毘婆沙論』（大正二七巻）
『智度』『大智度論』（大正二五巻）
『中含』『中阿含経』（大正一巻）
『中本起』『中本起経』（大正四巻）
『仏本行集』『仏本行集経』（大正三巻）
『別雑』『別訳雑阿含経』（大正二巻）
『法集』『法集要頌経』（大正四巻）
『法喩』『法句譬喩経』（大正四巻）
『法句』『法句経』（大正四巻）
『法華』『妙法蓮華経』（大正九巻）
『発智』『阿毘達磨発智論』（大正二六巻）
『本事』『本事経』（大正一七巻）
『瑜伽』『瑜伽師地論』（大正三〇巻）
〔その他〕
『梵和』『梵和大辞典』 鈴木学術財団
〔パーリ語、サンスクリット語文献〕
Abhdīp : Abhidharmadipa with Vibhāṣāprabhāvṛtti, ed. by P. S. Jaini, Kashi Prasad Jayaswal Research Institute, Patna, 1977.
Abhdb : Abhidharmakośabhāṣyam, ed. by P. Pradhan, K. P. Jayaswal Research Institute, Patna, (1967) 2nd

edition, 1975.

Abhdv : Abhidharmakośavyākhyā, ed. by U. Wogihara, Sankibo Buddhist Book Store, Tokyo, reprint, 1971.

AN : Aṅguttara Nikāya, 5 vols., ed. by R. Morris (vol.1-2) and E. Hardy (vol.3-5), PTS, (1885-1900) 1961-1979.

Dhp : Dhammapada, ed. by O. von Hinüber and K. R. Norman, PTS, Oxford, 1994.

DhpA : Dhammapada-atthakathā (The Commentary on the Dhammapada). 4 vols., ed. by H. C. Norman, PTS, (1906) 1970.

Divy : The Divyāvadāna. A Collection of Early Buddhist Legends, ed. by E. B. Cowell and R. A. Neil, Amsterdam, (1886) 1970.

DN : Dīgha Nikāya, 3 vols., ed. by T. W. Rhys Davids and J. E. Carpenter, PTS, (1890,1903,1911) 1967,1982,1976.

GDhp : The Gāndhārī Dharmapada, ed. by J. Brough. London Oriental Series, 7, London, 1962.

Itv : Itivuttaka, ed. by E. Windisch, PTS, (1889) 1975.

J : Jātaka, ed. by V. Fausbøll, 6 vols., PTS, (1877-1896) 1962-1964.

ManuS : Manusmṛti. The Kashi Sanskrit Series, 114.

MBh : Mahābhārata, critical edition, Poona.

Mil : The Milindapañho, ed. by V. Trenckner, PTS, (1880) 1962.

MN : Majjhima Nikāya, 3 vols., ed. by V. Trenckner (vol.1) and R. Chalmers (vol.2-3), PTS, (1888,

1896,1899) 1979,1977.

Mv: Le Mahāvastu, ed. by É. Senart, 3 vols., Paris, 1882-1897.

Netti: The Netti-pakaraṇa, ed. by E. Hardy, PTS, (1902)1961.

Nidd I: Mahāniddesa, ed. by L. de la Vallée Poussin and E. J. Thomas, PTS, (1916) 1978.

Nidd II: Cullaniddesa, ed. by W. Stede, PTS, (1918) 1988.

PDhp: Patna Dharmapada, ed. by M. Cone, *Journal of the Pali Text Society*, 13 (1989), pp. 101-217.

Prāt Mā: The Prātimokṣasūtra of the Mahāsāṅghikās, ed. by W. Pachow and R. Mishra, Allahabad, 1956.

SN: Saṃyutta-Nikāya, 5 vols., ed. by L. Feer, PTS, (1884-1898)1970-1976.

スバシ写本、中谷英明『スバシ写本の研究』人文書院、一九八八、一九三―二九二頁。

Sn: Suttanipāta, ed. by D. Andersen and H. Smith, PTS, (1913)1965.

Thag: Thera-and Therī-gāthā, ed. by H. Oldenberg and R. Pischel, PTS, (1883)1966.

Thīg: Therī-gāthā. See Thag.

Ud: Udāna, ed. by P. Steinthal, PTS, (1885)1982.

UdA: Paramattha-dīpanī. Udānaṭṭhakathā (Udāna Commentary), ed. by F. L. Woodward, PTS, (1926) 1977.

Uv: Udānavarga, herausgegeben von F. Bernhard, Band I. Sanskrittexte aus den Turfanfunden, 10. Abhandlungen der Akademie der Wissenschaften in Göttingen, Ph.-Hi. Klasse, Dritte Folge, 54, Göttingen, 1965.

Vin: Vinaya Piṭakaṃ, 5 vols., ed. by H. Oldenberg, PTS, (1879-1883) 1964.

（2）二次資料

Beal, S.

1878: *Dhammapada with Accompanying Narratives, translated from the Chinese*, Varanasi, 3rd edition 1971.

Bernhard, F.

1965: See Uv.

Bollée, W. B.

1983: *Reverse Index of the Dhammapada, Suttanipāta, Theragāthā and Therīgāthā Pādas with Parallels from the Āyāraṅga, Sūyagaḍa, Uttarajjhāyā, Dasaveyāliya and Isibhāsiyāiṃ*. Studien zur Indologie und Iranistik, Monographie 8, Reinbek.

Brough, J.

1962: *The Gāndhārī Dharmapada*. London Oriental Series, 7, London.

Cone, M.

1989: See PDhp.

Dhammajoti, Bhikkhu Kuala Lumpur

1995: *The Chinese Version of Dharmapada, translated with introduction and annotations*. Postgraduate Institute of Pali and Buddhist Studies, University of Kelaniya.

Enomoto, Fumio（榎本文雄）

一九八〇、「Udānavarga 諸本と雑阿含経、別訳雑阿含経、中阿含経の部派帰属」『印度学仏教学研究』第二八巻第二号、九三二—九三三頁。

一九八一、「仏教における三明（tisso vijjā）の成立」『印度学仏教学研究』第二九巻第二号、九三六―九三九頁。

一九八二、「雑阿含1299経と1329経をめぐって――Gāndhārī Dharmapada 343-344 と Turfan 出土梵文写本NO. 50の同定とMahābhārata 13.132の成立――」『印度学仏教学研究』第三〇巻第二号、九五七―九六三頁。

一九八二(1)、「初期仏典における三明の展開」『仏教研究』第一二号、六三―八一頁。

1989：“Śarīrārthagāthā：A Collection of Canonical Verses in the Yogācārabhūmi, Pt.1：Text,” *Sanskrit-Texte aus dem buddhistischen Kanon：Neuentdeckungen und Neueditionen*, 1 (*Sanskrit-Wörterbuch der buddhistischen Texte aus den Turfan-Funden*, Beiheft 2), Göttingen, pp. 17-35.

藤田宏達

一九八六、「ダンマパダ（真理のことば）」『ブッダの詩Ⅰ』（原始仏典七）講談社。

一九八七、「『ダンマパダ』覚え書」『高崎直道博士還暦記念論集・インド学仏教学論集』春秋社、一六五―一八一頁。

Karlgren, Bernhard

1957：*Grammata Serica Recensa*, reprinted from *the Museum of Far Eastern Antiquities*, Bulletion 29, Stockholm.

辛嶋静志

一九九八、『正法華経詞典』*A Glossary of Dharmarakṣa's Translation of the Lotus Sutra*, 創価大学・国際仏教学高等研究所。

Lévi, S.

1912: "L'Apramāda-varga. Étude sur les recensions des Dharmapadas," *Journal Asiatique*, pp. 203-294.

Lüders, H.

1954: *Beobachtungen über die Sprache des buddhistischen Urkanons.* Abhandlungen der deutschen Akademie der Wissenschaften zu Berlin, Berlin.

中谷英明

一九八八、『スバシ写本の研究』人文書院。

水野弘元

一九八一、『法句経の研究』春秋社。

一九九一、「『パーリ法句経』偈の対応表」『仏教研究』第二〇号、一—五〇頁。

一九九二、「『パーリ法句経』偈の対応表——追加訂正表」『仏教研究』第二一号、一三三頁。

中村　元

一九七八、『ブッダの真理のことば、感興のことば』岩波文庫。

一九八四、『ブッダのことば、スッタニパータ』岩波文庫。

Norman, K. R.

1997: *The Word of the Doctrine* (*Dhammapada*), PTS, Oxford.

Matsumura, H.

1989: "Āyuḥparyantasūtra: Das Sūtra von der Lebensdauer in den vershiedenen Welten. Text in Sanskrit und Tibetisch," *Sanskrit-Texte aus dem buddhistischen Kanon: Neuentdeckungen und Neueditionen*, 1 (*Sanskrit-Wörterbuch der buddhistischen Texte aus den Turfan-Funden*, Beiheft 2), Göttingen, pp. 69-100.

真柄和人
一九八五、「七仏偈波羅提木叉の問題点(1)——資料篇——」『東山学園研究紀要』第三〇集。
一九八六、「七仏偈波羅提木叉の問題点(2)——S七九七Vと増一阿含経——」『東山学園研究紀要』第三一集。

Rockhill, W. Woodville,
1883 : *Udānavarga. A Collection of Verses from the Buddhist Canon Compiled by Dharmatrāta, being the Northern Buddhist Version of Dhammapada, translated from the Tibetan of the Bkah-Hgyur*, Amsterdam, reprint, 1975.

Roth, G.
1980 : "Particular Features of the Language of the Ārya-Mahāsāṃghika-Lokottaravādins and their Importance for Early Buddhist Tradition," *Die Sprache der ältesten buddhistischen Überlieferung. The Language of the Earliest Buddhist Tradition* (*Symposien zur Buddhismusforschung, II*), herausgegeben von H. Bechert. Abhandlungen der Akademie der Wissenschaften in Göttingen, Ph. -Hi. Klasse, Dritte Folge, 117, Göttingen, pp. 78-135.

Schmidt, K. T.
1989 : *Der Schlussteil der Prātimokṣasūtra der Sarvāstivādins. Text in Sanskrit und Tocharisch A verglichen mit den Parallelversionen anderer Schulen*. Sanskrittexte aus den Turfanfunden, 13. Abhandlungen der Akademie der Wissenschaften in Göttingen, Ph.-Hi. Klasse, Dritte Folge, 171, Göttingen.

Schmithausen, L.
1970 : "Zu den Rezensionen des Udānavargaḥ," *Wiener Zeitschrift für die Kunde Südasiens und Archiv für indische Philosophie*, 14, pp. 47-124.

Shukla, N. S.
1979 : *The Buddhist Hybrid Sanskrit Dharmapada*, K. P. Jayaswal Research Institute, Patna.
丹生実憲
一九六八、『法句経の対照研究』高野山大学、日本印度学会。
Willemen, C.
1975 : *Udānavarga. Chinese-Sanskrit Glossary*, The Hokuseido Press, Tokyo.
1978 : *The Chinese Udānavarga. A Collection of Important Odes of the Law, Fa Chi Yao Sung Ching*. Mélanges Chinois et Bouddhiques, 19, Institut Belge des Hautes Études Chinoises, Bruxelles.
矢島道彦
一九九七、「Suttanipāta 対応句索引」『鶴見大学仏教文化研究所紀要』第二号、一—九七頁。
Yamazaki, M. and Ousakas, Y.
1997 : *Theragāthā. Pāda Index and Reverse Pāda Index*, The Chūō Academic Research Institute, Tokyo.
1998 : *Sutta-Nipāta. Pāda Index and Reverse Pāda Index*, The Chūō Academic Research Institute, Tokyo.

法句経 解題

引田弘道

一　『法句経』漢訳の背景
二　『ウダーナ』および『法句経』の編者について
三　『ダルマ・パダ』諸経典とその研究
四　漢訳『法句経』諸本とその研究
五　漢訳『法句経』の構成
六　『法句経』解読法

一　『法句経』漢訳の背景

漢訳の『法句経』がどのようにして成立したのか、その翻訳の背景は、「法句経序」によって窺い知ることができる。この「経序」は、現在『法句経』巻上の終わり（五六六中―下）に収められているもの[1]と、僧祐の『出三蔵記集』（＝『出三』）第七巻（四九下―五〇上）に収められているもの[2]との二つがある。前者にはその作者名を出さず、後者も単に「未詳作者」として、作者名を記していない。しかし、水野弘元博士は従来の指摘に従い、この作者は『法句経』の翻訳や整理の中心人物である支謙自身であろうと推察されておられる。[3]ここでも『法句経』に収められている「経序」を支謙によるものとして、翻訳された状況を改めて窺ってみることにする。それによると、

『法句経』には、九百偈・七百偈・五百偈の異なる三本があった。……近頃葛氏が七百偈のものを伝えたが、偈の意味が深遠で、翻訳上かなりあいまいな点が多かった。これはインドの言語が中国語と余りにもかけ離れていたためである。……

『法句経』の翻訳は、維祇難がインドから、黄武三年（二二四年）に武昌にやって来たのに始まる。「私」即ち支謙は、彼から五百偈の経本を受けると、彼に同行していた竺将炎に翻訳を依頼した。将炎はインドの言語には通じていたが、中国語は不十分であった。そのため、訳語は質素で飾り気のないものであった。私は当初この優雅さのない訳文が気に入らなかったが、「仏は、意味を重んじ飾ることなく、真理を把握することが肝要だと言われた」という維祇難の忠告に従い、ひたすら訳者将炎の口伝えを受け、根本の趣旨に沿い、文飾を加え

ず、不明な箇所は欠いたままにしておいた。……

後に再び将炎が別の本をもってやって来たので、それを受けて新たに十三品を得た。前の訳と合わせ校訂し、増補し、その章題を順序よく整理し、一部三十九篇（＝品、章）とした。偈数はおおよそ七百五十二章（＝偈）である。

とある。まず支謙についてであるが、彼は洛陽生まれの帰化月氏人で、中国的教養を持つ在家仏教徒として、北地から南下して呉の孫権の治世に活躍した人である。『出三』巻二には、三十六部四十八巻を訳出したと記されている。(4) 彼が、インド僧の維祇難が将来した五百偈本の翻訳を竺将炎に依頼し、自らもその整理に携った様子が窺われる。

さて、その時もたらされた五百偈本に関していえば、支謙が後に十三品を追加して、全体で三十九品となったとされるから、最初の五百偈本は、二十六品であったことになる。ところで『法句経』中核部の二十六品（第九―三十二品、第三十四―三十五品）は、品題・内容ともにパーリ語の『ダンマ・パダ』（Dhammapada＝Dhp）によく相応し、しかも偈数を合計するとちょうど五百偈となる。それ故、現存する『法句経』のこれらの二十六品が、「経序」にいわゆる五百偈本であると考えられる。

また、「経序」によれば、五百偈本の他に、九百偈本と七百偈本があったとされる。「後に竺将炎が別の本をもたらした」というのは、九百偈本のことであり、しかもこれは説一切有部の法句経で、サンスクリット語で記された『ウダーナ・ヴァルガ』（Udāna-varga＝Uv）であると考えられた。「経序」は、その本から十三品を増補したというが、しかし実際には、『法句経』の第一、第四―六、第八、第三十三の六品と第三十六品の半分が Uv の I, X, VI,

XV, VIII, XIII, XXVI に対応しているだけであることが判明した。

また「経序」は支謙以前に葛氏伝来の七百偈本があったことを伝えている。これはかなり不明瞭で不完全なものであったとされるが、支謙は九百偈本と同時にこの七百偈本からも追加し、現存『法句経』の残り六品半、すなわち第二―三、第七、第三十七―三十九の六品と先の第三十六品の残り半分とが、この七百偈本からの増補部ではないかと考えられるようになった(5)。本書では、七百偈本を所属部派不明の『法句経』とした。また、『法句経』全体の構成については、後に項を設けて改めて分析することにする。

二 『ウダーナ』および『法句経』の編者について

漢訳される以前の『法句経』の成立については、先の「経序」の別の箇所によってある程度その状況を知ることができる。それに従えば、『法句経』は、様々な経典の中から、散在していた法に関する偈を抽出したものであり、その作業は十二分教や四阿含の成立以後に五部派の沙門たちによって行われた。彼らは抽出後、条目を立てて章立てし、整理した。この際彼らはこの整理したものが十二分経のどれに該当するかをよく考慮したが、そこには適当なものがなかったので、「法句」と命名した。法とは諸経のことであり、法句というのは「法を説いた言葉」(法言)という意味である。

五部派とは、西北インドで活動していた説一切有部・大衆部(説出世部)・化地部・法蔵部・飲光部(迦葉維部)の五部を指し、諸部派の代表として、この「五部派」の語が用いられることが多い。したがって、『法句経』の成立は、部派分裂以後ということになる。ただし水野博士は、現形の編集は部派分裂以後であるが、その原形は部派分裂以前の原始仏教時代に形成されたものではないかと考えておられる。その理由は説一切有部を除く、多くの部派が法句経という同一の名によってこれを伝えているからである。(6) 説一切有部だけは、ウダーナ(Udāna)またはウダーナ・ヴァルガ(Udāna-varga)という名で、他の部派の法句経に相当する経典を持っていたのである。それは、『ウダーナ・ヴァルガ』に因縁物語と注釈が加えられたものである『出曜経』の経序(六〇九中―下)に、「名づけて法句録という」とあることからも、この経の偈文が法句経に相当するものであったことが分かる。

次に編者に関して言えば、漢訳『法句経』の撰号に「尊者法救撰」とある。しかし同じ『法句経』の「経序」には、先に述べたように「五部沙門が多くの経典中から偈を抜粋し、内容ごとに品にまとめて整理した」とあるから、矛盾する内容となっている。「経序」を信用すれば、撰号の「尊者法救撰」の方が、後の附加である可能性が高い。ではどうして法救という名が附加されたのであろうか。

これを関連文献の記述によって探ってみると、まず『法句経』と関係の深い『出曜経』の撰者が、やはり「法救」とされている。その経序には、「婆須密舅法救菩薩之所撰」と明確に記されている。また『大毘婆沙論』巻一(大正二七、一中)には次のようにある。

猶如一切鄔拕南頌。皆是仏説。謂仏世尊、於処処方邑。為種種有情、随宜宣説。仏去世後、大徳法救、展転得聞、随順纂集、制立品名。謂集無上頌、立為無常品。乃至集梵志頌、立梵志品。

ここで、法救が『ウダーナ(Udāna)頌』を無常品から梵志品までに分けて編纂したとされる。さらに梵文『倶舎論』(Abhkb p. 3, *l*. 4)では、法救が『ウダーナ・ヴァルガ』を編纂したとあり(dharmatrāta-udānavargīyakaraṇavad)、Abhdv I. p. 12, *l*.2 でも、「法救長老によって（編纂された）ウダーナのように」とあり（yathā sthavira-dharmatrātena udānā）、いずれも法救が『ウダーナ』、もしくは『ウダーナ・ヴァルガ』を編纂したと記されている。『出曜経』の経序に、法救が婆須密と並記されていることから鑑みて、法救は婆沙の四大論師（法救・妙音・世友・覚天）の一人とされる説一切有部の法救のことであり、一から二世紀に属する人であろうと考えられている。(7)

一方、『大智度論』巻三十三（大正二五、三〇七中）には、「又如、仏涅槃後、諸弟子抄集要偈、諸無常偈等、作無常品、乃至婆羅門偈等、作婆等門品、亦名優陀那」とあり、『ウダーナ』の撰者は仏陀の諸弟子であったという。これによればウダーナ品の編集者を法救とする『大毘婆沙論』の系統と、単に弟子たちとして特定の名を出さない『大智度論』の系統との二つがあったことがわかる。そこで前者の系統はカシュミール有部との関係が深いことから、「法救撰」説はカシュミール有部によって『大毘婆沙論』編纂当時に提唱され、反対に北あるいは北西インドの他の有部はこれに関与しなかったのではないかと推察されている。(8)

したがって、支謙による『法句経』の「経序」の記述は、『大智度論』系統の説を承けて記されたものであり、「法救撰」という撰号は、後に『大毘婆沙論』系統の説によって、付加されたものと見ておきたい。

三　『ダルマ・パダ』諸経典とその研究

先に述べた『ウダーナ・ヴァルガ』を含めた『ダルマ・パダ』と呼ばれる経典には、現在次の五本が残っている。

第一は、説一切有部（Sarvāstivādin）もしくは根本説一切有部（Mūlasarvāstivādin）に属する『ウダーナ・ヴァルガ』(Uv) である。

第二は、南方上座部 (Theravādin)、詳しくはスリランカの大寺派 (Mahāvihāravāsin) に伝わる『ダンマ・パダ』(Dhp) である。

第三は、法蔵部 (Dharmaguptaka) に属するのではないかと推察されている『ガーンダーリー　ダルマ・パダ』(Gāndhārī Dharmapada=GDhp) である。

第四は、所属部派不明の『パトナ　ダルマ・パダ』(Patna Dharmapada=PDhp) である。

第五は、大衆部系 (Mahāsāṅghika) の説出世部 (Lokottaravādin) に属する『マハー・ヴァストゥ』(Mahāvastu=Mv) に収められている、『ダルマ・パダ』中の「千品」(dharmapadeṣu sahasra-vargaṃ bhāṣati) である。

次にそれぞれの詳細を述べることにする。**第一の『ウダーナ・ヴァルガ』**は次のような過程を経て成立したと考えられている。まず、説一切有部において、法救あるいは不特定の沙門が、自派内の『ウダーナ』と『ダルマ・パダ』とを合成して、『ウダーナ・ヴァルガ』を成立させた[9]。成立当時の『ウダーナ・ヴァルガ』は本来俗語 (Prākṛt) で伝えられていたが、徐々にサンスクリット語化されていった。

Schmithausen [1970] は、写本系統を精査し、古写本、第一系写本 (Rezension 1)、第二系写本 (Rezension 2) の三種に分類した。古写本は『阿毘曇毘婆沙論』、『鞞婆沙論』と一致し、サンスクリット語化初期のもので、古期の説一切有部に属する。この後、説一切有部が二つに分裂したためであろうと考えられるが、第一系と第二系の両写本の系統が成立した。第一系は説一切有部の Prātimokṣa で、『十誦律』中の平行詩節の読みと一致し、東トルキスタン説一切有部の伝承である。第二系は根本説一切有部の Prātimokṣa, Vinaya, Divyāvadāna で、チベット訳の

『ウダーナ・ヴァルガ』、Yogācārabhūmi の読みと一致し、根本説一切有部の伝承である。(10)

この写本系統の調査結果は、Bernhard [1965] による Uv の校訂に使用された写本群にもとづいている。また、別に中谷［一九八八］は三世紀末から四世紀初に制作されたと考えられるスバシ写本によって校訂を行っている。

次に Bernhard 教授の校訂による Uv 各品（varga）の名を、その詩頌数を（ ）内に添えて示す。なお、各品には同一詩頌の番号にA、B等として異読が追記されており、正確な数は確定できない。

I. Anitya (42), II. Kāma (20), III. Tṛṣṇā (18), IV. Apramāda (38), V. Priya (27), VI. Śīla (20), VII. Sucarita (12), VIII. Vāca (15), IX. Karma (19), X. Śraddhā (16), XI. Śramaṇa (15), XII. Mārga (20), XIII. Satkāra (18), XIV. Droha (16), XV. Smṛti (26), XVI. Prakīrṇaka (24), XVII. Udaka (12), XVIII. Puṣpa (21), XIX. Aśva (14), XX. Krodha (22), XXI. Tathāgata (18), XXII. Śruta (19), XXIII. Ātma (26), XXIV. Peyāla (30), XXV. Mitra (25), XXVI. Nirvāṇa (31), XXVII. Paśya (41), XXVIII. Pāpa (40), XXIX. Yuga (57), XXX. Sukha (52), XXXI. Citta (60), XXXII. Bhikṣu (82), XXXIII. Brāhmaṇa (83).

このように Uv は三十三品に分かれており、総詩頌数は九百七十八（+五十九）である。

次に第二の『ダンマ・パダ』であるが、パーリ語の Dhp がデンマークの V. Fausböll によって一八五五年に校訂出版されて以来、『ダンマ・パダ』は多くの西洋の学者たちによって研究されてきた。また我が国でも彼らの影響を受けてであろうと思われるが、特に好んで研究されてきた。それらの研究史は、水野［一九八一］四七―四八頁にその概要が示され、さらに中村［一九七八］のあとがきには、先の『ウダーナ・ヴァルガ』と共に本経の研究史が詳細に紹介されているので、それらを参照されたい。さらに Dhp の校訂、翻訳、ジャイナ古層聖典との平行句についての研究は、藤田［一九八七］に要領よくまとめられている。最近の研究で注目すべきは、K. R. Norman 教授の最新の校訂（with O. von Hinüber, = Dhp）と、英訳（Norman [1997]）であろう。さらにコンピュータの発達に伴い、本経の語索引や他のパーリ聖典、ジャイナ教聖典との平行句、逆引索引等が、Bollée［1983］や、山崎守一教授らの日本人研究者によって相次いで出版されていることも見逃すことはできない。Yamazaki［1997, 1998］を参照。

Dhp は二十六品（vagga = v）、四百二十三の詩頌より成っている。今各品の名を、その詩頌数を（　）内に添えて示すと次のようになる。

I. Yamaka (1-20=20), II. Appamāda (21-32=12), III. Citta (33-43=11), IV. Puppha (44-59=16), V. Bāla (60-75=16), VI. Paṇḍita (76-89=14), VII. Arahanta (90-99=10), VIII. Sahassa (100-115=16), IX. Pāpa (116-128=13), X. Daṇḍa (129-145=17), XI. Jarā (146-156=11), XII. Atta (157-166=10), XIII. Loka (167-178=12), XIV. Buddha (179-196=18), XV. Sukha (197-208=12), XVI. Piya (209-220=12), XVII. Kodha (221-234=14), XVIII. Mala (235-255=21), XIX. Dhammaṭṭha (256-272=17), XX. Magga (273-289=17), XXI. Pakiṇṇaka (290-305=16), XXII. Niraya (306-319=14), XXIII. Nāga (320-333=14), XXIV. Taṇhā (334-359=26), XXV. Bhikkhu (360-382=23), XXVI. Brāhmaṇa (383-423=41).

第三の『ガーンダーリー　ダルマ・パダ』について述べる。これは十九世紀末に中央アジアのコータン（Khotan）付近の牛角寺（Gośṛṅga-vihāra）跡から発見された。樺皮にカローシュティー文字（Kharoṣṭhī）で書かれた、ガンダーラ語による断片である。Brough［1962］の校訂によってガンダーラ語の『ダルマ・パダ』の研究が飛躍的に発展した。ただ全体の八分の三は散逸してしまったであろうと考えられており、現存する詩頌数は三百五十であるから、おそらく本来の数は五百四十前後であろうと推察されている。[11] Brough 教授が提示された各品の名と、対応する Dhp の品名とその順を（　）内に示すと次のようになる。

I. Brammaṇa(26. Brāhmaṇa), II. Bhikhu(25. Bhikkhu), III. Tasiṇa(24. Taṇhā), IV. Pavu(9. Pāpa), V. Araha (7. Arahanta), VI. Magu(20. Magga), VII. Apramadu(2. Appamāda), VIII. Cita(3. Citta), IX. Bala(5. Bāla), X. Jara(11. Jarā), XI. Suha(15. Sukha), XII. Thera(該当なし), XIII. Yamaka(1. Yamaka), XIV. [Paṇḍita] (6. Paṇḍita), XV. [Bahuśruta]（該当なし）, XVI. [Prakīrṇaka?] (21. Pakiṇṇaka), XVII. [Krodha] (17. Kodha), XVIII. [Puṣpa] (4. Puppha), XIX. [Sahasra] (8. Sahassa), XX. [Śīla?]（該当なし）, XXI. [Kṛtya?]（該当なし）, XXII. [Nāga or Aśva?] (23. Nāga), XXIII-XXVI. 全欠.

以上の結果でも分かるように品の順序は Uv や Dhp とも異なり、さらに Dhp と相当しないものが四品ある。最後に第四の『パトナ　ダルマ・パダ』について述べる。一九三四年、ラーフラ・サンクリトャーヤナ（Rāhula Sāṃkṛtyāyana）はチベットの僧院で、棕櫚の葉に古ベンガル字体で書かれたダルマ・パダの写本を発見した。彼はそれを写真撮影後（おそらく撮影は二年後の、二度目のチベット訪問時であろう）、インドのパトナ市に戻り、その成果を公表した。この写真は現在 KP Jayaswal Research Institute に保管されている。[12] この写本の出版は、まず Shukla [1979] によって行われ、次いで Roth [1980] によって解題を添えた新校訂版が出版された。さらに最近 Cone [1989] による最新の校訂版が PTS の雑誌に掲載された。

PDhp の写本の奥書には五百二詩頌あると記されているが（samāptā dhammapadā amṛta-padāni gāthā-śatāni pañca dve)、Cone [1989] では、二十二品四百十四詩頌であるから、九十ほど散逸したことになる。さらに言語はサンスクリット語的特徴と中期インド語族（Middle Indic）的特徴が混在しており、全体的にはパーリ語に近い。詩頌の内容も Uv よりもパーリ語の Dhp に近いものが多いが、反対にサンスクリット語に近い場合もあり、また品の名称も独自のものがある。例えば、V. Attha（義）、VI. Śoka（憂い）、VII. Kalyāṇī（善）、XIII. Śaraṇa（帰依）、XIV. Khānti（忍辱）、XV. Āsava（漏）、XVIII. Dadantī（布施）、XXII. [Uraga?]（蛇）などである。今各品の名を、その詩頌数を（　）内に添えて示すと次のようになる。(13)

I. Jama (1-13=13), II. Apramāda (14-33=20), III. Brāhmaṇa (34-49=16), IV. Bhikṣu (50-64=15), V. Attha (65-83=19), VI. Śoka (84-95=10), VII. Kalyāṇī (96-120=25), VIII. Puṣpa (121-136=16), IX. Tahna (137-156=20), X. Mala (157-173=17), XI. Bāla (174-194=21), XII. Daṇḍa (195-215=21), XIII. Śaraṇa (216-238=23), XIV. Khānti (239-260=22), XV. Āsava (261-277=17), XVI. Vācā (278-305=28), XVII. Ātta (306-326=21), XVIII. Dadantī (327-341=15), XIX. Citta (342-357=16), XX. Māgga (358-375=18), XXI. Sahasra (376-397=22), XXII. [Uraga?] (398-414=17).

その他、チベット語訳の『ウダーナ・ヴァルガ』が、仏説部（Kanjur）と論疏部（Tanjur）に含まれている。経名は Ched du brjod paḥi tshoms、撰者は Dharmatrāta、訳者は Kanjur では Vidyāprabhākara（Tanjur では、Vidyākaraprabha）と Rin chen mchog である。おそらく Ral pa chan 王（在位八一七—八四二年）の時代に訳されたのであろう。(14) 詩頌数は九百九十一（ただし Rockhill [1883: viii] は九百八十九偈とする）である。

四　漢訳『法句経』諸本とその研究

中国語に翻訳された『法句経』には次の四本がある。第一は本書で訳註を試みる、維祇難等の訳による『法句経』、第二は法炬と法立共訳の『法句譬喩経』、第三は竺仏念訳の『出曜経』、第四は天息災訳の『法集要頌経』である。次にそれぞれについて述べることにする。

第一の『法句経』(＝『法句』)は偈頌だけの経である。その構成や特徴については、次節以降で述べるが、本経の本格的研究としては水野［一九八一］があるので参照されたい。また最近本経の、Dhp と対応する中核部分の英訳と詳細な訳註が、Dhammajoti［1995］によって出版されたことが注目される。

第二の『法句譬喩経』(＝『法喩』大正四、五七五中―六〇九中)は、偈頌と散文の因縁物語を併せたものである。この経の英訳は Beal［1878］によって行われ、さらに詳細な研究が水野［一九八一］三四一―三五五頁によって行われた。また最近では本経の現代語訳が『アーガマ』(阿含宗出版社)に、末木文美士、菅野博史、神塚淑子、松村巧、榎本文雄、引田弘道のグループによって連載されている。

『出三』巻二(九下―一〇上)には、西晋の恵帝(二九〇―三〇六年)、懐帝(三〇六―三一一年)の時代に、法炬と法立によって翻訳されたとある。経名は『法句本末経』四巻とあり、別名として『法句喩経』あるいは『法句譬経』という名が挙げられる。ただ後に編纂された『法律異相』(大正五三、八下)には、『法句譬喩経』の名が他の別名と共に挙げられている。

この経は、『法句経』七百五十六偈頌の中から二百八十七を抽出し、それに因縁物語を附加する形態をとる。先述した如く、『法句経』自体が三種の底本からの合作であり、それから抽出したとすれば、様々な問題が生じてくる。まずその因縁物語の部分がインド原典から直接翻訳したものか、あるいは他の経典からの借用か、もしくは翻訳時の中国での創作か、ということが最大の問題である。『中本起経』中の物語と同一のものがいくつか指摘されていることから考えると、他の経典からの借用の可能性が高い。またこの経の品数は『法句経』と同様三十九であり、品名も順序も『法句経』と同一であるが、各品に含まれる偈頌は『法句経』と異なるものもあり、さらに『法句経』にはない偈頌もあることから、まだ解明すべき謎の多い経である。

第三の『出曜経』（＝『出曜』大正四、六〇九中―七七六上）は、先の『法句譬喩経』と同様、偈頌に因縁物語や偈頌の註釈が附加されたものである。[15] 本経の研究は、やはり水野［一九八一］三五九―四七六頁に詳しく、これを超える業績は今のところ出ていないといえる。

本経は、弘始元年（三九九年）に僧叡が記した経序（六〇九中―下）によれば、後秦の皇初五年（三九八年）から同六年にかけ、罽賓（おそらくカシュミールを指す）の沙門僧伽跋澄（Saṅghabhūti）が梵本を担当し、竺仏念が宣訳し、僧叡が検校したとある。本経は三十三品（ただし第四の無放逸品と第五の放逸品とを一つにまとめる）で、偈数は八百二十五（＋三十七）であり、『ウダーナ・ヴァルガ』が後世になるほど増広されるという特徴を考慮すれば、これはかなり古期の本に属することになる。

ところで、先の経序には「出曜之言、旧名譬喩」とあることから、「出曜」の原語はavadāna（譬喩）であろうと考えられていた。しかし、経序では、さらに「即十二部経、第六部也」とあり、『出曜経』巻六（六四三中―下）の十二分教、すなわち契経・誦・記・偈・因縁・出曜・成事・現法・生経・方等・未曾有法・義経を示す箇所で、第六の出曜について、「所謂出曜者。従無常至梵志。採衆経之要蔵。演説布現、以訓将来、故名出曜」とあるから、「出曜」とはウダーナ（Udāna）、もしくは『ウダーナ・ヴァルガ』を指していると考えられる。

第四の『法集要頌経』（＝『法集』大正四、七七七上―七九九下）は、『法句経』と同様、偈頌だけの経である。この経は漢訳としては最後期のものであり、西北インドのカシュミール出身の僧、天息災によって、九八二年―九八四年に訳出されたであろうと推察されている。本経の本格的研究としては、水野［一九八一］四七九―五一五頁の他、Willemen［1987］がある。特に後者は詳細な訳註を付した英訳であり、見逃すことができない。

本経は、『出曜経』と同じく『ウダーナ・ヴァルガ』を漢訳したもので、三十三品、九百二十八偈頌から成る。本経の訳には、『法句経』や『出曜経』を参照し、すべて五字句に統一しているという特徴がある。あるいはそれらの訳をそのまま引用する場合にも、新訳語に統一している。ただ梵語の理解度はあまり高いとは言えない。(16)

五　漢訳『法句経』の構成

『法句経』の各品の構成と偈数について、先に述べた五百偈本、九百偈本、七百偈本を中心に見てみる。この際、五百偈本＝Dhp、九百偈本＝Uv と考え、またどちらにも対応しない偈は所属部派不明の『法句経』、すなわち七百偈本から採られた可能性があると考えておきたい。各品の偈数は、それぞれの品題の下に記されているものを挙げ、水野［一九八一］が計算した偈数も［　］の中に示すことにする。これによって本経が三種の底本に基づいて、どのように形成されて現在の姿になっているかが分かる。そしてその形成に何らかの法則があるかどうかも見ていくことにする。

第一、無常品、二十一偈〔21〕、この品は Uv の I. Anitya-varga に対応する。ただし第十六偈は Uv の II. Kāma-varga に対応し、第十八偈はいずれにも対応しない。

第二、教学品、二十九偈〔29〕、この品は全体的には対応するものはない。まま Uv に対応する部分があるが、一定した法則性はない。

第三、多聞品、十九偈〔19〕、この品はいずれにもほとんど対応しない。

第四、篤信品、十八偈〔18〕、この品は Uv の X. Śraddhā-varga にほぼ対応する。しかし第十五―十八の終わりの四偈は、Uv, Dhp いずれにも対応しない。

第五、戒慎品、十六偈〔16〕、この品は Uv の VI. Śīla-varga にほぼ対応する。しかし第一と第六偈は、いずれにも対応しない。

第六、惟念品、十二偈〔12〕、この品は Uv の XV. Smṛti-varga に順序よく対応する。

第七、慈仁品、十八偈〔19〕、この品はいずれにもほとんど対応しない。

第八、言語品、十二偈〔12〕、この品は、最初の第一、二偈を除いて、Uv の VIII. Vāca-varga に順序よく対応する他、Suttanipāta(＝Sn) ともよく対応する。

第九、双要品、二十二偈〔22〕、この品は Dhp の I. Yamaka-vagga にほぼ順序よく対応する。しかしながら第三、四偈は Dhp よりも Uv の方により対応し、さらに第十五、十六偈は、Dhp と対応しないほか Uv とも完全に対応しているとは言い難く、むしろ所属部派不明の『法句経』からの訳だと考えるべきであろう。

第十、放逸品、二十偈[20]、この品の第一から第九偈と、第十三、十四偈はDhpのII. Appamāda-vaggaに対応するが、第十偈はDhp, Uvいずれにも対応せず、第十一、十二偈はUvにのみ対応する。第十五偈以下はAppamāda-vagga以外のDhpの諸品に断片的に対応するが、むしろUvのXVI. Prakīrṇaka-vargaの方によく対応しているように思われる。

第十一、心意品、十二偈[12]、この品はDhpのIII. Citta-vaggaにほぼ順序よく対応する。ただし、第七、八偈は、Uv, Dhpいずれにも対応しない。

第十二、華香品、十七偈[17]、この品はDhpのIV. Puppha-vaggaに順序よく対応するが、第三偈だけは、むしろUvの方に対応する。

第十三、愚闇品、二十一偈[20]、この品はDhpのV. Bāla-vaggaにほぼ対応するが、対応が完全でない偈がまま認められる。さらに第十三、十七偈はいずれにも対応せず、第五、十四偈はDhpに対応するものの、Bāla-vagga以外の品である。

第十四、明哲品、底本に表示はないが、宋・元・明三本等で十七偈[16]、この品はDhpのVI. Paṇḍita-vaggaにほぼ対応する。水野博士は、第一から第三偈まではDhp 76, 77に対応するであろうとされるが、そのようには考えにくい。また第六、十二偈はUv, Dhpいずれにも対応しない。

第十五、羅漢品、十偈[10]、この品はDhpのVII. Arahanta-vaggaに順序よく対応する。Uvには「羅漢品」に相当する品はないことからも、Dhpから訳出されたものであると判明する。

第十六、述千品、十六偈［16］、この品は Dhp の VIII. Sahassa-vagga に順序よく対応するが、Uv の XXIV. Peyāla-varga にも対応する。

第十七、悪行品、二十二偈［22］、この品は Dhp の IX. Pāpa-vagga に相当するが、その偈については、かなり混乱が認められる。Dhp の Pāpa-vagga は十三偈であるが、そのうちの三偈は「悪行品」とは対応していない。また第十六偈はいずれにも対応しない他、さらに Dhp に対応しない偈は Uv の IX. Karma-, XIV. Droha-varga に対応するものが多いことから、この品は Dhp を基調として、後に Uv や所属部派不明の『法句経』によって追加されたものと考えられる。

第十八、刀杖品、十四偈［14］、この品は Dhp の X. Daṇḍa-vagga にほぼ順に対応する。ただし、第十偈はいずれにも対応しておらず、第十四偈は Uv のみに対応する。

第十九、老耗品、十四偈［14］、この品は、Dhp の XI. Jarā-vagga にほぼ順序よく対応する。しかし、最後の三偈は Uv, Dhp いずれにも対応しない。

第二十、愛身品、十三偈［13］、この品は、Dhp の XII. Atta-vagga にほぼ順序よく対応する。しかし、最後の三偈は Uv, Dhp いずれにも対応しない。

第二十一、世俗品、十四偈［14］、この品は Dhp の XIII. Loka-vagga にある程度対応するが、かなり出入りが激しい。第九―十一の三偈は Uv, Dhp いずれにも対応せず、Dhp に対応しない偈で、Uv の IV. Apramāda-varga, V. Priya-varga との対応が認められるものもあるが、体系的ではなく、全体的には所属部派不明の『法句経』からの訳を基調とする感がある。

第二十二、述仏品、二十一偈〔21〕、この品はDhp の XIV. Buddha-vagga にほぼ相当するが、第七、八、十九の三偈は Uv, Dhp いずれにも対応しない。また第六、十二、十三の三偈は Uv の XXI. Tathāgata-varga, XXX. Sukha-varga に対応する。

第二十三、安寧品、十四偈〔14〕、この品は Dhp の XV. Sukha-vagga にほぼ順序よく対応するが、第十一、十二、十四の三偈は Uv, Dhp いずれにも対応せず、第五と第九偈は Dhp になく、Uv の XXX. Sukha-varga と XXI. Tathāgata-varga に対応する。

第二十四、好喜品、十二偈〔12〕、この品は Dhp の XVI. Piya-vagga にほぼ対応するが、Uv の V. Priya-varga にも対応する。しかも最後の偈は Dhp になく、Uv に対応する。おそらく Dhp からの訳出後、Uv によって追加されたのであろう。

第二十五、忿怒品、二十六偈〔26〕、この品は第三から第十五偈までは Dhp の XVII. Kodha-vagga に順序よく対応するが、最初の二偈は Uv, Dhp いずれにも対応しない。さらに第十六偈は Dhp と Uv に共通し、第十七偈からは Uv の XX. Krodha-varga のみに対応する。おそらく最初の二偈は所属部派不明の『法句経』からの訳、第三―十五偈は Dhp からの訳、第十六偈で Dhp と Uv を接合し、第十七偈以下は Uv から訳したものであろう。

第二十六、塵垢品、十九偈〔19〕、この品は Dhp の XVIII. Mala-vagga にほぼ順序通りに対応するが、第十五偈は Uv, Dhp いずれにも対応していない。

第二十七、奉持品、十七偈〔17〕、この品は Dhp の XIX. Dhammaṭṭha-vagga に順序通りに対応する。

第二十八、道行品、二十八偈〔28〕、この品は Dhp の XX. Magga-vagga と Uv の XII. Mārga-varga を組み合わ

せた訳となっている。前半部が主としてDhpからの訳出で、後半部はUvからの訳出である。ただし第十二偈だけはUv, Dhpいずれにも対応しない。

第二十九、広衍品、十四偈［14］、この品はDhpのXXI. Pakiṇṇaka-vaggaの訳を基調とする。ただし第五、六、十二の三偈はUv, Dhpいずれにも対応しない。さらに、第十偈はUvのみに対応し、Uvからの追加があったように見えるが、系統的な対応はなく、むしろ所属部派不明の『法句経』からの追加があったと考えるべきであろう。

第三十、地獄品、十六偈［16］、この品はDhpのXXII. Niraya-vaggaにほぼ順序通り対応するが、第十、十一偈はUvのみに対応する。

第三十一、象喩品、十八偈［18］、この品はDhpのXXIII. Nāga-vaggaにほぼ順序通り対応する。ただし、最後の四偈はDhpに対しては、他の品と断片的に対応するだけで、むしろUvのXIX. Aśva-vargaに整然と対応している。したがってこれらの四偈はUvから追加されたものと解してよかろう。

第三十二、愛欲品、三十二偈［33］、この品はDhpのXXIV. Taṇhā-vaggaを基調として訳出されているが、かなり追加されている。第四、五、十三、十六、二十三、二十九の六偈はUv, Dhpいずれにも対応せず、また第六、二十、二十一、三十一の四偈はDhpにないが、UvのII. Kāma-, III. Tṛṣṇā-vargaに対応偈が認められる。さらに最後の二偈は、『法句経』の道行品に近い。これらはUvや所属部派不明の『法句経』から追加されたのであろう。

第三十三、利養品、二十偈［19］、この品はUvのXIII. Satkāra-vargaにほぼ順序通り対応するが、第三、四偈はII. Kāma-vargaに、最後の第二十偈はIX. Karma-vargaに対応する。また第十九偈はUv, Dhpいずれにも対応しない。何らかの追加があったのであろう。またこの品はThagにも対応する。

第三十四、沙門品、三十二偈［32］、この品の第一から第二十二偈まではDhp の XXV. Bhikkhu-vagga に順序通り対応する。さらに第二十三、二十四偈は Uv の XXXII. Bhikṣu-varga に、さらに第二十五偈から最後の第三十二偈までは Uv の XI. Śramaṇa-varga にほぼ相当する。おそらく Dhp から訳出した後に Uv によって追加したのであろう。

第三十五、梵志品、四十偈［40］、この品は Dhp の XXVI. Brāhmaṇa-vagga にほぼ順序通り対応する。ただし第六偈だけは Dhp ではなく、Uv の XXXIII. Brāhmaṇa-varga の方に対応する。また全体的にパーリ語の Suttanipāta（＝Sn）にも相応する。

第三十六、泥洹品、三十六偈［35］、この品の前半は Uv の XXVI. Nirvāṇa-varga にほぼ相応するが、第十二から第十四偈並びに第二十四偈から最後の第三十五偈までは、Uv, Dhp いずれにも対応していない。ところでこの品はパーリ語の Udāna（＝Ud）にまとまって対応する箇所があり、さらに第十二、十三偈は Ud に相応する。この品は Uv と所属部派不明の『法句経』から半分ずつ訳出されたものと考えられる。

第三十七、生死品、十八偈［18］、この品は第一偈を除いて、Uv, Dhp いずれにも対応しないから、所属部派不明の『法句経』から訳出されたものと考えられる。

第三十八、道利品、十九偈［20］、この品は第十四偈を除いて、Uv, Dhp いずれにも対応しないから、所属部派不明の『法句経』から訳出されたものと考えられる。

第三十九、吉祥品、十九偈［19］、この品は Uv, Dhp いずれにも対応しないから、所属部派不明の『法句経』から訳出されたものと考えられる。またこの品の数偈は Sn の Mahāmangala-sutta に類似しており、何らかの関係があるかもしれない。
以上によれば、第九の双要品から第三十二の愛欲品と、第三十四の沙門品、第三十五の梵志品の合わせて二十六品、五百一偈（水野博士の計算では、五百偈）が中核部分であり、五百偈本、つまりパーリ語の Dhp に相当し、さらに第一の無常品、第四の篤信品から第六の惟念品、第八の言語品、第三十三の利養品と第三十六の泥洹品の半分の、六品半、百十九偈（水野博士の計算では、百十七偈）が九百偈本、つまりサンスクリット語の Uv に相当することがわかる。残りの六品半、すなわち第二の教学品、第三の多聞品、第七の慈仁品、第三十七の生死品から第三十九の吉祥品と第三十六の泥洹品の残りの半分の、百三十八偈（水野博士の計算では、百四十偈）が七百偈本、つまり所属部派不明の『法句経』からの訳出ということになる。これで全体が七百五十八偈となる。[17]
ところで中核部分の二十六品、五百偈を調査してみると、必ずしもパーリ語の Dhp に相当しているものばかりではない。Dhp にも Uv にも対応しない偈、あるいは Uv のみに対応する偈が認められる。これらは約百五偈にのぼり、純粋に Dhp に相当するのは三百九十六偈弱となる。さらに各品における Uv 等からの追加箇所は、まったく任意に行われており何ら法則性も認められない。ただ各品末尾の追加はかなりまとまって行われているのに対し、中間部は一、二偈程度が穴埋め的に行われ、さらに各品冒頭の追加は二、三偈ごとにまとまって行われている。詳しくは本書末の対応表を参照。

六　『法句経』解読法

『法句経』は、古い時代の訳であり、訳語も一定しておらず、難解な経典である。したがって、解読に当たっては、対応するパーリ語やサンスクリット語の経典を比較援用することが不可欠である。特に Dhp はもっとも本経に対応しているため、早くから比較研究がなされてきた。

しかしその後、『法句経』と Dhp の比較だけでは不充分であり、特に Dhp と対応しない部分については、当然、他の対応経典を駆使して、比較対照しながら検討する必要性が強調されるようになった。本書でも、このような方針に基づいて、他の文献に平行句を持つ偈の、比較検討を補註で行ったが、ここでその代表的なものを幾つか例示しおくことにする。

まず、第一は Uv との比較である。放逸品、第五偈第四句の「不返冥淵中」と、Dhp 25d の yaṃ ogho nābhikīrati（激流が襲わない）との相違である。漢訳の「冥」に相当する語は Dhp には見当たらない。この違いの理由は、Uv IV. 5d の tam ogho nābhimardati によって、ある程度理解できる。すなわち、yaṃ ogho は、tam ogho であった可能性が強く、さらに taṃm ogho>taṃ mogho という関係から taṃ moho（その迷妄）と解したか、あるいは tamogho を tamas+agha（迷妄という過失）と解したか、または tam ogho を tamas+ogho=tamo 'gho（迷妄という激流）と解したか[18]、いずれかであると考えられ、両者の相違が説明可能となる。

この「激流」の語に関して、もう一つ重要な相違がある。同じ放逸品、第二十偈第三句の「度淵不反」に対する

Dhp 87c の okā anokaṃ āgamma（家から家のない生活に入って）という相違である。ここにも漢訳の「淵」に相当するパーリ語はない。ところが、Dhp 91d の okamokaṃ jahanti te（彼らは様々な家を捨てる）に対応する、Uv XVII. 1d の hy okam ogham jahante te や、スバシ写本 205d の ogham ogham jahaṃti te を参照すると、oka（家）と ogha（激流）は混同されていることが分かる。さらに oka は「家」と同時に「水」をも意味すると考えられている。これにより両者の相違は説明可能となる。これらは Dhp と『法句経』との相違を、Uv との比較によって解決できる例である。

このような例をさらに示すと、『法句経』梵志品、第十六偈第三句の「自覚出塹」に対して Dhp 398c の ukkhitta-palighaṃ buddhaṃ（門をうち投げ、目覚めた人を）とある。しかし Uv XXXIII. 58c の utkṣipta-parikhaṃ buddhaṃ を参照すると、-paligha（門）が -parikhā（濠）と混同されていることが分かる。これにより漢訳に「塹」とある理由がわかる。これは同じ梵志品、第三十二偈第一、二句の「見痴往来　墮塹受苦」についても当てはまる。Dhp 414ab の yo imaṃ palipathaṃ duggaṃ saṃsāraṃ mohaṃ accagā（この困難な険路であり、輪廻である、迷妄を超越した者）には「塹」の語は認められない。これは palipathaṃ の語に関わる問題であるが、Uv XXXIII. 41ab には ya imāṃ parikhāṃ durgāṃ saṃsāraugham upatyagāt とあり、parikhāṃ（濠）と混同されているのである。

第二は、Uv の古写本であるスバシ写本との比較である。『法句経』道行品、第十偈第二句の「親戚相恋」と、Dhp 284b の aṇumatto pi narassa nārisu（ほんの僅かでも男性の女性に対する……）とは相違する。漢訳の「親戚」の語は Dhp には見当たらない。ところが、Uv XVIII. 4b の hy anumātram api narasya bandhuṣu や、スバシ 220b の anu-mātram pi narasya jñātiṣu を参照すると、「親戚」を意味する jñātiṣu のパーリ語形 ñātiṣu が漢訳の原本であった可能性を指摘できよう。

同じ道行品、第十七偈第二句の「如風却雲」の語は、対応する Uv XII.2b の yathā vṛṣṭena śāmyati（雨によって静まるように）と相違する。この「雲」と「雨」の違いは、スバシ写本 137b の yathā meghena śāmyate（風によって静まるように）の方が漢訳により近いことを示している。

同じ道行品、第二十六偈第一句の「三念可念善」の語は、Uv XII. 17a の sadā vitarkāṃ kuśalāṃ vitarkayet（常に善い思考をめぐらすべきである）と、「三」という語の有無による相違点を持つ。sadā は、スバシ写本 151a では、trayo（三）とあり、漢訳と符合する。またパーリ語の Itivuttaka 87a でも同じく「三」とある。

第三は、ガンダーラ語の GDhp との比較である。沙門品、第十四偈第二句の「伏意如水」の語と Dhp 374b の khandhānaṃ udaya-vyayaṃ（諸々の構成要素の生成と消滅とを）とは相違する。Dhp のどこにも「水」を意味する語はない。GDhp 56b の kanaṇa udaka-vaya を参照すれば、発生を意味する udaya が udaka（水）となった可能性は十分あることがわかる。さらには、消滅を意味する vyaya が vaya とあり、これが「何々の如く」の viya と解せられたかもしれない。

さらに有名なのは、心意品、第十二偈第一句の「蔵六如亀」である。対応する Dhp 40a では、kumbhūpamaṃ kāyam imaṃ viditvā（この身体を瓶の如くだと知り）とあり、「亀」と「瓶」とが異なっている。Uv XXXI. 35a も kumbhopamaṃ kāyam imaṃ viditvā とあり、やはり「瓶」の意を示す。一方、GDhp 138b の pāda a では kummovamu kaya... とあり、パーリ語の kumbha が kumma となっていることに気づく。この kumma（S. kūrma）はパーリ語を始めとする俗語では「亀」を意味するので、漢訳にこの意味が反映されたのであろう。さらに安寧品、第五偈第三句の「弥薪国」の語も、対応するUv XXXX. 44cではmithilāyāṃ dahyamānāyāṃ（ミティラー市が焼けるときに）とある。どうして「ミティラー」が「ミシン」に音写されたのか不明であるが、ガンダーラ語への書体の変化として、-th->-ṣ-となることを考慮すれば、(19) この音の相違は説明できよう。

第四に『出曜経』との比較である。『法句経』羅漢品第八偈には次のようにある。

棄欲無着　欠三界障
望意已絶　是謂上人

対応するDhpには、

assaddho akataññū ca sandhicchedo ca yo naro/
hatāvakāso vantāso sa ve uttamaporiso // (Dhp 97)

とあり、この偈に対しては肯定的な意味と否定的な意味の二通りの解釈が可能である。肯定的な意味で解釈すれば、

欲望なく、作られざるもの（＝涅槃）を知り、生死の絆を断ち、
〔再生の〕機会を断ち、欲望を捨て去った人、彼こそ実に最上の人である。

となる。この訳は『法句経』に相当する。否定的な意味で解釈すれば、

信仰心なく、恩を知らず、家の隙間の破壊者（＝押込み強盗）であり、
好機をだいなしにし、吐き出した物を食べる者、彼こそ実に極度の大胆さのある者である。

となる。『出曜経』双要品第二十三偈はまさに、この解釈によって次のように訳されている。

無信無反復　穿牆而盗窃

断彼希望意　是名為勇士

このように『法句経』が肯定的な意味を選択し、後世に翻訳された『出曜経』が、独自性を出したのか、否定的な意味を採用していることが分かる。この研究についての詳細は補註を参照。

しかし、全体的に見れば、『出曜経』が『法句経』と異なる訳を試みていたわけではない。むしろ『法句経』の訳を踏襲している方が多いといえる。そのため『出曜経』の偈と、散文の説明とがくいちがうことがまま認められることさえある。例えば、『法句経』道行品第十八偈第二句の「惔楽無為」の語は、『出曜経』道品第三偈第二句にも出るが、無為は有為の反対で、「形成されざるもの、生滅・変化しないもの」を意味し、P. asaṅkhata, S. asaṃskṛta の訳語であるが、対応する Uv XII. 3b では yeyaṃ nirvedha-gāminī とあり、「実相を洞察すること、分別すること」を意味する P. nibbedha, S. nirvedha となっている。『出曜経』は散文の説明で「乗此智慧、遠離生死。善能分別、不懐猶予。亦復、分別四諦。不懐狐疑」とあり、明らかに「無為」が P. asaṅkhata ではなく P. nibbedha の訳語であることを示しているのである。

第五に、単に『法句経』と Dhp とを比較するだけで、その相違を説明することができる場合もある。『法句経』梵志品第四偈第三句の「上求不起」の語と、Dhp 386c の uttamatthaṃ anuppattaṃ（最高の目的に到達した）とは相違する。「上求」がパーリ語の uttama（上）-attha（求めること、財、目的）の直訳であることは間違いないが、anuppatta (S. anu-prāpta) と「不起」とは全く異なる。これは anuppatta を anu-ppatta ではなく、an-up-pataṃ (S. anu-ut-√pat の現在分詞）と解することによって、「起こらない」という意味に解したものと考えられる。つまり -tt- を -t- と解したのである。また『法句経』双要品第二十二偈第五句の「見対不起」の「不起」についても、対応するのは

Dhp 20e の anupādiyāno（執著せず）であるが、これも anu-uppādiyāno（起こされない）のように、-p- を -pp- だと解したとすれば説明がつく。

以上のように、様々な経典の平行句を比較することによって、より正確な解釈ができるとともに、相違点の解明も可能になるのであるが、『法句経』の偈同士を比較することでも、より正確な解釈が可能になることがある。これは水野博士も指摘しておられるとおり、[20] Dhp の一詩頌が『法句経』では二偈に訳出されている場合があることによる。より正確に言うならば、同一の詩頌が五百偈本から訳されると同時に九百偈本もしくは七百偈本からも訳されている箇所があるのである。

例えば Dhp に、

na santi puttā tāṇāya na pitā na pi bandhavā /
antakenādhipannassa n' atthi ñātīsu tāṇatā //(Dhp 288)

とあるが、これは『法句経』無常品第十七偈と同道行品第十五偈との両方に対応している。すなわち、

非有子恃　亦非父兄
為死所迫　無親可怙（無常品第十七偈）
父子不救　余親何望
命尽怙親　如盲守灯（道行品第十五偈）

とある。ここで注目すべきは無常品第三句の「為死所迫」と、道行品第四句の「如盲守灯」の違いである。両者は pāda c の antakenādhipannassa（死に襲われた）に対応しているが、パーリ語からの解釈は無常品の方には一致する

が、道行品とは全く異なることがわかる。しかし antakena が andhakena（目の不自由な人によって）に、-adhipannassa が -dipann assa（彼に灯火が）と混同された原本が存在したと仮定すれば道行品の訳も可能となるのである。この解釈は Dhp の adhipannassa の形のみ可能である。対応する Uv I.40c には abhibhūtasya、PDhp 366c には adhibhūtassa、GDhp 261c には abhiduṇasa（P. abhituṇṇassa）とあり、これらだと「灯火」（dīpa）の可能性は考えられない。

その他、『法句経』で用いられる語句に関する問題、あるいは漢訳文献、中でも阿含経典の帰属部派に関する問題、さらにジャイナ教やヒンドゥー教との共通の要素の発見に関する問題等の重要な研究が、辛嶋［一九九八］、榎本［一九八二］、同［一九八〇］によって提示されているので参照されたい。

（1）この序の書き下しと内容紹介は、水野［一九八一］二六五―二七〇頁。
（2）現代語訳と訳註は、中嶋隆蔵『出三蔵記集序巻訳注』平楽寺書店、一九九七、六四―六八頁を参照。
（3）水野［一九八一］二六五頁、二六九頁の註一。塚本善隆『中国仏教通史　第一巻』春秋社、一九七九、一五〇頁。
（4）『出三』巻二（六下―七上）。
（5）中谷［一九八八］一二八―一三〇頁。
（6）水野［一九八一］三三頁。
（7）水野［一九八一］三六九頁。
（8）中谷［一九八八］一四〇―一四五頁。
（9）さらに自派内の諸アーガマ、特に『サンユクタ・アーガマ』の「サンギーティ・ヴァルガ」（これはパーリの Saṃyutta Nikāya の Sagātha-vagga に相当）からも多くの詩句を取り入れたのではないか、と考えられている。榎本［一九八〇］

九三三頁。

(10) Schmithausen 教授のこの研究成果は、榎本［一九八〇］九三三頁、中谷［一九八八］一五四―一五五頁に紹介されている。

(11) Brough [1962: xiii-xiv, 18-23].

(12) Cone [1989: 101].

(13) 水野［一九八一］六四―七一頁に詳しい対照表がある。

(14) 水野［一九八一］五九―六一頁、中谷［一九八八］一五六―一五七頁、Rockhill [1883: xi-xii]。その他チベット語訳には、Udānavarga-vivaraṇa（Ched du brjod paḥi tshoms kyi rnam par ḥgrel pa）がある。さらにトカラ語の Udānālankāra、トカラ語BのUdānastotra がある。

(15) 中谷博士は、法救は詩頌だけの『ウダーナ・ヴァルガ』の作者ではなく、この因縁物語や註釈が附加された『出曜経』原本の作者ではなかったかと推察する。中谷［一九八八］一八九頁。

(16) 水野［一九八一］四八〇頁、中谷［一九八八］一五七頁、Willemen [1978: xxvii]。

(17) 水野博士の計算では七百五十七偈となる。ただし『法句』の経序には七百五十二章（偈）とあり、五、六偈少ない。水野［一九八一］三〇〇―三〇一頁、中谷［一九八八］一三八頁の一覧表を参照。

(18) 中谷［一九八八］一一三頁。

(19) Brough [1962: 94].

(20) 水野［一九八一］三一四―三一五頁。

法句経

引田弘道校註

㊅五五九上

法《ほっ》句《く》経《きょう》

巻上

尊者法救《*ほっく》撰す
呉天竺沙門維祇《*いぎ》難等《なんとう》訳す

無《*む》常品《じょうぼん》第一

二十と一章有《あ》り［21偈］

無常品とは、[一]寤欲昏乱《ごよくこんらん》し、[二]栄命《えいめい》保《たも》ち難く、唯だ[三]道《どう》のみ是れ真《しん》なり。

*［1］[四]睡眠《すいめん》[五]解寤《げご》すれば、宜《よろ》しく思いを歓喜《かんぎ》すべし、
我《わ》が説く所を聴き、仏言《ぶつごん》を撰記《せんき》せよ。

*［2］[六]所行《しょぎょう》は[七]非常《ひじょう》なり、謂《い》わく[八]興衰《こうすい》の法なり、
夫《そ》れ生ずれば輒《すなわ》ち死す、此の滅を楽《らく》と為《な》す。

一　寤欲　悟りへの強い希望。
二　栄命　「栄」は、さかえ、輝くこと。輝く生命力の意。
三　道　悟りへの道。仏道。
四　睡眠　眠りの他に、アビダルマでは心をくらます心作用として、不定地法の一つに数えられる。Uv の stīnamiddha (S.styāna-middha) に対応する。
五　解寤　「寤」は、醒める、悟るの意。「悟」に同じ。「解悟」で悟る意。
六　所行　S.saṃskāra 形成され壊れゆく諸々の現象。
七　非常　S.anitya, P.anicca 無常に同じ。
八　興衰の法　起っては衰える性質のもの。「法」は S.dharma, P.dhamma の訳。一定にして変化しない性質やことわりの意。一定の在り方の意から転じて、広く、事物事象の一定の在り方の意から転じて、広く、存在する諸々の事物現象を意味する。

[3]* 譬えば陶家の、[一]埴《しょく》を埏《こ》ね器を作るも、
一切は要《かなら》ず壊るるが如し。人命も亦《ま》た然《しか》なり。

[4]* 河の駛《はや》く流れて、往《ゆ》きて返らざるが如く、
人命も是《かく》の如し。逝《ゆ》きし者は還《かえ》らず。

[5]* 譬えば、人、杖を操《と》りて、行牧《ぎょうぼく》して牛を食せしむるがごとく、
老と死も猶《な》お然り。亦た命を養うも去る。

[6]* 千、百にして一《いっ》に非ざる、[二]族姓《ぞくせい》の男女、
財産を貯聚《ちょしゅう》するも、衰喪《すいそう》せざること無し。

[7]* 生ある者は日夜に、命を自ら攻め削《けず》り、
寿《いのち》の消尽《しょうじん》すること、[三]㡀霏水《けいせいすい》の如し。

[8]* 常なる者も皆な尽《つ》き、高き者も亦た堕《お》つ。
合会に離《り》有り、生者には死《し》有り。

[9]* 衆生[四]相剋《そうこく》して、以《もっ》て其《そ》の命を喪《うしな》う。
行《おこな》いに随《したが》いて堕《だ》する所、自《おの》ずから[五]殃福《おうふく》を受く。

[10]* 老いては苦痛を見、死しては則ち意去《こころさ》る。
家《いえ》を楽しみて獄《ごく》に縛《ばく》せられ、世《よ》を貪《むさぼ》りて断ぜず。

[11]* [六]咄嗟《とっさ》に老至れば、色《しき》変じて[七]耄《もう》と作《な》る。
少《わか》き時は意の如くなるも、老ゆれば[八]蹈藉《とうせき》せらる。

[12]* 寿《いのち》百歳なりと雖《いえど》も、亦た死すれば過ぎ去らん。

一　埴を埏ね　粘土をこねること。
二　族姓　「族」は同族、「姓」は異姓を示す。または有名な一族の家がら。
三　㡀霏水　極めて少量の水。本偈についての補註も参照。
四　相剋　相手に打ち勝つの意。『出曜』の説明に、「衆生相剋、互相是非。所習非要、不順正法」とある。
五　殃福　災いと福。
六　咄嗟　「咄」は舌うち、またはその音、「嗟」は嘆きの声。咄嗟は S. dhik の対応語で「アー」ほどの意か。
七　耄　老人。
八　蹈藉　踏みにじる、じゅうりんする。

老いたるが為に厭《いと》われ、病《やまい》条《の》びて際《九きわ》に至る。
[13]* 是《こ》の日已に過ぐれば、命則ち随いて滅ず。
少水の魚の如し。斯《こ》れ何の楽しみか有らん。
[14]* 老《お》ゆれば則ち色《しき》衰え、病に自《おの》ずから壊《こわ》され、
形《かたち》敗れ腐朽《一〇ふきゅう》す。命終わること自然《一一じねん》なり。
[15]* 是の身は何の用ぞ、恒《つね》に漏《も》れ臭《くさ》き処《ところ》なり、
病の為に困《くる》しめられ、老死の患《うれ》い有り。
[16]* 欲を嗜《たしな》み自ら恣《ほしいまま》なれば、非法是れ増す。
変《一二へん》を見聞せず、寿命は無常なるに。
[17]* 子有るも恃《一三たの》むところに非ず、亦た父も兄も〔恃むところに〕非ず。
死の為に迫《せま》らるれば、親も怙《たの》む可《べ》きこと無し。
[18]* 昼夜に慢惰《一四まんだ》にして、老ゆるも婬《いん》を止《や》めず、
財有るも施《ほどこ》さず、仏言《ぶつごん》を受けず。
此《こ》の四弊《しへい》有らば、自ら侵欺《一五しんぎ》を為《な》す。
[19]* 空にも非ず、海の中にも非ず、山石の間に入るにも非ず、
地の方所《一六ほうしょ》に之《これ》を脱《のが》れんも、死を受けざるところ有ること無し。
[20]* 是れ務《つと》めなり。是れ吾《わ》が作《な》すことなり。当に作して是れを致さしむべし。
人此の為に躁擾《一七そうじょう》して、老死の憂《うれ》いを履践《一八りせん》す。
[21]* 此《こ》れを知りて能《よ》く自ら静《しず》め、是の如く生《せい》の尽《つ》くるを見て、

九　際　『法集』では「後際」とある。S. antaka の対応語で、死の意。
一〇　腐朽　腐りくちること。
一一　自然　人為を超えた摂理。
㊅五五九中
一二　変　災難、人の死。Uv の antarāya（災難）に対応。
一三　恃む　たよる、あてにする。「怙む」も同じ意。
一四　慢惰　あなどりおこたること。
一五　侵欺　おかしあざむくこと。
一六　方所　場所。『法華経』陀羅尼品（五七下）にも同様の熟語がある。
一七　躁擾　底本は「蹘擾」に作るが、ここでは、宋・元・明三本による。心がさわがしく乱れること。
一八　履践　実行すること。

比丘《びく》は魔兵を厭《いと》いて、生死《しょうじ》より度《ど》するを得《う》。

教学品《*きょうがくぼん》　法句経第二　　二十と九章有《あ》り［29偈］

教学品とは、導くに行う所を以《もっ》てし、己《おのれ》の愚闇《ぐあん》を釈して道《どう》の明らかなるを見ることを得しむ。

*［1］咄哉《とつかな》何ぞ寐《び》[一]を為さん。蝹《おう》[二]・螺《ら》・蜯《ぼう》・蠹《と》の類《たぐい》、
隠弊《いんぺい》するに不浄を以てし、迷惑《めいわく》[三]して身為《しんた》りと計《け》[四]す。
［2］焉《いずく》んぞ、斫創《しゃくそう》[五]を被《こうむ》り、心、疾痛《しっつう》に嬰《かか》るが如くにして、
衆《もろもろ》の厄難《やくなん》に遘《あ》うに、反《かえ》って用《もっ》て眠るを為すこと有らんや。
*［3］思いて放逸《ほういつ》ならず、仁《じん》[六]を為し、仁の迹《あと》を学べば、
是れに従《よ》りて憂《うれ》い有ること無く、常に念じて[七]自ら意を滅す[八]。
*［4］正見《しょうけん》[九]にして、学び務《つと》めて増やさば、是れを世間の明《みょう》[一〇]と為す。
所生の福千倍し、終《つい》に悪道に堕せず。
*［5］小道を学びて、以て邪見《じゃけん》を信ずること莫《な》かれ。
放蕩《ほうとう》を習いて、欲意《よくい》を増さしむること莫かれ。
［6］善く法を修し行じて、学誦《がくじゅ》して犯《おか》すこと莫かれ。
道《どう》を行ずるに憂い無く、世世に常に安し。
*［7］敏《つと》[一一]め学びて身を摂《せっ》し、常に思《し》と言《げん》とを慎めば、

一　寐　ねる、ねむること。
二　蝹・螺・蜯・蠹　「蝹」は、じがばち、「螺」は、たにし、「蜯」は、どぶがい、「蠹」は、木食い虫。
三　迷惑　類義字を重ねた熟語。まよい、とまどうこと。
四　計　妄念をもって誤ったことを思いこむこと。
五　斫創　刀で切られた傷。
六　仁　仁は儒教の徳目であるが、漢訳仏典でも仁愛、仁慈は比丘が実践すべきものとして重視される。ここでは沈黙の行（mauna）に対応する。『法集』では「牟尼」とある。
七　常に念じて　常に一つのことに思念を集中すること。
八　意を滅す　滅心、滅想等と同じく心の動きを滅し去ること。
九　正見　正しい考え。八聖道の一つに数えられる。
一〇　世間の明　世の中を照らす灯明。仏のことを指す場合もある。
一一　敏　底本は「慜」に作るが、ここでは宋・元・明三本による。

是れ不死に到る。[一三]行《ぎょう》滅すれば、安らぎを得《う》。
[8]務《つと》めに非ざれば学ぶこと勿《な》かれ。是れ務めなれば宜《よろ》しく行《ぎょう》ずべし。
已《すで》に念ず可《べ》きを知らば、則ち[一三]漏《ろ》は滅することを得《う》。
[9]法《ほう》を見て身《みずか》らを利すれば、夫《そ》れ[一四]善方《ぜんほう》に到る。
利《り》を知りて健《たけ》く行ず、是れを賢明《けんめい》と謂《い》う。
[10]起《た》ちて義《ぎ》を覚《さと》らんとする者は、学びて滅すること以て固《かた》し。
[一五]着《じゃく》滅して自ら[一六]恣《ほしいまま》なること、損《そん》じて興《おこ》らず。
[11]是れ向《む》かうに強《つよ》さを以てし、是れ学ぶに中《まごころ》を得《え》、
是れに従《よ》りて義《ぎ》を解し、宜《よろ》しく行を憶念《おくねん》すべし。
[12]*学ぶには先《ま》ず母を断じ、君と二臣を率《ひき》い、
諸の[一七]営従《えいじゅう》を廃《はい》す。是れ上道《じょうどう》の人なり。
[13]*学ぶに朋類《ほうるい》無く、善友《ぜんゆう》を得ざれば、
寧《むし》ろ独《ひと》り善を守りて、愚《ぐ》と偕《とも》ならざれ。
[14]*戒を楽しみ行を学ぶに、奚《なん》ぞ伴《とも》を用いることを為《な》さん。
独り善く憂い無きは、[一八]空野《くうや》の象の如し。
[15]戒と聞《もん》は倶《とも》に善く、二者孰《いず》れか賢《まさ》らん。
方《まさ》に戒は聞に称《かな》う、宜しく諦《あき》らかに学行《がくぎょう》すべし。
[16]学ぶに先ず戒を護《まも》り、開閉に必ず固くして、
施して受くること無く、[一九]仂行《りょくぎょう》して臥《ふ》すこと勿《な》かれ。

一三　行滅すれば　『法句』無常品の第二偈（五五九上）を参照。
一三　漏　漏れるという一般的な意の他、仏教では煩悩の意に用いる。
一四　善方　善い場所。悟りの境地。

㊅五五九下

一五　着　執着のこと。『法句』戒慎品の第十三偈（五六一上）を参照。
一六　自ら恣なる　S.pramāda, P.pamāda「放逸」に同じ。
一七　営従　世話をやく随従の意か。『発智』巻二十（一〇二九下）には「随行」とある。S.anucara（従臣）の訳か。
一八　空野　人気のない野原。S.araṇya（阿蘭若）。『法集』では「曠野」とある。
一九　仂行　修行に努め励むこと。

[17]* 若し人寿《いのち》百歳ならんも、邪《よこしま》に学びて不善を志《こころざ》さば、
生《せい》一日にして、精進《しょうじん》して正法《しょうぼう》を受くるに如《し》かず。
[18]* 若し人寿百歳ならんも、火を奉《ほう》じ異術《いじゅつ》を修《しゅう》さば、
[一]須臾《しゅゆ》の頃に、戒に事《つか》うる者の、福の称《たた》うるに如かず。
[19] 能《よ》く行ずるは之を可《か》と説くも、能《あた》わずして空語《くうご》する勿《な》かれ。
虚偽《きょぎ》にして誠信《せいしん》無きは、智者の[二]屏棄《へいき》する所なり。
[20]* 学ぶには当に先ず解を求め、観察して是非《ぜひ》を別《わか》つべし。
[三]諦《たい》を受ければ応《まさ》に彼れに誨《おし》うべく、慧《え》あるも然《しか》くして復《ま》た惑《まど》わず。
[21] [四]被髪《ひはつ》して邪道《じゃどう》を学び、[五]草衣《そうい》しても内に[六]貪濁《とんじょく》あり。
[七]曚曚《もうもう》として真を識《し》らざること、聾《ろう》の五音を聴《き》くが如し。
[22]* 学びて能く[八]三悪を捨し、薬を以て衆《もろもろ》の毒《どく》を消す。
[九]健夫《けんぷ》の生死《しょうじ》を度《ど》すること、蛇の故《ふる》き皮を脱するが如し。
[23]* 学びて多聞《たもん》にして、戒《かい》を持《じ》して失わざれば、
[一〇]両《ふた》つながら世に誉《ほ》められ、[一一]所願《しょがん》は得らる。
[24]* 学びて寡聞《かもん》にして、戒を持すること完《まった》からざれば、
両つながら世に痛《いた》みを受け、其《そ》の[一二]本願を喪《うしな》う。
[25]* 夫《そ》れ学ぶに二有り、常に多聞に親《した》しむと、
安んじて諦《つまび》らかに義を解すとなり。困《くる》しむと雖《いえど》も邪《よこしま》ならざれ。
[26] [一三]稊稗《ていひ》の禾《いね》を害する〔が如く〕、多欲は学びを妨《さまた》ぐ。

一　須臾　ほんのわずかの時間の単位。
二　屏棄　退けすてること。廃棄。
三　諦　真理。
四　被髪　髪の毛が頭にかぶさるようになる、髪の毛をふりみだす意。
五　草衣　草をつづった粗末な服。隠者の服。
六　貪濁　貪りという汚れ、煩悩。
七　曚曚　心がぼんやりして、確かでないさま。
八　三悪　貪・瞋・痴の三毒。
九　健夫　強壮な男子。
一〇　両つながら世に　現在世と未来世。
一一　所願　S. vrata（誓戒）に対応する。第二十四偈では「本願」とある。
一二　本願　以前に願うもの、程度の意か。『法集』は「所願」とある。Uv は vrata（誓戒）とある。S. pūrva-praṇidhāna が本願の一般的原語。
一三　稊稗　いぬびえとくさびえ。

(大)五六〇上

衆《もろもろ》の悪《あく》を[一四]転除《うんじょ》せば、[一五]成収《せいしゅう》必ず多からん。

[27]慮《おもんばか》って後《のち》に言い、辞《ことば》は[一六]強梁《きょうりょう》ならず。
法説《ほうせつ》と義説《ぎせつ》、言いて違《たが》うこと莫《な》し。

[28]善く学びて犯すこと無く、法を畏《おそ》れて暁《さと》く[一七]忌《いみ》す。
[一八]微《び》を見る知者は、誡《いさ》めて後の患《うれ》い無し。

[29]*罪と福を遠く捨て、務《つと》めて[一九]梵行《ぼんぎょう》を成じ、
終身自ら摂《おさ》む、是れを善学と名づく。

多*《た》聞《もん》品《ぼん》 法句経第三

十と九章有《あ》り［19偈］

多聞品とは、亦た聞きて学ぶを勧めて聞《もん》を積《つ》みて聖を成じ、自ら正覚《しょうかく》を致す。

[1]*多聞《たもん》を能く持すること固く、法を奉ずるを[二〇]垣墻《えんしょう》と為《な》し、
精進《しょうじん》して[二一]踰《こ》え毀《やぶ》ること難《かた》くす。是れに従《よ》りて戒と慧成ず。

[2]*多聞は志《こころざし》を明《あき》らかならしめ、已《すで》に明らかなれば智慧《ちえ》増し、
智則ち博《ひろ》ければ義《ぎ》を解し、義を見れば法を行《ぎょう》ずること安《やす》し。

[3]*多聞は能《よ》く憂《うれ》いを除き、能く[二二]定《じょう》を以て歓《よろこ》びと為す。
善く[二三]甘露《かんろ》の法を説き、自ずから[二四]泥洹《ないおん》を得るを致す。

[4]*聞きて[二五]法律《ほうりつ》を知ると為《な》し、疑いを解《と》き亦た正しきを見、
聞に従いて非法《ひほう》を捨て、行きて[二六]不死《ふし》の処に到る。

一四 転除　「耘」は田畑の雑草を取り除くこと。耘除で悪いものを取り除くこと。
一五 成収　穀物の実りが多いこと。
一六 強梁　強くあらあらしいこと。
一七 忌　いましめる、はばかる。
一八 微　かすか、ほのかなもの。
一九 梵行　欲望をなくした清らかな行い。仏法の修行。Uv の brahmacaryavān に対応する。

二〇 垣墻　かきね。
二一 踰え毀る　「踰」は飛び越えること。「毀」は壊すこと。垣根を飛び越え、壊すことを意味する。
二二 定　瞑想、禅定のこと。
二三 甘露の法　仏の説法。仏法は人を不死（涅槃）に導くので甘露になぞらえる。
二四 泥洹　涅槃のこと。
二五 法律　漢語としては則るべき規律の意。ここでは仏の教えと戒律の意。
二六 不死の処　涅槃の境地。

[5]* 為に能く師は道《どう》を現わし、疑いを解きては明らかなるを学ばしむ。
亦た清浄《しょうじょう》の本《もと》を興《おこ》し、能く法蔵《ほうぞう》[一]を奉持せしむ。
[6]* 能く摂《せつ》[二]すれば義を解するを為し、解すれば則《すなわ》ち戒[三]は窐《うが》たれず。
法を受け法に猗《よ》[四]らば、是れに従《よ》りて疾《と》く安《やす》[五]きを得ん。
[7]* 若《も》し多少《たしょう》聞くこと有りて、自《みずか》ら大《だい》とし以《もっ》て人に憍《おご》らば、
是れ盲《もう》の燭《ともしび》を執《と》りて、彼れを炤《て》らすも、自らは明らかならざるが如し。
[8]* 夫《そ》れ爵《しゃく》・位《い》・財《ざい》を求め、尊貴《そんき》[六]なること天福《てんぷく》[七]に升《のぼ》るも、
弁《べん》と慧《え》あるの世間に悍《たけ》きは、斯《こ》れ聞《もん》を第一と為《な》す。
[9] 帝王の聘礼《へいれい》[八]は聞なり、天上天《てんじょうてん》[九]も亦《ま》た然《しか》り。
聞を第一蔵と為さば、最も富み旅力《りょりき》[一〇]強し。
[10] 智者は聞の為に屈《くっ》し、道を好む者も亦た楽しむ。
王者は心を尽《つ》くして事《つか》う、釈《しゃく》[一一]・梵《ぼん》と雖《いえど》も亦た然り。
[11] 仙人は常に聞を敬《うやま》う、況《いわん》や貴《き》[一二]・巨《きょ》・富人《ふじん》をや。
是れ慧《え》を以て貴《とうと》しと為《な》す。礼《れい》す可《べ》きこと是れに過《す》ぐるは無し。
[12]* 日に事《つか》うるは明《あ》かるさの為《ため》の故《ゆえ》なり、父に事うるは恩《おん》の為の故なり、
君《きみ》に事うるは力を以ての故なり、〔多〕聞の故に道人《どうじん》に事うるなり。
[13]* 人は命《いのち》の為に医《い》に事え、勝たんと欲して豪強《ごうきょう》に依《よ》る。
法は智慧《ちえ》の処《ところ》に在《あ》り、福行《ふくぎょう》[一三]あらば世世に明かるし。
[14]* 友を察《さつ》するは謀《はかりごと》を為すに在り、伴《とも》と別るるは急時《きゅうじ》に在り、

一　法蔵　真理を説いた仏の教え、または仏の教えを蔵めた経典。
二　摂　摂御（おさめて制御する）の意。心や感覚器官の働きをおさめてコントロールすること。
三　戒　底本は「義」に作るが、元・明本、さらに『法喩』により「戒」に改める。
四　猗　依存すること。
五　安き　涅槃のこと。
六　尊貴　「尊」も「貴」も貴いこと。
七　天福　天または天という福のこと。
八　聘礼　諸侯が臣下をつかわして他国を訪問させる儀式。
九　天上天　諸天の上にある天。『法華経』巻一（五中）には「天中天」とある。S.devātideva の訳語か。
一〇　旅力　あらゆる力、衆力。
一一　釈・梵　帝釈と梵天。　㊅五六〇中
一二　貴・巨・富人　貴人、巨人、金持ち。
一三　福行　報いとして幸福をもたらすような善い行い。

妻を観《み》るは[一四]房楽《ほうらく》に在り、智を知らんと欲せば説《せつ》に在り。
[15]* 聞は今世《こんせ》の利《り》を為《な》し、妻子・[一五]昆弟《こんてい》・友、
亦た後世《ごせ》の福を致す。聞を積《つ》みて聖智《せいち》を成《じょう》ず。
[16]* 是れ能く[一六]憂恚《ゆうい》を散じ、亦た[一七]不祥《ふしょう》の衰《おとろ》えを除く。
[一八]安穏《あんのん》の吉を得んと欲さば、当《まさ》に多聞者に事うべし。
[17]* 斫創《しゃくそう》は憂いに過ぎたるは無《な》く、[一九]射箭《しゃせん》は愚《おろ》かに過ぎたるは無し。
是れ[二〇]壮《そう》も抜くこと能《あた》うこと莫《な》く、唯《た》だ多聞に従いて除く。
[18]* 盲《もう》は是れに従《よ》りて眼を得、[二一]闇者《あんじゃ》は従りて燭《しょく》を得。
亦た世間の人を導くは、目あるものが[二二]目無きものを将《ひき》いるが如し。
[19]* 是《こ》の故に痴《ち》を捨つ可《べ》し。慢《まん》と豪富《ごうふ》の楽《らく》を離れ、
学《がく》を務《つと》め聞者《もんじゃ》に事《つか》うる、是れを徳を積聚《せきじゅう》すと名づく。

*篤《とく》信《しん》品《ぼん》　法句経第四

十と八章有《あ》り［18偈］

篤信品とは、立道《りつどう》の根果《こんか》なり。因《いん》に於いて正見《しょうけん》ならば行《ぎょう》、回顧《かいこ》せず。
[1]* 信《しん》・慚《ざん》・戒《かい》・[二三]意財《いざい》、是の法を[二四]雅士《がし》は誉《ほ》む。
斯《こ》の道《どう》は[二五]明智《めいち》の説なり。是の如くして[二六]天世《てんせ》に昇る。
[2]* 愚かなるは[二七]天行《てんぎょう》を修《しゅう》せず、亦た布施《ふせ》を誉《ほ》めず。
信施《しんせ》して善を助くる者は、是れに従りて彼《か》しこの[二八]安《あん》に到る。

一四　房楽　房中の楽しみ。
一五　昆弟　兄弟。
一六　憂恚　憂いと怒り。
一七　不祥　めでたくない、縁起が悪いの意。
一八　安穏　やすらか、おだやかの意。安隠に同じ。S. yoga-kṣema, P. yoga-kkhema の訳か。
一九　射箭　矢を射ること、または矢で射られること。
二〇　壮　勇壮の者。
二一　闇者　暗闇の中にある者。
二二　目無きもの　目の不自由な人。
二三　意財　『法集』によれば、布施の意か。本品の第十六偈も参照。あるいは「戒意の財」とも読めよう。
二四　雅士　正しく上品な人の意。
二五　明智　あきらかな智慧。ここでは賢者の意。S. vidvān の訳か。
二六　天世　神々の世界。
二七　天行　崇高な行い。神々の世界に赴ける行い。
二八　安　平安。

[3]* 信ずる者は真人《しんじん》[一]の長《ちょう》、法を念ずれば住む所安し。
近づく者は意に上《じょう》を得、智の寿《いのち》は寿の中の賢《けん》なり。

[4]* 信は能《よ》く道《どう》を得、法は滅度《めつど》[二]を致す、
聞《もん》に従いて智を得、到《いた》る所に明《あき》らかなる有り。

[5]* 信もて能く淵《ふち》を度《ど》し、摂《せつ》[三]もて船師《せんし》と為《な》り、
精進《しょうじん》もて苦を除き、慧《え》もて彼岸《ひがん》[四]に到る。

(大)五六〇下

[6]* 士《し》に信《しん》と行《ぎょう》有れば、聖《せい》[五]の誉むる所と為る、
無為《むい》[六]を楽しめば、一切の縛解《ばくと》[七]かる。

[7]* 信之《と》戒と、慧意《えい》[八]もて能く行ずれば、
健夫《けんぷ》[九]は恚《いか》りを度し、是れに従《よ》りて淵を脱《のが》る。

[8]* 信は戒を誡ならしめ、亦た智慧《ちえ》を受く。
在在《ざいざい》[一〇]に能く行き、処処《しょしょ》に養《やしな》わる。

[9]* 方《まさ》に世利《せり》に比すれば、慧と信とは明《あき》[一一]らか為《た》り。
是れ財の上宝、家産《かさん》[一二]は非常[一三]なり。

[10]* 諸の真《しん》[一四]を見んと欲し、法を聴講《ちょうこう》するを楽しみ、
能《よ》く慳垢《けんく》[一五]を捨《しゃ》す、此れを信と為《な》す。

[11]* 信《しん》は能く河《かわ》[一六]を度《わた》り、其の福奪い難《がた》し。
能く禁じて盗みを止《や》めよ。野《の》[一七]は沙門《しゃもん》の楽しみなり。

[12]* 信無きに習[一八]せざれ。好んで正言《しょうごん》を剝《は》ぐこと、

一　真人　仏道修行の完成者、特に阿羅漢を指す。漢語としての「真人」は、道家思想における「道」の体得者、道教における神仙を意味する。
二　滅度　涅槃。
三　摂　摂御（おさめて制御する）の意。心や感覚器官の働きをおさめてコントロールすること。
四　彼岸　向こうの岸の意で、涅槃の境地をたとえる。衆生が生死輪廻する迷いの世界を此岸というのに対する。
五　聖　聖人、聖者。
六　無為　原因・条件によって生成されたものではない存在の意で、涅槃を指す。
七　縛　束縛。
八　慧意　智慧の心。
九　健夫　強壮な人。
一〇　在在に　ところどころ、あちこちの意。
一一　明　『出曜』では「智」、『法集』では「智母」とあるから、これは恐らく「智慧」を意味していよう。本品第四偈も参照。
一二　家産　財産、財宝。
一三　非常　無常に同じ。
一四　真　聖者。
一五　慳垢　物惜しみという垢。S. mātsarya-mala.
一六　河を度り　煩悩の此岸を離れて、悟りの彼岸に赴くこと。
一七　野　『法集』では「閑静」とある。S.

拙《つたな》く水を取るが如し。泉を掘るに泥を揚《あ》ぐ。

[13]* [一九]賢夫《けんぷ》に［習し］智あるに習せよ[二〇]。清流を楽仰《ぎょうこう》[二一]して、
善く水を取るが如し。思い冷たく[二二]して擾《みだ》れず。

[14]* 信あるは他を染《そ》めず、唯《た》だ賢《けん》と仁[二三]のみ。
[二四]可好《かこう》は則ち学び、[二五]非好《ひこう》は則ち遠《とお》ざく。

[15] 信を我《わ》が輿《こし》と為《な》せば、[二六]我が載を知ること莫《な》し。
大象の調《ちょう》するが如く、自ら調するは最勝なり。

[16]* 信も財、戒も財、慚《ざん》と愧《き》も亦た財、
聞《もん》も財、施《せ》も財、慧《え》とを七《しち》の財と為す。

[17]* 信に従い戒を守り、常に浄《きょ》く法を観じ、
慧もて利行《りぎょう》して、奉敬《ほうけい》して忘れず、

[18]* 生まれて此の財有り、男女を問わず、
終《つい》に以て貧《ひん》ならず、賢者は真を識《し》る。

*戒《かい》慎《しん》品《ぼん》　法句経第五

十と六章有《あ》り［16偈］

[二七]戒慎品とは、善道《ぜんどう》を授与《じゅよ》し、邪非《じゃひ》を禁制《きんせい》し、後に悔《く》ゆる所無きなり。

[1] 人にして常に清く、律を奉《ほう》じて終わりに至り、
善行を浄修《じょうしゅう》せば、是の如くして戒成《じょう》ず。

---

araṇya の訳か。
一八　習せざれ　なれしたしまないこと。『出曜』（六七七下）に、「不親近」「不承事」と説明される。
一九　賢夫　仏弟子のこと。『出曜』（六七七下）参照。
二〇　習せよ　したしむこと。『出曜』（六七七下）に、「常当親近、承事供養」とある。
二一　楽仰　仰ぎ願うこと。
二二　冷たく　底本は「令」に作るが、『出曜』や『法集』を参考にして「冷」と改める。
二三　仁のみ　底本では「人」とあるが、『出曜』と『法集』に従って「仁」と改める。なお本偈の補註も参照。
二四　可好　仏道修行にとって好ましい人。『出曜』（六七八上）参照。賢聖奉律の人。
二五　非好　仏道修行にとって好ましくない人。弊友等。『出曜』（六七八上）参照。
二六　我　底本は「斯」に作るが、宋・元・明三本、聖本に従って「我」に改める。
二七　戒　底本は「誡」に作るが、宋・元・明三本、聖本に従い「戒」に改める。

[2]* 慧《え》ある人は戒を護《まも》り、福を三つの宝に致す。
名聞《めいぶん》[一]と、利を得ること、後に天に上《のぼ》りて楽しむことなり。

[3]* 常に法処《ほっしょ》[二]を見、戒を護るを明らか[三]と為《な》す。
真《しん》[四]の見《けん》[五]を成ずることを得ば、輩中《はいちゅう》の吉祥《きっしょう》たらん。

[4]* 持戒者は安く、身《しん》をして悩み無からしむ。
夜臥《ふ》せては恬淡《てんたん》[六]にして、寤《さ》めては則ち常に歓《よろこ》ぶ。

[5]* 戒と布施を修《しゅう》し、福を作《な》せば福と為《な》る。
是《かし》[七]より彼こに適《ゆ》きて、常に安処《あんしょ》[八]に到る。

[6]* 何ぞ終わりに善《よ》しと為し、何ぞ善く安らか[九]に止まり、
何ぞ人の宝と為し、何ぞ盗《ぬす》びとも取らざる。

[7]* 戒は老いに終わるも安く、戒は善く安らかに止まらん。
慧を人の宝と為し、福は盗びとにも取られず。

[8]* 比丘は戒に立ち、諸根[一〇]を守り摂《せつ》し、
食《しょく》には自ら節《せつ》を知り、意を悟《さ》[一一]まして応ぜしむ。

[9]* 戒を以《もっ》て心を降《くだ》し、意を守りて定を正しくし、
内に正観を学びて、忘るること無く正智《しょうち》あれ。

[10]* 明哲《めいてつ》[一二]にして戒を守り、内思《ないし》して正智あり、
道《どう》を行うに如応《にょおう》[一三]にして、自ら清くして苦を除け。

[11]* 諸垢《しょく》を蠲除《けんじょ》[一四]し、慢《まん》を尽《つ》くして生ぜしむること勿《な》かれ。

一　名聞　名声、名誉の意。
二　法処　ここでは先の第二偈の内容をさす。Uv の sthāna（場所、主題、ことがら）に対応。
三　明らか　Uv では「賢者」、『法集』では「明智」とある。智ある者の意。
四　真　前出と同じく聖者の意。Uv の ārya（聖者）に対応。
五　見　考え、理解。S. darśana に対応。
六　恬淡　心が静かで無欲であること。心がさっぱりしていること。Uv の sukhaṃ（安らかに）に対応。
七　是より彼こに　今世から後世への意。
八　安処　涅槃を指す。
九　安らかに止まり　SN の patiṭṭhita（安立した）に対応する。　(大)五六一上
一〇　諸根を守り摂し　「根」は眼・耳・鼻・舌・身・意の感覚器官。「守」も「摂」も心や感官などをじっとさせ散乱させないこと。
一一　悟　目がさめること。寤に同じ。
一二　明哲　聡明であること。
一三　如応　適切に、しかるべき、の意。漢訳仏典の造語と考えられる。
一四　蠲除　除き去ること。

終身《しゆうしん》法を求めて、暫《しばら》くも聖を離るること勿かれ。
[12]* 戒《かい》・定《じよう》・慧《え》の[一五]解《さと》り、是れ当《まさ》に善《よ》く惟《おも》うべし。
都《すべ》て已《すで》に垢を離るれば、禍《わざわ》い無く有《う》を除く。
[13]* [一六]着解《じやくと》かるれば則ち度し、余りは復《ま》た生ぜず。
諸の魔界《まかい》を越え、日の如く清明《せいめい》なり。
[14]* 狂惑《きようわく》し、自ら恣《ほしいまま》にして、已に常に外に避《さ》く。
戒・定・慧の行《ぎよう》、満《まん》を求めて離るること勿《な》かれ。
[15]* 持戒《じかい》清浄《しようじよう》にして、心自ら恣ならず、
正智もて已に解《と》かれなば、[一七]邪部《じやぶ》を覩《み》ず。
[16]* 是れ吉処《きつしよ》に往《ゆ》き、無上道《むじようどう》と為《な》す。
亦た非道を捨て、諸の魔界を離れん。

惟*《い》念《ねん》品《ぼん》　法句経第六

十と二章有《あ》り　[12偈]

惟念品とは、[一八]守微《しゆび》の始め、内思し[一九]安般《あんぱん》すれば、必ず[二〇]道紀《どうき》を解す。

[1]* 出息入息《しゆつそくにゆうそく》の念を、具《つぶ》さに満じ諦《あき》らかに思惟《しい》し、
初めより竟《おわ》りまで[二一]通利《つうり》せば、安《やす》きこと仏の所説の如し。
[2]* 是れ則ち世間を炤《てら》すこと、雲解けて月現わるるが如し。
[二二]起止《きし》に学びて思惟し、坐臥《ざが》に[二三]廃忘《はいぼう》せず、

一五　解り　理解の意。『法集』では「解脱」とある。
一六　着　執着。Uv の saṅga に対応。
一七　邪部　悪魔のことか。
一八　守微　「微」は微細でほのかな真理、微妙に同じ。守微とはこのような真理を守ること。
一九　安般　P. ānāpāna の音写語。自らの出入息を観察することにより心を静め、落ちつかせること。
二〇　道紀　仏教の真理、悟り。「紀」は真理、おきての意。
二一　通利　証道の利益を理解すること。
二二　起止……坐臥　行住坐臥に同じ。進み・立ち止まり・坐り・横になることで、人の行動全般を表わす。
二三　廃忘　捨てること。

[3]* 比丘《びく》是の念を立つれば、前《さき》にも利《り》し後《のち》にも則ち勝《すぐ》れん。
始めに得《え》、終わりに必ず勝《すぐ》るれば、逝《ゆ》きて生死《しょうじ》を観《み》ず。

[4]* 若《も》し身の所住を見んには、[一]六更《ろっこう》を以て最と為す。
比丘常に[二]一心《いっしん》なれば、便《すなわ》ち自ら泥洹《ないおん》を知らん。

[5]* 已《すで》に是の諸の念有らば、自身にて常に行《ぎょう》を建《た》てん。
若し其《そ》れ是の如《かく》くならずんば、終《つい》に意の行ずるを得じ。
是の[三]本行《ほんぎょう》に随《したが》う者は、是の如く[四]愛労《あいろう》を度《ど》せん。

[6]* 若《も》し能く意を悟り、念じて、知解《ちげ》し、一心にして、楽しみて、
時に応じて等しく法を行ずれば、是れ老死と悩《のう》を度さん。

㊅五六一中

[7]* 比丘は意を悟り、行じて、当《まさ》に是の念を応《おう》ぜしむべし。
諸《もろもろ》の欲と生死《しょうじ》を棄《す》てて、為《ため》に能く[五]苦際《くさい》を作《な》さん。

[8]* 常に当に微妙《びみょう》を聴《き》き、自ら覚《さ》めて其《そ》の意を悟るべし。
能く覚《さ》むる者は賢為《けんた》り。終始会《しゅうしえ》する所無けん。

[9]* 覚むるを以て意能く応《おう》じ、日夜務《つと》めて学行《がくぎょう》し、
当《まさ》に甘露《かんろ》の要《よう》を解《さと》るべし。[六]諸漏《しょろ》をして尽《つ》くることを得しむ。

[10]* 夫《そ》れ人[七]善利《ぜんり》を得んとせば、乃《すなわ》ち来たりて自ら仏に帰《き》せ。
是の故に当に昼夜、常に[八]仏法衆《ぶっぽうしゅ》を念ずべし。

[11]* 己《おの》れを知り自ら意を覚ます、是れを仏弟子と為《な》す。
常に当に昼夜に、仏と法と及び僧とを念ずべし。

一　六更　眼・耳・鼻・舌・身・意の六根のことか。『出曜』の説明（六九九上）に「閉塞諸根、眼耳鼻口身意諸根、澄浄不乱。守護六情、不受諸見」とある。また『法集』（七八四中）には「六触」とある。

二　一心　他のことを考えず一つのことばかりに心を向けること。Uv の samāhita の訳語。

三　本行　さとりへの修行。『出曜』（六九九上）は具体的に安般守意、不浄観、浄観を挙げる。

四　愛労　愛欲の憂い。Uv の viṣaktikā, P. visattikā の訳語。

五　苦際　苦しみの終わり。

六　漏　煩悩の意味。

七　善利　良き利益のこと。S. lābha（利益）に対応する。『出曜』（七〇一上）では、象・馬などの世間の利であり、真正の利ではないと説明する。

八　仏法衆　仏・法・僧の三宝。

[12]* 身を念じ非常を念じ、戒と布施との徳を念じ、
空《くう》[九]と不願《ふがん》と無相《むそう》、昼夜に当に是れを念ずべし。

慈*《じ》仁《じん》品《ぼん》　法句経第七

十と八章有《あ》り　[19偈]

慈仁品[一〇]とは、是れ大人、聖人の所履《しょり》[一一]の徳の普《あまね》く無量なるを謂《い》う。

[1]* 仁《じん》を為《な》して殺さず、常に能《よ》く身を摂《おさ》むれば、
是れ不死に処《お》り、適《ゆ》く所患《うれ》い無し。

[2]* 殺さずして仁を為し、言を慎み心を守れば、
是れ不死に処り、適く所患い無し。

[3]* 彼《か》の乱れ已に整わば、守るに慈と仁を以《もっ》てし、
怒《いか》りを見るも能く忍ぶ、是れを梵行《ぼんぎょう》[一二]と為す。

[4]* 至《し》[一三]誠《せい》にて安《やす》く除《きょ》まり、口に麁《そ》[一四]言《げん》無く、
彼《か》の所に瞋《いか》らず、是れを梵行と謂う。

[5]* 垂拱《すいきょう》[一五]して為[一六]すこと無く、衆生を害さず、
嬈悩《じょうのう》[一七]する所無し、是れ応《まさ》に梵行たるべし。

[6]* 常に慈哀《じあい》を以て、浄《きよ》きこと仏の教えの如く、
足《た》[一八]るを知り止《や》むを知る、是れ生死《しょうじ》を度《わた》るなり。

[7] 少欲にして学を好み、利に惑《まど》わず、

九　空と不願と無相　三三昧、または三解脱門と呼ばれる。「十上経」『長含』巻九（五三上）、「三聚経」『長含』巻十（五九下）には、「空・無相・無作」の三三昧を挙げ、また『長阿含十報法経』巻上（大正一、二三四上）に、「空、不願、不想」とある。

一〇　慈仁　他を慈しむ思いやりの深い心。

一一　所履　「履」は、行う、経験するの意。

一二　梵行　清らかな行い。戒律を保って修行すること。

一三　至誠　真心。

一四　麁言　あらあらしい言葉、はげしい言葉。

一五　垂拱　衣を垂れ、手をこまねいて何もしないこと。

一六　為すこと無く　何もしないこと。

一七　嬈悩　かき乱し悩ますこと。

一八　足るを知り　少欲知足。次の偈を参照。

仁にして犯《おか》さざるは、世上《せじょう》[一]の称《しょう》する所なり。

[8]* 仁の寿《いのち》は犯さるる無く、変《へん》[二]を興《おこ》さずして快《こころよ》し、
人諍擾《そうじょう》[三]を為すも、慧《え》は嘿《もく》[四]するを以て安《やす》し。

[9] 普《あまね》く賢友《けんゆう》を憂《うれ》い、哀《あわ》れみを衆生に加え、
常に慈心《じしん》を行ずれば、適《ゆ》く所は安し。

[10] 仁儒《じんじゅ》[五]は邪《よこしま》ならず、安《やす》く止《とど》まりて憂い無く、
上の天之《これ》を衛《まも》る。智者は慈を楽しむ。

[11] 昼夜に慈を念じ、心に剋伐《こくばつ》[六]無く、
衆生を害せずんば、是の行《ぎょう》に仇《あだな》無し。

[12] 慈ならざれば則ち殺し、戒に違《たが》い、言は妄《みだ》らにして、
過《あやま》ちて他に与えず、衆生を観ぜず。

[13] 酒は志《こころざし》を失うを致し、放逸《ほういつ》の行《おこな》いを為《な》して、
後に悪道に堕《だ》す。誠《せい》無く真《しん》ならず。

[14]* 仁を履《ふ》み慈を行じ、博《ひろ》く愛して衆《しゅう》を済《すく》えば、
十一の誉《ほま》れ有り。福は常に身に随《したが》う、

[15]* 臥《ふ》すること安らかに、覚《さ》むること安らかにして、悪夢を見ず、
天護《まも》りて人愛し、毒《そこな》われず兵《う》たれず、

[16]* 水と火喪《うしな》わせず、在《い》る所[七]に利を得《え》、
死して梵天《ぼんてん》[八]に昇《のぼ》る、是れを十一と為す。

一　世上　世の中。世間。
二　変　人の死の意。
三　諍擾　「諍」はあらそい、いさかい。「擾」は乱すこと。争い乱すこと。
四　嘿する　だまってしずかにしていること。
五　仁儒　仁の徳を奉じ、教える者。　(大)五六一下
六　剋伐　強制的に自己に従わせる気持ち。克ち誇った気持ち。
七　在る所　あらゆるところ。
八　梵天　ブラフマ・ローカ（Brahma-loka）。初禅天の第三。

[17]若《も》し慈心を念ずること、無量にして廃《はい》さざれば、
生死《しょうじ》は漸《ようや》く薄く、利を得て世を度す。
[18]仁に乱志《らんし》無く、慈は最も行ず可《べ》し。
衆生を[九]愍傷《みんしょう》すれば、此の福無量なり。
*[19]仮令《たと》い寿命を尽《つ》くして、[一〇]勤《つと》めて天下《てんか》の神[一一]に事《つか》え、
象馬以て天を祠《まつ》らんも、一慈を行うに如《し》かず。

*言《げん》語《ご》品《ぼん》 法句経第八

十と二章有《あ》り［12偈］

言語品とは、口を戒《いまし》むる所以《ゆえん》なり。説を発《おこ》し、論を談ずるに当《まさ》に道理を用うべし。

*[1]悪言《あくげん》し罵詈《ばり》し、[一二]憍陵《きょうりょう》にして人を蔑《さげす》む、
是の行いを興起《こうき》すれば、[一三]疾怨《しつえん》滋《こ》こに生ず。
*[2][一四]遜言《そんげん》し[一五]順辞《じゅんじ》し、人を尊敬し、
[一六]結《けつ》を棄《す》て悪を忍べば、疾怨自《おの》ずから滅ぶ。
*[3]夫《そ》れ士《し》の生まるるや、斧《おの》、口中に在《あ》り、
身を斬《き》る所以は、其《そ》の悪言に由《よ》る。
*[4]諍《あらそ》いて少利《しょうり》を為《な》すは、失財を掩《おお》うが如し。
彼れに従いて諍いを致さば、意《こころ》をして悪に向かわしむ。
*[5]悪を誉《ほ》め、誉《ほ》むる所を悪《そし》るは、是の二倶《とも》に悪と為す。

九 愍傷 あわれみいたむこと。
一〇 勤 底本は「懃」に作るが、ここでは宋・元・明三本による。
一一 神 底本には「人」とあるが、ここでは元・明本による。
一二 憍陵 「憍」はほしいまま、おごりたかぶるの意。「陵」は相手をしのぐこと。
一三 疾怨 憎みうらむこと。
一四 遜言 へりくだった言葉。
一五 順辞 すなおな言葉。
一六 結 煩悩と同義。

好んで口を以て儈闘《かいとう》[一]せば、是れ後に皆な安きこと無し。
[6]* 道《どう》無ければ悪道《あくどう》に堕《だ》し、自ら地獄《じごく》の苦を増す。
愚《ぐ》を遠ざけ忍《にん》の意《こころ》を修し、諦《たい》[二]を念ずれば則《すなわ》ち犯すこと無し。
[7]* 善に従いて解脱《げだつ》を得、悪を為して解《げ》を得ず。
善《よ》く解《げ》する者を賢《けん》と為し、是れを悪悩《あくのう》を脱すと為す。
[8]* 解して自ら損意《そんい》[三]を抱《いだ》き、不躁《ふそう》[四]にして言《げん》は中《あ》[五]たるを得、
義説と法説、是の言は柔軟《じゅうなん》にして甘《あま》し。
[9]* 是《こ》こを以《もっ》て語《ことば》を言う者は、必ず己《おの》れをして患《うれ》い無からしめ、
亦《ま》た衆人を剋《ころ》さず。是れは能《よ》く善《よ》く言うを為す。
[10]* 言を意の可《よろ》しきに投《とう》ぜしめ、亦た歓喜《かんぎ》を得しめ、
悪意に至らしめざれば、言衆《げんしゅう》[六]を出すも悉《ことごと》く可《よろ》しきなり。
[11]* 至誠《しせい》にして甘露《かんろ》なる説は、如法《にょほう》にして過《とが》無し。
諦《たい》にして義の如く法の如し、是れを道《どう》に近づき立つと為す。
[12]* 説の仏言の如きは、是れ吉にして滅度を得、
為に能《よ》く浩際《こうさい》[七]を作《な》す、是れを言中の上と謂《い》う。

*双《そう》要《よう》品《ぼん》　法句経第九

二十と二章有《あ》り［22偈］

双要品とは、両両の相《そう》を明かし、善悪の対《つい》有り、義を挙《あ》ぐること単ならず。

一　儈闘　「儈」の意は不明。『出曜』では「会闘」、『法集』では「快闘」とある。Uv の kali（非運）に対応するか。

二　諦　真理。すなわち四諦のこと。『出曜』（六六五下）を参照。

三　損意　へりくだった気持ち。

四　不躁　あわただしくなく、落ちついていること。

㊅五六二上

五　中たる　『法句』教学品第十一偈（五五九下）を参照。

六　言衆　多くの言葉。

七　浩際　広大なきわ、はての意。ただ『出曜』や『法集』の「為能断苦際」の方が分かり易い。

[1]* 心を法[八]の本《もと》と為《な》す、心尊く心に使わる。
中[九]心に悪を念じて、即ち言い即ち行わば、
罪苦の自ら追うこと、車、轍《わだち》を轢《ふ》むがごとし。

[2]* 心を法の本と為す、心尊く心に使わる。
中心に善を念じて、即ち言い即ち行わば、
福楽《ふくらく》の自ら追うこと、影の形に随《したが》うが如し。

[3]* 乱れたる意行《いぎょう》に随いて、愚かに拘《かかわ》り冥《めい》に入り、
[一〇]自大《じだい》して法無くんば、何ぞ善言を解せん。

[4]* 正しき意行に随いて、開解《かいげ》すること清明《せいめい》にして、
妬嫉《としつ》を為《な》さずんば、善言に敏達《びんだつ》す。

[5]* 怨者《えんじゃ》を慍《うら》まば、未だ嘗《かつ》て怨《うら》み無きことなし。
慍まざれば自ずから除《のぞ》かる、是の道を宗《むね》とす可《べ》し。

[6]* 好んで彼れを責《せ》めず、務《つと》めて自ら身を省《かえり》みる。
如《も》し此れを知ること有らば、永く滅して患《うれ》い無けん。

[7]* 行うに身《しん》を浄と見、諸[一一]根《しょこん》を摂《せつ》せず、
飲食を節せず、慢《おこた》りて[一二]怯弱《きょじゃく》に堕《だ》さば、
邪《じゃ》の為に制せらるること、風の草を靡《なび》かすが如し。

[8]* 身を不浄《ふじょう》と観じ、能《よ》く諸根を摂し、
食に節度を知り、常に精進《しょうじん》を楽しまば、

八　法　存在するもの。
九　中心　心のなかで。
一〇　自大　自分を偉いと考え、尊大な態度をとること。
一一　根　感覚器官。
一二　怯弱　臆病なこと。

邪の為に動かされざること、大山を風《ふ》くが如し。
[9]* [一]毒態《どくたい》を吐《は》かず、欲心[二]馳騁《ちてい》し、
未だ自ら調《ととの》うること能《あた》わずんば、法衣《ほうえ》に応ぜず。
[10]* 能く毒態を吐き、戒あり意《おも》いは安静にして、
心を降《くだ》し[三]己《おの》れを調うれば、此れ法衣に応ず。
[11]* [四]真を以て偽と為《な》し、偽を以て真と為す、
是れを[五]邪計《じゃけ》と為す。真利を得ず。
[12]* 真を知りて真と為し、偽を見て偽と知る、
是れを正計《しょうけ》と為す。必ずや真利を得ん。
[13]* 屋《やね》を蓋《おお》うに密《みつ》ならずんば、天雨《あめ》ふれば則ち漏《も》るがごとく、
意[六]惟《こ》れ行ぜずんば、[七]淫泆《いんしつ》為に穿《うが》たん。
[14]* 屋を蓋うに善く密ならば、雨ふれども則ち漏らざるがごとく、
意を摂《せっ》して惟《こ》れ行ずれば、淫泆生ぜず。
[15]* [八]鄙夫《ひふ》の人を染むるや、臭き物に近づくが如く、
漸《よう》く迷いて非を習《なら》わば、覚《さと》らずして悪を成《な》す。
[16]* 賢夫《けんぷ》の人を染むるや、香の熏を近づくるが如く、
智を進めて善を習わば、行じて[九]潔芳《けつほう》を成す。
[17]* 造《な》して憂《うれ》い後に憂い、悪を行わば両《ふた》つながら憂う。
彼れは憂い惟《こ》れ懼《おそ》れ、罪を見て心懐《おそ》る。

一 毒態　文字通りには、有毒な態度、有毒な状態の意であるが、ここでは「汚れ」「汚濁」の意。S. kaṣāya, P. kasāya, kasāva に対応。
二 馳騁　駆け回ること。
三 己れ　底本は「已」に作るが、前偈との対応上、「己」に改める。
四 真　Dhp の sāra（真髄）に対応。
五 邪計　間違った考え。Dhp の micchā-saṃkappa に対応する。　(大)五六二中
六 惟れ　語気を強める言葉。
七 淫泆　欲望を欲しいままにすること。S, P. rāga（貪欲）の訳語。
八 鄙夫　心のいやしくせまい男。
九 潔芳　けがれがなく、かんばしいこと。

[18]* 造《な》して喜び後に喜び、善を行わば両つながら喜ぶ。
彼れは喜び惟《こ》れ歓び、福を見て心安からん。
[19]* 今も悔《く》い後にも悔い、悪を為さば両つながら悔ゆ。
厥《そ》れ自ら殃《わざわ》いを為さば、罪を受けて熱悩《ねつのう》せん。
[20]* 今も歓《よろこ》び後にも歓ぶ。善を為さば両つながら歓ぶ。
厥れ自ら祐《たす》けを為さば、福を受けて悦予《一〇えつよ》せん。
[21]* 巧言《こうげん》し多く求め、放蕩《ほうとう》にして戒無く、
婬《いん》・怒《ぬ》・痴《ち》を懐《いだ》き、止観《しかん》を惟《おも》わずんば、
聚《あつま》ること群牛《ぐんぎゅう》の如くして、仏弟子に非ず。
[22]* 時に言い少しく求め、道《どう》を行ずること法の如くして、
婬・怒・痴を除き、正しきを覚《さと》り意解《こころと》かれ、
対《二たい》を見て起こさざれば、是れ仏弟子なり。

*放《ほう》逸《いっ》品《ぽん》 法句経第十

二十章有《あ》り〔20偈〕

放逸品とは、律を引き情を戒《いまし》め、邪《じゃ》を防ぎ失《しつ》を撿《三れん》し、道《どう》を以て賢《けん》を勧《すす》むるなり。

[1]* 戒を甘露の道《どう》と為し、放逸を死の径《みち》と為《な》す。
貪《むさぼ》らずんば則ち死せず、道を失うを自ら喪《うしな》うと為す。
[2]* 慧智《えち》あるは道を守るに勝れ、終《つい》に放逸を為さず、

一〇 悦予　喜び楽しむこと。
二 対　善悪の行為の報い。
三 撿し　調べる、ただすの意。

貪らずして歓喜《かんぎ》を致さば、是れに従《よ》りて道《どう》の楽しみを得。
[3]* 常に当《まさ》に道を惟念《いねん》して、自ら強《つと》めて正行《しょうぎょう》を守るべし。
健者《けんじゃ》は[一]度世《どせ》を得て、[二]吉祥《きつしょう》の上有ること無し。
[4]* 正念あり、常に[三]興起《こうき》し、行い浄《きよ》く、悪は滅し易《やす》く、
自制《じせい》して法を以て寿《いのち》となし、犯さずして善ければ名増す。
[5]*[四]行を発《おこ》し、放逸ならず、約《つづま》やかにして以て自ら心を調《おさ》め、
慧《え》もて能《よ》く[五]錠明《じょうみょう》を作《な》さば、冥淵《めいえん》の中に返らず。
[6]* 愚人《ぐにん》の意《こころ》は解し難《がた》く、貪乱《どんらん》にして諍訟《じょうしょう》を好む。
上智《じょうち》は常に慎みを重んじ、斯《こ》れを護《まも》りて宝尊《ほうそん》と為す。
[7]* 貪ること莫《な》かれ、諍《あらそ》いを好むこと莫かれ、亦た欲楽《よくらく》を嗜《たしな》むこと莫かれ。
思心《ししん》して放逸ならずんば、以《もっ》て大安《だいあん》を獲可《うべ》し。
[8]* 放逸如《も》し自ら禁じ、能《よ》く之《これ》を却《しりぞ》くれば賢と為し、
已《すで》に智慧《ちえ》の閣《かく》に昇り、危《き》を去りて即ち安《やす》しと為す。
明智あるが愚かを観ること、譬《たと》えば山と地との如し。
[9]* 乱《らん》に居《い》て身を正しくせば、彼れ独《ひと》り覚悟《かくご》すと為す。
是の力師子《しし》に過ぎ、悪を棄《す》つるを大智《だいち》と為《な》す。
[10]* 睡眠《すいめん》は重きこと山の若《ごと》く、痴冥《ちめい》に蔽《へい》せらると為す。
安く臥して苦を計らず、是こを以て常に[六]受胎《じゅたい》す。
[11]* 時に自ら恣《ほしいまま》ならざれ。能く制すれば漏《ろ》尽くるを得。

一　度世　悟りを得ること。『法集』は「寂静」とある。Dhp の nibbāna（涅槃）に対応する。

二　吉祥　ここでは Dhp の yoga-kkhema, S. yoga-kṣema（安穏）に対応する。

三　興起　ここでは Dhp の uṭṭhāna-vant（奮起する、努力する）の訳語。

四　行を発し　ここではDhp の uṭṭhāna（奮起、努力）の訳語。

㊅五六二下

五　錠明　灯明の意。底本は「定明」に作るが、宋・元・明三本に従う。補註を参照。

六　受胎　輪廻転生すること。

自ら恣なれば魔は便を得ること、師子の鹿を搏《う》つが如し。

[12]* 能く自ら恣ならざる者、是れを戒比丘《かいびく》と為す。
彼《か》の思い正しく静まる(七)者、常に当《まさ》に自ら心を護るべし。

[13]* 比丘よ、謹慎《きんしん》を楽しめ。放逸ならば憂《ゆう》僁《けん》(八)多し。
諍いの小を変じて大を致すとも、悪を積みて火焔《かえん》に入る。

[14]* 戒を守るは、福にして善を致し、戒を犯すに懼《おそ》るる心有り。
能く三界《さんがい》(九)の漏《ろ》を断ずれば、此れ乃《すなわ》ち泥洹《ないおん》に近し。

[15]* 若《も》し前《さき》に放逸なるも、後に能く自ら禁《きん》ずれば、
是れ世間を炤《て》らす。念ありて其《そ》れ宜《よろ》しきを定む。

[16]* 過失もて悪を為すも、追覆《ついふく》するに善を以《もっ》てせば、
是れ世間を炤らす。念ありて其れ宜しきを善くす。

[17]* 少荘《しょうそう》(一〇)にして家を捨て、盛《さか》んに仏の教えを修むれば、
是れ世間を炤らす。月に雲の消ゆるが如し。

[18]* 人前《さき》に悪を為すも、後《のち》に止《や》めて犯さざれば、
是れ世間を炤らす。月に雲の消ゆるが如し。

[19]* 生きて悩を施さざれば、死して慼《うれ》えず。
是れ道《どう》を見るに悍《たけ》からば、応《まさ》に〔憂いの〕中にても憂うること勿《な》かるべし。

[20]* 濁黒《じょくこく》の法を断じて、惟《た》だ清白(一一)を学べ。
淵《ふち》を度《ど》して反《かえ》らず、猗《い》を棄《す》てて行止《こうし》(一二)し、

七 静まる　底本は「浄」に作るが、元・明本により「静」に改める。S.samāhita の訳語と考えられる。

八 僁　過失の意。「愆」に同じ。

九 三界　欲・色・無色の三種の世界。世界全体を示す。

一〇 少荘　「荘」は「壮」に同じ。「少壮」は三十歳ぐらいまでの若くて元気のよいとき。『法喩』も「少壮」に作る。

一一 清白　清廉潔白なこと。濁黒の反対。

一二 行止　行くこと止まること。転じて、日々の動静、ふるまいの意。

復《ま》た楽に染《そ》まらず、欲断たれて憂い無し。

*心《しん》意《い》品《ぼん》　法句経第十一

十と二章有《あ》り［12偈］

心意品とは、意、精神は空《くう》にして無形《むけい》なりと雖《いえど》も、造作《ぞうさく》[一]すること竭《か》くる無きを説く。

［1］*意《こころ》は猗作《いぬな》らしめ、護《まも》り難《がた》く禁《きん》じ難《がた》し。
慧《え》もて其《そ》の本《もと》[二]を正しくせば、其《そ》の明《あき》らかなること乃《すなわ》ち大なり。

［2］*軽躁《けいそう》[三]にして持《じ》し難く、唯《た》だ欲《よく》に是《こ》れ従う。
意《こころ》を制するを善と為す。自ら調《ととの》うれば則ち寧《やす》し。

［3］*意《こころ》は微《び》にして見難く、欲に随いて行く。
慧《え》もて常に自ら護《まも》る。能《よ》く守れば、即ち安し。

［4］*独《ひと》り行き遠く逝《い》き、覆蔵《ふくぞう》[四]されて形無く、
意《こころ》[五]を損して道《どう》に近づかば、魔《ま》の繫《け》[六]乃《すなわ》ち解《と》けん。

［5］*心に住息《じゅうそく》[七]無く、亦《ま》た法を知らず、
世事《せじ》に迷わば、正智《しょうち》有《あ》ること無けん。

［6］*念は適《まさ》しく止まること無く、絶えずして無辺なり。
福もて能く悪を遏《と》むるを、覚者は賢と為す。

［7］仏は心の法を説く、微《び》と雖も真《しん》に非《あら》ずと。
当に逸意《いつい》[八]を覚《さと》るべし。心を放つに随う[九]こと莫かれ。

(大)五六三上

一　造作　つくる意。心は空にもかかわらず、あらゆるものを作り出すことをいう。
二　本　本性のこと。
三　軽躁　落ち着きがなく、そわそわしていること。
四　覆蔵　おおいかくすこと。Dhp の guhā（秘密の場所）に対応する。DhpA I.304 では P.hadaya（心臓）とある。
五　意を損して　心を抑えること、へりくだること。
六　繫　繫縛とも。心を縛り悟りに向かうのを邪魔する煩悩をいう。
七　住息　「息」はやすむ、いこうこと。とどまり、いこうこと。
八　逸意　なまけた心。
九　随う　～のままになる、～のままにするの意。

[8] 法を見るは最も安くして、所願成《しょがんじょう》ずることを得《う》。
慧《え》もて微《び》なる意《い》を護らば、苦の因縁を断《た》つ。

[9]* 身有るも久しからず、皆な当に土に帰すべし。
形壊れ神《たましい》[一〇]去らば、寄住《きじゅう》[一一]して何ぞ貪《むさぼ》らん。

[10]* 心は務めて[一二]処《ところ》を造り、往来[一三]すること端《はし》無し。
念に邪僻《じゃへき》[一四]多ければ、自ら為《な》して患《うれ》[一五]いを招く。

[11]* 是れ、意自ら造りて、父母の為すに非ざるなり。
勉《つと》めて正しきに向かう可《べ》し。福を為して回《かえ》ること勿《な》かれ。

[12]* 六を蔵《ぞう》すること亀の如く、意《こころ》を防ぐこと城の如く、
慧もて魔と戦いて、勝たば則ち患い無し。

華*《け》香《こう》品《ぼん》 法句経第十二

十と七章有《あ》り［17偈］

華香品とは、学びて当に行ずべきに、華《はな》に因《よ》りて実《み》を見、偽をして真に反《かえ》らしむるを明かすなり。

[1]* 孰《いず》れか能く地を択《えら》び、鑑《かん》[一六]を捨て天《てん》を取るや。
誰れか法の句を説くこと、善き華を択ぶが如くするや。

[2]* 学ぶ者が地を択び、鑑を捨て天を取り、
善く法の句を説くこと、能く徳の華を採《と》るがごとし。

一〇 神 精神、魂のこと。Dhp の viññā-na（識）に対応する。
一一 寄住 仮住まいすること。
一二 務めて 底本は「予」に作るが、明本、並びに『法喩』の宋・元・明三本に従い「務」に改める。
一三 往来 生死輪廻すること。
一四 邪僻 邪悪なこと。
一五 患い 底本は「悪」に作るが、宋・元・明三本、及び『法喩』に従い「患」に改める。

一六 鑑 閻魔の住む世界、地獄のことか。元・明本では牢獄を意味する「監」。『法集』に「地獄」とある。

[3]* 世は坏《はい》[一]に喩えられ、幻法[二]にして忽有《こつう》なりと知れば、
魔の華の敷《ひら》くを断ちて、生死を覩《み》ざらん。
[4]* 身は沫《あわ》の如く、幻法にして自然《じねん》[三]なりと見れば、
魔の華の敷くを断ちて、生死を観ざらん。
[5]* 身病めば則ち萎《しぼ》むこと、華の零落するが若《ごと》し。
死命《しみょう》[四]の来至すること、水の湍《はやせ》[五]に駛《はや》きが如し。
[6]* 貪欲厭《あ》くこと無く、消散[六]の人は、
邪《よこしま》に財を致《いた》すを念じ、自ら侵欺[七]を為す。
[7]* 蜂の華を集むるに、色や香りを嬈《みだ》さず、
但《た》だ味[八]のみを取りて去るが如く、仁[九]の聚《むら》に入るも然り。
[8]* 彼れの作《な》すと作《な》さざるとを観《み》るを務《つと》めず、
常に自ら身を省《かえり》みて、正と不正とを知れ。
[9]* 可意[一〇]《かい》の華の、色好《よ》きも香り無きが如く、
工《たくみ》な語も是《かく》の如し。行《ぎょう》ぜざれば得《う》ること無し。
[10]* 可意の華の、色美しく且つ香りあるが如く、
工な語も行ずること有れば、必ず其の福を得ん。
[11]* 多く宝花を作り、歩搖《ほよう》[一一]に結びて綺《うるわ》しきがごとく、
広く徳を積む者は、生まるる所、転《うた》た好し。
[12]* 琦草[一二]、芳《かんば》しき花とて、風に逆《さか》らいて熏《かお》らず。

一 坏　焼く前の陶器。
二 幻法　幻のような現象。
三 自然　忽然と同じく、因果律を超えて自ら然ること。
四 死命　死のこと。
五 水の湍　はやせの意。『一切経音義』巻七十六（大正五四、八〇〇中）に「疾水、疾瀬」とある。
㊅五六三中
六 消散　消し散らす。放逸の意か。
七 侵欺　おかしあざむく。
八 味　底本は「眛」に作るが、『出曜』『法集』に従い、「味」に改める。
九 仁　徳を備えた人。『法集』では「苾芻」とある。Dhp では muni（聖者）とあり、音写語の可能性もある。
一〇 可意　ここちよいこと。
一一 歩搖　かんざしに珠玉を垂した金の頭飾り。
一二 琦　底本は「奇」に作るが、宋・元本、『法喩』によって「琦」（すぐれた、めずらしい）に改める。

一三　道の敷開　さとり（道）の花が満開の状態。
一四　遍く　底本は「逼」に作るが、元・明本や『出曜』により「遍」に改める。
一五　旃檀　S., P. candana の音写語。香木の名。
一六　多香　S., P. tagara の音写語か。tagara は香の名。多伽羅、伽羅と音写され、奇楠香、零冷香、沈水とも訳される。
一七　青蓮　青蓮華。S. utpala, P. uppala の訳語。
一八　芳花　P. vassikī, S. vārṣikā の訳語か。ジャスミン。『法集』に「嚩哩史」とある。
一九　疲惓　つかれうむこと。

道[一三]の敷開《ふかい》に近づける、徳の人は遍[一四]《あまね》く香る。
*[13]旃檀[一五]《せんだん》、多香[一六]、青蓮[一七]、芳花[一八]、
是れ真なりと曰うと雖も、戒の香りに如《し》かず。
*[14]華の香気《こうき》は微にして、真と謂《い》う可《べ》からず。
持戒の香りは、天にも到り殊勝《しゅしょう》なり。
*[15]戒、具《つぶ》さに成就《じょうじゅ》し、行《ぎょう》に放逸無く、
意を定めて度脱《どだつ》すれば、長く魔道を離る。
*[16]田の溝を作るに、大道に近くして、
中に生ぜる蓮華は、香潔にして可意なるが如く、
*[17]生死《しょうじ》有るも然《しか》り、凡夫《ぼんぷ》は辺《ほとり》に処《お》るも、
慧者は出《い》づるを楽《ねが》い、仏弟子と為《な》る。

*愚《ぐ》闇《あん》品《ぼん》　法句経第十三

二十と一章有《あ》り［20偈］

愚闇品とは、将《まさ》に以《もっ》て矇《おろか》を開かんとするが故に、其の態を陳《の》べ、闚《うかが》いて、明らかならしめんと欲す。

*[1]寐《ね》ずんば夜は長く、疲惓[一九]《ひけん》せば道は長く、
愚かには生死は長し、正法を知ること莫《な》ければ。
*[2]痴《おろ》かの意《こころ》は常に冥《くら》く、逝《ゆ》くこと流るる川の如し。

一《ひとり》に在《あ》りて行くこと彊《つよ》く、独《ひと》りにして偶《つれ》無し。
[3]* 愚人の[一]数に着《つ》かば、憂慼《ゆうせき》すること久長《きゅうちょう》なり。
愚かと居《お》ることは苦なり。我れを猶《な》お怨《うら》むがごとし。
[4]* 子有り、財有りと、愚かは惟《こ》れ汲汲《きゅうきゅう》たり。
我且つ我に非ざるに、何ぞ子や財を[二]憂《うれ》えんや。
[5]* 暑きには当に此こに止《とど》まるべし、寒きにも当に此こに止まるべし。
愚かは多く務めて慮《おもんぱか》り、来たる[三]変を知ること莫《な》し。
[6]* [四]愚蒙《ぐもう》にして愚かの極《きわ》みなるは、自ら我れを智ありと謂《い》う。
愚かにして而も智ありと称す、是れを極愚と謂う。
[7]* [五]頑闇《がんあん》は智に近づくも、[六]瓢《ひさご》の味を斟《く》むが如く、
久しく[七]狎《な》れ習《なら》うと雖《いえど》も、猶《な》お法を知らず。
[8]* [八]開達《かいたつ》は智に近づけば、舌の味を嘗《な》むるが如く、
[九]須臾《しゅゆ》に習うと雖も、即ち道《どう》の要《かなめ》を解せん。
[9]* 愚人の[一〇]施行は、身の為に患《うれ》いを招き、
[一一]快心に悪を作《な》し、自ら重き殃《わざわい》を致す。
[10]* 行うに不善を為さば、退きて[一二]悔悋《かいりん》を[一三]見て、
涕流《ていりゅう》の面を致さん、報《むく》いは[一四]宿習《しゅくじゅう》に由《よ》る。
[11]* 行うに徳や善を為さば、進みて歓喜《かんぎ》を覩《み》、
応《まさ》に来たりて福を受けんと、喜笑もて悦び習わん。

一　数に着かば　「着数」は「～の数に入ること」、「～仲間に入ること」の意。
二　憂えんや　底本は「何憂」に作るが、宋・元・明三本の「何有」も可能性としては高い。
三　変　異変、死のこと。Dhp の antarāya（障害）に対応する。
四　愚蒙にして　底本は「愚曚」に作るが、『法喩』に従って、「愚蒙」に改める。「愚蒙」はおろかでものの道理にくらいこと。
五　頑闇　かたくなで道理に暗いこと。
六　瓢　ふくべを半分に切り、果実の内部を取り除いて乾燥させた、酒や水などを入れる容器。ひしゃく。
七　狎れ習う　近づくこと。
八　開達　開明で道理に達していること。
(大)五六三下
九　須臾　わずかの間。
一〇　施行　事を行うこと。
一一　快心　思うとおりのことを行って心をすっきりさせること。
一二　悔悋　後悔の気持ち。
一三　見て　ある事態に出会うこと。
一四　宿習　前世から薫習したもの。

[12]* [一五]過罪《かざい》未だ熟さざれば、愚かは以て[一六]恬惔《てんたん》たり。
其《そ》の熟する処[一七]に至らば、自ら大罪を受く。

[13]* 愚かの所望する処、苦に適《ゆ》くと謂《おも》わず、
[一八]厄地《やくち》に堕《だ》するに臨《のぞ》んで、乃《すなわ》ち不善と知る。

[14]* [一九]愚惷《ぐとう》は悪を作《な》して、自ら解る能《あた》わず。
殃《わざわい》追いて自ら焚《や》かれ、罪[二〇]熾燃《しねん》と成る。

[15]* 愚かは美食を好み、月月に滋《ま》すこと甚だしきも、
十六分に於いて、未だ一にも法を思わず。

[16]* 愚かは[二一]念慮《ねんりょ》を生ずるも、終わりに至りて利無く、
自ら[二二]刀杖《とうじょう》を招き、報《むく》いに[二三]印章《いんしょう》有り。

[17] 処《ところ》を観《み》て其の愚かなるを知る。〔愚かは〕施さずして広く求め、
堕する所に道《どう》も智《ち》も無く、往往《おうおう》にして悪行有り。

[18]* 道に遠く欲に近づく者は、食の為に[二四]在学と名づく。
家居《かきょ》に[二五]貪猗《とんい》するが故に、多く異なる姓《うじ》より供えを取る。

[19]* 学ぶに[二六]二つの望みに堕すること莫《な》かれ。家と沙門《しゃもん》と作《な》ること莫かれ。
家に貪すれば聖教に違《たが》い、後に自ら[二七]匱乏《きぼう》を為す。
此の行いは愚かと同じくして、但《た》だ欲と慢とを増やさしむ。

[20]* 利を求むるの願い異なれば、求道《ぐどう》の意《こころ》も亦た異なる。
是こを以て有識者は、出でて仏弟子と為る。

一五 過罪　過も罪も同じく過失、罪の意。
一六 恬惔　恬淡に同じ。心がさっぱりしているの意。
一七 処　宋・元・明三本には「時」とある。
一八 厄地　災いの場所、境遇。
一九 愚惷　愚かなこと。
二〇 熾燃　火が盛んに燃えること。
二一 念慮　おもんばかり、考え。
二二 刀杖　文字通りには刀と杖。刑罰(S., P. daṇḍa)の訳。『法句』刀杖品を参照。
二三 印章有り　行為とその果報とがぴったり一致することを印章にたとえたもの。
二四 在学　学ぶべき状況にある者。
二五 貪猗　むさぼり、依存する。
二六 二つの望み　在家者(=家)としての望みと出家者(=沙門)としての望み。
二七 匱乏　とぼしいこと。

愛を棄《す》て世の習いを捨てて、終《つい》に生死に堕せず。

*明《めい》哲《てっ》品《ぽん》　法句経第十四　［16偈］

明哲品とは、智ある行者を挙《あ》げて、福を修し道《どう》を進めて、法を明鏡《めいきょう》と為す。

[1]* 深く善悪を観じ、心に[一]畏忌《いき》を知り、
　畏《おそ》れて犯さずんば、終《つい》に吉《きち》にして憂《うれ》い無《な》けん。

[2] 故《いにしえ》の世の福有りて、念思して行《ぎょう》を紹《つ》ぎ、
　善は其の願いを致し、[二]福禄《ふくろく》転《うた》た勝《すぐ》れん。

[3]* 善を信じ、福を作《な》し、行を積みて厭《いと》わず、
　[三]陰徳《いんとく》を信知せば、久しくして必ず彰《あき》らかならん。

[4]* 常に無義《むぎ》を避け、愚人に親しまざれ。
　賢友に従わんと思い、[四]上士《じょうし》に[五]狎附《こうふ》せよ。

[5]* 法を喜べば臥《ふ》すこと安く、心悦《よろこ》び意清し。
　聖人は法を演《の》べ、慧《え》あるは常に行を楽しむ。

[6] 仁人や智者は、[六]斎戒《さいかい》して道を奉じ、
　星中の月の如く、世間を照明す。

[7]* 弓工は角を調《ととの》え、[七]水人は船を調え、
　材匠は木を調え、智者は身を調う。

一　畏忌　おそれいやがること。(大)五六四上

二　福禄　しあわせ。幸い。

三　陰徳　人に知られない善行。

四　上士　徳がすぐれ、賢明な男子。

五　狎附　慣れ親しむ。底本は「押附」に作るが、ここでは、宋・元・明三本による。

六　斎戒　神をまつる時、心身を清め、また飲食をつつしみ、汚れを去ること。ここでは戒を守ること。

七　水人　舟乗り、船頭の意。『法集』には「水工」とある。

[8]* 譬えば厚き石は、風の移す能わざるが如く、
智者は意《こころ》重くして、毀誉《きよ》に傾かず。

[9]* 譬えば深き淵は、澄静にして[八]清明なるが如く、
慧人は道を聞きて、心浄くして[九]歓然《かんぜん》たり。

[10]* [一〇]大人《たいじん》は無欲を[一一]体とし、[一二]在所に[一三]照然《しようぜん》として明らかなり。
或いは苦・楽に遭《あ》うと雖も、高ぶらずして其の智を現ず。

[11]* 大賢は世事《せじ》無く、子・財・国を願わず、
常に戒・慧・道を守り、邪《よこしま》なる富貴《ふうき》を貪《むさぼ》らず。

[12]* 智人は、動揺すること、譬えば沙中の樹《き》の如しと知る、
朋友にあって志未だ強からざれば、色《いろ》に随いて其の[一四]素《きじ》を染めん。

[13]* 世は皆な淵《ふち》に没し、剋《よ》く岸を度《わた》るは鮮《すくな》し。
如《も》し或いは人有りて、度らんと欲すれば、必ず奔《はし》るのみ。

[14]* 誠に道を貪る者は、正しき教えを[一五]覧受《らんじゆ》す。
此《こ》れ彼岸《ひがん》に近づき、死を脱するを上と為す。

[15]* [一六]五陰《ごおん》の法を断ち、静思《じようし》し智慧あらば、
反《かえ》りて淵に入らず。[一七]猗《い》を棄つるは其《そ》れ明《さと》し。

[16]* 情欲を抑制し、楽を絶ち[一八]無為《むい》ならば、
能く自らを[一九]拯済《じようさい》し、意《こころ》をして慧《え》為《た》らしむ。

[17]* 学びて正智《しようち》を取り、意は正道《しようどう》を惟《おも》い、

八 清明　水が澄んで、透き通っていること。
九 歓然　喜ぶさま。
一〇 大人　徳のある者や地位のある者。仏教では転輪聖王、または仏・菩薩を指す。
一一 体　本性、本体の意。
一二 在所　いたるところで。
一三 照然　かがやくさま。

一四 素　しろぎぬ。

一五 覧受　「覧」も「受」も受けるの意。
一六 五陰の法　五蘊に同じ。色・受・想・行・識をさす。
一七 猗　依存すること、倚に同じ。
一八 無為　自然のままで人工を加えないこと。仏教では生滅・変化しないものを指し、有為に対する。しばしば涅槃（S. nirvāṇa, P. nibbāna）と同義語として用いられる。ただしここではDhp の akiñcana（無一物）の訳語とも考えられる。
一九 拯済　「拯」も「済」も救うこと。

一心に諦《たい》を受け、不起《ふき》を楽と為し、
漏尽《ろつ》き習《しゅう》除かるれば、是れは度世《どせ》を得。

羅*《ら》漢《かん》品《ぼん》　法句経第十五　十章有《あ》り［10偈］

羅漢品とは、真人[一]《しんじん》の性は欲を脱し無着[二]《むじゃく》にして、心は渝変[三]《ゆへん》せざるを言う。

[1]* 憂患[四]《ゆうかん》を去離し、一切を脱し、
縛結[五]《ばくけつ》已《すで》に解《と》けなば、冷《ひ》ややかにして煖《あたた》かきこと無けん。

[2]* 心浄《きよ》くして念を得、貪楽[六]《とんぎょう》する所無くんば、
已に痴《ち》の淵を度《わた》ること、雁《かり》の池を棄つるが如し。

[3]* 腹《はら》に量《はか》りて食《くら》い、蔵積《ぞうせき》する所無く、
心空《くう》にして無相[七]なれば、衆《もろもろ》の行地[八]《ぎょうち》を度る。
空中の鳥の如く、遠く逝《ゆ》くに礙《さまた》げ無し。

[4]* 世間の習[九]《しゅう》尽き、復《ま》た食を仰《あお》がず、
虚心《きょしん》にして患《うれ》い無く、已に〔解《げ》〕脱《だつ》の処に到る。
譬えば飛ぶ鳥の、暫《しばら》く下りるも輒《すなわ》ち逝《い》くが如し。

[5]* 根[一〇]《こん》を制して止《し》に従うは、馬を調御するが如し。
憍慢[一一]《きょうまん》と習を捨つれば、天の敬《うやま》う所と為る。

[6]* 怒らざること地の如く、動かざること山の如く、

一　真人　道教で、道の奥義に達した人。仙人。仏教では真理をさとった人。仏・阿羅漢などを指す。
二　無着　欲念を離れること。
三　渝変　変化すること。
四　憂患　うれい。心配ごと。　㊅五六四中
五　縛結　束縛、S.grantha, P.gantha の訳語。
六　貪楽　むさぼり求めること。
七　無相　底本の「無想」は異読はないものの、Dhp に対応させて「無相」(animitta) と読むべきであろう。『法集』には「空及無相願」とある。
八　行地　境地 (gocara) の直訳語か。
九　習　習性、習慣の意。ここでは Dhp の āsava (漏、煩悩) の訳語と考え、「習気」(じっけ) と同義。
一〇　根　感覚器官の意。S.P.indriya の訳語。
一一　憍慢　おごり。慢心。

真人は無垢《むく》にして、生死の世を絶つ。

[7]* 心は已《すで》に休息し、言も行いも亦《ま》た止まらば[一二]、
正しきに従いて解脱《げだつ》し、寂然《じゃくねん》[一三]として滅《めつ》[一四]に帰《き》す。

[8]* 欲を棄て着《じゃく》無く、三界《さんがい》の障《さわ》りを欠き、
望む意《こころ》は已に絶つ。是れを上人《しょうにん》と謂《い》う。

[9]* 聚《むら》に在りても若《も》しくは野も、平地や高岸[一五]も、
応真《おうしん》[一六]の過ぐる所、祐《たす》けを蒙《こうむ》らざること莫《な》し。

[10]* 彼れは空閑《くうげん》[一七]を楽しむも、衆人は能《あた》わず、
快《こころよ》き哉《かな》、望み無きは。〔彼れは〕欲求[一八]する所無し。

*述千品《じゅっせんぼん》　法句経第十六　十と六章有《あ》り〔16偈〕

述千品とは、学ぶに、経多くして不要なるは、約《つづま》やかにして明らかなるには如《し》かざるを示す。

[1]* 千言を誦すと雖《いえど》も、句義《くぎ》正しからずんば、
一要の、聞きて意を滅す可《べ》きには如《し》かず。

[2]* 千章[一九]を誦すと雖も、義ならざれば何の益かあらん。
一義の、聞きて行じて度《ど》す可きには如かず。

[3]* 多く経を誦すと雖も、解せずんば何の益かあらん。

一二　止まらば　底本は「正」に作るが、元・明本、『法喩』に従い「止」に改める。Dhp の santā（静まった）に対応する。
一三　寂然　心静かに澄み切った状態。
一四　滅　涅槃のこと。
一五　高岸　「岸」は高い所。高地の意。P. thala, S. sthala（高地）に対応する。
一六　応真　阿羅漢のこと。
一七　空閑　P. arañña, S. araṇya（阿蘭若）のこと。前の偈では「野」と訳され、『出曜』では「閑静」とも訳される。
一八　欲求　P. kāma-gavesin, S. kāma-gavesin（愛欲を求める）の訳語とも考えられる。
一九　千章　底本は「千言」に作るが、宋・元本に従い「千章」に改める。

一法句のみを解して、行ずれば道《どう》を得《う》可し。
[4]* 千千を敵と為《な》し、一夫《いっぷ》にて之《こ》れに勝つも、
未だ自らに勝つには若《し》かず。〔彼れは〕戦中の上為《じょうた》り。
[5]* 自らに勝つは最も賢なり。故に人雄《じんゆう》と曰《い》う。
意《こころ》を護《まも》り身《み》を調《おさ》め、自らを損《おさ》えて終わりに至る。
[6]* 尊天と曰う、神・魔《ま》[一]・梵《ぼん》[二]・釈《しゃく》[三]と雖も、
皆な能《よ》く自勝《じしょう》の人に勝つこと莫《な》し。
[7]* 月に千反《たび》祠《まつ》り、終身輟《や》まざるも、
須臾《しゅゆ》[四]にも、一心に法を念ずるに如かず。
[8]* 百歳に終《お》わるまで、火の祠りに奉事すと雖も、
一念の道の福は、彼《か》の終身に勝《まさ》る。
須臾にも、三尊《さんぞん》[五]を供養するに如かず。
一供養の福は、彼の百年に勝る。
[9]* 神を祭り以《もっ》て福を求め、後より其《そ》の報《むく》いを観《み》るは、
四分に未だ一をも望まざるなり、賢者を礼するに如かず。
[10]* 能《よ》く善《よ》く礼節[六]を行い、常に長老を敬えば、
四福《しふく》[七]自然に増す、色《しき》・力《りき》・寿《じゅ》・安らかなり。
[11]* 若《も》し人の寿《いのち》の百歳なるも、正に遠ざかり戒を持《じ》せざれば、
生《い》くること一日なるも、戒を守り意《こころ》を正しくして禅《しずか》[八]なるに如かず。

一 魔　悪魔、S., P. Māra.
二 梵　梵天、S., P. Brahmā.
三 釈　帝釈天、S. Śakra, P. Sakka.
四 須臾　ほんのわずかの時間。
五 三尊　仏と法と僧。　（大）五六四下
六 礼節　礼儀と節度。
七 四福　四つの幸福。容姿（色、P. vaṇṇa）・力（P. bala）・寿命（寿、P. āyu）・安寧（安、P. sukha）。
八 禅　心を静かにして真理を悟ること。

[12]* 若し人の寿の百歳なるも、[九]邪偽《じゃぎ》にして智有ること無くんば、
生くること一日なるも、[一〇]一心にして正智を学ぶに如かず。

[13]* 若し人の寿の百歳なるも、[一一]懈怠《けたい》にして精進《しょうじん》せずんば、
生くること一日なるも、勉力して精進を行ずるに如かず。

[14]* 若し人の寿の百歳なるも、[一二]成敗《せいぱい》の事を知らずんば、
生くること一日なるも、微《び》を見忌《い》む所を知るに如かず。

[15]* 若し人の寿の百歳なるも、甘露《かんろ》の道《どう》を見ずんば、
生くること一日なるも、甘露の味を[一三]服行《ふくぎょう》するに如かず。

[16]* 若し人の寿の百歳なるも、[一四]大道《だいどう》の義《ぎ》を知らずんば、
生くること一日なるも、仏法の要を学び[一五]惟《おも》うに如かず。

*悪行品《あくぎょうぼん》 法句経第十七

二十と二章有《あ》り［22偈］

悪行品とは、悪人を[一六]感切《かんせつ》さす。動ずれば罪の報い有り。行わずんば患《うれ》い無し。

[1]* 善を見て従わずんば、反《かえ》って悪心に随《したが》わん。
福を求めて正しからずんば、反って邪婬《じゃいん》を楽しまん。

[2]* 凡人は悪を為《な》して、自覚すること能わず、
愚痴《ぐち》にして意《こころ》を快《よろこ》ばしめば、後に毒を 欝《とどこお》らしむ。

[3]* [一七]𣧑人《きょうじん》[一八]虐《ぎゃく》を行えば、沈むこと漸《ようや》く数数《しばしば》なり。

九 邪偽 よこしまで、偽りあること。
一〇 一心にして P.jhāyin, S.dhyāyin（瞑想して）の訳語か。
一一 懈怠 怠惰でなまけていること。
一二 成敗 成功と失敗。ここでは、ものの事の発生と生滅（P.udaya-vyaya）を指す。
一三 服行 飲むこと。服用に同じ。
一四 大道 仏道のことか。
一五 惟う 底本は「推」に作るが、宋・元・明三本、聖本に従い「惟」に改める。
一六 感切 いたく心を動かすこと。痛切に感ずること。
一七 𣧑人 悪人。
一八 虐 むごい、てあらい行為。

[4]* 快き欲もて之[一]を為《な》さば、罪報《ざいほう》は自然なり。

吉人[二]徳を行えば、相い随いて積増す。
[三]甘心《かんしん》に之を為さば、福応は自然なり。

[5]* [四]妖孽《ようげつ》の福を見るは、其の悪未だ熟せざればなり。
其の悪熟するに至らば、自ら[五]罪虐《ざいぎゃく》を受く。

[6]* [六]貞祥《ていしょう》の禍《わざわ》いを見るは、其の善未だ熟せざればなり。
其の善熟するに至らば、必ず其の福を受く。

[7]* 人を撃《う》たば撃《げき》を得、怨《うら》みを行えば怨みを得、
人を罵《ののし》らば罵りを得、怒りを施さば怒りを得。

[8]* 世人は[七]聞《もん》無く、正法《しょうぼう》を知らず。
生まれて此の寿《いのち》少なきに、何《なん》ぞ宜《よろ》しく悪を為すべき。

[9]* 小悪を軽《かろ》んじ、以《もっ》て殃《わざわ》い無しと為すこと莫《な》かれ。
水滴[八]微《び》なりと雖《いえど》も、漸《ようや》く大器に盈《み》つ。
凡《およ》そ罪の充満するは、小より積《つ》もりて成《な》る。

[10]* 小善を軽んじ、以て福無しと為すこと莫かれ。
水滴微なりと雖も、漸く大器に盈つ。
凡そ福の充満するは、[九]纖纖《せんせん》より積む。

[11]* 夫《そ》れ士《し》の行いを為すや、好《こう》と悪《あく》と、
各自ら身に為《な》す。〔行いは〕終《つい》には[一〇]敗亡《はいぼう》せず。

一　之　底本は「人」に作るが、ここでは元・明本による。『出曜』（六七〇下）も「之」とある。
二　吉人　善き人、殉人の対語。
三　甘心　心から望むこと。
四　妖孽　わざわい。災異。ここでは「悪人」の意か。
五　罪虐　罪に対するむごたらしい刑罰。
六　貞祥　正しくりっぱな人。「妖孽」の対語。
七　聞　知識。　㊅五六五上
八　滴　底本は「渧」に作るが、宋・元・明三本と第十偈により「滴」に改める。
九　纖纖　非常に細かいさま。
一〇　敗亡　滅びること。

[12]* [一二]好取《こうしゅ》の士は、自ら以て可と為す。
[一三]彼れを没取《ぼっしゅ》すれば、人も亦た[一四]之を没す。
[13]* 悪は即時《そくじ》ならざること、牛乳を搆《しぼ》るが如し。
罪の陰《かげ》に在《あ》りて[一五]伺《うかが》うこと、灰の火を覆《おお》うが如し。
[14]* 戯笑《ぎしょう》して悪を為し、[一六]已《すで》に身《みず》から行いを作《な》さば、
号泣《ごうきゅう》して報《むく》いを受け、行いに随いて罪至る。
[15]* 悪を作すも〔報いは〕[一七]起きず、兵に截《き》らるるが如くには。
牽《ひ》かれ往《ゆ》きて乃《すなわ》ち知る、已《すで》に[一八]悪行に堕《だ》したるを。
後に苦の報いを受くること、前《さき》の所習《しょしゅう》の如し。
[16] 毒の瘡《きず》を摩《す》るが如く、船の[一九]洄澓《かいぶく》に入るが〔如く〕、
悪行は流れ衍《はびこ》りて、傷剋《しょうこく》せざる靡《な》し。
[17]* 悪を加えて人を[二〇]誣罔《ぶもう》するも、清白は猶お汚《けが》れず。
愚かなるに殃《わざわ》いは反《かえ》って自ら及ぶこと、塵の風に逆《さから》いて坌《つも》るが如し。
[18]* 過失もて非悪を犯すも、能く追悔《ついげ》するを善と為す。
是れ明らかに世間を照らすは、日に[二一]雲曀《うんえい》無きが如し。
[19]* 夫《そ》れ士の以て行う所、然《しか》る後に身に自ら見る。
善を為さば則ち善を得、悪を為さば則ち悪を得。
[20]* 有《あ》る識は[二二]胞胎《ほうたい》に堕《だ》し、悪者は地獄に入り、
善を行えば天に上昇し、[二三]無為《むい》なるは[二四]泥洹《ないおん》を得。

一二　好取　他人の物を奪うことを好むこと。
一三　彼れ　ここでは他人の物。
一三　没取　「没」も「取」も、とる、とりあげるの意。
一四　之　ここでは自分の物。
一五　伺　底本は「祠」に作るが、宋・元・明三本と聖本、『出曜』『法集』により、「ねらう」の意の「伺」に改める。
一六　已に　底本は「以」に作るが、宋・元・明三本と聖本、『法喩』『出曜』『法集』により、「已」に改める。
一七　起　底本は「覆」に作るが、宋・元・明三本と聖本、『出曜』により、「起」に改める。
一八　悪行　『出曜』には「悪道」とある。
一九　洄澓　「洄」も「澓」も水がめぐり流れること。うずまきを指すか。
二〇　誣罔　しいいつわる。ないことをあるかのように事実を曲げて人をおとしめること。
二一　雲曀　雲の陰り、おおい。
二二　胞胎　「胞」は胎児を包む膜、「胎」は胎児または子宮。輪廻して他の生存になること。
二三　無為　因縁によって造られたものではなく、生滅変化を離れた絶対のもの。有為に対する。ここでは煩悩のなくなった者をさす。Dhp の anāsava（無漏、煩悩のない）に対応する。
二四　泥洹　涅槃。

[21]* 空にも非ず、海中にも非ず、山石の間に隠《かく》るるにも非ず、
能《よ》く此の処《ところ》に於《お》いて、宿悪《しゅくあく》[一]の殃《わざわ》いを避免《ひめん》すること莫《な》し。
[22]* 衆生に苦悩有りて、老死を免《まぬが》るることを得ず、
唯《た》だ仁智有る者は、人の非悪を念ぜず。

刀杖品《*とうじょうぼん》　法句経第十八

十と四章有《あ》り［14偈］

刀杖品とは、慈と仁を教習して、刀杖を行いて衆生を賊害《ぞくがい》すること無きなり。

[1]* 一切皆な死を懼《おそ》れ、杖《つえ》の痛みを畏《おそ》れざるは莫《な》し。
己《おの》れを恕《ゆる》すを譬《たと》えと為す可《べ》し。殺すこと勿《な》かれ、杖[二]を行うこと勿かれ。
[2]* 能く常に群生《ぐんじょう》を安《やす》んじて、諸《もろもろ》の楚毒《そどく》[三]を加えざれば、
現世に害に逢《あ》わず、後世に長く安隠《あんのん》なり。
[3]* 当《まさ》に麁言《そげん》[四]すべからず。言わば当に報いを畏るべし。
悪往《ゆ》かば禍《わざわ》い来たり、刀杖は軀《からだ》に帰せん。
[4]* 言を出だすに善を以てすること、鐘《かね》と磬《けい》[五]を叩《たた》くが如し。
身《みずか》ら論議無ければ、世を度《ど》すること則ち易《やす》し。
[5]* 良善を欧杖《おうじょう》[六]し、妄《みだ》りに罪無きを讒《そし》らば、
其の殃《わざわ》い十倍す、災《わざわ》い迅《はや》くして赦《ゆる》すこと無し。
[6]* 〔第一は〕生きて酷痛《こくつう》を受け、〔第二は〕形体毀折《きせつ》し、

一　宿悪　前生の悪業の意。

(大)五六五中

二　杖　「つえ」の意と五刑の一つとして、木の棒でたたく刑罰を意味する。ここでは後者をさす。
三　楚毒　くるしみ。
四　麁言　あらあらしい言葉。
五　磬　中国古代の楽器の一つ。石や玉で作った「へ」の字形の打楽器。磬と鐘で奏楽の基本となる。
六　欧杖　杖で打つこと。

〔第三は〕自然に病いに悩まされ、〔第四は〕意《こころ》を失して[七]恍惚《こうこつ》し、
[7]〔第五は〕人に誣《いつわ》り咎《とが》められ、〔第六は〕或いは[八]県官の厄《わざわ》いあり、
〔第七は〕財産耗尽《もうじん》し、〔第八は〕親戚離別し、
[8]〔第九は〕舎宅の[九]所有は、災火に[一〇]焚焼《ふんしょう》せられ、
〔第十は〕死して地獄に入る、是《かく》の如《ごと》きを十と為《な》す。
[9]* [一一]倮《はだか》にして[一二]剪髪《せんぱつ》し、長く草衣を服し、
沐浴し、石に踞《こしかく》ると雖《いえど》も、[一三]疑結《ぎけつ》を[一四]奈何《いかん》せん。
[10]* 伐《う》ちて殺焼せず、亦た勝つことを求めず、
天下を[一五]仁愛《じんあい》せば、適《ゆ》く所、怨《うら》み無し。
[11]* 世に党《も》し人有りて、能く[一六]慚愧《ざんき》を知らば、
是れを[一七]誘進《ゆうしん》すべきものと[一八]名づく。良馬を策《むち》うつが如し。
[12]* 善馬を策ちて、道《みち》を進め能《よ》く遠ざかるが如く、
人に信と戒と、定意《じょうい》と精進《しょうじん》有らば、
道《どう》を受け慧《え》成《じょう》じて、便《すなわ》ち衆苦《しゅく》を滅せん。
[13]* 自ら[一九]厳《かざ》れども[二〇]以《もっ》て法を修し、滅し損《おさ》えて浄行を受け、
杖を群生に加えず。是れは沙門《しゃもん》にして道《どう》の人なり。
[14]* 天下を害すること無くんば、終身害に遇《あ》わず。
常に一切を慈《いつくし》めば、孰《たれ》か能《よ》く[二一]与《もっ》て怨《うら》みを為さんや。

七 恍惚　ぼんやりするさま。われをわすれるさま。
八 県官　県の役人。
九 所有　あるだけ、すべて。
一〇 焚焼　「焚」も「焼」ももやくこと。
一一 倮　裸に同じ。
一二 剪髪　「剪」はきること。
一三 疑結　底本は「痴結」に作るが、宋・元・明三本と聖本、『法喩』、Dhp, Uv に従って「疑結」と改める。疑うという惑い。
一四 奈何　「奈……何」で「……をどうしようか」の意。
一五 仁　底本は「人」に作るが、ここでは、宋・元・明三本と『法喩』による。
一六 慚愧　恥じること。
一七 誘進　さそいすすめること。
一八 名　『出曜』には「易」とある。これによれば「是れを誘進するは易し」となり、理解しやすい。
一九 厳　飾ること。
二〇 以　「……でありながら」の意の助字。
二一 与　「以」に同じ。

老《ろう》*耗《もう》品《ぼん》　法句経第十九

十と四章有《あ》り［14偈］

老耗品とは、人に[一]勲力《きんりき》なれと誨《おし》う。命と競《きそ》わずんば、老いて悔《く》ゆるとも何の益かあらん。

[1]* 何をか喜び、何をか笑う。命、常に[二]熾然《しねん》なり。
深く[三]幽冥《ゆうめい》に[四]蔽《おお》わるれば、[五]錠《じょう》を求むるに[六]如《し》かず。

[2]* 身の[七]形範《けいはん》を見て、[八]倚《よ》りて以て安《やす》きと為《な》さば、
多想にして病いを致すに、豈《あ》に真に非ずと知らん。

[3]* 老ゆれば則ち色《しき》衰え、病めば[九]光沢《こうたく》無く、
皮緩《ゆる》み肌縮《ちじ》みて、[一〇]死命《しみょう》[一一]近づき促《せま》る。

[4]* 身死に、神《たましい》[一二]徙《おもむ》くこと、御《ぎょ》〔者《しゃ》〕の車を棄《す》つるが如し、
肉消え骨散ず、身何ぞ怙《たの》む可《べ》きや。

[5]* 身を城の如しと為すに、骨は幹《みき》にして肉は塗《どろ》なり。
生まれて老死に至るまで、但《た》だ恚《いか》りと慢《まん》とを蔵す。

[6]* 老ゆれば則ち形変わること、喩《たと》えば故《ふる》き車の如し。
法は能く苦を除けば、宜しく以て[一三]仂学《りきがく》すべし。

[7]* 人の無聞なるは、老ゆること[一四]特牛《とくぎゅう》の若《ごと》し、
但だ長じ肌肥《こ》ゆるも、[一五]福慧《ふくえ》有ること無し。

[8]* 生死は[一六]無聊《ぶりょう》にして、往来は[一七]艱難《かんなん》なり、

一　勲力　つとめはげむこと。
二　熾然　火が盛んに燃えるさま。「愚闇品」第十四偈に「熾燃」とある。
三　幽冥　かすかで暗い意。無明をたとえる。
四　蔽　底本は「弊」に作るが、宋・元・明三本、『法喩』により「蔽」に改める。
五　錠　灯火。
六　如かず　底本は「如不」に作るが、明本、『法喩』により「不如」に改める。
七　形範　かたち。
八　倚　依存する、とらわれること。
(大)五六五下
九　光沢　肌のつや。
一〇　死命　死と同じ。
一一　近づき促る　近づくこと。
一二　徙　底本は「徒」に作るが、おそらく「徙」の誤りであろう。『法喩』の宋・元・明三本の異読を参照。
一三　仂学　努め学ぶこと。
一四　特牛　雄牛。
一五　福慧　明本と『法喩』には「智慧」とある。
一六　無聊　たいくつ。
一七　艱難　苦しみ、難儀。

意《こころ》、[一八]猗《よ》りて身を貪りて、生苦は端《はし》無し。

[9]* 慧あるは以て苦を見、是の故に身を棄て、
意《こころ》を滅し[一九]行《おこな》いを断たば、愛尽《つ》きて生無し。

[10]* 梵行《ぼんぎょう》を修せず、又た財を富《と》まさずんば、
老ゆること白鷺の、空池《くうち》を守り伺うが如し。

[11]* 既に戒を守らず、又た財を積まざれば、
[二〇]老羸《ろうるい》し気竭《つ》き、故《いにしえ》を思うも何ぞ逮《およ》ばん。

[12]* 老ゆること秋葉の如く、[二一]行《おこな》いは穢《けが》れ、[二二]襤褸《らんる》なり、
命疾《はや》く脱至《だつし》せば、後悔を[二三]用《もち》いず。

[13]* 命は[二四]日夜《にちや》に尽きんと欲すれば、[二五]時に及んで懃力《きんりき》す可し。
世間は諦《あき》らかに非常なれば、惑《まど》うて冥中《めいちゅう》に堕すること莫《な》かれ。

[14]* 当に学びて意の灯《ともしび》を燃《も》やし、自ら[二六]練《ね》りて智慧を求むべし。
[二七]垢《く》を離れて[二八]染汚《ぜんま》すること勿《な》かれ。燭《ともしび》を執《と》りて道地《どうち》を観ぜよ。

愛《あい》*身《しん》品《ぼん》 法句経第二十

十と三章有り〔13偈〕

愛身品とは、学《がく》を勧《すす》むる所以《ゆえん》は、終《つい》に己れに益《えき》有り、罪を滅し、福を興《おこ》せばなり。

[1]* 自ら身を愛する者は、慎《つつし》みて守る所を護《まも》れ。
[二九]希望して解《げ》〔脱《だつ》〕を欲すれば、正しきを学びて寐《ねむ》らざれ。

一八 猗　依存すること。「倚」に同じ。
一九 行　心作用の一つである、形成作用を意味する「行」ともとれる。『法喩』では「断欲」とある。
二〇 老羸　年をとって体が弱ること。
二一 行　底本は「何」に作るが、宋・元・明三本と聖本、『法喩』により「行」に改める。
二二 襤褸　ぼろのきもの。底本は「鑑録」に作るが、明本、『法喩』の異読に従い、「襤褸」に改める。
二三 用いず　底本は「亦用」に作るが、元・明本の「不用」、『法喩』の「不容」に従い、「不用」に改める。
二四 日夜　昼と夜。一日ごとに。
二五 時に及んで　時を逃がさないようにする。時に乗じる。
二六 練りて　きたえること。
二七 垢　けがれ。煩悩の異名。
二八 染汚　煩悩などで清浄な心を汚すこと。
二九 希望　底本は「悕望」に作るが、宋・元・明三本や『法喩』に従い、「希望」に改める。

[2]* 身[一]は第一為《た》り、常に自ら勉学せよ。
〔自らを〕利すれば乃《すなわ》ち人を誨《おし》ゆ。惓《う》まざるは則ち智なり。
[3]* 学びて先ず自ら正し、然《しか》る後に人を正せ。
身を調《ととの》えて慧に入らば、必ず遷《のぼ》りて上と為《な》る。
[4]* 身《みずか》ら利すること能《あた》わずんば、安《いず》くんぞ能《よ》く人を利せん。
心調え体正しければ、何の願いか至らざらん。
[5]* 本《もと》我れ造りし所、後に我れ自ら受く。
悪を為《な》して自ら更《へ》[二]ること、剛《ごう》[三]の珠《たま》を鑽《き》るが如し。
[6]* 人戒を持《じ》さずんば、滋《しげ》り蔓《はびこ》ること藤の如し。
情を逞《たくま》しくし欲を極《きわ》むれば、悪行日に増さん。
[7]* 悪行は身を危《あや》うくするも、愚かは以て易《やす》しと為す。
善は最も身を安《やす》んずるも、愚かは以て難《かた》しと為す。
[8]* 真人の教えの如くに、道《どう》を以て身を活《い》[四]かす〔者〕、
愚者は之《これ》を疾《にく》み、見ては悪を為す。
悪を行いて悪〔果〕を得るは、苦《にが》き種を種《う》うるが如し。
[9]* 悪は自ら罪を受け、善は自ら福を受く。
亦《ま》た各、須《すべか》らく熟すべし。彼[五]は自らの代わりとならず。
善を習えば善を得ること、亦た甜《あま》き〔種を〕種うるが如し。
[10]* 自ら利し人を利するは、益《ま》して費《つい》えず。

一 身……為り　底本は「為身」に作るが、宋・元・明三本や『法喩』に従い、「身為」に改める。「身」は Dhp の attānam（自ら）に対応する。　(大)五六六上

二 更る　経験する、償うこと。

三 剛　Dhp により、金剛石（＝ダイヤモンド）と理解した。宋・元・明三本では「鋼」とある。

四 活　底本は「法」に作るが、明本、『法喩』により「活」に改める。

五 彼　他人の意。

身らを利するを知らんと欲せば、戒《かい》と聞《もん》とを最と為す。

[11]如《も》し自ら愛[六]すること有りて、天上に生まれんと欲せば、
敬《うやま》い楽しみて法を聞き、当《まさ》に仏の教えを念ずべし。

[12]凡《およ》そ用《もち》いるには必ず予《あらかじ》め慮《おもんぱか》り、以て務《つと》むる所を損じること勿《な》かれ。
是《かく》の如くして意《こころ》を日に修せば、務《つと》めを事《おこな》うに時を失せず。

[13]夫《そ》れ事《こと》を治《おさ》むるの士は、能く終わりに至り利を成ず。
[七]真見《しんけん》身《おの》ずから行いに応ずれば、是の如くして欲する所を得。

*世《せ》俗《ぞく》品《ぼん》 法句経第二十一

十と四章有《あ》り［14偈］

世俗品とは、世は幻夢《げんむ》[八]にして、当に浮華《ふか》[九]を捨て、勉《つと》めて道用《どうゆう》を修すべしと説く。

[1]*車の道を行くに、平らかなる大途《だいと》[一〇]を捨て、
邪径《じゃけい》[一一]に従いて敗《やぶ》[一二]れ、軸を折《お》る憂《うれ》いを生ずるが如く、

[2]*法を離るるも是《かく》の如くして、非法の増すに従わば、
愚かは守りて死に至り、亦た折る患《うれ》い有り。

[3]*正道に順行して、邪業《じゃごう》に随うこと勿《な》かれ。
法を行ずる[一三]は臥《ふ》すこと安らかにして、世世に患い無し。

[4]*万物は泡の如く、意《こころ》は野馬《やば》[一四]の如く、
世に居《お》るは幻《まぼろし》の若《ごと》し。奈何《いかん》ぞ此《こ》こを楽しまん。

六 愛　底本は「憂」に作るが、ここでは、宋・元・明三本の「愛」に改める。

七 真見　真実の考え。正しい理解。

八 幻夢　まぼろし。夢幻に同じ。

九 浮華　うわべばかり華美で実のないこと。

一〇 途　道。

一一 邪径　曲がった小道。

一二 敗　こわれること。

一三 法を行ずる　底本は「行住」に作り、行・住・坐・臥という人間の行動パターンを指すようにもとれるが、ここでは『出曜』や Dhp, Uv に従って「行法」と改める。

一四 野馬　かげろうの意。

[5]* 若《も》し能く此れを断じ、其の樹の根を伐《き》り、
日夜是の如くなれば、必ず定《じょう》に至る。
[6]* 一《ある》ものは施すこと信の如く、楽の人の如し。
或るものは悩《なや》みの意《こころ》に従いて、飯を以て衆[一]に食す、
此の輩《やから》は日夜に、定意を得ず。
[7] 世俗は眼無く、道真《どうしん》を見ること莫《な》し。
如《も》し少しく明《みょう》を見んとせば、当に善意を養うべし。
[8]* 雁《かり》の群れを将《ひき》いるに、羅《あみ》を避け高く翔《か》くるが如く、
明人は世を導くに、邪衆より度脱せしむ。
[9] 世に皆な死有りて、三界《さんがい》[二]に安きこと無し。
諸天楽しむと雖も、福尽くれば亦た喪《ほろ》ぶ。
[10] 諸の世間を観るに、生じて終わらざるは無し。
生死を離れんと欲せば、当に道真《どうしん》を行《ぎょう》ずべし。
[11] 痴《ち》は天下を覆《おお》い、貪《とん》は見ざらしめ、
邪《じゃ》〔見《けん》〕と疑いは道《どう》より却《しりぞ》く。苦しむ愚《おろ》かは是れに従う。
[12]* 一法を脱過[三]せる、謂《い》わゆる妄語《もうご》の人は、
後世《ごせ》[四]を免れず。悪として更《へ》[五]ざるは靡《な》し。
[13]* 多く珍らしき宝を積み、崇高《すうこう》なること天に至り、
是の如く世間に満つると雖も、道迹《どうしゃく》[六]を見るに如《し》かず。

(大)五六六中

一　衆　僧の集団、サンガのこと。
二　三界　欲界・色界・無色界。
三　脱過　逸脱するの意。
四　後世　来世のこと。
五　更　経験する。『中含』巻三（四三六中）には「作」とある。
六　道迹　「預流」とも「須陀洹」ともいう。P. sotāpatti（聖者としての流れに入ること）。阿羅漢に至る聖者の段階のうちの第一。

[14]* 不善は像《かたど》りて善の如く、愛は無愛に似《に》たるが如く、
苦を以て楽の像《かたち》と為《な》して、狂夫[七]は為に厭《おしつぶ》[八]さる。

法句経巻上

七 狂夫 気のくるった男。でたらめな行動をする男。Uv の pramattān、Ud の pamattam に対応。P.pamatta, S.pramatta は一般に「放逸」と訳され、「怠慢」を意味する。しかし、P.pamajjati, S.pra-√mad は「酒に酔う」、「発情する」、「気が狂う」の意味があり、この動詞の過去分詞形 P.pamatta を、『法句』は「狂夫」と解したのであろう。

八 厭 おしつぶすこと。「圧」に同じ。

法句経序*

[一]曇鉢偈《どんばつげ》とは、衆《もろもろ》の経の[二]要義《ようぎ》なり。[三]曇とは之《これ》を法と言う。[四]鉢とは句なり。而《しか》して法句経に別《わ》かちて数部有り。〔即ち〕九百偈或いは七百偈及び五百偈〔のもの〕有り。[五]偈とは〔韻《いん》にて〕結《むす》びたる語なり。猶《な》お詩頌《しじゅ》のごときなり。是れ仏が事を見て、作りしものにして、一時の言には非ず。各、[六]本末《ほんまつ》有り、諸経に[七]布在《ふざい》す。

仏は[八]一切智《いっさいち》にして、厥《そ》の[九]性は[一〇]大仁なり。天下を愍《あわれ》み傷《いた》みて世に[一一]出興《しゅつこう》し、[一二]道義《どうぎ》を[一三]開顕《かいけん》す。人をして解《さと》らしむる所以《ゆえん》なり。凡《およ》そ[一四]十二部経《じゅうにぶきょう》は其《そ》の〔即ち仏説の〕要《かなめ》を総括《そうかつ》す。別に数部と為《な》る。[一五]四部の阿含《あごん》なり。仏世を去りて後に、阿難《あなん》の伝えし所〔の経典〕は、巻に大小無く、皆な「〔我《が》〕聞如是《もんにょぜ》」〔＝如是我聞〕、「仏の在《い》ます所に処《お》る」と称し、其の説を[一六]究暢す。

是の後、[一七]五部の沙門、各自に衆経の中の四句六句の偈を[一八]鈔《しょう》し、次に其の義を比《くら》べ、条ごとに別かちて[二〇]品《ほん》と為す。十二部経に於いて[二一]斟酌《しんしゃく》せざること靡《な》きも、適《ほどよ》く名づくる所無きが故に、法句と曰《い》う。諸経を法言と為す。法句とは法言に由《よ》るなり。

近世に葛氏《かつし》七百偈を伝う。偈の義は[二二]致《ち》深《しん》にして、訳人之を出《い》だすに頗《すこぶ》る其れを[二三]渾《にご》らしむ。惟《おも》うに仏は値《あ》い難《がた》く、其の文は聞き難し。又た諸仏の興《おこ》るは皆な[二四]天竺《てんじく》に在《あ》り。天竺の言語は[二五]漢と音を異にす。其の書を云いて[二六]天書《てんしょ》と為し、語を[二七]天語《てんご》と為す。名《な》も物《もの》も同じからずして、実《じつ》を伝うるは易《やさ》しからず。

唯《た》だ昔[二八]藍調《らんちょう》・[二九]安侯世高《あんこうせいこう》・[三〇]都尉《とい》・[三一]仏調《ぶっちょう》、[三二]梵《ぼん》〔語〕を訳して[三三]秦《しん》〔語〕と為し、実に其の〔実〕

一　曇鉢偈　P. Dhammapada-gāthā.
二　要義　肝心な意味。要約した内容。
三　曇　P. dhamma, S. dharma.
四　鉢　P., S. pada.
五　偈　P., S. gāthā.
六　本末　因縁、由来。
七　布在　広くゆきわたって存在する。ここでは各偈の仏によって説かれた由来が多くの経典に散在していることをさす。
八　一切智　すべての存在を包括的に知る智慧。
九　性　本性、本質。
一〇　大仁　大慈悲者。
一一　出興　出て生じること。「出世」ともいう。
一二　道義　仏道の意味、意義。
一三　開顕　開きあらわにすること。『出三』には「開現」とある。
一四　十二部経　経典の形態を形式・内容から十二種に分類区分したもの。すなわち、修多羅(しゅたら)・祇夜(ぎや)・和伽羅那(わがらな)・伽陀(かだ)・優陀那(うだな)・尼陀那(にだな)・阿波陀那(あばだな)・伊帝曰多伽(いていわったか)・闍陀伽(じゃたか)・毘仏略(びぶつりゃく)・阿浮陀達磨(あぶだつま)・優波提舎(うぱだいしゃ)の総称。
一五　四部の阿含　長・中・雑・増一の四阿含をさす。　㊅五六六下
一六　究暢　きわめのべること。
一七　五部　五部とは西北インド（カシュ

体を得。斯《こ》れは已《すで》に継《つ》ぎ難《がた》かりし。後の伝者は密なること能《あた》わずと雖も、猶《な》お常に其の実《じつ》を貴《とうと》び、[34]粗《ほ》ぼ[35]大趣を得たり。

始めは[36]維祇難《いぎなん》、出自《しゅつじ》は天竺にして、[37]黄武三年を以て[38]武昌《ぶしょう》に[39]来適《らいてき》す。[40]僕《やつがれ》は〔彼れ〕より此の五百偈本を受け、其れに[41]同道《どうどう》せる竺将《じくしょう》[42]焔《えん》に訳を為すを請《こ》う。将焔は天竺の語を善《よ》くすと雖も、未だ備《つぶ》さに漢〔語〕を暁《わか》らず。其の伝える所の言は、或いは[43]梵語を得、或いは[44]義を以て音を出だして、[45]質真《しっしん》なるを[46]迎う。[47]僕《やつがれ》は初め其の[48]辞為《た》るや雅《みやび》ならざるを謙《きら》う。維祇難曰わく、「仏言わく、『其の義に依りて、飾を用いざれ。其の法を取るに厳《かざり》を以てせざれ。』と。其れ経を伝うる者は暁《わか》り易《やす》からしめ、厥《そ》の義を失うこと勿《な》かれ。是れ則ち善と為す」と。坐中のもの咸《み》な曰わく、「[49]老氏『美言は信《まこと》ならず。信の言は美しからず』と称す。[50]仲尼《ちゅうじ》も亦た云わく、『書は言を尽《つ》くさず、言は意を尽くさず』と。聖人の意を明らかにせんとも、[51]深《しん》邃《すい》にして極《きわ》まり無し。今梵義を伝うるに、実に宜《よろ》しく経〔の真意〕に達すべし」と。

是こを以て自ら[52]竭《つ》くして訳人の口《ことば》を受け、因《よ》って本旨を修《おさ》め、文飾を加えず、訳〔者〕の解せざる所は、則ち闕《か》いて伝えず。故に[53]脱失有りて、出ださざる者〔=偈〕多し。然《しか》れども此れ辞《ことば》は朴《すなお》なりと雖も、而《しか》れども旨《むね》は深く、文は約《つづま》やかなれども義は博《ひろ》し。事は衆経を[54]鉤《か》け、[55]章に[56]本《もと》有り、句に義説有り。

其れ天竺に在りては、始めに〔修学の〕業を進むる者は、法句を学ばざれば、之れを[57]越《えつ》叙《じょ》と謂《い》う。此れ乃《すなわ》ち始めて進む者の[58]洪漸《こうぜん》にして、深く入る者の[59]奥蔵《おうぞう》なり。以て[60]曚《もう》を啓《ひら》き、[61]惑を弁じ、人を誘いて自立せしむ可《べ》し。之を学ぶ功は微《かす》かなれども、苞《つつ》む所は広し。寔《まこと》に妙要と謂う可きなりや。

…ミール、ガンダーラ）地方に存在した五部派のことで、説一切有部・化地部・法蔵部・飲光部（迦葉維部）・大衆部（特に説出世部）を指す。
一八　四句六句の偈　一偈は四字四句からなるのが一般的だが、中には四字六句からなるもの、五字四句からなるものもある。これは原文の韻律に影響される場合が多い。
一九　鈔　ぬきだすこと。抄出。
二〇　品　章のこと。
二一　斟酌　事情をくみとって正しく処理する。ここでは法句経が十二部経のどれに相当するかよく考察すること。
二二　致深　奥深い所をきわめること。
二三　渾　ものごとが分かれずぼんやりとしているさま。不明瞭の意。『出三』には「渾漫」とある。
二四　天竺　インドのこと。
二五　漢　中国のこと。
二六　天書　梵字。
二七　天語　梵語。
二八　藍調　不明。水野博士は、この人物は支婁迦識(しるかせん)を指すのではないかと推察している。
二九　安侯世高　安世高のこと。支婁迦識や安世高の翻訳は最も古くて模範的であるとされる。
三〇　都尉　官名であるが、ここでは後漢霊帝の時に洛陽に来て、都尉玄と称せられた安息国の人、安玄をさす。
三一　仏調　厳仏調のこと。安玄と共に後

[一]昔此れを伝うる時、解せざる所有り。会《たまたま》[二]将炎来たりて、更に〔彼れ〕より諮問《しもん》し、此の偈の輩《たぐい》を受け、復《ま》た十三品《ほん》を得。并《あ》わせて[三]往古を校し、[四]増定する所有りて、其の[五]品目を[六]第し、合して一部三十九[七]篇と為《な》せり。大凡《おおよそ》偈は七百五十二[八]章なり。庶《こいねが》わくは[九]補《ほ》益《えき》有り、共に[一〇]聞《もん》を広めんことを。

漢霊帝光和四年（紀元一八一年）に『法鏡経』二巻を訳出した。
三二　梵　『出三』には「胡」とある。
三三　秦　中国の古称。『出三』には「漢」とある。
三四　粗　あらまし。「密」の反対。
三五　大趣　大体の趣旨。
三六　維祇難　Vighna ではなく Vijitānanda の音写語ではないかと、水野博士は推察している。
三七　黄武三年　紀元二二四年。
三八　武昌　湖北省鄂城県。
三九　来適　こちらにすすみ来ること。
四〇　僕　自分のこと、すなわち支謙をさす。
四一　同道　同行すること。
四二　焔　『出三』では「炎」とする。
四三　梵語を得　インド語のまま音写すること。
四四　義を以て音を出だし　意訳すること。
四五　質真　かざりけがなく真実なこと。『出三』では「質直」（実直でかざりけがないこと）とする。おそらく原文に忠実であるが訳がこなれていなかったことであろう。
四六　迎　『出三』では「近於質直」とする。
四七　僕　底本は「樸」に作るが、『出三』に従い「僕」に改める。
四八　辞　ことば。ここでは漢訳をいう。
四九　老氏　『老子』八十一章「信言不美、美言不信」。
五〇　仲尼　孔子。『易』繋辞伝上「子曰、書不尽言、言不尽意」。
五一 深邃 学識が深いこと。
五二 竭 底本は「偈」と作るが、『出三』に従い「竭」(あるかぎりの力をだすこと)に改める。
五三 脱失 ぬけ落ちて見失うこと。
五四 鈎 ひっかけるの意。かかわること。事がらは諸経から取っていること。
五五 章 偈のこと。
五六 本 『出三』には「本故」とある。これだと各偈に本の故実があるという意味になる。
五七 越叙 順序を越え誤った者。
五八 洪漸 すぐれた順序。『出三』には「鴻漸」とあり、水野博士は「遠くに行く出発点」と解する。
五九 奥蔵 奥深い宝蔵。
六〇 曚 物事の理を分別する能力のないこと。
六一 弁 「辯」の意味で、区別して明らかにすること。

一 此れ 五百偈本のこと。
二 将炎 彼は九百偈本を将来したとされる。
三 往古 五百偈本から訳した二十六品のこと。
四 増定 増補すること。
五 品目 章題。
六 第 順序づけること。
七 篇 品、すなわち章のこと。
八 章 詩・文の一節のこと。ここでは一偈＝一章とある。
九 補益 助け補うこと。役立てること。
一〇 聞 底本は「問」に作るが、『出三』の「聞」(知識)の方が文意にふさわしく、これを採用する。

㊅五六七上

法句経

巻下

尊者法救撰す

呉天竺沙門維祇難等訳す

*述仏《じゅつぶつ》品《ぼん》 法句経第二十二

二十と一章有《あ》り［21偈］

述仏品とは、仏の神徳は度《すくい》に利さざるは無く、明らかに世の則《のり》為《た》るを道《い》う。

*［1］己[一]れに勝ちて悪を受けず、一切に世間に勝つ。
叡智《えいち》は廓《ひろ》くして彊《さかい》無く、曚《くら》きを開きて道《どう》に入らしむ。

*［2］網[二]を決《き》りて罣礙[三]《かいがい》無く、愛尽きて積む所無し。
仏意深くして極まり無く、未だ迹《あと》を践《ふ》まざるを践ましむ。

一 己 『出曜』『法集』ともに本文と同様「己」に作るが、Dhp の過去分詞 jitaṃ を考慮すれば「已」の可能性も有り得る。Dhammajoti［1995 : 183, n.1］を参照。

二 網 愛欲の煩悩の網。Dhp の jālinī（網のある）に対応する。

三 罣礙 さしさわり、じゃま。Dhp の visattikā（執著）に対応する。『出曜』『法集』では「叢林」とある。

[3]* 勇健《ゆうけん》[一]に一心《いっしん》[二]に立ち、出家し日夜に滅し、
根断たれ欲意無く、学[三]ぶは正しく、念は清明《せいめい》なり。

[4]* 諦《たい》を見、浄くして穢《けが》れ無く、已《すで》に五道[四]の淵《ふち》を度《わた》る。
仏、出でて世間を照らすは、衆《おお》くの憂苦《ゆうく》[五]を除かんが為なり。

[5]* 人道《にんどう》[六]に生まるるを得るは難《かた》く、生まれて寿《いのち》あるは亦《ま》た得ること難し。
世間に仏有ること難く、仏法を聞くを得ること難し。

[6]* 我れ既[七]に帰保《きほ》[八]無く、亦た独《ひと》りにして伴侶無し。
一行《いちぎょう》を積みて仏を得、自然に聖道に通ず。

[7]* 船師は能く水を渡り、精進は橋梁《きょうりょう》[九]為《た》り。
人は種姓《しゅせい》[一〇]を以て繋《つな》がれ、度者は健雄《けんゆう》[一一]為《た》り。

[8]* 悪を壊《こわ》し度するは仏為り、地に止《とど》まるは梵志《ぼんし》為り、
饉《うえ》を除くは法を学ぶもの為り、種《しゅ》を断ずるは弟子為り。

[9]* 行《ぎょう》に忍は第一なりと観じ、仏は泥洹《ないおん》は最なりと説く。
罪を捨てて沙門と作《な》り、彼れ[一二]を嬈害《じょうがい》[一三]すること無し。

[10]* 嬈《みだ》さず亦た悩まさず、戒の如くに一切を持《じ》し、
少食にして身の貪を捨て、幽隠《ゆういん》[一四]の処に行ずる有り、
意《こころ》は諦《あき》らかに有黠《ゆうかつ》[一五]を以てせば、是れ能く仏の教えを奉ずるなり。

[11]* 諸悪を作《な》すこと莫《な》く、諸善を奉行し、
自ら其《そ》の意《こころ》を浄《きょ》くする、是れ諸仏の教えなり。

一　勇健　勇ましく、つよいこと。
二　一心　心を集中させること。『法集』に「静慮」とある。Dhp の jhāna（瞑想）に対応する。
三　学　Dhp の sambuddhānaṃ を考慮すれば「覚」の可能性も有り得る。Dhammajoti［1995 : 183, n.5］を参照。
四　五道　本経では六道輪廻ではなく、阿修羅道を除いた五道輪廻である。
五　憂苦　苦悩。
六　人道　五道のうちのひとつ。
七　既……亦……　「～も～も」という意。口語では「既……又……」とする。Willemen［1978 : 92, n.5］を参照。
八　帰保　帰依し、たのみとする人。『法喩』『出曜』『法集』では「師保」とある。
九　橋梁　橋の総称。
一〇　種姓　うじ、素性。S.gotra の訳語。
一一　健雄　おおしく、いさましい者。
一二　彼れ　他人。
一三　嬈害　悩まし害すること。
一四　幽隠　奥深く隠れた所、または隠遁者。
一五　有黠　ヨーガ（yoga）の音写語。瑜伽が一般的。

㊅五六七中

[12]* 仏は尊貴為り、[一六]漏《ろ》を断じ婬《いん》無し、
[一七]諸釈中の雄にして、一群は[一八]心に従う。
[13]* 快き哉《かな》福報あるは、所願皆な成《じょう》ず。
敏《と》く上の[一九]寂《じゃく》に於いて、自ら泥洹を致す。
[14]* 或いは、多くは自ら山川《さんせん》と樹神《じゅしん》に帰《き》し、
廟《びょう》に図像を立て、祭祠《さいし》して福を求む。
[15]* 自ら帰《き》すること是《かく》の如きは、吉に非ず、上に非ず、
彼れ来たりて、我を衆苦より度すること能《あた》わず。
[16]* 如《も》し自ら、[二〇]仏・法・聖衆に帰するもの有らば、
[二一]道徳の四諦《したい》を、必ず見るに正慧《しょうえ》もてせん。
[17]* 生死は極めて苦しくも、諦に従わば度《ど》を得て、
世を度する[二二]八道は、斯《こ》れ衆苦を除かん。
[18]* 自ら三尊《さんぞん》に帰するは、最も吉、最も上なり。
唯だ独り是れのみ有りて、一切の苦を度す。
[19] 士如《も》し中正にして、道《どう》を志し[二三]慳《けん》ならずんば、
利なる哉斯《かなこ》の人、自ら仏に帰する者なり。
[20]* 明《みょう》ある人は値《あ》うこと難く、亦た比《なら》ぶもの有らず、
其の所生の処《ところ》、族親慶《けい》を蒙《こうむ》る。
[21]* 諸仏の興《おこ》るは快く、[二四]経道《きょうどう》を説くは快く、

一六　漏　煩悩。
一七　諸釈中の雄　釈迦族の英雄。
一八　心に従う　『出曜』と『法集』によれば、あらゆる神や人が、仏である自分の心に従うことをいう。
一九　寂　寂滅（S. śānti）のこと。『出曜』や『法集』には「速得第一滅」とある。「上」は Uv の paramāṃ（最高の）を訳したものか。
二〇　仏・法・聖衆　仏・法・僧の三宝。
二一　道徳　仏道の徳。
二二　八道　四諦の八正道。すなわち、正見・正思惟・正語・正行・正命・正精進・正念・正定。『法喩』では「八難」とある。
二三　慳　ものおしみ。慳貪。
二四　経道を説く　『出曜』や『法集』では「説法」とある。Dhp の saddhamma-desanā（妙なる教えを説く）に対応する。

[一]衆聚《しゅうしゅう》の和は快く、和なれば則ち常に安し。

*安《あん》寧《ねい》品《ぼん》　法句経第二十三

十と四章有《あ》り［14偈］

安寧品とは、安と危とを[二]差次《さじ》す。悪を去りて善に即《つ》かば、快にして堕さず。

[*1]我が生《せい》は已に[三]安《やす》く、怨《うらみ》に慍《いきどお》らず、
衆人に怨有るも、我れ行くに怨無し。

[*2]我が生は已に安く、病《やまい》に病まず、
衆人に病むこと有るも、我れ行くに病むこと無し。

[*3]我が生は已に安く、憂《うれ》いに慼《うれ》えず、
衆人に憂い有るも、我れ行くに憂い無し。

[*4]我が生は已に安く、清浄にして無為《むい》なり、
楽を以て食と為さん、[四]光音天《こうおんてん》の如くに。

[*5]我が生は已に安く、[五]澹泊《たんぱく》にして[六]無事なり、
[七]弥《み》薪国《しんこく》、火となるも、安《いず》くんぞ能《よ》く我れを焼かんや。

[*6]勝たば則ち怨を生じ、負ければ則ち自ら鄙《いや》しむ。
勝ち負けの心を去れば、争《あらそ》い無くして自ら安し。

[*7]熱は婬に過ぐるは無く、毒は怒《いか》りに過ぐるは無く、
苦は身に過ぐるは無く、楽は[八]滅《めつ》に過ぐるは無し。

一　衆聚　聚は集まり、集まった人。ここでは僧伽（saṅgha）の意。

二　差次　差別すること。

三　安く　対応する Dhp では「幸せに」(susukhaṃ) とある。

四　光音天　P. devā ābhassarā。神の名で光を言葉とするもの。『世記経』世本縁品（『長含』巻二十二、一四五上）に、光音天は楽しみを食物とするとある。

五　澹泊　さっぱりとしていること。淡泊に同じ。

六　無事　とりたてて何もしないこと。

七　弥薪国　S. P. mithilā の音写語。大火災にあったことで有名な古代インドの町。

八　滅　涅槃に同じ。

[8]* （九）小楽・小辯・小慧を楽《ねが》うこと無かれ、
観じて大を求むれば、乃《すなわ》ち大安《だいあん》を獲《う》。
[9]* 我れ世尊と為《な》りて、長く解《げ》して憂い無し、
正しく（一〇）三有《さんう》を度して、独《ひと》り衆魔《しゅま》を降《くだ》す。
[10]* 聖人を見るは快く、（一一）依附《いふ》を得るは快し、
愚人と離るるを得るは、善為《ぜんた》りて独り快し。
[11]* 正道《しょうどう》を守るは快く、工《たくみ》に説法するは快し、
世と諍《あらそ》うこと無く、戒を具するは常に快し。
[12]* 賢に依りて居るは快く、（一二）親《しん》に親しく会するが如し。
仁智に近づくは、（一三）多聞《たもん》にして（一四）高遠《こうえん》なり。
[13] 寿《ひさ》しき命あるは（一五）鮮少《せんしょう》にして、（一六）世を棄つるは多し。
学ぶには当《まさ》に要を取りて、老《おい》に至りて安《やす》からしむべし。
[14] 諸の甘露を得んと欲するに、欲を棄つるは（一七）滅諦《めったい》にして快し、
生死の苦を度さんと欲すれば、当に甘露の味を服すべし。

*好《こう》喜《き》品《ぼん》　法句経第二十四　十と二章有り［12偈］

好喜品とは、人の多喜を禁ず。能く貪欲せざれば、則ち（一八）憂患《ゆうかん》無し。
[1]* （一九）道《どう》に違《たが》うには則ち自ら順《したが》い、道に順うには則ち自ら違う、

九　小楽・小辯・小慧　とるに足らない安楽・弁舌・知恵。　㊅五六七下
一〇　三有　欲界・色界・無色界の三界における生存。
一一　依附　よりすがる、たよること。ここでは聖者にたよること。
一二　親　みうち、みより。
一三　多聞　博学。
一四　高遠　けだかく奥深いこと。志が高くすぐれていること。
一五　鮮少　すくないこと。
一六　世を棄つる　死ぬこと。
一七　滅諦　四諦の一つ。煩悩のなくなった理想の状態。
一八　憂患　うれい、心配ごと。
一九　道に違わば　Dhp の ayoga（道利に違うこと）に対応する。

[一]義を捨てて好む所を取る、是れを愛欲に順うと為す。
[2]* 当《まさ》に愛する所に趣くべからず、亦た愛せざるを有《も》つこと莫《な》かれ。
之を愛して見ざるも憂え、愛せざるを見るも亦た憂う。
[3]* 是こを以て愛を造ること莫かれ、愛と憎しみは悪の由《よ》る所なり。
已に[二]縛結《ばくけつ》を除きし者は、愛無く憎む所無し。
[4]* 愛喜は憂《うれ》いを生じ、愛喜は畏《おそ》れを生ず、
愛喜する所無くんば、何をか憂え、何をか畏れん。
[5]* 好楽は憂いを生じ、好楽は畏れを生ず、
好楽する所無くんば、何をか憂え、何をか畏れん。
[6]* 貪欲は憂いを生じ、貪欲は畏れを生ず、
解《げ》して貪欲無くんば、何をか憂え、何をか畏れん。
[7]* 法を貪《むさぼ》り戒成《じょう》じ、至《し》誠《せい》にして慚《はじ》を知り、
[三]身《しん》を行《ぎょう》じて道《どう》に近づけば、衆の愛する所と為る。
[8]* 欲態は出でず、思い正しくして乃《すなわ》ち語り、
心に貪愛《とんあい》無くんば、必ず[四]流れを截《き》りて渡らん。
[9]* 譬《たと》えば人の久しく行きて、遠くより吉《よ》く還《かえ》らば、
[五]親厚《しんこう》の普《あまね》く安《やす》くして、帰り来たるを歓喜《かんぎ》するがごとく、
[10]* 好みて福を行ずる者は、此《こ》こより彼《かし》こに到り、
自ら[六]福祚《ふくそ》を受くるは、[七]親の来たるを喜ぶが如し。

一 義　礼にかなった善い行い。人として踏み行うべき道。Dhp の atthaṃ（道理、目的）に対応する。

二 縛結　「縛」も「結」も束縛するものの意で、煩悩を指す。Dhp の gantha（束縛）に対応する。

三 身を行じ　身を立てて世に処すること。高邁な生き方について言う。

四 流れを截り　世俗の世界における欲望の流れを断ち切ること。

五 親厚　親戚のこと。後注七を参照。

六 福祚　福という幸せ。

七 親　『法集』では「親厚」とある。

[11]* 起《た》て、聖教に従え、不善を禁制《きんせい》せよ。
道《どう》に近づくは愛せられ、道を離るるは親しまるること莫し。

[12]* 〔道に〕近きと近からざると、[八]往《ゆ》く所は異なる。
道に近きは天に昇り、近からざるは獄に堕《だ》す。

*忿《ふん》怒《ぬ》品《ぼん》　法句経第二十五

二十と六章有《あ》り〔26偈〕

忿怒品とは、瞋恚《しんい》の害を見《あら》わす。[九]寛弘《かんこう》にして[一〇]慈柔《じにゅう》なれば、天祐《たす》け人愛す。

[1] 忿怒《ふんぬ》あるは法を見ず、忿怒あるは道を知らず。
能《よ》く忿怒を除く者は、福と喜《よろこび》、常に身に随《したが》う。

[2] [一一]貪婬《とんいん》あるは法を見ず、[一二]愚痴《ぐち》の意《こころ》あるも亦た然《しか》り。
婬を除き痴を去る者は、其の福第一尊なり。

[3]* 恚《いか》りを能く自ら制するに、[一三]奔車《ほんしゃ》を止めるが如くなれば、
是れを[一四]善御《ぜんぎょ》と為す。冥《めい》を棄《す》てて明に入る。

[4]* [一五]忍辱《にんにく》は恚りに勝《まさ》り、善は不善に勝る。
勝者は能く施し、[一六]至誠《しせい》は欺《あざむ》きに勝る。

[5]* 欺かず、怒らず、意《こころ》に多く求めず、
是《かく》の如きの三事もて、死すれば則ち天に上らん。

[6]* 常に自ら身を摂し、慈心もて殺さずんば、

八　往　底本は「往」に作るが、宋・元・明三本、『出曜』『法集』に従い「往」に改める。　㊅五六八上

九　寛弘　心がひろいこと。

一〇　慈柔　慈しみあり、やさしいこと。

一一　貪婬　むさぼり。

一二　愚癡　おろか。

一三　奔車　むてっぽうに速く走る車。危険な状態のたとえ。

一四　善御　うまく馬車をあつかう者。

一五　忍辱　堪え忍ぶこと。

一六　至誠　このうえもない真心。

是れ天上に生じ、彼《かし》こに到りて憂《うれ》い無し。

[7]* 意は常に覚寤《かくご》[一]し、明け暮[二]れに勤め学ばば、
漏《ろ》は尽き意は解《と》け[三]、泥洹《ないおん》を致す可し。

[8]* 人の相《あ》い謗毀《ほうき》[四]するは、古《いにしえ》より今に至る。
既に多言を毀《そし》り、又た訥訒《とつじん》[五]を毀り、
亦た中和を毀る。世に毀られざるもの無し。

[9]* 欲意あるは聖に非ずして、制中《せいちゅう》[六]すること能《あた》わず。
一に毀り、一に誉《ほ》むるは、但《た》だ利名[七]の為なるのみ。

[10]* 明智《めいち》あるに誉めらるるは、唯《た》だ是れを賢と称す。
慧人は戒を守り、譏謗《きぼう》[八]さるること無し。

[11]* 羅漢《らかん》の如くに浄きは、誣謗《ふぼう》[九]さるること莫《な》し。
諸天[一〇]も咨嗟《しさ》[一一]し、梵釈[一二]も称する所なり。

[12]* 常に守りて身《しん》を慎み、以て瞋恚《しんい》を護《まも》れ。
身の悪行を除き、徳行《とくぎょう》を進んで修めよ。

[13]* 常に守りて言《ことば》を慎み、以て瞋恚を護れ。
口《く》の悪言を除き、法の言を誦《とな》え習え。

[14]* 常に守りて心を慎み、以て瞋恚を護れ。
心の悪念《あくねん》を除き、思惟《しゆい》して道《どう》を念ぜよ。

[15]* 身を節《せつ》し言を慎み、其の心を守摂《しゅせつ》[一三]し、

一　覚寤　さめていること。
二　暮　底本は「慕」に作るが、宋・元・明三本や Dhp の ahoratta（朝晩）に従い「暮」に改める。
三　意は解け　「心解」（しんげ）を意味する、P. adhimutta, S. adhimukta の訳語であろう。『法集』には「明解」とある。
四　謗毀　「謗」も「毀」も、そしること。
五　訥訒　「訥」も「訒」も口べたなさま。木訥。底本は「訒」を「忍」に作るが、ここでは宋・元・明三本による。
六　制中　意味は不明。『法喩』の「折中」に同じか。「折中」は、あれこれ加減してちょうどよい状態にすること。折衷に同じ。
七　利名　利益と名誉。『法喩』には「名利」とある。
八　譏謗　そしること。
九　誣謗　そしること。
一〇　天　底本は「人」に作るが、宋・元・明三本に従い「天」に改める。
一一　咨嗟　誉め讃える。
一二　梵釈　梵天と帝釈天。
一三　守摂　まもり、おさえること。

恚《いか》りを捨て道を行ずるは、忍辱《にんにく》にして最も強し。

[16]* 恚《いか》りを捨て慢《まん》を離れ、諸《もろもろ》の[一四]愛貪《あいとん》を避《さ》けよ。
[一五]名色《みようしき》に著《じやく》せずんば、[一六]無《む》為《い》にして苦を滅す。

[17]* 起こらば怒《いか》りを解《と》き、婬《いん》生ずれば自ら禁ぜよ。
[一七]不明《ふみよう》を捨つるに健《たけ》し、斯《こ》れは皆な安らぎを得。

[18]* 瞋《いか》りを断ずれば臥《ふ》すこと安く、恚りを滅すれば憂い無[一八]し。
怒りは毒の本為《た》り。軟《やわ》らかなる意《こころ》の[一九]梵志《ぼんし》は、
言善《ことばよ》くして誉《ほま》れを得、断ずれば患《うれ》い無しと為す。

[19]* 同志相い近づき、詳《つまび》らかに作悪《さあく》を為す、
後に別かるるも恚りを余《あま》さば、火自《おの》ずから焼悩《しようのう》す。

[20]* [二〇]慚愧《ざんき》を知らず、戒無くして怒《いか》り有るは、
怒りの為に牽《ひ》かれ、[二一]有《う》の務《つと》めを厭《いと》わず。

[21]* 力有るは兵に近づき、力無きは軟《よわ》きに近づく。
夫《そ》れ忍は上為《た》り。宜《よろ》しく常に羸《よわ》きを忍ぶべし。

[22]* 衆を挙《あ》げて之を軽んずるも、力有る者は忍ぶ。
夫れ忍は上為り。宜しく常に羸きを忍ぶべし。

[23]* 自我と彼れと、大いに畏《おそ》るること三[二二]有り。
如《も》し彼れの作《しわざ》を知らば、宜しく[二三]己《おの》れの中を滅すべし。

[24]* 倶《とも》に両《ふた》つながら義を行うは、我れと彼れの為の教[二四]えなり。

一四　愛貪　底本は「愛会」に作るが、宋・元・明三本、『出曜』の「結使」に従い「愛貪」に改める。
一五　名色　現象世界の物質とその名前。
一六　無為　形成されざるもの。さとりの境地を指す。
一七　不明　Uv の avidyā の訳語で、無明と同じと解した。『出曜』には「無明根」とある。

(大)五六八中

一八　無　底本は「婬」に作るが、『出曜』『法集』の「不懐」を参照し、ここは「無」もしくは「除」の語が適当と考え「無」と改めた。Dhammajoti [1995 : 200, n. 29] を参照。
一九　梵志　バラモンのこと。
二〇　慚愧　恥じること。
二一　有　存在、生死輪廻。
二二　三　身・口・意の三を指すか。
二三　己れの中　自身のうちの過失を指す。『出曜』に「宜滅己中瑕」とある。
二四　教え　『出曜』や『法集』は「我与彼亦然」とあり、「然」の可能性もあろう。

如《も》し彼れの作を知らば、宜しく己れの中を滅すべし。

[25]* 善[一]智あるが愚かに勝るは、〔愚かの〕麁言《そげん》[二]・悪説〔の故なり〕。
常に勝たんと欲する者は、言に於いて宜しく黙すべし。

[26]* 夫れ悪を為す者は、怒りに怒りの報《むく》い有り、
怒りもて怒りに報いざるは、彼《か》の闘《たたか》いに負くるに勝つ。

*塵《じん》垢《く》品《ぼん》　法句経第二十六　十と九章有《あ》り〔19偈〕

塵垢品とは、清《せい》と濁《だく》とを分別す。学ぶには当に潔白なるべし。汚辱《おじょく》[三]を行うこと無かれ。

[1]* 生きて善行無くんば、死して悪道に堕せん、
往《ゆ》[四]くこと疾《すみや》かにして間《あいだ》無く、到りて資用《しよう》[五]無けん。

[2]* 当に智慧《ちえ》を求めて、以て意《こころ》の定《じょう》[六]を然やすべし。
垢《く》を去り汚《けが》るること勿《な》くんば、苦形を離る可《べ》し。

[3]* 慧ある人は漸《ぜん》を以て、安徐《あんじょ》[七]として稍《ようや》く進み、
心の垢を洗除《せんじょ》せよ、工《たくみ》の金を練《ね》るが如くに。

[4]* 悪は心に生じ、還《かえ》りて自ら形《へ》[八]を壊《やぶ》ること、
鉄の垢《あか》を生じて、反《かえ》りて其の身を食《く》らうが如し。

[5]* 誦《じゅ》せざるを言の垢と為し、勤めざるを家の垢と為す。
厳《かざ》らざるを色の垢と為し、放逸《ほういつ》なるを事《つとめ》の垢と為す。

一　善　底本は「苦」に作るが、宋・元・明三本に従い「善」と改めた。ただし『出曜』『法集』を参考にすれば「若愚勝智」の可能性もあろう。
二　麁言　あらあらしい言葉。
三　汚辱　けがれ。悪徳。
四　往くこと　底本は「住」に作るが、『中本起』巻下（一六一上）を参照して「往」に改める。
五　資用　物事や生活に必要な物。
六　定　「錠」（明かり、灯火）に同じ。『出曜』『法集』には「定明」とある。

七　安徐　おだやかなさま。しずかなさま。
八　形　ここでは身体の意。

[6]* 慳[九]を[一〇]恵施《けいし》の垢《く》と為し、不善を行いの垢と為す。
今世にも亦た後世にも、悪法を常の垢と為す。

[7]* 垢中の垢、痴《ち》より甚《はなは》だしきは莫《な》し。
学びて当に悪を捨つべし。比丘よ、垢ある無かれ。

[8]* [一一]苟生《こうせい》は恥無きこと、鳥の長き喙《くちばし》あるが如し。
[一二]強顔《きょうがん》にして辱《はずかし》めに耐うるを、名づけて穢《けが》れし生と曰《い》う。

[9]* [一三]廉恥《れんち》あるは苦なりと雖《いえど》も、義《よ》く[一四]清白《せいはく》を取りて、
辱めを避《さ》け不《ふ》妄《もう》なるを、名づけて潔《いさぎよ》き生と曰う。

[10]* 愚人は殺しを好み、言に誠実無く、
与えざるに取り、好んで人の婦《つま》を犯し、

[11]* [一五]逞心《ていしん》にして戒を犯し、酒に迷惑《めいわく》す、
斯《こ》の人世世に、自ら身の本《もと》を掘る。

[12]* 人よ、如《ひと》しく是れを覚《さと》れ。当に悪を念ずべからず。
愚《おろ》かは非法に近づきて、久しく自ら[一六]焼没《しょうぼつ》す。

[13]* 若《も》しくは信もて布施し、〔若しくは〕名誉を揚《あ》げんと欲して〔布施す〕。
人の虚飾《きょしょく》を[一七]貪《むさぼ》らば、浄《きよ》き[一八]定《じょう》に入るに非ず。

[14]* 一切に欲を断ち、意の根原を截《き》り、
昼夜に一を守らば、必ず定意《じょうい》に入らん。

[15] [一九]垢に著《じゃく》するを塵と為し、染塵《ぜんじん》に従《よ》りて漏《ろ》あり。

九　慳　ものおしみすること。
一〇　恵施　めぐみほどこすこと。
一一　苟生　いきあたりばったりに、いいかげんな態度で生きていること。Dhp の sujīvaṃ（楽々と生活すること）に対応するか。
一二　強顔　つらの皮のあついこと、あつかましい。
一三　廉恥　心が正しく欲がなく、恥をしる。
一四　清白　清廉潔白なこと。　(大)五六八下
一五　逞心　心をほしいままにすること。
一六　焼没　焼け死ぬこと。
一七　貪　底本は「会」に作るが、『出曜』『法集』を参考にして「貪」に改める。
一八　定　禅定、瞑想、精神集中。P., S. samādhi（三昧）に対応する。
一九　垢　この偈では著垢→染塵→漏という煩悩の段階を見ることができる。

染《そ》まらず行わざれば、浄くして愚を離る。
[16]* 彼の自ら侵《おか》すを見て、常に内に自省す、
漏を行えば自ら欺《あざむ》き、漏尽《つ》くれば垢《く》無し。
[17]* 火は婬《いん》より熱きは莫《な》く、捷《しょう》[一]は怒《いか》りより疾《すみや》かなるは莫く、
網《あみ》は痴《ち》より密《みつ》なるは莫く、愛流《あいる》は河より（於）[二]駛《はや》し。
[18]* 虚空《こくう》に轍《わだち》の迹《あと》無く、沙門《しゃもん》に外《ほか》の意《こころ》無し、
衆人尽《ことごと》く悪を楽しむも、唯だ仏のみ浄《きよ》くして穢《けが》れ無し。
[19]* 虚空に轍の迹無く、沙門に外の意無し、
世間は皆な無常《むじょう》にして、仏には我《が》の所有するもの無し。

奉*《ほう》持《じ》品《ぼん》　法句経第二十七

十と七章有《あ》り［17偈］

奉持品とは道義《どうぎ》を解説す。法は徳行を貴《たっと》び、貪侈《とんし》[三]を用いず。
[1]* 経道《きょうどう》[四]を好む者は、利[五]を競わず、
利有ると利無きとに、欲無く惑わずして、
[2]* 常に愍《あわれ》みて学を好み、心を正しくして以《もっ》て行《ぎょう》じ、
宝慧を擁懐《ようかい》[六]す、是れを道《どう》と為すと謂《い》う。
[3]* 所謂《いわゆる》、智とは、必ずしも辯言《べんげん》[七]ならず。
恐《おそ》れ無く懼《おそ》れ無く、善を守るを智と為す。

一　捷　えものをとること。Dhp の gaha（補捉者）に対応する。
二　於　底本は「乎」に作るが、宋・元・明三本に従い「於」に改める。
三　貪侈　貪欲で贅沢な生き方。
四　経道　経典の道。Dhp の dhamma（法）に対応。竺法護訳の『正法華』でも経道は S.dharma（法）に対応する。辛嶋［一九九八］二二六頁を参照。
五　利　Dhp の attha (S.artha) に対応する。「利益、道理」等の意。
六　擁懐　「擁」も「懐」も、抱くの意。
七　辯言　口じょうずなことば。
八　忌　『法喩』や宋・元・明三本には「忘」とある。
九　老　年を取り徳の高い人。
一〇　年耆　「耆」は年をとること。老人。ここではいたずらに年を重ねること。
一一　惷愚　おろかで、間がぬけていること。
一二　諦法　真理。Dhp の saccañ ca dhammo ca（真理と法）の訳語。

[4]* 法を奉持《ほうじ》すとは、多言を以てせず。素《もと》より少しく聞くと雖《いえど》も、身は法に依りて行い、道を守りて[八]恚《い》まざる、奉法と謂う可《べ》し。

[5]* 所謂、[九]老とは、必ずしも[一〇]年耆《ねんき》にあらず。形熟し髪白きは、[一一]惷愚《とうぐ》なるのみ。

[6]* [一二]諦法《たいほう》を懐《いだ》き、[一三]順調《じゅんちょう》にして[一四]慈《じ》仁《じん》、[一五]明達《めいたつ》、[一六]清潔なるを[一七]謂いて、是れを長老と為す。

[7]* 所謂、[一八]端正《たんせい》とは、[一九]色、花の如くなるに非ず。[二〇]慳嫉《けんしつ》にして[二一]虚飾《きょしょく》あるは、言行に違有り。

[8]* 能《よ》く悪を捨て、根原《こんげん》已に断ち、慧ありて恚《いか》り無きを謂いて、是れを[二二]端正と謂う。

[9]* 所謂、沙門とは、必ずしも髪を除くのみに非ず。妄語《もうご》し[二三]貪取《とんしゅ》して、欲有らば[二四]凡《ぼん》の如し。

[10]* 能く悪を止《とど》め、[二五]恢廓《かいかく》に道を弘め、[二六]心を息《やす》め意を滅するを謂いて、是れを沙門と為す。

[11]* 所謂、比丘とは、時に乞食《こつじき》するに非ず。邪《よこしま》なる行いもて、彼れを[二七]婬《むさぼ》るは、名を称するのみ。

[12]* 罪福を捨て、梵行《ぼんぎょう》を浄修《じょうしゅう》し、慧もて能く悪を破するを謂いて、是れを比丘と為す。

一三 順調　自らを調御して、素直でおだやかなこと。
一四 慈仁　慈しみ深いこと。
一五 明達　底本は「明遠」に作るが、宋・元・明三本に従い「明達」に改める。明達とは物事の道理によく通じていること。
一六 清潔　Dhp の vanta-malo（汚れを吐き出した）の訳語か。
一七 謂　「前に述べたところ」程度の意。「謂…是…」の表現で「…は…である」の意。
一八 端正　底本は「端政」に作るが、宋・元・明三本、『法喩』に従い「端正」に改める。Dhp の sādhu-rūpa の訳語。　㊅五六九上
一九 色　仏教では「形づくられたもの」という哲学用語として用いるが、ここでは「容色」程度の意。
二〇 慳嫉　貪欲で嫉妬深いこと。
二一 虚飾　うわべのみを飾ること。
二二 端正　前註一八に従う。
二三 貪取　貪欲にものを手に入れようとすること。
二四 凡　凡夫。
二五 恢廓　心が広く大きいこと、度量が大きいこと。
二六 心を息め意を滅す　心のはたらきを静め、なくすること。
二七 婬　底本の「婬彼」は、宋・元・明三本と『法喩』には「望彼」とある。彼は他人のこと。

*[13] 所謂、[一]仁明《にんみよう》とは、口の言わざるのみに非ず。
心を用うるに浄《きよ》らかならずんば、[二]外に順ずるのみ。
*[14] 心無為《むい》にして、内なる行い[三]清虚《せいきよ》にして、
[四]此れ彼れに寂滅《じやくめつ》なるを謂いて、是れを仁明と為す。
*[15] 所謂、[五]有道《ゆうどう》とは、一の物を救うのみに非ず、
普《あまね》く天下を済《すく》い、害すること無きを道と為す。
*[16] 戒の衆《おお》きを言わざれ、我《わ》が行《ぎよう》に誡多きを、
[六]定意《じようい》を得るは、要《かなら》ず[七]閉損《へいそん》に由《よ》るを〔言わざれ。〕
*[17] [八]意解《こころと》けて[九]安《やす》きを求むれば、[一〇]凡夫に習うこと莫《な》かれ。
[一一]使結《しけつ》未だ尽きずんば、能く脱を得ること莫からん。

*道《どう》行品《ぎようぼん》　法句経第二十八　　二十と八章有《あ》り〔28偈〕

道行品とは、旨は[一二]大要《だいよう》に[一三]度脱《どだつ》の道を説く。此れを[一四]極妙《ごくみよう》と為《な》す。

*[1] [一五]八直は最上の道にして、四諦《したい》は[一六]法の迹為《あとた》り、
不婬は行の尊にして、灯《ともしび》を施せば必ず眼を得ん。
*[2] 是れは道《どう》にして復《ま》た畏《おそ》る無く、見浄《けんきよ》ければ乃《すなわ》ち世を度す、
此れ能く魔の兵を壊《やぶ》り、力もて行きて邪苦を滅す。
*[3] 我れ已《すで》に正道を開けり、大いに[一七]異明《いめい》を現ずるが為に、

一　仁明　聖者を意味する muni（牟尼）に対応する。釈迦牟尼（Sākya-muni）を「能仁」と訳す。
二　外に順ず　外面が従順であること。
三　清虚　心が清らかで私心がないこと。
四　此れ彼れ　「此れ」は煩悩に満ちた凡夫の世界、「彼れ」はさとりの世界。ここではこの世とあの世をいう。
五　有道　道徳を身につけている人。Dhp の ariya（聖者）に対応する。
六　定意　精神集中。禅定。
七　閉損　Dhp の vivicca（離れて、遠離して）に対応するか。
八　意解けて　Dhp の nekkhamma の「出離」ではなく「愛欲なく」の意に対応する。
九　安き　幸せ、もしくはさとりの境地。
一〇　凡夫　底本は「凡人」に作るが、宋・元・明三本に従い「凡夫」に改める。Dhp の puthujjana に対応する。
一一　使結　煩悩。Dhp の āsava（漏、煩悩）に対応する。
一二　大要　簡略、大まか。
一三　度脱　解脱。
一四　極妙　このうえなくすぐれていること。
一五　八直　直は「正しい」の意。四諦八正道のこと。
一六　法の迹　Dhp の dhamma-pada の訳語。
一七　異明　すぐれた輝き。

已に聞かば当に自ら行ずべし、行ずれば乃ち邪縛《じゃばく》を解《と》かん。

[4]* 生死は非常にして苦なりと、能く観見《かんけん》するを慧《え》と為す。
一切の苦を離れんと欲せば、道を行ぜよ、一切は除かれん。

[5]* 生死は非常にして空《くう》なりと、能く観見するを慧と為す。
一切の苦を離れんと欲せば、但《た》だ当に勤《つと》めて道を行ずべし。

[6]* 起つべき時には当に即ち起つべく、愚《おろ》かの[一八]淵《ふち》を覆《おお》うが如くすること莫かれ。
[一九]堕《だ》と[二〇]無《む》瞻《せん》との聚《あつ》まり、[二一]計《はか》り[二二]罷《つか》れて道を進まず。

[7]* 念の念に応ぜば則ち正しく、念応ぜざれば則ち邪《よこしま》なり。
慧にして邪を起こさざれ、思い正しければ道乃ち成ず。

[8]* 言を慎み[二三]意《こころ》の念を守り、身による不善を行わず、
是の如きの三行[二四]除《のぞ》かば、仏是《こ》れ道《どう》を得と説けり。

[9]* 樹《き》を断《た》つも本《もと》を伐《き》ること無くんば、根在《あ》りて猶《な》お復た生ず。
根を除けば乃ち樹無く、比丘は泥洹《ないおん》を得。

[10]* 樹を断つこと能《あた》わずんば、親戚相い恋し、
貪意《とんい》自ら縛《しば》ること、犢《こうし》の乳を慕うが如し。

[11]* 能《よ》く意《こころ》の本《もと》を断ち、生死《しょうじ》[二五]彊《つよ》きこと無くんば、
是れを道《どう》に近しと為し、疾《はや》く泥洹を得。

[12] 貪婬《とんいん》は老を致し、瞋恚《しんい》は病を致し、
愚痴《ぐち》は死を致す、三を除かば道を得。

一八 淵を覆う　煩悩の海におぼれること。㊅五六九中

一九 堕　おこたる、なまけること。「惰」に同じ。

二〇 無瞻　底本は「与瞻」に作るが、聖本に従い「無瞻」（遠くを見ない、注意しない）に改める。

二一 計り　おもんぱかる、考える。

二二 罷れ　疲れること。「疲」に同じ。

二三 意の念　宋・元・明三本の「意の正しき」の可能性もあろう。

二四 除　『出曜』『法集』とも「浄」とあり、「除」もきよめる程度の意か。

二五 彊　底本の「彊」は、「疆」（はて、境）の可能性も指摘できよう。すなわち第二句は、「生死は終わり無し」という意味にもとれる。

[13]* 前に釈《と》け、後に解《と》け、中に脱せよ、彼《かし》こに度《ど》し、
一切の念滅すれば、復た老死無からん。
[14]* 人、妻子を営み、病法を観《み》ざるに、
死命《しみょう》[一]、卒《にわか》に至る、水の湍《はやせ》[二]に駛《はや》きが如くに。
[15]* 父子も救わざるに、余の親《しん》に何をか望まん、
命尽《つ》くるとき親を怙《たの》むは、盲《もう》の灯を守るが如し。
[16]* 慧あるは是の意を解し、経戒[三]を修す可し。
勤行《きんこう》して世を度すれば、一切の苦を除くべし。
[17]* 諸の淵[四]を遠離《おんり》すること、風の雲を却《しりぞ》くるが如く、
已に思想[五]を滅すれば、是れを知見《ちけん》と為す。
[18]* 智は世の長為《ちょうた》りて、惔《あわ》く無為《むい》を楽しむ。
正教を受くるを知[六]らば、生死、尽くるを得ん。
[19]* 衆《もろもろ》の行《ぎょう》は空《くう》なりと知る、是れを慧見《えけん》と為す。
世の苦を罷厭《ひえん》[七]すれば、是の道に従《よ》りて〔苦は〕除かる。
[20]* 衆の行は苦なりと知る、是れを慧見と為す。
世の苦を罷厭すれば、是の道に従りて〔苦は〕除かる。
[21]* 衆の行は非身[八]なる、是れを慧見と為す。
世の苦を罷厭すれば、是の道に従りて〔苦は〕除かる。
[22]* 吾《わ》れ汝に法を語る。愛箭《あいせん》[九]もて射らるるに、

一　死命　死のこと。
二　水の湍　『一切経音義』巻七十六（八〇〇中）に、「疾瀬」とある。
三　経戒　経と戒ともとれるが、『出曜』に「禁戒律」とあり、Dhp にも silasaṃvuto（戒に守られて）とあり、「戒律」の意味にとる。
四　淵　生死の深い流れをたとえる。
五　思想　五蘊などで、「想」（saṃjñā）にあたる古訳語。ただしここでは、Uv と比較すると、saṃkalpa に対応する。
六　知　底本の「知」は、『法喩』の「如」（もし）の可能性もあろう。
七　罷厭　疲れ、いとうこと。
八　非身　『出曜』『法集』には「無我」とある。
九　愛箭　愛欲という矢。

宣《よろ》しく以て自ら勗《つと》めて、如来の言を受くべし。

[23]*吾れは都《すべ》て以て滅すと為し、往来の生死は尽く。
[一〇]一情《いちじょう》を以て解《げ》するに非ず、演《の》ぶる所は[一一]道眼《どうげん》為《た》り。

[24]*駛《はや》き流れは海に澍《そそ》ぎ、[一二]潘水《ばんすい》は漾《ただよ》いて疾《はや》く満つるがごとし。
故に為に智者は説く、趣《おもむ》きて甘露《かんろ》を服す可しと。

[25]*前《さき》に未だ聞かざる法輪《ほうりん》を、転ずるは衆生《しゅじょう》を哀《あわ》れむが為なり。
[一三]是れに奉事する者、之《これ》に礼すれば[一四]三有《さんう》を度す。

[26]*三念、念ず可きは善なり、三亦た[一五]離るるは[一六]不善なり。
念に従りて行《ぎょう》有り、之を滅するを正断と為す。

[27]*[一七]三定《さんじょう》は念を転ずるを為す、[一八]猗《い》を棄《す》て無量を行ぜば、
三を得て[一九]三窟《さんくつ》除かる、[二〇]結《けつ》を解《と》くに応《まさ》に念ず可し。

[28]*戒を以て悪を禁ずるを知り、思惟《しゆい》し慧あるは念を楽しむ、
已に世の[二一]成敗《せいばい》を知り、意《こころ》を息《や》むれば一切解《げ》せん。

*広《こう》衍《えん》品《ぼん》　法句経第二十九

十と四章有《あ》り　[14偈]

広衍品とは、凡《およ》そ善悪は小を積みて大を致し、[二二]証《しょう》は章句に応ずるを言う。

[1]*施《せ》の安《あん》は小と雖も、其《そ》の報《むく》いは弥《いよい》よ大なれば、
慧あるは小施に従《よ》りて、受くるに[二三]景福《けいふく》を見る。

一〇　一情　ひとりの感情ある存在。
一一　道眼　仏のこと。
一二　潘水　うずまく水。
一三　是れ　後の「之」と同様、法輪を転ずる仏を指す。
一四　三有　生有・死有・中有。もしくは欲有・色有・無色有。
一五　離　底本は「難」に作るが、『出曜』『法集』に従い「離」と改める。　㊅五六九下
一六　不善　三不善念の具体例として、『出曜』の説明（六八六中）に、欲念・恚念・害念とある。
一七　三定　空・無相・無願の三三昧か。『法集』憶念品の第二十四—二十六偈（七八五上）を参照。また『出曜』には「三観」とあり、その説明（六八六中）に、先の三不善を観想することとある。
一八　猗　「依」に同じ。ひっつくこと、転じて「執著」の意。
一九　三窟　『出曜』の説明（六八六中—六八七上）によれば、先の三は三定を指し、三窟は四禅のうちの最初の三禅によって退治されるべきものを指す。あるいは欲・色・無色の三界を指す。
二〇　結　煩悩のこと。
二一　成敗　事のなることとやぶれること。ここでは世界の生成と消滅。
二二　証　さとり。
二三　景福　大きな幸せ。

*[2] 労[一]を人に施し、而《しか》して祐《たすけ》を望まんと欲せば、
[二]殃咎《おうきゆう》身《み》に帰《き》し、自ら広く怨《うら》みに遘《あ》わん。
*[3] 已に多くの事を為し、[三]非事《ひじ》も亦た造り、
[四]伎《ぎ》楽《がく》し放逸《ほういつ》ならば、[五]悪習《あくしゆう》日《ひ》に増す。
*[4] 精進して[六]惟《おも》いを行じ、是《ぜ》を習い非《ひ》を捨て、
身を修め自ら覚《さ》む、是れを[七]正習《しようしゆう》と為す。
[5] 既に自ら解《さと》りの慧あるに、又た多く学問すれば、
〔慧は〕漸進《ぜんしん》し普《あまね》く広がること、[八]油酥《ゆそ》を水に投ずるが〔ごとし〕。
[6] 自ら慧の意《こころ》無く、好んで学問せざれば、
〔慧は〕凝縮《ぎようしゆく》し狭小《きようしよう》なること、[九]酪酥《らくそ》を水に投ずるが〔ごとし〕。
*[7] [一〇]道に近きものの名の顕《あき》らかなること、高山の雪の如く、
[一一]道に遠きものの[一二]闇昧《あんまい》なること、夜に箭《や》を発《はな》つが如し。
*[8] 仏弟子と為《な》りては、常に寤《さ》めて自ら覚《さ》め、
昼夜に仏を念じて、法を惟い[一三]衆を思う。
*[9] 仏弟子と為りては、[一四]常に寤めて自ら覚め、
日暮《にちぼ》に禅を思い、観と一心とを楽しむ。
*[10] 人、当《まさ》に念意有るべし、毎食に自ら少なきを知らば、
則ち是の[一五]痛欲薄《つうよくうす》らぎ、[一六]節消《せつしよう》して寿《いのち》を保《たも》たん。
*[11] 学ぶことは難《かた》く罪を捨つることも難く、家に居在《きよざい》するも亦た難く、

一　労　苦しみ、骨おりの意。Dhp の dukkha（苦）に対応する。
二　殃咎　災いとがめ。『出曜』や『法集』に「怨憎」とある。P. vera, S. vaira（敵対心）の訳か。
三　非事　為すべからざる事。
四　伎楽し　楽しむこと。Dhp の unnaḷa に対応する。
五　悪習　Dhp の āśava（漏、煩悩）に対応する。
六　惟い　Dhp の sati（念）に相当するか。『出曜』には「常念於身患」とある。あるいは単に「惟(こ)れ」と読むべきか。
七　正習　先の偈の「悪習」（＝煩悩）と対比される。Dhp に言う「煩悩が消滅すること」を意味しよう。
八　油酥　ギー。
九　酪酥　凝乳。カード。
一〇　道に近きもの　Dhp の santo（善き人々）に対応する。
一一　道に遠きもの　Dhp の asanto（善くない人々）に対応する。
一二　闇昧　くらいこと。
一三　衆　僧伽(サンガ)のこと。
一四　常　底本は「当」に作るが、宋・元・明三本や聖本に従い「常」に改める。
一五　痛欲　激しい食欲。『法喩』には「痛用」とある。Uv の vedanā（苦痛）の訳か。
一六　節消　省き消滅する。Uv の śanakair jiryati（徐々に老いる）の訳か。

会《あ》い止《とど》まりて、利を同じくするも難し。[一七]艱難《かんなん》、有《う》に過ぐるは無し。

[12]* 比丘《びく》は乞求すること難きも、何ぞ自ら勉《つと》めざる可《べ》けんや。
精進《しょうじん》して[一八]自然《じねん》を得《え》ば、後に人に欲すること無し。

[13]* 信有れば則ち戒成じ、戒に従わば、多く宝を致す。
亦た従わば、[一九]諧偶《かいぐう》を得て、在所《いたるところ》に供養せらる。

[14]* 一《ひとり》で坐し、一で処《お》り臥《ふ》し、一で行き放恣《ほうし》無く、
[二〇]守一《しゅいつ》にして以て身を正し、心楽しく樹間に居る。

地《じ》*獄《ごく》品《ぼん》　法句経第三十

十と六章有《あ》り［16偈］

地獄品とは、[二一]泥梨《ないり》の事を道《い》う。悪を作《な》せば悪を受く。罪は牽《ひき》いて置[二二]かず。

[1]* [二三]妄語《もうご》あるは地獄に近し、之《これ》を作して作さずと言うも〔地獄に近し〕。
二罪あるは後に倶《とも》に受く、是の行《おこな》いを自ら牽《ひ》き往《ゆ》く。

[2]* 法衣《ほうえ》其《そ》の身に在《あ》るも、悪を為《な》して自ら[二四]禁《きん》ぜず。
苟《いやしく》も悪行《あくぎょう》に没《ぼっ》すれば、終《つい》に則ち地獄に堕《だ》す。

[3]* 無戒にして供養を受くれば、理《ことわり》として豈《あ》に自ら損ぜざらん。
死すれば焼けたる鉄丸《てつがん》を噉《く》らい、然《しか》して熱さ劇《はげ》しきこと火炭《かたん》〔のごとし〕。

[4]* 放逸《ほういつ》のものに四事有り、好んで他人の婦《つま》を犯すものには。
〔一は〕臥《ふ》すこと険《けわ》しく、〔二は〕福利《ふくり》に非ず、毀《そし》らるるは三、[二五]淫泆《いんしつ》は四なり。

一七　艱難　底本は「難難」に作るが、宋・元・明三本、『法喩』『出曜』『法集』に従い「艱難」に改める。なやみ、苦しみの意。

一八　自然　自由自在の意。　(大)五七〇上

一九　諧偶　仲よく一緒にいること。

二〇　守一にして　一つのことに専心すること。

二一　泥梨　地獄のこと。S., P. niraya の音写語。

二二　置　そのままにしておくこと、ゆるすこと。

二三　妄語　偽り、でまかせの言語。

二四　自ら禁ぜず　自己を規制しないこと。Dhp の asaññatā に対応する。

二五　淫泆　「泆」は度を過ごすこと。婬乱の度が過ぎること。『出曜』は「婬妷」とする。

[5]* 福利ならざるは悪に堕し、畏《おそ》れ而[一]も畏るるものの楽は寡《すく》なくして、
王は法として重罰を加え、身死して地獄に入る。
[6]* 譬えば菅草《すげぐさ》を抜くが如し。執《と》ること緩《ゆる》ければ則ち手を傷《きず》つく。
戒を学びて禁制《きんせい》せざれば、獄録[二]《ごくろく》乃《すなわ》ち自らを賊《そこな》う。
[7]* 人行[三]《じんぎょう》に慢惰[四]《まんだ》を為《な》さば、衆《もろもろ》の労を除くこと能わず。
梵行《ぼんぎょう》に玷欠[五]《てんけつ》有れば、終に大福を受けず。
[8]* 常に当《まさ》に行ずべき所を行じ、自ら持《じ》して必ず強からしめ、
諸の外道《げどう》を遠離《おんり》し、習いて塵垢《じんく》を為すこと莫《な》かれ。
[9]* 当に為すべからざる所を為せば、然《しか》る後に欝毒[六]《うつどく》を致す。
善を行ずれば常に吉順《きちじゅん》にして、適《ゆ》く所悔悋[七]《かいりん》無し。
[10]* 其《そ》れ衆の悪行に於いて、作さんと欲し、若《も》しくは已《すで》に作せば、
是の苦は解く可からず、罪近づきて避くるを得ること難し。
[11]* 妄《いつわ》りの証《あかし》もて賂[八]《まいない》を求め、行いは已に正しからず、
良人を怨譖[九]《えんしん》して、枉[一〇]《おう》を以て士[一一]を治《おさ》むれば、
罪は斯《こ》の人を縛り、自ら坑《あな》に投ず。
[12]* 辺城[一二]《へんじょう》を備うるに、中外牢固《うちそとろうこ》なるが如く、
自ら其の心を守り、非法を生ぜざれ。
行いに欠あり憂《うれ》いを致さば、地獄に堕《だ》せしむ。
[13]* 羞《は》ず可きを羞じず、羞ずるに非ざるを反《かえ》って羞じなば、

一　而　底本は「悪」に作るが、宋・元・明三本、聖本、『出曜』『法集』に従い「而」と改める。Dhp では「畏れる男性と畏れる女性」と男女の区別がある。

二　獄録　罪の記録。

三　人行　梵行に対する凡人の行い。

四　慢惰　あなどりおこたること。Dhp の saṭhila（怠慢）に対応する。

五　玷欠　おちど、欠点。Dhp の saṃkassara（邪悪な）に対応する。

六　欝毒　ひどく憂うること。Dhp の tapati（後悔する）の訳語。

七　悔悋　くいうらむこと。Dhp の anutappati（後悔する）の訳語。

八　賂　底本は「敗」に作るが、宋・元・明三本、『法喩』『出曜』に従い「賂」に改める。

九　怨譖　ひとをうらみそしること。

一〇　枉　底本は「狂」に作るが、宋・元・明三本、『法喩』に従い「枉」に改める。道理を曲げること。

一一　士　『法喩』には「世」とある。　㊅五七〇中

一二　辺城　辺境の都市。

生きて邪見《じゃけん》を為し、死して地獄に堕す。
[14]* 畏《おそ》る可きを畏れず、畏るるに非ざるを反って畏れなば、
邪見に信向し、死して地獄に堕す。
[15]* 避《さ》く可きを避けず、就《つ》く可きに就かざれば、
邪見を[一三]翫習《がんしゅう》して、死して地獄に堕す。
[16]* 近づく可きは則ち近づき、遠ざく可きは則ち遠ざくれば、
恒《つね》に正見《しょうけん》を守りて、死して[一四]善道《ぜんどう》に堕す。

*象《ぞう》喩《ゆ》品《ぼん》 法句経第三十一 十と八章有《あ》り［18偈］

象喩品とは、人に身を正すを教ゆ。善を為さば善を得、福報《ふくほう》は快《こころよ》し。
[1]* 我れ、象の闘《たたか》うに、箭《や》に中《あ》たるを恐れざるが如く、
常に誠信《せいしん》を以《もっ》て、無戒の人を度す。
[2]* 譬《たと》えば、象の調正《ちょうせい》したるは、王の乗に[一五]中《あ》つ可《べ》きがごとく、
調《ちょう》せられて尊人為《そんじんた》るは、乃《すなわ》ち〔誹謗《ひぼう》を〕受くるも誠信あり。
[3]* 常に調えらると雖も、彼の[一六]新馳《しんち》の如くあれ、
亦《ま》た最善の象たれ、自ら調うるに如《し》かず。
[4]* 彼れ適《ゆ》くこと能《あた》わざるは、人の至《いた》らざる所なり。
唯《た》だ自ら調うる者のみ、能く調うる方《かた》に到《いた》る。

一三　翫習　むさぼりならうこと。
一四　善道　正しく善い道。地獄に対する。
一五　中つ　……するのにふさわしい、……することができる。
一六　新馳　Dhp の sindhavā「インダス河産（の馬）」に対応する。

[5]* 象の[一]財守と名づくるが如きは、[二]猛害《もうがい》にして禁制《きんせい》すること難《かた》し、
[三]繫絆《けいはん》し、食を与えざるも、猶《な》お[四]逸象《いつぞう》を[五]慕《した》うがごとし。

[6]* 悪行に没在《ぼつざい》する者は、恒《つね》に貪《とん》を以て自らを繫《つな》ぎ、
其《そ》の象厭《あ》くことを知らずして、故に数《しばしば》、[六]胞胎《ほうたい》に入る。

[7]* 本、意は[七]純行《じゅんぎょう》を為《な》し、及び常に安んずる所に行けり。
〔今は、〕悉《ことごと》く捨して[八]結《けつ》を降伏《ごうぶく》するは、鉤《かぎ》もて象を制し調《ととの》うるが如し。

[8]* 道《どう》を楽しみ放逸《ほういつ》ならず、能《よ》く常に自ら心を護《まも》れ、
是れ身《みずか》らの苦を抜《ぬ》くと為《な》す、象の坎《おとしあな》より出づるが如くに。

[9]* 若《も》し賢《けん》の能《よ》き伴《とも》を得て、倶《とも》に行きて善を行うに悍《たけ》くんば、
能く諸の[九]所聞《しょぶん》を伏し、至《きわみ》に到りても意《こころ》を失《うしな》わず。

[10]* 賢の能き伴を得ずして、倶に行きて悪を行うに悍くんば、
広く王の邑里《むらざと》を断つ〔が如く〕、寧《むし》ろ独《ひと》りにて悪を為《な》さざれ。

[11]* 寧ろ独り行きて善を為し、愚《おろ》かと侶為《ともた》らざれ、
独りにして悪を為さざること、象の驚きて自ら護るが如くせよ。

[12]* 生まれて利有るは安く、伴は軟《やわ》らかに和《なご》やかなるを安しと為す、
命尽《つ》くるに福を為すは安く、衆《もろもろ》の悪を犯さざるは安し。

[13]* 人家《じんか》に母有るは楽しく、父有るも斯《こ》れ亦た楽し、
世に沙門《しゃもん》有るは楽しく、天下《てんか》に道《どう》有るは楽し。

[14]* 戒を持して終《つい》に老ゆるは安く、正しきを信じて正さるるは善《よ》く、

一　財守　象の名。Dhp の dhanapālaka に対応する。
二　猛害　たけだけしく攻撃的。
三　繫絆　抱束すること。
四　逸象　「逸」はうせる、にげるの意。逃げ失せた象のこと。
五　慕　底本は「暴」に作るが、『法喩』や Dhp に従い「慕」と改める。
六　胞胎　子宮のこと。
七　純行　思いのままの行い。
八　結　煩悩。

九　所聞　Dhp の parissaya（難所）に対応する。所聞は「聞く所」と解するべきであるが、Uv の parisrava、PDhp の pariśrava から、pari-√śru（完全に聞く）を容易に想像させる。おそらく漢訳の際このような誤解が生じたのであろう。

㊅五七〇下

智慧《ちえ》は最も身を安んじ、悪を犯さざるは最も安し。

*[15]馬の調《ととの》え軟《やわ》らぐるは、意《こころ》の如《し》く所に随《したが》うが如く、
信《しん》と戒《かい》と精進《しょうじん》と、定《じょう》と法《ほう》の要《かなめ》を具《そな》え、

[16][一〇]明《みよう》と行成《ぎょう》立し、忍和《にんわ》にして意定《こころさだ》まれば、
是れ諸の苦を断ち、意の如《し》く所に随わん。

*[17]是れに従《よ》りて定《じょう》に往《ゆ》くこと、馬を調御《ちょうぎょ》するが如し、
恚《いか》りを断じ、[一一]無漏《むろ》にして、是れ天の楽を受く。

*[18]自ら[一二]放恣《ほうし》ならず、是れに従りて多く寤《さ》むるは、
羸《よわ》き馬を良〔馬〕に比す。悪を棄《す》つるを賢と為す。

*愛《あい》欲《よく》品《ぼん》　法句経第三十二

三十と二章有《あ》り〔33偈〕

愛欲品とは、[一三]賤婬《せんいん》と[一四]恩愛《おんあい》、世の人此《こ》れが為に盛んに災害を生ず。

*[1]心を婬行に放在すれば、欲愛増すこと[一五]枝条《しじょう》〔のごとし〕、
分布し生ずること[一六]熾《し》盛《せい》にして、超躍《ちょうやく》し果を貪ること猴《さる》〔のごとし〕。

*[2]愛を為《な》すを以て苦を忍べば、貪欲《とんよく》もて世間に著《じゃく》し、
[一七]憂患《ゆうかん》日夜に長じ、莚《はびこ》ること蔓草《つるくさ》の生ずるが如し。

*[3]人は恩愛の為に惑《まど》い、情欲《じょうよく》を捨つること能《あた》わず、
是《かく》の如《ごと》く憂《うれ》いと愛多ければ、[一八]潺潺《せんせん》として池に盈《み》つ。

一〇　明と行　智慧とよき行い。Dhp の -vijjā-caraṇā（智慧とよき行い）に対応する。

一一　無漏　漏は煩悩と同義。

一二　放恣　気まま、ほしいまま。

一三　賤婬　いやしい婬欲。

一四　恩愛　親子、夫婦などの間の愛情。

一五　枝条　「枝」も「条」も木のえだ。

一六　熾盛　「熾」も「盛」もさかんなこと。

一七　憂患　うれい、心配ごと。

一八　潺潺　渓流の流れるさま。

[4] 夫《そ》れ憂いと悲しみと、世間の苦の一《ひとつ》に非《あら》ざる所以《ゆえん》は、
但《た》だ愛有《あいあ》るに縁《よ》るが為なり、愛を離るれば則ち憂い無し。
[5] 己《おの》れの意《こころ》安ければ憂いを棄つ、愛無くんば何ぞ世有らん。
憂えず染《ぜん》[一]を求めず、愛さざれば焉《いず》くんぞ世[二]を得ん。
[6]* 有《あ》るものは憂うるに死の時を以《もっ》てし、親属《しんぞく》の多くを致すを為す。
憂いの長き塗《みち》を渉《わた》り、愛し苦しみて常に危《あや》うきに堕《だ》す。

（大）五七一上

[7]* 道《どう》を為す行者は、欲と会わず、
先ず愛の本を誅《のぞ》きて、根を植《う》うる所無く、
葦《あし》を刈《か》るが如くに、心をして復《ま》た生ぜしむること勿《な》かれ。
[8]* 樹《き》の根《ね》、深固ならば、截《き》ると雖《いえど》も、猶《な》お復た生ずるが如く、
愛の意、尽《ことごと》く除かざれば、輒《すなわ》ち当《まさ》に還び苦を受くべし。
[9]* 猨猴《えんこう》[三]の、樹《き》を離るるを得、脱するを得るも復た樹に趣《おもむ》く〔がごとく〕、
衆人も亦た是の如く、獄《ごく》を出《い》でて復た獄に入る。
[10]* 貪意《とんい》、常なる流れと為り、習《かさな》[四]らば憍慢《きようまん》[四]と并《なら》ぶ、
思想《しそう》[六]は婬欲《いんよく》に猗《よ》らば、自ら覆《おお》いて見らるること無し。
[11]* 一切の意《こころ》は流衍し、愛結《あいけつ》は葛藤の如《ごと》し。
唯《た》だ慧《え》もて分別《ふんべつ》して見て、能《よ》く意《こころ》の根源《こんげん》[七]を断て。
[12]* 夫《そ》れ愛に従りて潤沢《じゅんたく》ならば、思想は滋蔓《じまん》[八]と為る。
愛欲は深くして底無く、老死、是こを用《もっ》て増す。

一　染　煩悩。けがれた心。
二　世　底本は「安」に作るが、これでは文意がはっきりしない。元・明本に従い「世」と改める。
三　猨猴　さる。
四　習　習気(じっけ)のことか。
五　憍慢　おごり高ぶること。
六　思想　さまざまな思い、想念。この偈と第三十一偈とでは、P.saṃkappa, S.saṃkalpa に対応する可能性もある。
七　根源　底本は「根原」に作るが、元・明本や『法喩』に従い「根源」と改める。
八　滋蔓　草がしげりはびこる。

[13]* 所生の枝は絶えず、但《た》だ用て貪欲《とんよく》を食す、
怨《かたき》を養《やしな》いて丘塚《きゅうちょう》[九]を益《ま》し、愚人は常に汲汲《きゅうきゅう》たり。

[14]* 獄《ごく》に鉤《かぎ》[一〇]・鍱《ちょう》[一一]有りと雖も、慧ある人は牢《かた》しと謂《い》わず、
愚かの妻や子息を見て、染著《ぜんじゃく》[一二]する、愛は甚《はなは》だ牢し。

[15]* 慧あるは愛を獄と為し、深く固くして出づるを得ること難しと説く。
是の故に当に断棄《だんき》すべし、欲を視《み》ざれば能く安し。

[16]* 色《いろ》[一三]を見て心に迷惑《めいわく》[一四]し、惟《こ》れを無常と観ぜずして、
愚かは以て美善《びぜん》と為す、安《いず》くんぞ其の非真《ひしん》なるを知らん。

[17]* 婬楽《いんらく》を以て自ら裹《つつ》むは、譬《たと》えば蚕《かいこ》の繭《まゆ》を作るが如し。
智者は能く断棄し、盻《げい》[一五]せずして衆《もろもろ》の苦を除く。

[18]* 心に放逸《ほういつ》を念ずる者は、婬《いん》を見て以て浄《じょう》と為《な》し、
恩愛《おんあい》の意《こころ》は盛《さか》んに増《ま》し、是れに従《よ》りて獄牢《ごくろう》を造《つく》る。

[19]* 意を覚《さ》まし婬を滅する者は、常に欲を不浄《ふじょう》と念じ、
是れに従りて邪《よこしま》なる獄を出《い》でて、能く老死の患《わずら》いを断ず。

[20]* 欲の網《あみ》を以て自ら蔽《おお》い、愛の蓋《ふた》を以て自ら覆《おお》い、
自ら恣《ほしいまま》にして獄に縛《しば》らるること、魚の笱口《こうこう》[一六]に入るが如し。

[21] 老死の伺《うかが》う所と為ること、犢《こうし》の母乳《ぼにゅう》を求めるが若《ごと》し。
欲を離れ愛の迹《あと》を滅すれば、網を出でて弊《おお》[一七]う所無し。

[22]* 道《どう》を尽《つ》くし獄縛《ごくばく》を除き、一切の此彼《しひ》[一八]より解《と》かれ、

九　丘塚　おかのように築いたつか。丘墓に同じ。
一〇　鉤　物をかける先の曲がった金属製の道具。
一一　鍱　かねのわ。
一二　染著　執著すること。
一三　色　仏教では「しき」と読み、物質一般を示すが、ここでは愛人、女性の意か。
一四　迷惑　まどうこと、煩悩を生じること。
一五　盻　かえりみる。「不盻」は Dhp の anapekhino（顧みることなく）に対応する。
一六　笱口　「笱」は竹を編んで作った道具で、川の水をせき止め、流れ口に仕掛けるもの。
一七　弊　前の偈を参照すれば、宋・元・明三本の「蔽」の可能性の方が高い。　㊅五七一中
一八　此彼　此と彼という極。

已《すで》に[一]辺行《へんぎょう》を度《ど》するを得れば、是れを大智《だいち》ある士《し》と為す。

[23]法に遠ざかれる人に親《した》しむこと勿《な》かれ、亦た愛に染まるを為すこと勿かれ、
三世《さんぜ》を断ぜざる者は、会《かなら》ず復《ま》た辺行に堕《だ》す。

[24]*若《も》し一切法《いっさいほう》を覚《さと》り、能く諸法に著《じゃく》せず、
一切の愛の意解《こころと》くれば、是れ聖《せい》なるものの意に通《つう》ずと為す。

[25]*衆《もろもろ》の施《せ》に経《きょう》の施は勝《すぐ》れ、衆の味《あじ》に道《どう》の味は勝れ、
衆の楽《らく》に法《ほう》の楽は勝れ、愛の尽くるは衆の苦に勝る。

[26]*愚《おろ》かは貪《とん》を以て自ら縛《しば》り、彼岸《ひがん》に度《わた》るを求めず、
貪は財[二]《ざい》と愛[三]《あい》との為の故に、人を害し亦た自ら害す。

[27]*愛欲《あいよく》の意を田《た》と為し、婬[四]《いん》と怨《えん》と痴《ち》とを種《たね》と為す。
故に世《よ》を度す者に施《ほどこ》さば、福《ふく》を得ること量《はか》り有ること無し。

[28]*伴少《ともすく》なくして貨多《かおお》かれば、商人怵惕[五]《じゅってき》として懼《おそ》るるが〔ごとく〕、
嗜欲[六]《しよく》は命を賊害[七]《ぞくがい》す、故に慧《え》あるは貪欲《とんよく》せず。

[29]*心に可《か》なるを則ち欲と為す、何ぞ必ずしも独《ひと》り五欲[八]《ごよく》のみならん、
速[九]《すみ》やかに五欲を絶《た》つ可《べ》し、是れを乃《すなわ》ち勇士《ゆうし》と為す。

[30]*欲無ければ畏《おそ》れ有ること無し、恬惔[一〇]《てんたん》なれば憂患[一一]《ゆうかん》無し、
欲除き使結[一二]《しけっと》解くるに、是れを長く淵《ふち》を出づと為す。

[31]*欲よ、我《わ》れは汝《なんじ》の本《もと》を知る、意《こころ》よ、〔汝は〕思想[一三]を以て生ず、
我れ汝を思想せずんば、則ち汝は有らず。

一　辺行　極端な修行。
二　財　底本は「敗」に作るが、『法喩』『出曜』『法集』に「財」とあるから、明本に従い「財」と改める。
三　愛　底本は「処」に作るが、『法喩』『出曜』『法集』に「愛」とあるから、宋・元・明三本、聖本に従い「愛」と改める。
四　婬と怨と痴　煩悩の根本的なもので、三毒と呼ばれる。貪欲・瞋恚・愚痴とも訳される。
五　怵惕　おそれて心が安らかでないさま。
六　嗜欲　感覚的欲望。
七　賊害　損害を与えること。
八　五欲　色(しき)欲・声(しょう)欲・香(こう)欲・味(み)欲・触(そく)欲、または財欲・色欲・名欲・飲食欲・睡眠欲。
九　速　底本は「違」に作るが、『法喩』や明本に従い「速」と改める。あるいは「〔心に〕違(たが)えば、」と読めば底本のままでもよい。
一〇　恬惔　さっぱりとしていて、無欲であること。
一一　憂患　うれい、心配ごと。
一二　使結　「使」も「結」も煩悩のこと。
一三　思想　よくない考え。P. saṅkappa, S. saṃkalpa に対応する。

[32]*樹《き》を伐《き》りて休むこと勿《な》[一四]かれ、樹は諸の悪を生ず、
樹を断じ株《かぶ》を尽くせば、比丘《びく》は滅度《めつど》せん。
[33]*夫《そ》れ樹を伐らずんば、少多《しょうた》[一五]の余《あま》りの親《しん》[一六]ありて、
心は此《こ》れに繋《つな》がるること、犢《こうし》の母を求むるが如し。

利《り》*養《よう》品《ぼん》　法句経第三十三

二十章有《あ》り［19偈］

利養品とは、己《おの》れを励《はげ》まして貪《とん》を防《ふせ》ぎ、徳を見て思議《しぎ》し、穢《けが》れの生ずるを為《な》さず。

[1]*芭蕉《ばしょう》は実を以て死し、竹・蘆《あし》の実も亦た然《しか》り。
駏驉《きょきょ》[一七]は坐《そぞろ》に妊《はら》みて死する〔がごとく〕、士[一八]は貪を以て自ら喪《うしな》う。
[2]*是《かく》の如く貪に利無く、当《まさ》に痴《ち》に従《よ》りて生ずと知るべし。
愚《おろ》かは此れもて賢《けん》を害するを為せば、首領《しゅりょう》[一九]、地《ち》に分《わ》かたる。
[3]*天は七宝《しっぽう》[二〇]を雨《ふ》らすも、欲は猶《な》お厭《あ》くこと無く、
楽《らく》少なく苦《く》多しと、覚《さと》る者を賢《けん》と為す。
[4]*天の欲有りと雖《いえど》も、慧《え》あるは捨てて貪《むさぼ》ること無し。
楽《たの》しみて恩愛《おんあい》を離るるを、仏弟子《ぶつでし》と為す。
[5]*道《どう》に遠ざかり邪《じゃ》に順《したが》う、貪養《とんよう》[二一]の比丘《びく》は、
〔家に〕止《とど》まりては慳意《けんい》[二二]有り、以て彼《かなた》[二三]の姓《せい》より供《そな》えらる。
[6]*此の養《やしな》いに猗《よ》ること勿《な》かれ。家《いえ》を為《おさ》めて罪を捨つるは、

一四　勿　底本は「忽」に作るが、宋・元・明三本、聖本に従い「勿」に改める。
一五　少多　わずかの。多少に同じ。Dhp 284b の aṇumatto（わずかの）に対応する。
一六　親　恩愛。あるいは対応する Uv XVIII. 4b の bandhuṣu、同スバシ写本 220b の jñātiṣu、PDhp 362b の ñātisu の「親戚」の訳語の可能性もある。
一七　駏驉　獣の名。騾馬に似、騾の牝に牡馬を交配してできるもの。
一八　士　おとこ。立派な男子。
(大)五七一下
一九　首領　頭とえりくび。かしら。くび。
二〇　七宝　七種の宝石名。金・銀・瑠璃(るり)・玻璃(はり)・硨磲(しゃこ)・珊瑚(さんご)・瑪瑙(めのう)、その他諸説がある。
二一　貪養　貪りの心をもって自己を養うこと。Uv の satkāraṃ（尊敬）に対応するか。
二二　慳意　ものおしみの心。Uv の mātsaryaṃ（物惜しみ）に対応する。
二三　彼の姓より供えらる　他人の家からの供養を受けること。『出曜』に「常求他供養」、『法集』に「希望他供養」とある。

此れ至意《しい》に非《あら》ず、用《もち》い用いて何の益《えき》かあらん。

[7]* 愚かは愚計《ぐけ》を為し、欲と慢用《まんもつ》て増す。
異《こと》なる哉《かな》、利を失うと、泥洹《ないおん》とは同じからず。

[8]* 是れを諦《あき》らかに知る者は、比丘仏子《びくぶっし》たり。
利養《りよう》を楽《ねが》わず、閑居《かんきょ》して意《こころ》を却《しりぞ》けよ。

[9]* 自ら得《う》るを恃《たの》まず、他より望まず、
彼れを望む比丘は、正定《しょうじょう》に至《いた》らず。

[10]* 夫《そ》れ命《いのち》を安《やす》んぜんと欲せば、息心《そくしん》し自省《じせい》して、
衣服・飲食を計数することを知らざれ。

[11]* 夫れ命を安んぜんと欲せば、息心し自省して、
取得《しゅとく》に足《た》るを知り、一法《いっぽう》を守り行ぜよ。

[12]* 夫れ命を安んぜんと欲せば、息心し自省して、
鼠《ねずみ》の穴《あな》に蔵《かく》るるが如く、潜《ひそ》み隠《かく》れて、教えを習《しゅう》せよ。

[13]* 約せる利と約せる耳あるも、戒を奉《ほう》じ思惟《しゆい》せば、
慧あるの称《しょう》する所と為る。清吉《せいきつ》にして怠《おこた》ること勿《な》かれ。

[14]* 如《も》し三明《さんみょう》有り、解脱《げだつ》し、無漏《むろ》なるとも、
智寡《ちすく》なく識鮮《しきすく》なきにより、憶念《おくねん》せらるること無し。

[15]* 其《そ》の食と飲とに於いて、人に従りて利を得ば、
而《しか》も悪法有らば、供養に従りて嫉《にく》む。

一　至意　本心。深い意味。
二　愚計　愚かなはかりごと。愚かな考え。
三　利養　この品の題名。尊敬、恭敬。
四　閑居　人と離れて、静かにくらすこと。
五　彼れ　他人。
六　息心　心のはたらきを止めること。もしくは Uv の śrāmaṇya（沙門のつとめ）に対応する。
七　計数　かぞえること。利害損得を考えに入れた計算。
八　約せる利と約せる耳　利する所少ないことと、耳にする所、すなわち知識の少ないこと。『出曜』には「約利約可」とある。
九　清吉　清く吉(よ)きこと。『出曜』には「清潔」とある。Uv の śuddhājīvam（清らかな生活を送る）に対応する。
一〇　三明　『出曜』には「三達」とある。すなわち、宿命明、天眼明、漏尽明。

[16]* 多くの[一一]結怨《けつえん》を利し、強《し》いて[一二]法衣《ほうえ》を服《ふく》し、
但《た》だ飲食《いんしょく》を望むは、仏の教えを奉《ほう》ぜず。
[17]* 当《まさ》に是の過《とが》を知るべし、[一三]養《よう》は大畏《だいい》為《た》り。
[一四]寡取《かしゅ》なれば憂《うれ》い無しと、比丘は心を釈《と》け。
[18]* 食《しょく》に非《あら》ざれば命は済《すく》われず、孰《たれ》か能く食を揣《はか》らざらん。
夫れ立つるに食を先《さき》と為《な》す、是れを知らば宜《よろ》しく嫉《ねた》むべからず。
[19]* 嫉《しっ》は先ず己れを創《きず》つけ、然《しか》る後《のち》に人を創つく、
人を撃《う》ちて撃《げき》を得《う》るも、是れ除くを得《え》ず。
[20]* 寧《むし》ろ焼けたる石を噉《く》らい、[一五]鎔《と》けたる銅を呑飲《どんいん》せんも、
無戒を以て、人の信施《しんせ》を食せざれ。

*沙《しゃ》門《もん》品《ぼん》 法句経第三十四

三十と二章有《あ》り [32偈]

沙門品とは、訓《おし》うるに[一六]法の正しきを以てす。弟子受行《じゅぎょう》せば、道《どう》を得て、解《げ》して浄《きょ》し。

[1]* 目と耳と鼻と口とを端《ただ》しくし、身《しん》と意《こころ》とにおいて常に正を守る、
比丘の行《ぎょう》、是の如《かく》くなれば、以て衆《もろもろ》の苦を免《まぬか》る可《べ》し。
[2]* 手と足とを妄《みだ》りに犯すこと莫《な》く、言を節《せっ》し[一七]所行《しょぎょう》を[一八]慎《つつし》み、
[一九]常に内に楽しみ定意《じょうい》あり、一《ひとり》の行を守り寂然《じゃくねん》たれ。
[3]* 学びて当《まさ》に口を守るべし。[二〇]寡言《かげん》にして[二一]安徐《あんじょ》たれば、

一一 結怨 敵対関係を生じること。いつまでも消えないうらみ。
一二 法衣 Uv の saṃghāṭī (僧伽梨衣、大衣) に対応する。
一三 養 利養のこと。『法集』に「利養為大怖」とある。
一四 寡取 取ることが少ないこと、欲望の少ないこと。
一五 鎔 底本は「洋」に作るが、宋・元・明三本に従い「鎔」と改める。
一六 法の正しき 宋・元・明三本の「正法」の読みの方が分かりやすいが、ここでは底本に従った。
一七 所行 おこない、ふるまい。
一八 慎 底本は「順」に作るが、『出曜』と元・明本とに従い「慎」に改める。 ㊅五七二上
一九 常に内に楽しみ Dhp の ajjhattarato、Uv の ādhyātmarataḥ に対応する。これによれば「常内」を ajjhatta, ādhyātma (内、自己) と一致させることが可能である。
二〇 寡言 底本は「宥言」に作るが、宋・元・明三本に従い「寡言」に改める。寡言とは言葉数の少ないこと。Dhp の mantabhāṇī に相当する。
二一 安徐 静かで、落ち着いていること。

法と義とは為《ため》に定《さだ》まり、言《げん》は必ず柔軟《じゅうなん》なり。

[4]* 法を楽しみ法を欲し、思惟《しゆい》して法に安《やす》んじ、
比丘、法に依《よ》らば、正しくして費《つい》えず。

[5]* 学ぶに利を求むること無く、他を愛すること無く行《おこな》え。
比丘、他を好《この》めば、定意を得ず。

[6]* 比丘少しく取りて、以て積むこと無きを得ば、
天と人《にん》に誉《ほ》められ、浄《じょう》を生《しょう》じて穢《けが》れ無し。

[7]* 比丘は慈《じ》を為《な》し、仏の教えを愛敬《あいけい》し、
深く[一]止観《しかん》に入り、[二]行《ぎょう》を滅《めつ》すれば乃《すなわ》ち安《やす》し。

[8]* 一切の[三]名色《みょうしき》は、有に非ざるを惑《まど》うこと莫《な》かれ。
近づかず憂《うれ》えざるを、乃《すなわ》ち比丘と為《な》す。

[9]* 比丘よ、船を[四]戽《く》め、中虚《うちうつろ》なれば則ち軽し。
[五]婬《いん》と怒《ぬ》と痴《ち》とを除けば、是れを泥洹《ないおん》と為す。

[10]* [六]五《ご》を捨て[七]五を断ち、[八]五根《ごこん》を思惟《しゆい》せよ。
能《よ》く[九]五を分別すれば、乃ち河淵《かえん》を渡る。

[11]* [一〇]禅にして放逸《ほういつ》無く、欲乱《よくらん》を為すこと莫かれ。
[一一]洋銅《ようどう》を呑《の》みて、自ら悩み形を燋《こ》がさざれ。

[12]* 禅無くんば智ならず、智無くんば禅ならず、
道《どう》は禅と智とに従い、泥洹に至《いた》るを得《う》。

一　止観　P.samatha-vipassanā, BSk. śamatha-vipaśyanā の訳語。

二　行　P.saṅkhāra, S.saṃskāra の訳語。

三　名色　P., S.nāma-rūpa の訳語。名称とかたち。

四　戽　底本は「扈」に作るが、『出曜』には、水を汲み出す意の「抒」とあるから、ここでも宋・元・明三本に従い「戽」と改める。

五　婬と怒と痴　貪瞋痴とも訳す。貪りと怒りと無知。

六　五　DhpA IV.109 によると、「五下分結」すなわち欲界に属する五つの煩悩、貪・瞋恚・有身見・戒厳取見・疑を指す。中村［一九七八］一四一頁を参照。

七　五　DhpA IV.109 によると、「五上分結」すなわち上方（色界と無色界）に結びつける五つの煩悩、色界における貪、無色界における貪・掉挙・慢・無明を指す。中村［一九七八］一四一―一四二頁を参照。

八　五根　DhpA IV.109 によると、「さとりを得させるための五つの力」、すなわち信・精進（勤）・念・定・慧を指す。中村［一九七八］一四二頁を参照。

九　五　DhpA IV.109 によると、「五つの執著」、すなわち貪欲（rāga）・怒り（dosa）・迷妄（moha）・高慢（māna）・誤った見解（diṭṭhi）を指す。中村［一九七八］一四二頁を参照。

[13]* 当《まさ》に学びて空《くう》に入《い》り、静居《じょうきょ》して意《こころ》を止《とど》め、
独《ひと》りの[一二]屏処《へいしょ》を楽しみ、一心に法を観ずべし。
[14]* 常に五陰《ごおん》を制し、意を伏《ふく》すること水の如くなれば、
清浄《せいじょう》にして[一三]和悦《わえつ》し、甘露《かんろ》の味為《あじた》り。
[15]* [一四]所有《しょゆう》を受けざるを、慧《え》ある比丘と為す。
[一五]根《こん》を摂《せっ》し足《た》るを知り、戒律《かいりつ》は悉《ことごと》く持《じ》し、
[16] 生きては当に行《おこな》い浄《きよ》くし、善なる師と友とを求むべし。
智者《ちしゃ》にして人〔の望み〕を成さば、苦を度し喜びを致《いた》す。
[17]* [一六]衛師華《えいしか》の如く、熟《じゅく》すれば自《おの》ずから堕《お》つるが如く、
婬と怒と痴とを釈《と》けば、生死自《しょうじみずか》ら解《と》く。
[18]* 身《しん》を止《や》め言《げん》を止め、心に[一七]玄黙《げんもく》を守る、
比丘、世を棄《す》つれば、是れを[一八]寂《じゃく》を受くと為す。
[19]* 当に自ら身を勅《いまし》めて、内《うち》には心と争《あらそ》うべし。
身《しん》を護り諦《まこと》を念ずれば、比丘惟《こ》れ安し。
[20]* 我《が》は自《おの》ずから我為《た》り、無しと計れども我有り。
故に当に我を損ずべし、調《ととの》うるを乃ち賢《けん》と為す。
[21]* 喜び仏の教えに在《あ》れば、多くの喜びを以て、
[一九]寂寞《せきばく》に至到《しとう》す可《べ》し。[二〇]行滅《ぎょうめつ》し永く安《やす》し。
[22]* 儻《も》し少《すく》なき行《ぎょう》有るも、仏の[二一]教戒《きょうかい》に応ずれば、

一〇　禅　S. dhyāna, P. jhāna の音写語。心を静かにして真理をさとること。
一一　洋銅　前出、利養品第二十偈と同様、「鎔銅」の可能性が高い。
一二　屏処　人気のないひっそりとした場所。
一三　和悦　和らぎ喜ぶこと。
一四　所有　「あらゆる」という意もあるが、ここでは「自分のものとしてもっているもの」と解する。
一五　根　感覚器官。
一六　衛師華　Dhp の vassikā（ジャスミン）の音写。『出曜』には「雨時華」、『法集』には「末哩妙華」とある。
一七　玄黙　何も言わないこと。
一八　寂　寂静。涅槃に同じ。
一九　寂寞　さびしく、静かなさま。ここでは涅槃の意。Dhp の padaṃ santaṃ に対応する。
㊅五七二中
二〇　行　形成作用。Dhp の saṃkhāra に対応する。
二一　教戒　教えいましめること。教誡に同じ。Dhp の sāsana（教え）に対応する。

此れ世間を照らす、日《ひ》に曀《くもり》無きが如《ごと》し。

[23]* 慢《まん》を棄《す》て余りの憍《きょう》無きは、蓮華《れんげ》の水に生じて浄《きよ》きが〔ごとし〕。
学びて能《よ》く此彼《しひ》を捨つ、是れ故《もと》より勝《まさ》るを知る。

[24]* 愛を割《さ》き恋慕《れんぼ》無きは、受けざること蓮華の如し、
比丘は河の流れを渡り、勝ちて故《もと》を明かさんと欲す。

[25]* 流れを截《き》りて自ら恃《たの》み、[一]心を折りて欲を却《しりぞ》けよ。
[二]仁《にん》の欲を割かずんば、[三]一意《いちい》猶《な》お走る。

[26]* 之を為せ之を為せ、必ず強《つと》めて自ら制せよ。
家を捨つるも懈《おこた》れば、意《こころ》猶お復《ま》た染す。

[27]* 行いの[四]懈緩《かいかん》なれば、労《ろう》の意、除かれず、
浄《きよ》き梵行《ぼんぎょう》に非《あら》ざれば、焉《いずく》んぞ大宝を致《いた》さん。

[28]* 沙門《しゃもん》、何《いず》こにか行く、如《も》し意禁《こころきん》ぜざれば、
歩歩《ほほ》に[五]著粘《ちゃくねん》し、但《た》だ思いに随《したが》いて走る。

[29]* 袈裟《けさ》を肩に披《はお》るも、悪を為すを損《おさ》えざる、
悪悪《あくあく》の行者《ぎょうじゃ》は、斯《こ》れ悪道《あくどう》に堕《だ》す。

[30]* 調《おさ》めざるは誡《いまし》むること難《かた》く、風の樹《き》を枯《か》らすが如し。
[六]自ら作《な》すは身《しん》の為《ため》なり、曷《いずく》んぞ精進《しょうじん》せざらん。

[31]* [七]息心《そくしん》は[八]剔《そ》るに非ず、[九]慢誕《まんた》にして戒無くんば。
貪《とん》を捨て道《どう》を思うは、乃《すなわ》ち息心に応ず。

一　心を折り　底本は「逝心」に作るが、『法喩』や明本に従い「折心」と改める。

二　仁　Uv の muni（聖者）に相当する音写語。『法喩』では「人」とある。

三　一意　一つのことに精神を集中すること。Uv の ekatva に相当するか。

四　懈緩　おこたってゆるんでいること。

五　著粘　ねばりつくこと。

六　自ら作す　底本は「作自」に作るが、『法喩』や明本に従い「自作」に改める。

七　息心　字義どおりには「心のはたらきを止めること」であるが、沙門の別名として用いられる。対応する『出曜』には「比丘」とある。

八　剔　そること、「剃」に同じ。

九　慢誕　「慢」も「誕」も、おごり高ぶること。

[32]* 息心は剔るに非ず、放逸《ほういつ》にして信無くんば。
能《よ》く衆《もろもろ》の苦を滅するを、上《じょう》の沙門と為《な》す。

梵《ぼん》*志《し》品《ぼん》 法句経第三十五

四十章有《あ》り [40偈]

梵志品とは、言《ことば》と行《おこな》い[一〇]清白《せいはく》にして、理《ただ》しく学びて、穢《けが》れ無きを道士《どうし》と称す可《べ》し。

[1]* 流れを截《き》りて渡り、欲無きこと[一一]梵《ぼん》の如く、
行已《ぎょうすで》に尽《つ》くるを知れ、是れを梵志と謂う。

[2]* [一二]二法無きを以て、清浄にして淵《ふち》を渡れば、
諸の[一三]欲結《よくけつ》解《と》くる、是れを梵志と謂《い》う。

[3]* 適《もっぱ》ら[一四]彼《かなた》と無彼《むひ》と、[一五]彼《かなた》と彼《かなた》と、已に空《くう》にして、
貪《とん》と婬《いん》とを捨離《しゃり》する、是れを梵志と謂う。

[4]* 思惟《しゆい》ありて垢《く》無く、所行漏《しょぎょうも》れず、
上を求むること起こらざる、是れを梵志と謂う。

[5]* 日は昼に照り、月は夜に照り、
[一六]甲兵《こうへい》は軍を照らし、禅は[一七]道人《どうじん》を照らすも、
仏は天下《てんか》に出《い》でて、一切の冥《やみ》を照らす。

[6]* 剃《そ》るを沙門《しゃもん》と為《な》し、[一八]吉《きつ》を称するを梵志と為すに非ず。
謂《い》わく能《よ》く衆《もろもろ》の悪を捨つる、是れを則《すなわ》ち道人と為す。

一〇 清白 品行が純潔なこと。清廉潔白。

一一 梵 宇宙の最高原理。brahman の音写語。

一二 二法無き DhpA IV.140 では、二法は止と観を指すが、『出曜』同品の第二十九偈（七七一中）では「罪と福」の両行を言い、この無二の法とは単に「中道」を指すとする。

一三 欲結 欲望という束縛。

一四 彼と無彼 Dhp の pāra（彼岸）、apāra（此岸）とに対応する。

一五 彼と彼 Dhp の pārāpāra（彼岸と此岸）に対応するか。ただどうして「彼無彼」としなかったのかは不明。

一六 甲兵 よろいと武器。武装兵。

一七 道人 Dhp の brāhmaṇa（バラモン）に対応する。

(大)五七二下

一八 吉を称する Uv の bhoḥ（呼びかけ）に対応するか。

[7]* 悪より出づるを梵志と為し、正《せい》に入《い》るを沙門と為す。
我《わ》が衆の穢《けが》れたる行いを棄《す》つる、是れを則ち家を捨つると為す。

[8]* 若《も》し愛《あい》に[一]猗《い》すれば、心に著《じゃく》する所無く、
已に捨て已に正しくば、是れ衆の苦を滅す。

[9]* 身《しん》・口《く》と意《い》と、浄《きよ》くして過失《かしつ》無く、
能く三行を[二]摂《せつ》する、是れを梵志と謂う。

[10]* 若し心に仏《ほとけ》の説く所の法を[三]暁了《ぎょうりょう》し、
心を観じ自ら帰すること、水に（[四]於為）浄めらるる〔がごとし〕。

[11]* [五]蔟《ぞく》と[六]結髪《けっぱつ》とを、名づけて梵志と為すに非ず。
誠《まこと》の行いと法の行いの、清白《せいはく》ならば則ち賢《けん》なり。

[12]* 髪を飾りても慧《え》無くんば、[七]草衣《そうい》、何《なに》をか施《ほどこ》さん。
内《うち》に著《じゃく》を離れずんば、外《そと》に捨つるも何の益《えき》かあらん。

[13]* 服の弊《やぶ》れ悪きを被《き》、躬《みずか》ら法を承《う》けて行じ、
閑居《かんきょ》して思惟《しゆい》す、是れを梵志と謂う。

[14]* 仏は彼《か》れに、己《おの》れを讃《たた》え自らを称することを教えず、
諦《まこと》の如くして妄《みだ》りならざるを、乃《すなわ》ち梵志と為す。

[15]* 諸の欲《ほっ》す可《べ》きことを絶ち、其《そ》の 志《こころざし》を婬《みだ》さず、
欲を[八]委棄《いき》すること 数《しばしば》なる、是れを梵志と謂う。

[16]* 生死《しょうじ》の河を断ち、能く忍《にん》じて〔世を〕[九]超度《ちょうど》し、

一　猗　Dhammajoti は、「猗」を猗息の意にとり、『梵和』によって、これは BSk. praśrabdhi, P. passaddhi（軽安、安息、猗）の古訳とする。そしてこの第一句の読みは、「若(も)し愛について心静まれば」と考える。Dhammajoti［1995：270, n.16］を参照。

二　摂　底本は「捨」に作るが、『出曜』や宋・元・明三本に従い「摂」に改める。

三　暁了　「暁」も「了」もさとるの意。

四　於為　「於」も「為」も同義。対象を示す助字。

五　蔟　「族」に同じ。家系、家柄。

六　結髪　P., S. jaṭā の訳語。髪を束ねてチョンマゲのように結んだもの。

七　草衣　草をつづった粗末な服。隠者の服。

八　委棄　「委」も「棄」もすてること。

九　超度　底本は「起度」に作るが、『出曜』や宋・元・明三本、聖本に従い「超度」と改める。『法集』に「能忍超度世」とある。

自ら覚《さと》りて[一〇]塹《ほり》を出《い》づる、是れを梵志と謂う。

[17]* 罵《ののし》られ撃《う》たるるも、黙受《もくじゅ》して怒《いか》らず、
忍辱力《にんにくりき》有る、是れを梵志と謂う。

[18]* 若し侵《おか》し欺《あざむ》かるるも、但だ念じて戒を守り、
身を端《ただ》しくし自ら調《おさ》むる、是れを梵志と謂う。

[19]* 心に悪法を棄《す》つること、蛇《へび》の皮を脱するが如く、
欲の為に汚《けが》されざる、是れを梵志と謂う。

[20]* 生《せい》の苦為《くた》るを覚り、是れに従《よ》りて意《こころ》を滅し、
能く[一一]重担《じゅうたん》を下《お》ろす、是れを梵志と謂う。

[21]* [一二]微妙《びみょう》の慧《え》を解《かい》し、道《どう》と不道とを辯《わ》け、
[一三]上義《じょうぎ》を[一四]体行《たいぎょう》す、是れを梵志と謂う。

[22]* [一五]家居《かきょ》と[一六]無家《むか》の畏《おそ》れとを[一七]棄捐《きえん》し、
[一八]少求寡欲《しょうきゅうかよく》なる、是れを梵志と謂う。

[23]* [一九]活生《かっせい》を棄放《きほう》し、賊害《ぞくがい》の心無く、
[二〇]嬈悩《しょうのう》する所無し、是れを梵志と謂う。

[24]* 争《あらそ》いを避《さ》けて争わず、犯《おか》さるるも慍《うら》まず、
悪来たるを善もて待つ、是れを梵志と謂う。

[25]* 婬《いん》と怒《ぬ》と痴《ち》と、憍慢《きょうまん》と諸の悪を去ること、
蛇の皮を脱するが如き、是れを梵志と謂う。

一〇 塹 『法集』は「自覚出苦塹」とあり、塹を苦に関連させる。

一一 重担 重い荷物。

一二 微妙 幽玄で奥深いこと。

一三 上義 『出曜』の説明によれば、これは涅槃を指す。Dhp の uttamattham̥（最高の目的）に対応する。

一四 体行 身をもって行う。実行する。Dhp の anuppattam̥（到達した）に対応する。

一五 家居 在家を指す。

一六 無家 出家を指す。

一七 棄捐 「棄」も「捐」もすてること。

一八 少求寡欲 求めること少なく欲も少ないこと。

一九 活生 生き物。

二〇 嬈悩 悩ましみだすこと。

[26]* 世事《せじ》を断絶《だんぜつ》し、口に[一]麁言《そげん》無く、
八道《はちどう》を審《つまびら》かに諦《あき》らむ、是れを梵志と謂う。

[27]* [二]世の善悪とする所、修《なが》く、短《みじか》く、巨《おお》きく、細《ほそ》きを、
[三]取ること無く捨つること無し、是れを梵志と謂う。

[28]* 今世《こんせ》に行い浄《きよ》ければ、後世《ごせ》に穢《けが》れ無し、
[四]習うこと無く捨つること無し、是れを梵志と謂う。

[29]* 身を棄て猗《よ》るところ無く、異なる行を誦《とな》えず、
甘露《かんろ》の滅に行く、是れを梵志と謂う。

[30]* 罪と福とに於いて、両つの行いを永く除き、
憂《うれ》い無く塵《ちり》無き、是れを梵志と謂う。

[31]* 心喜び垢《く》無きこと、月の[五]盛満《せいまん》なるが如く、
[六]謗毀《ぼうき》已《すで》に除く、是れを梵志と謂う。

[32]* 痴《ち》の往来《おうらい》して、塹《ほり》に堕《だ》し苦を受くるを見、
単《ひとり》で岸を渡らんと欲し、他の語を好《この》まず、
唯《た》だ滅して起こらざる、是れを梵志と謂う。

[33]* 已に恩愛《おんあい》を断じ、家を離れて欲無く、
[七]愛有《あいう》已に尽《つ》く、是れを梵志と謂う。

[34]* 人の[八]聚《あつ》まる処を離れ、天の聚まりに堕せず、
諸の聚まりに帰《き》せざる、是れを梵志と謂う。

一　麁言　あらあらしい言葉。

(大)五七三上

二　世の善悪とする所　底本は「所世悪法」に作るが、下の句との対を考慮して『出曜』の「世所善悪」を採用した。また元・明本では「所施善悪」とある。Dhp, pāda b の subhāsubhaṃ（浄きことと不浄のこと）に対応するか。

三　取ること無く捨つること無し　『出曜』には「無取無与」とあり、この方が「与えられざるものを取らず」という Dhp に相応した訳となる。

四　習うこと無く捨つること無し　先の偈に影響されての何らかの書写上の誤りか。『法集』には「無習諸悪法」とある。

五　盛満　勢力がさかんで、欠けたところがないさま。

六　謗毀　そしり。

七　愛有　愛欲の生存。Dhp の taṇhā-bhava の訳語。『法喩』では「愛著」とある。

八　聚　Dhp の yoga（束縛）、Uv の kāma（愛欲）に対応するか。

[35]* 楽《らく》と無楽《むらく》とを棄て、滅《めつ》して熅燸《うんだん》[九]無く、
健《たけ》く諸の世に違《そむ》く、是れを梵志と謂う。

[36]* 生ずる所已に訖《お》わり、死して趣《おもむ》く所無く、
覚《さと》り、安《やす》く、依《よ》るところ無き、是れを梵志と謂う。

[37]* 已に五道《ごどう》[一〇]を度《わた》り、堕する所を知ること莫《な》く、
習尽《しゅうつ》[一一]き余り無き、是れを梵志と謂う。

[38]* 前に後に、及[一二]び中に有無く、
操《と》ること無く、捨つること無き、是れを梵志と謂う。

[39]* 最雄《さいゆう》、最勇《さいゆう》にして、能《よ》く自ら解《さと》り、度《ど》し、
覚りの意不動《こころふどう》なる、是れを梵志と謂う。

[40]* 自ら宿命《しゅくみょう》と、本更来《もとへき》たる所を知り、
生の尽くるを要《もと》[一三]むることを得、叡《さと》きこと道《どう》の玄《くら》きに通じ、
明らかなること能黙《のうもく》[一四]の如き、是れを梵志と謂う。

泥《ない》*洹《おん》品《ぼん》 法句経第三十六

三十と六章有《あ》り［35偈］

泥洹品とは、道《どう》の大いに帰《き》すべきを叙《の》ぶ。恬惔《てんたん》にして寂滅《じゃくめつ》ならば、生死《しょうじ》の畏《おそ》れを度《ど》す。

[1]* 忍《にん》を最も自ら守ることと為《な》し、泥洹を仏は上《じょう》と称《しょう》す。
家を捨てて戒を犯さず、息心《そくしん》[一五]は害する所無し。

九 熅燸 「熅」も「燸」もあたたかいこと。

一〇 五道 地獄・餓鬼・畜生・人・天の五道。

一一 習 習慣のために残って消えない気分を意味する習気(じっけ)を指す。Dhp の āsava（漏、煩悩）に対応する。

一二 及 底本は「乃」に作るが、宋・元・明三本に従い「及」に改める。

一三 要 待ち構え、迎え寄せて求めること。『法喩』第三句には「生死得尽」とある。

一四 能黙 釈迦牟尼のこと。釈迦は P. Sakya, S. Śākya で、釈迦族を指すが、P. sakya, sakka は「～出来る、可能な」の意味をもつ。これを「能」と訳した。牟尼 (S., P. muni)、は聖者のこと。muni は「沈黙」を本来意味する。

一五 息心 沙門のこと。『出曜』第四句に「害彼為沙門」とある。

[2]* 病《やまい》無きは最利《さいり》、足《た》るを知るは最富《さいふ》にして、
[一]厚きを最友《さいゆう》と為し、泥洹は最快《さいかい》たり。
[3]* 飢《う》えを大病《たいびょう》と為し、[二]行《ぎょう》を最苦《さいく》と為す。
已《すで》に諦《あき》らかに此《こ》れを知れば、泥洹は最楽《さいらく》なり。
[4]* 少しく[三]善道《ぜんどう》に往《ゆ》き、[三]悪道《あくどう》に趣《おもむ》くこと多し。
諦《まこと》の如《ごと》くに此れを知れば、泥洹最も安《やす》し。
[5]* 因《いん》に従りて善を生じ、因に従りて悪に堕《だ》し、
因に由《よ》りて泥洹あり。所縁《しょえん》も亦《ま》た然《しか》り。
[6]* [四]麋《び》鹿《ろく》は野に依《よ》り、鳥は虚《こ》空《くう》に依り、
法は其《そ》の報《むく》いに帰し、真人《しんじん》は滅に帰す。
[7]* 始めは無にして如《しか》して不《あら》ず、始めは不《あら》ずして如《しか》して無なり、
是《こ》れを無得《むとく》と為《な》す。亦た思い有ること無し。
[8]* 心は見ること難きも習《なら》わば観《み》る可《べ》し、欲を覚《さと》れる者は乃《すなわ》ち見《けん》を具《ぐ》す。
楽《ねが》う所無きを苦の際《きわ》と為し、愛欲に在《あ》れば痛みを増すことを為す。
[9]* 清浄《せいじょう》ならざるを明《あき》らめて能《よ》く御《ぎょ》し、近づく所無きを苦の際と為す。
見れば見ること〔のみ〕有り、聞けば聞くこと〔のみ〕有り、[五]念ずれば念ずること〔のみ〕有り、識《し》れば識ること〔のみ〕有り。
[10]* 観《み》て著《じゃく》無く亦た識《しき》無く、一切を捨つれば際を得《う》ると為す。
[六]身《しん》と想《そう》とを除《のぞ》き痛《つう》と行《ぎょう》とを滅し、識已《すで》に尽《つ》くれば苦竟《お》わると為す。

一　厚　Uv の「信頼、親厚」を意味する viśvāsa, P. vissāsa に対応する。『出曜』には「知親第一友」とある。
二　行　Uv の saṃskāra（形成された存在）に対応する。
㊅五七三中
三　善道・悪道　善趣・悪趣ともいう。天上界と地獄界を代表させる。
四　麋鹿　しか。
五　念ずれば　Uv の mata（考えられた）に対応する。
六　身……想……痛……行……識　五蘊（色・受・想・行・識）を指す。

[11]* 猗《よ》らば則ち動《どう》じ虚《むな》しければ則ち浄《じょう》なり。動の近づくに非《あら》ざれば楽《らく》有るに非ず、
楽の近づくこと無ければ寂《じゃく》を得ると為し、寂し已に寂して往来《おうらい》すること無し[七]。
[12]* 来往絶《た》ゆれば生死無く、生死断《だん》ずれば此彼《しひ》無し。
此彼断ずるを両滅《りょうめつ》と為し、滅して余り無きを苦除《のぞ》かると為す。
[13]* 比丘《びく》よ、世に生ずる有り、有《う》有り、作《な》すこと行ずること有り、
無生《むしょう》有り、有ること無く、作《な》すこと無く、行《ぎょう》ずる所も無し。
[14] 夫《そ》れ唯《た》だ無を念ずる者は、能く自ら致《いた》すを得ると為す。
無生にして復《ま》た有ること無く、無作《むさ》にして行ずる処《ところ》無し。
[15]* 生《しょう》と有《う》と作と行とは、是れ[八]要を得ずと為す。
若《も》し已《すで》に生ぜず、有らず、作《な》し行わざるを解《かい》せば、
則ち生じて有るも要を得。
[16]* 生と有已に起こりてより、
作と行とは死と生を致し、為《ため》に開《はなひら》きて法として果《か》を為す。
食《しょく》の因縁《いんねん》に従りて有り、食に従りて憂《うれ》いと楽しみを致す。
[17]* 而《しか》して此の要滅すれば、復た念ずること無き[九]行迹《こうせき》なり。
諸の苦の法已に尽きて、行滅し[一〇]湛然《たんぜん》として安《やす》し。
[18]* 比丘よ、吾《わ》れ已に知る、復た諸の[一一]入《にゅう》の地無く、
[一二]虚空の入有ること無く、諸の[一三]入の用《はたら》きの入無く、
[19]* 想不想の入無く、今世《こんせ》と後世《ごせ》無く、

七 無　底本は「已」に作るが、元・明本に従い「無」と改める。
八 要を得ず　要点を得ないこと。Uv の nihsarana (P. nissaraṇa, 抜け出ること) の誤訳か。
九 行迹　人の歩いた足跡。行い。Uv の pada（境地）に対応する。
一〇 湛然　静かで落ち着いているさま。
一一 入　P., S. āyatana の訳語。
一二 虚空の入　本偈と次偈は四無色定を説く。補註を参照。
一三 入の用き　Willemen は、これを加行 (prāyogika) に対応させる。補註を参照。

亦た日《ひ》と月《つき》の想無く、往くこと無く、[一]懸《へだ》たる所無し。
[20]* 我れ已に往反《おうはん》[二]すること無く、去らず而《しか》も来たらず、
没《ぼっ》せず復た生ぜず、是の際を泥洹と為す。
[21]* 是《かく》の如《ごと》き像と無像、苦と楽、以《もっ》て解《と》くと為し、
見る所復た恐れず、無言にして言に疑い無し。
[22]* 有の射箭《しゃせん》[三]を断《た》ち、愚《おろ》かなるに遘《あ》いても猗《よ》る所無し、
是れを第一の快《かい》と為《な》し、此の道[四]は寂《じゃく》にして無上《むじょう》なり。
[23]* 辱《はずかし》めを受くるも心地《こころち》の如く、忍《にん》を行ずること門閾《もんよく》[五]の如く、
浄《きよ》きこと水に垢《く》無きが如くして、生尽《せいつ》くれば彼れ[六]を受くること無し。
[24]* 利の勝《しょう》[七]は恃《たの》むに足らず、勝つと雖《いえど》も猶《な》お復た苦なり。
当《まさ》に自ら法の勝《しょう》[八]を求むべし、已に勝《か》たば生まるる所無し。
[25] 故《ふる》きを畢《お》わりて新しきを造らず、胎《たい》を厭《いと》いて婬行《いんぎょう》無く、
種燋《たねこ》げれば復た生ぜず、意尽《こころつ》くること火の滅するが如し。
[26] 胞胎《ほうたい》[九]を穢《けが》れたる海と為すに、何為《なんす》[一〇]れぞ婬行を楽しまん。
上《うえ》に善《よ》き処有ると雖も、皆な泥洹に如《し》くは莫《な》し。
[27] 悉《ことごと》く知りて一切を断じ、復た世間に著《じゃく》せず、
都《すべ》てを棄《す》つること滅度の如し、衆の道《どう》の中に斯《こ》れは勝《すぐ》れたり。
[28] 仏は以て諦《まこと》の法を現《げん》じ、智勇《ちゆう》もて能く奉持《ほうじ》し、
浄を行じて瑕穢《かあい》[一一]無く、自ら度世《どせ》を知りて安し。

㊅五七三下

一 懸たる所　『法集』では「無来」とあり、読みやすくなっている。
二 往反　行き帰りすること。
三 射箭　矢のこと。
四 道　Uv の pada（境地）に対応する。
五 門閾　門の境界の横木。
六 彼れ　生を指す。
七 利の勝　利益を勝ちとること。法の勝と対。
八 法の勝　底本は「去勝」に作るが、宋・元・明三本に従い「法勝」に改める。『法喩』では「勝法」とある。
九 胞胎　「胞」は胎児を包んでいる膜。「胎」は子の宿る所。子宮。
一〇 何為れぞ　どうして。
一一 瑕穢　きずとけがれ。欠点。

[29] 道を務《つと》めて先《ま》ず欲を遠ざけ、早く仏の教えと戒《いまし》めとを服す。
悪を滅し悪の際《きわ》を極《きわ》むれば、易《やす》きこと鳥の空《そら》を逝《ゆ》くが如し。

[30] 若し已に法句《ほっく》を解《かい》せば、至心《ししん》に道行《どうぎょう》を[二二]体《たい》せよ。
是れ生死の岸を度し、苦尽きて患《うれ》い無し。

[31] 道法に親疎《しんそ》無く、正《まさ》に[二三]羸強《るいきょう》を問わず。
要《かなめ》は無《む》識想《しきそう》に在《あ》り、結解《けっと》くるを清浄《せいじょう》と為す。

[32] 上智《じょうち》あるは腐身《ふしん》に饜《あ》き、[二四]危脆《きぜい》なるは実真《じっしん》に非《あら》ず。
苦多くして楽しみ少なく、[二五]九孔《きゅうこう》に一つの浄《きよ》きも無し。

[33] 慧《え》あるは危《き》を以て安きに貿《か》え、[二六]猗《い》を棄てて衆の難を脱す。
形は腐《くさ》り銷《と》けて沫《あわ》と為《な》る、慧見《えけん》あるは捨てて貪《むさぼ》らず。

[34] 身《み》を観《かん》じて苦の器《うつわ》と為し、生と老と病と[二七]無とは痛し。
垢《く》を棄てて清浄を行ずれば、以て大安《だいあん》を獲可《うべ》し。

[35] 慧に依りて以て邪を却《しりぞ》け、受けずんば漏《ろ》尽くるを得。
浄を行じて度世を致《いた》せば、天《てん》と人《にん》、礼《れい》せざるは莫《な》し。

*生死品《しょうじぼん》 法句経第三十七

十と八章有《あ》り [18偈]

生死品とは、諸人の[一八]魂霊《こんれい》、[一九]亡神《ぼうしん》は、[二〇]行《ぎょう》に随《したが》いて転生《てんせい》するに在るを説く。

*[1] 命《いのち》は菓《み》の熟するを待ち、常に[二一]零落《れいらく》に会うを恐るるが如し。

二二 体 身につける。理解して自己のものとする。
二三 羸強 弱いことと強いこと。
二四 危脆 底本は「危跪」に作るが意がとりにくい。ここでは便宜上「危脆」と読む。危脆は「あぶなくもろいもの」で、この身体を指す。
二五 九孔 口、両耳、両眼、両鼻孔、両便孔の総称。
二六 猗 依存すること。
二七 無 死を指すか。 (大)五七四上
一八 魂霊 霊魂に同じ。
一九 亡神 「神」は魂の意。死者の魂。
二〇 行 生前に行った行為。
二一 零落 草木が枯れしぼむこと。

已《すで》に生ずれば皆な苦有り、孰《たれ》か能く不死を致さん。

[2]* 初め従《よ》り恩愛《おんあい》を楽《ねが》い、婬《いん》に[一]因《よ》りて[二]泡影《ほうえい》に入る。
形《かたち》を受くるも命は電《いなずま》の如く、昼夜に流れて止《とど》まること難《かた》し。

[3]* 是の身を[三]死物《しぶつ》と為し、精神は無形《むけい》の[四]法たり。
仮令《たと》い死すとも復《ま》た生じ、罪福《ざいふく》は[五]敗亡《はいぼう》せず。

[4]* [六]終始《しゅうし》は[七]一世《いっせ》に非《あら》ず、痴《ち》と愛とに従りて久長《きゅうちょう》なり。
[八]自ら作《な》して苦と楽とを受け、身は死すとも神《たましい》は喪《ほろ》びず。

[5] 身《み》の[九]四大《しだい》を[一〇]色《しき》と為《な》し、識《しき》の[一一]四陰《しおん》を[一二]名《みょう》と曰《い》う。
其《そ》の[一三]情《こころ》は[一四]十八種、縁起《えんぎ》する所は[一五]十二なり。

[6] 神《たましい》の止《とど》まるは凡《およ》そ[一六]九処《きゅうしょ》、生死《しょうじ》は断滅《だんめつ》せず。
世間の愚《おろ》かなるは聞かずして、闇《やみ》に蔽《おお》われて[一七]天眼《てんげん》無し。

[7] 自ら塗《まみ》るるに[一八]三垢《さんく》を以てし、目無くして意《こころ》は[一九]妄見《もうけん》す。
謂《い》わく死は生まるる時の如しと、或《ある》いは謂わく[二〇]死は断滅なりと。

[8]* [二一]識神《しきしん》は[二二]三界《さんがい》と、善と不善の[二三]五処に造《いた》り、
陰《ひそ》かに行《おこな》えば黙《もだ》して到る、往《ゆ》く所は響《ひびき》の応《おう》ずるが如し。

[9]* [二四]欲と色《しき》と不色《ふしき》と有るは、一切[二五]宿行《しゅくぎょう》に因《よ》る、
種《たね》の本《もと》の像《かたち》に随うが如く、自然の報《むく》いは[二六]意《こころ》の如し。

[10] 神《たましい》は身《み》を以て名《な》と為すこと、火《ひ》の[二七]形字《けいじ》に随うが如く、
燭《しょく》を著《つ》けて燭火《しょくか》と為すも、炭《すみ》・草《くさ》・糞《ふん》・薪《たきぎ》に随う。

一　因　底本は「可」に作るが、明本に従い「因」に改める。あるいは「婬(みだら)に泡影に入る可し」と読むことも可能。
二　泡影　あわとかげ。はかないものの喩え。『法喩』には「胞影」もしくはその聖本に「胞胎」とあり、人間の胎、すなわち輪廻と考えることも可能。
三　死物　生命のないもの。
四　法　存在。
五　敗亡　滅びること。
六　終始　終わりと始め。生死のことか。
七　一世　一代。
八　自ら作して　底本は「自此」に作るが、ここでは明本、『法喩』に従い「自作」に改める。
九　四大　地・水・火・風の四大元素。
一〇　色　物質、形あるもの。
一一　四陰　受・想・行・識の四つの心作用の集まり。
一二　名　名色(S., P. nāma-rūpa)の「名」を言う。「名」は個人存在の精神的な面、「色」は物質的な面を意味する。
一三　情　心作用。
一四　十八種　六境・六入・六識の総称。
一五　十二　十二支縁起。無明、行、識、名色、六入、触、受、愛、取、有、生、老死を言う。
一六　九処　地獄・餓鬼・畜生・人・阿修羅・天の六道に、声聞・縁覚・菩薩の三乗を加えたものか。
一七　天眼　すべてのものを見抜く力。
一八　三垢　貪・瞋・痴の三毒。

[11] 心法《しんぼう》[二八]起これば則《すなわ》ち起こり、法滅すれば則ち滅す。
興衰《こうすい》は雨雹《うひょう》の如く、転転《てんてん》[二九]して自ら識《し》らず。

[12] 識神《しきしん》は五道《ごどう》を走り、一処として更《へ》ざるは無し。
身を捨つるも復《ま》た身を受くるも、輪の転がりて地に著くが如し。

[13] 人一身《ひといっしん》に居《お》るは、其《そ》れ故《ふる》き室《へや》の中を去るが如く、
神《たましい》は形《かたち》を以て廬《いおり》と為《な》し、形壊《やぶ》るるも神《たましい》は亡《ほろ》びず。

*[14] 精神《せいしん》[三〇]の形軀《けいく》[三一]に居ること、猶《な》お雀《すずめ》の器《うつわ》の中に蔵《かく》るるがごとく、
器破るれば雀は飛び去り、身壊るれば神逝《ゆ》きて生ず。

[15] 性は痴《ち》にして浄《じょう》[三二]と常《じょう》の想《おも》いあり、楽《らく》と身《みずか》らの想いは痴の想いなり[三三]。
嫌《にく》みて上要《じょうよう》に非《あら》ざるを望む、仏は是れを不明《ふめい》と説く。

[16] 一つの本《もと》は二に展転《てんでん》[三四]し、三垢は五[三五]を弥《いよい》よ広げ、
諸海は十二[三六]の事なり。淵銷《ふちき》え越度《えつど》せば歓《よろこ》びあり。

[17] 三事《さんじ》[三七]断絶《だんぜつ》さるる時、身《みずか》ら直《ただ》す所無きを知る。
命気《めいき》[三八]と熅煖《うんだん》[三九]の識《しき》とは、身を捨てて転《うた》た逝《い》く。

[18] 当《まさ》に其《そ》の死して地に臥《ふ》すべきは、猶《な》お草の知る所無きがごとく、
其の状《ありさま》を観《かん》ずること是の如《ごと》く、但《た》だ幻《まぼろし》のみ、而《しか》して愚《おろ》かは貪《むさぼ》る。

一九 妄見 間違った考えにとらわれること。
二〇 死は断滅なり これは死後の運命を否定して善悪と、その果報を無視する見解である「断見」(S. uccheda-dṛṣṭi) をいう。『梵動経』(『長含』巻十四、八八中—九四上) を参照。
二一 識神 心のこと。たましい。
二二 三界 欲界・色界・無色界。
二三 五処 五道のこと。
二四 欲と色と不色 三界を指す。
二五 宿行 前世でなした善悪の行為。
二六 意の如し 『法喩』では「影の如し」とある。
二七 形字 文字の表す形、すなわち「字形」の意か。
二八 心法 色法に対する。「心王」または「心所」を指すこともあるが、ここでは心および心のはたらきの一切をいう。
二九 転転 次から次へと移り変わること。
三〇 精神 こころ、たましい。
三一 形軀 身体、からだ。
三二 浄と常の想いあり……痴の想いなり これは、この世が「常楽我浄」であるという誤った考え。『法句』の「身」は自らの意で「我(が)」に対応する。
三三 痴の想いなり 底本は「疑想」に作るが、宋・元・明三本に従い「痴想」に改める。
三四 展転 次から次へと移り変わる。
三五 五 五道のこと。

三六　十二　底本は「十三」に作るが、宋・元・明三本に従い「十二」に改める。ここでは十二支縁起と煩悩にまみれたこの世を海に喩えていると解した。
三七　三事　前偈の三垢のことか。
三八　命気　生命を司る気。
三九　煴煖　あたたかいこと。

一　道士　仏教の僧。沙門のことか。ただし『法句』梵志品の第五偈（五七二中）第四句の「道人」は Dhp の brāhmaṇa（バラモン）に対応している。
二　宿命　前生から決まっている人の運命。宿分に同じ。ここでは「前世」の意。
三　福慶　福という幸い。
四　休咎　喜びと災難。禍福。
五　反報　むくいのこと。
六　枉　底本は「狂」に作るが、宋・元・明三本、『法喩』に従い「枉」に改める。
七　平均　たいらでひとしいこと。

㊅五七四下

*道《どう》利《り》品《ぼん》 法句経第三十八

十と九章有《あ》り［20偈］

道利品とは、君《きみ》・父《ちち》・師《し》は行うに善《よ》き道を開示《かいじ》し、之《これ》を率《ひき》いるに正《ただ》しきを以《もっ》てす。

［1］* 人其《ひとそ》の上《うえ》なるに奉《たてまつ》るを知る、君と父・師と[一]道士《どうし》となり。
信《しん》と戒《かい》と施《せ》と聞《もん》と慧《え》とは、終《つい》に吉《きち》にして生ずる所安《やす》し。

［2］* [二]宿命《しゅくめい》に[三]福慶《ふくけい》有らば、世に生まるるに人の尊為《そんた》り。
道《どう》を以て天下《てんか》を安んずれば、法を奉りて従わざるは莫《な》し。

［3］* 王《おう》は臣民《しんみん》の長為《ちょうた》り、常に慈しみを以《いっく》て下《しも》を愛す。
身ら率いるに法と戒とを以てし、之に示すに[四]休咎《きゅうきゅう》を以てす。

［4］* 安《やす》きに処《お》るも危《あや》うきを忘れず、慮《おもんばか》ること明らかなれば福転《ふくうた》た厚し。
福徳《ふくとく》の[五]反報《はんぽう》、尊《そん》と卑《ひ》と（以）を問わず。

［5］* 夫《そ》れ世間の将為《しょうた》るや、正しきを修《おさ》めて[六]枉《ま》がれるに阿《おもね》らず。
心を調《おさ》め諸の悪に勝たば、是の如くして法の王為《た》り。

［6］* 正しきを見て能く施《ほどこ》し恵《めぐ》み、仁愛《じんあい》もて好《よ》く人を利《り》し、
既《すで》に利するに[七]平均《へいきん》を以てすれば、是の如くして衆《しゅう》は附《つ》き親《した》しむ。

［7］ 牛を厲《はげ》まして水を渡らすが如く、導《みちび》き正しければ従うも亦《ま》た正し。
法を奉《たてまつ》り心邪《こころよこしま》ならずんば、是の如くして衆は普《あまね》く安し。

［8］* 妄《みだ》りに神象《しんぞう》を嬈《かきみだ》し、以て苦痛の患《うれ》いを招くこと勿《な》かれ。

悪意を自ら殺すと為《な》し、終《つい》に善《よ》き方《かた》に至《いた》らず。

[9]* 戒の徳は[八]恃怙《じこ》す可《べ》し、福報《ふくほう》常に己《おの》れに随《したが》う。
法を見るを人の長と為し、終《つい》に[九]三悪道《さんあくどう》を遠ざく。

[10]* [一〇]戒慎《かいしん》は苦と畏《おそ》れを除き、福徳《ふくとく》は三界《さんがい》に尊《たっと》し。
鬼・龍・[一一]蛇の毒害《どくがい》も、持戒《じかい》の人を犯《おか》さず。

[11] [一二]義無《ぎな》く誠信《せいしん》ならざるは、欺《あざむ》き妄《みだ》りに闘諍《とうそう》を好む、
当《まさ》に知るべし此れを遠離《おんり》するを、愚《おろ》かに近づかば罪《つみ》を興《おこ》すこと多し。

[12] 仁賢《じんけん》にして言《ことば》に誠信あり、多聞《たもん》にして[一三]戒行《かいぎょう》を具《ぐ》す、
当に知るべし此れに[一四]親附《しんぷ》するを、智あるに近づかば誠善《せいぜん》多し。

[13] 善《よ》き言《ことば》あるも戒を守らずんば、志《こころざし》乱《みだ》れて善行《ぜんぎょう》無し。
身《み》を処するに[一五]潜隠《せんいん》なりと雖《いえど》も、是れを法を学ぶに非《あら》ずと為す。

[14]* 美しく説きて正しきを上《じょう》と為《な》し、法を説くを第二と為し、
愛《いと》しく説くは彼《か》の三たる可《べ》きにして、誠《まこと》を説きて欺かざるは四なり。

[15] [一六]便《びん》なるは利き刃《するどは》を獲《う》るも、自ら以て其の身を剋《きざ》むこと無し。
愚《おろ》かは学《まな》ぶも好みて妄説《もうせつ》し、行《おこな》いは牽《ひ》きて幸いと戻《わざわい》とを受く。

[16] 貪婬《とんいん》と瞋恚《しんい》と痴《ち》、是の三は善本《ぜんぽん》に非ず。
身は斯《こ》れを以て自ら害す、報《むく》いは痴と愛に由《よ》りて生ず。

[17] 福有るを天《てん》と人《にん》と為《な》し、非法なるは悪形《あくけい》を受く。
聖人《せいじん》は明らかに独《ひと》り見《み》、常に善く仏の令《おし》えを承《うけたまわ》る。

八　恃怙　「恃」も「怙」も、たのむ、あてにするの意。
九　三悪道　地獄・餓鬼・畜生のこと。
一〇　戒慎　いましめつつしむこと。
一一　蛇　底本は「邪」に作るが、明本や『法喩』の宋・元・明三本に従い「蛇」に改める。
一二　義無く　価値なく、意味のないこと。P. anattha の訳語か。
一三　戒行　戒律を守り仏道の修行をすること。
一四　親附　したしみなつく。人民などが上位者になつくこと。
一五　潜隠　立派な学問、才能がありながら、世の中からのがれて人に知られないようにする。潜逸に同じ。
一六　便なる　身のこなしが美しく、巧みなこと。

[18] 戒の徳は後世《ごせ》の業《ごう》なり、以て福を作《な》し身を追う。
天・人は善を称誉《しょうよ》す、心正しければ安《やす》んぜざること無し。
[19]* 悪を為《な》して止《や》むるを念ぜず、日に縛《しば》られ自ら悔《く》いず。
命《いのち》の逝《ゆ》くこと川の流るるが如し、是れ恐れて宜《よろ》しく戒を守るべし。
[20]* 今我れの上体の首《かしら》、[一]白きもの生じ、〔寿命〕為に盗まる。
已《すで》に[二]天の使召《ししょう》有り、時に正《まさ》に宜しく出家すべし。

*吉祥品《きちじょうぼん》　法句経第三十九　十と九章有《あ》り〔19偈〕

吉祥品とは、己《おの》れの術《じゅつ》を修《おさ》め、悪を去りて善に就《つ》き、終《つい》に[三]景福《けいふく》を厚くす。
[1]* 仏《ほとけ》の尊《たっと》きこと諸天に過ぎ、如来《にょらい》常に[四]義を現わすに、
[五]梵志《ぼんし》道士《どうし》有り、来《き》たって問うらく、『何をか吉祥《きちじょう》とす』と。
[2]* 是《こ》こに於《お》いて仏は[六]愍傷《みんしょう》し、為《ため》に真《まこと》に要《かなめ》有りと説く。
『已に正法《しょうぼう》を[七]信楽《しんぎょう》する、是れを最吉祥《さいきちじょう》と為《な》す。
[3]* 若《も》し天と人より、希望《きぼう》して[八]僥倖《ぎょうこう》を求めず、
亦《ま》た[九]祠《ほこら》の神《かみ》を[一〇]禱《まつ》らずんば、是れを最吉祥と為す。
[4]* 賢《けん》なるを友とし善なる〔場所〕を択《えら》びて居《お》り、常に先んじて福徳《ふくとく》を為し、
身《みずか》らを勅《いまし》めて真正《しんせい》なるに従う、是れを最吉祥と為す。
[5]* 悪を去り善に従い就《つ》き、酒を避《さ》けて自ら節《せっ》するを知り、

一　白きもの生じ　白髪が生じたこと。
二　天の使召　死神による死者の召喚。
三　景福　大きなしあわせ。非常な幸福。
(大)五七五上
四　義　意味あること、為になること。P.attha, S.artha に対応するか。
五　梵志道士　バラモンの学生、修道者。
六　愍傷　あわれむ。
七　信楽　信じ求めること。
八　僥倖　思いがけないしあわせ。
九　祠の神　『法喩』では「神祠」とある。
一〇　禱　神に告げて幸いを求めること。

[6]* 多聞《たもん》にして戒の如くに行い、法と律とを精進《しょうじん》して学び、
[一一]女色《じょしょく》に婬《いん》せざる、是れを最吉祥と為す。

[7]* 居りては孝《こう》もて父母《ふぼ》に事《つか》え、家を治《おさ》めて妻子《さいし》を養《やしな》い、
[一二]修《おさ》め已《おわ》りて争《あらそ》う所無し、是れを最吉祥と為す。

[8]* 慢《おご》らず[一四]自大《じだい》ならず、足《た》るを知り[一五]反復《はんぷく》を念じ、
[一三]空《むな》しきの行いを為《な》さざる、是れを最吉祥と為す。

[9]* 聞く所は常に忍《にん》を以てし、楽《ねが》って沙門《しゃもん》を見んと欲し、
時を以て経を[一六]誦 習《しょうしゅう》す、是れを最吉祥と為す。

[10]* [一七]斎《さい》を持《じ》し[一八]梵行《ぼんぎょう》を修《しゅう》し、常に賢聖《けんせい》を見んと欲し、
講毎《こうごと》に輒《すなわ》ち聴受《ちょうじゅ》す、是れを最吉祥と為す。

[11]* [二〇]道徳《どうとく》有るを信ずるを以て、意《こころ》を正しくして疑い無きに向《む》かい、
明智《めいち》ある者に[一九]依附《いふ》す、是れを最吉祥と為す。

[12]* 等《ひと》しき心もて布施《ふせ》を行い、諸の[二一]得道《とくどう》の者に 奉《たてまつ》り、
三悪道を脱せんと欲す、是れを最吉祥と為す。

[13]* 常に貪欲《とんよく》と、愚痴《ぐち》と瞋恚《しんい》の意《こころ》を離れんと欲し、
亦《ま》た諸の天と人を敬《うやま》う、是れを最吉祥と為す。

[14]* 若し以て[二四]非務《ひむ》を棄《す》て、能く勤《つと》めて[二五]道用《どうゆう》を修し、
能《よ》く[二二]道見《どうけん》を習《なら》い[二三]成《じょう》ず、是れを最吉祥と為す。
常に可《よ》き事《こと》に事《つか》う、是れを最吉祥と為す。

一一 女色　女性の色香。
一二 修め已りて　『法喩』では「修己」とあり、「自己を修めて」の意になる。
一三 空しきの行い　『法喩』には「空乏行」とある。「空」もしくは「空乏」は Sn の ākula（混乱した）に対応するか。
一四 自大　自分をえらいと考える。尊大な態度をとる。
一五 反復　恩を返すこと。感謝の念。
一六 誦習　書物などを節をつけて繰り返し読むこと。
一七 斎　神をまつる際、飲食行動をつつしんで、身を清め心を統一すること。Sn の tapas（苦行）に対応する。
一八 梵行　禁欲修行。Sn の brahma-cariyā に対応する。
一九 依附　よりすがる。
二〇 道徳　さとりの本質。または、人の行うべき正しいすじみち。S.bodhi（さとり）の訳語。辛嶋［一九九八］八七―八八頁を参照。
二一 得道の者　すでにさとりを得たもの。
二二 道見　仏道の正しい理解。
二三 成　底本は「誠」に作るが、ここでは明本や『法喩』に従い「成」に改める。
二四 非務　為すべきでないこと。誤ったこと。「可事」と対。
二五 道用　仏道のはたらき。

㊅五七五中

[15]* 一切《いっさい》、天下《てんか》の為《ため》にし、大慈《だいじ》の意《こころ》を建立《けんりつ》し、
仁《じん》を修し衆生を安《やす》んず、是れを最吉祥と為す。
[16] 吉祥の福を求めんと欲すれば、当《まさ》に仏を信敬《しんけい》すべし。
吉祥の福を求めんと欲すれば、当に法句《ほっく》の義《ぎ》を聞くべし。
[17] 吉祥の福を求めんと欲すれば、当に衆《もろもろ》の僧を供養《くよう》すべし。
戒を具《そな》え清浄《せいじょう》なる者、是れを最吉祥と為す。
[18]* 智者《ちしゃ》は世間に居《お》りて、常に吉祥の行を習《なら》い、
自ら慧見《えけん》を致《きわ》め成《じょう》ず、是れを最吉祥と為す』と。
[19] 梵志《ぼんし》は仏の教えを聞きて、心中大いに歓喜《かんき》す。
即ち前《すす》みて仏の足を礼《れい》し、[一]仏と法と衆とに帰命《きみょう》す。

法句経巻下

一　仏と法と衆　仏法僧ともいう。

補注

〔見出し語下の（ ）内の、漢数字は、本文の該当頁（＝漢数字で示したもの）を、算用数字は、その行数を示す〕

巻上

法救（一3） 編者の法救（Dharmatrāta）は婆沙の四大論師の一人で、一－二世紀の人と考えられている。水野［一九八二］七頁を参照。

維祇難（一4） 維祇難のインド原名は従来 Vighna で、「障碍」の意味と理解されてきたが、最近水野博士は、そのインド名を Vijitānanda あたりの音写語ではないかと推察された。水野［一九八二］二七〇頁、注三三を参照。

無常品（一5） 「無常品」は『ダンマ・パダ』（＝Dhp）ではなく、『ウダーナ・ヴァルガ』（＝Uv）の Anitya-varga（無常品）にほぼ対応するが、偈の順序は必ずしも一致しない。詳しくは水野［一九八二］三〇九頁を参照。

睡眠解寤すれば……仏言を撰記せよ（一7） 『法集』有為品の第一偈（七七七上）では左のようにある。

能覚悟煩悩　宜発歓喜心
今聴我所集　仏所宣法頌

また『出曜』では散文中（六一一上）に偈の説明がなされているが、その偈を復原すると左のようになる。

睡眠覚寤　宜歓喜思
聴我所説　撰記出曜

ここでは第四句が「仏言」ではなく、「出曜」とある。またどうして睡眠が非難されるのかについて、同経、同所で「夫睡眠者損命。愚惑有所傷壊、不成果証。没命無救、不至明処。……躭著睡眠、便失此法、故謂愚惑」と説明する。また Uv は、

stīnamiddhaṃ vinodyeha saṃpraharṣya ca mānasam /
śṛṇutemaṃ pravakṣyāmi udānaṃ jinabhāṣitam //(Uv I. 1)

心をふさぎ込ませ、眠たくさせるのをこの世で取り除き、心を喜ばせ、勝者（＝仏）の説かれた感興の言葉を私は説こう。さあこれを聞きなさい。

所行は非常なり……此の滅を楽と為す（一9） 『法喩』無常品の第一偈（五七五下）。『出曜』無常品の第三偈（六一一中）。『法

集』有為品の第三偈（七七七上）では左のように微妙に異なる。

一切行非常　皆是興衰法
夫生輒還終　寂滅最安楽

また Uv は、

anityā bata saṃskārā utpādavyayadharmiṇaḥ /
utpadya hi nirudhyante teṣāṃ vyupaśamaḥ sukham //(Uv I. 3)

実に諸々の現象は無常である。生じては滅する性質である。というのも〔それらは〕生じては滅するからである。それらの静止が安楽である。

その他、Enomoto［1989：29］を参照。

譬えば陶家の……人命も亦た然なり（三1）『法喩』無常品の第二偈（五七五下）。『出曜』無常品の第十二偈（六一四上）。『法集』有為品の第十二偈（七七七中）では左のようにある。

譬如陶家師　埏埴作坏器
諸有悉破壊　人命亦如是

その他、『法集』華喩品の第二十四偈（七八六中）、護心品の第二十四偈（七九五下）を参照。また Uv は、

yathāpi kumbhakāreṇa mṛttikābhājanaṃ kṛtam /
sarvaṃ bhedanaparyantam evaṃ martyasya jīvitam // (Uv I. 12)

あたかも壺師によって作られた土の壺が、すべて最後には壊れてしまうように、人の寿命もそのようなものである。

河の駛く流れて……逝きし者は還らず（三3）『法喩』無常品の第三偈（五七五下）。『出曜』無常品の第十五偈（六一五上）。『中本起』自愛品の第三偈（一六〇下）。『法集』有為品の第十五偈（七七七中）では左のようにある。

如河急駛流　往而悉不還
人生亦如是　逝者皆不迴

また Uv は、

yathā nadī pārvatīyā gacchate na nivartate /
evam āyur manuṣyāṇāṃ gacchate na nivartate //(Uv I. 15)

あたかも山の川が流れて返らないように、そのように人々の寿命も過ぎ去って戻らない。

譬えば、人、杖を操りて……亦た命を養うも去る（三5）『法喩』無常品の第四偈（五七六上）。『出曜』無常品の第十七偈（六一六上）。ただし第四句は、「亦養命去」ではなく「亦養命虫」とある。『法集』有為品の第十八偈（七七七中）では左のようにある。

如人操杖行　牧牛飲飼者
人命亦如是　亦即養命去

また Uv は、

yathā daṇḍena gopālo gāḥ prāpayati gocaram /
evaṃ rogair jarāmṛtyuḥ āyuḥ prāpayate nṛṇām //(Uv I. 17)

あたかも牛飼いが杖によって牛たちを牧場に到らせるように、
そのように老いと死は諸々の病によって人々の寿命を〔死に〕到らせる。

また、GDhp 148 では Uv I. 15, 17 の両偈が一つにまとまっている。さらに Dhp 135 では最後が pāṇinam とある。

千、百にして一に非ざる……衰喪せざること無し（三7）『法喩』無常品の第五偈（五七六上）。『出曜』無常品の第二十一偈（六一七下）。『法集』有為品の第二十二偈（七七七中）では左のようにある。

百千非算数　族姓富男女
積聚多財産　無不皆衰滅

「族姓」については、『法集』利養品の第四偈（七八三下）の第二句を参照。また Uv は、

anekāni sahasrāṇi naranārīśatāni ca /
bhogāṃ vai samudāniya vaśaṃ gacchanti mṛtyunaḥ //(Uv I. 21)

数多くの、何千、何百という男性も女性も、
財産を貯えたあとに、死の支配に屈する。

生ある者は日夜に……帶霏水の如し（三9）『法喩』無常品の第六偈（五七六上）。「帶霏水」は聖本では、「縈穽水」となっている。この「縈」は極めて少量の水。「穽」は落とし穴。ただ「縈穽」の熟語としての意味は不明。また宋・元・明三本では「熒穿水」とある。『一切経音義』（大正五四、八〇〇上）では「縈水」とのみ表出し「少量の水」と釈している。対応する Uv I. 18d では、「小川における水のように」（kunadīṣu yathaudakam）とある。

常なる者も皆な尽き……生者には死有り（三11）『法喩』無常品の第七偈（五七六中）。『出曜』無常品の第二十二偈（六一八上）。『法集』有為品の第二十四偈（七七七中）では左のようにある。

聚集還散壊　崇高必墜落
生者皆尽終　有情亦如是

その他 Uv は、

sarve kṣayāntā nicayāḥ patanāntāḥ samucchrayāḥ /
saṃyogā viprayogāntā maraṇāntaṃ hi jīvitam //(Uv I. 22)

一切の集まりは最後には滅び、高くそびえるものは最後には落

ちてしまう。

結合も別離で終わる。実に生は死で終わる。

Uv の「集まり」(nicayāḥ) は、『法集』では「聚集」とあって対応するものの、『法句』や『出曜』では「常者」とあり、全く対応しない。この偈は Mv III. 152,183 にも見いだされるが、やはり nicayāḥ となっている。またパーリの Netti 146 でも nicayā である。一方、『法句』の「常者」はサンスクリット語の nitya を容易に連想させる。この nitya のパーリ語形は nicca、ガンダーラ語形は nica である。漢訳に際し何らかの誤解から、このような違いが生じたのであろう。

衆生相剋して……自ずから殃福を受く (三13) 『出曜』無常品の第二十三偈 (六一八下)。『出曜』には、この偈の直後にその説明として「随行所造、而受其報。為善受福、悪則禍随。如影随形、有何可免」とある。また Uv は、

sarve satvā mariṣyanti maraṇāntaṃ hi jīvitam /
yathākarma gamiṣyanti puṇyapāpaphalopagāḥ // (Uv I. 23)

あらゆる生類は死ぬであろう。実に生は死で終わる。
〔それらは〕功徳や悪業の果報を受けながら、行為に応じた〔他生へ〕赴くであろう。

老いては苦痛を見……世を貪りて断ぜず (三15) 『出曜』無常品の第二十六偈 (六一九中、六二〇中)。また Uv は、

jīrṇaṃ ca dṛṣṭveha tathaiva rogiṇaṃ
mṛtaṃ ca dṛṣṭvā vyapayātacetasam /
jahau sa dhīro gṛhabandhanāni
kāmā hi lokasya na supraheyāḥ // (Uv I. 27)

この世で老いた人を、そして病んだ人を見て、
死んで意識の消え失せた人を見て、
賢者は家庭生活の束縛を捨てた。
実に愛欲は世間の人にとって簡単に断てるべきものではない。

この Uv に従うならば、『法句』は「老いたると、苦痛なると、死して則ち意去るとを見、家を楽しむは縛獄なり、貪は世《よ》に断ぜず」とも読めよう。『出曜』無常品の説明 (六一九中―六二〇中) でも、この偈と関連して、太子が後園に出て、老人・病人・死人を見て、出家学道した話が説かれている。これを参考にすれば、『法句』の「苦痛」は病人、「死則意去」は死人のことを言っていると解せよう。

咄嗟に老至れば……老ゆれば蹈藉せらる (三17) 『法喩』喩老耄品の第六偈 (五九三上)、『出曜』無常品の第二十八偈 (六二〇下)。また Uv は、

dhik tvām astu jare grāmye virūpakaraṇī hy asi /

tathā manoramaṃ bimbaṃ jarayā hy abhimarditam //(Uv I. 29)

卑しい老いよ、汝はいまいましい奴だ。汝は人を醜くする。
素敵な姿も実に老いによって粉砕されてしまう。

その他『法句』の第二句は『法集』有為品の第三十一偈（七七七下）の第一句に対応する。

寿百歳なりと雖も……病条びて際に至る（三19）『出曜』無常品の第二十九偈（六二一上）。『法集』有為品の第三十二偈（七七七下）では左のようにある。

雖寿満百歳　亦被死相随
為老病所逼　患終至後際

また Uv は、

yo 'pi varṣaśataṃ jīvet so 'pi mṛtyuparāyaṇaḥ /
anu hy enaṃ jarā hanti vyādhir vā yadi vāntakaḥ //(Uv I. 30)

百歳生きる者でも、最後には死ぬ。
老い、病、あるいは死が彼につきまとって殺してしまう。

是の日已に過ぐれば……斯れ何の楽しみか有らん（三2）『出曜』無常品の第三十偈（六二一中）。また Uv は、

yeṣāṃ rātridivāpāye hy āyur alpataraṃ bhavet /
alpodake va matsyānāṃ kā nu teṣāṃ ratir bhavet //(Uv I. 33)

人々の寿命は昼夜に過ぎ去り、ますます少なくなっていく。
少ない水にいる魚のように、彼らに何の楽しみがあろう。

MBh XII. 169. 11; GDhp 145 を参照した結果、「夜々が過ぎると」の方が古い形であるとされる。おそらく『法句』の第一句は Uv の「昼夜」よりも、GDhp 等に近い意味であろう。Brough [1962 : 221, n. 145] を参照。

老ゆれば則ち色衰え……命終わること自然なり（三4）『法喩』無常品の第八偈（五七六下）。ただし第四句は「命終自然」ではなく「命終其然」となっている。『出曜』無常品の第三十三偈（六二二中）も『法喩』に同じ。また『法句』老耗品の第三偈（五六五中—下）、『法喩』喩老耄品の第三偈（五九二下）では次のようにある。

老則色衰　病無光沢
皮緩肌縮　死命近促

また Uv は、

parijīrṇam idaṃ rūpaṃ roganīḍaṃ prabhaṅguram /
bhetsyate pūty asaṃdehaṃ maraṇāntaṃ hi jīvitam //(Uv I. 34)

この形骸は衰退し、病苦の巣で、壊れやすい。
〔これは〕腐敗のかたまりでやぶれてしまうであろう。生は必ず
死で終わる。

この中で pūty asaṃdeham は他の解釈の可能性もあるが、Dhp 148b, PDhp 259b には、pūti-sandeho となっており、「腐敗のかたまり」の訳が一番ふさわしいと考えられる。中村［一九七八］三一一頁を参照。

是の身は何の用ぞ……老死の患い有り（三6）『法喩』無常品の第九偈（五七六下）。『出曜』無常品の第三十五偈（六二三上）。『法集』有為品の第三十六偈（七七七下）では左のようにある。

此身多障悩　膿漏恒疾患
愚迷貪愛著　不厭求寂滅

また Uv は、

kim anena śarīreṇa sravatā pūtinā sadā /
nityaṃ rogābhibhūtena jarāmaraṇabhīruṇā //(Uv I. 36)

この肉体に何の用があろう。これは常に漏れ悪臭を放ち、
いつも病に侵され、老いと死におびえている。

「漏れる」は Uv の sravatā に対応する。『法集』も「膿漏」とある。ところで『法句』の「漏臭」は「臭いを漏らす」とも読めるが、「漏」は体内の九の穴、すなわち両目、両耳、両鼻孔、口、肛門、小用の穴から出ることを指すと考えられる。九の穴はサンスクリット語で navavraṇamukha または navadvāra、九漏、九瘡、九流等と漢訳される。また Sn 205d でも「あちこち漏れ出て」(vissavanto tato tato) とあるから、「漏れる」ことと「臭き」こととは別々に分けて考えた方がよかろう。Willemen [1978 : 8] を参照。さらに『出曜』同品の第三十六偈の説明（六二三下）にも、「是身漏臭処」の説明として、「衆患穢汚、人所悪見。瘡痍苦、漏諸不浄、衆刺之首」とあり、漏らすのは「臭い」ではなく「不浄」とする。「漏」の原語 S. āsava, BSk. āśrava, P. āsava は本来「流入」の意を示したが、後のアビダルマ仏教では「煩悩が漏れ出ること」という意味に変化した。榎本文雄「āsrava について」『印度学仏教学研究』第二十七巻第一号（一九七八）一五八―一五九頁を参照。

欲を嗜み自ら恣なれば……寿命は無常なるに（三8）『法喩』無常品の第十偈（五七六下）。また Uv は、

gṛddhā hi kāmeṣu narāḥ pramattā hy adharme bata te ratāḥ /
antarāyaṃ na te paśyanty alpake jīvite sati //(Uv II. 15)

愛欲をむさぼる人々は実に放逸であり、彼らは実に誤った行いを楽しんでいる。

彼らは〔死という〕災難を見ようとしない。人生は短いのに。その他『法集』愛欲品第十六偈の第三、四句（七七八中）を参照。

子有るも恃むところに非ず……親も怙む可きこと無し（三10）『法喩』無常品の第十一偈（五七六下）。『出曜』無常品の第二十偈（六一七下）、第四十一偈（六二五上）。また『法集』有為品の第三十八偈（七七七下）には次のようにある。

父母与兄弟　妻子並眷属

無常来牽引　無能救済者

また Uv は、

na santi putrās trāṇāya na pitā nāpi bāndhavāḥ /

antakenābhibhūtasya na hi trāṇā bhavanti te //(Uv I. 40)

子も救うことが出来ない。父も親戚も〔救うことが出来ない。〕

死に襲われた者にとって彼らは実に救済者ではない。

対応する Dhp 288d では、「親戚たちも救うことはできない」(n' atthi ñātīsu tāṇatā) とあり、この方が Uv よりも『法句』に近い。また GDhp 261, PDhp 366 も Dhp に同じ。Uv は『法集』の方に対応する。また Uv I. 20, Dhp 62 に対応する『法句』愚闇品の第四偈（五六三中）を参照。

昼夜に慢惰にして……自ら侵欺を為す（三12）『法喩』喩老耄品の第五偈（五九三上）。

空にも非ず、海の中にも非ず……死を受けざるところ有ること無し（三15）『法喩』無常品の第十二偈（五七七上）。ただし、『出曜』無常品の第二十五偈（六一九上）と『法集』有為品の第二十七偈（七七七下）では、第四句が「脱之不受死」ではなく、「脱止不受死」とある。また Uv は、

naivāntarīkṣe na samudramadhye

na parvatānāṃ vivaraṃ praviśya /

na vidyate 'sau pṛthivīpradeśo

yatra sthitaṃ na prasaheta mṛtyuḥ //(Uv I. 25)

空中にも、海中にも、山々の裂け目に入っても、

そこにいるものを死がおそわないような場所はない。

ここより韻律 (metre) がシュローカ (śloka) よりトリシュトゥブ (triṣṭubh) となり、音節が多くなる。『法句』もそれに合わせて、一句四字から一句五字に変わっている。また『法句』の「地方所」は pṛthivī-pradeśa をそのまま訳したものである。

是れ務めなり……老死の憂いを履践す（三17）『法喩』無常品の第十三偈（五七七上）。『出曜』無常品の第四十二偈（六二五上）では次のようにある。

為是当行是　行是事成是

衆人自労役　不覚老死至

また Uv は、

idaṃ kṛtaṃ me kartavyam idaṃ kṛtvā bhaviṣyati /
ity evaṃ spandato martyāṃ jarā mṛtyuś ca mardati //(Uv I. 41)

「私はこれを為した。〔今〕為さなければならない。これを行えば〔そのように〕なるであろう」と、このようにあくせくしている人々を老いと死が粉砕する。

ここはシュローカの韻律であるが、前後の統一をはかるためであろう、五字一句となっている。あるいは本来はトリシュトゥブの韻律だった可能性もある。その他 MBh XII. 169.19 を参照。

此れを知りて能く自ら静め……生死より度するを得（三19）　『法喩』無常品の第十四偈（五七七上）の第一句では、「知此能自浄」ではなく、「知此能自静」とあり、『法句』の元・明本も「自静」とし、『出曜』無常品の第四十三偈（六二六上）の第一、二句では「是故習禅定　生尽無熱悩」とある。さらに『法集』有為品の第四十偈（七七七下）では、次のようにある。

剃髪為苾芻　宜応修止観
魔羅不能伺　度生到彼岸

また Uv は、

tasmāt sadā dhyānaratāḥ samāhitā
hy ātāpino jātijarāntadarśinaḥ /
māraṃ sasainyaṃ hy abhibhūya bhikṣavo
bhaveta jātimaraṇasya pāragāḥ //(Uv I. 42)

それ故に比丘たちは常に心を集中して禅定を楽しみ、努力して、生と老いとの終わりを見て、魔とその軍隊に打ち勝って、生死の彼岸に到るべきである。

以上により、『法句』第一句の底本の「自浄」よりも、瞑想、精神集中を意味する、元・明本の「自静」の方がよかろう。

教学品（四2）　解題でも述べたように、漢訳『法句経』は、(1)南方上座部の『ダンマ・パダ』（＝Dhp）がその中核部分を形成し、それに(2)説一切有部の『ウダーナ・ヴァルガ』（＝Uv）と、(3)所属部派不明の『法句経』の偈を付加したもので構成されている。この「教学品」はこの三種のうちの(3)に由来すると考えられる偈がほとんどで、これまでインド原典中にその対応偈をわずかしか見いだし得なかった。水野［一九八一］三一一頁参照。しかし最近、榎本氏の研究によりインド仏典の中に散見される数多くの対応偈が発見されるようになった。榎本文雄「『法句譬喩経』偈文の解釈研究(2)」『アーガマ』一二三号、一九一―一九五頁参照。

咄哉何ぞ寐を為さん……反って用て眠るを為すこと有らんや（四5）　この第一偈と第二偈とにやや類似するものに SN I. 198

がある。

uṭṭhehi bhikkhu kiṃ sesi ko attho supitena te /
āturassa hi kā niddā sallaviddhassa ruppato //

比丘よ、起きよ。何故眠っているのだ。汝が眠って何の役に立つのだ。
〔煩悩のために心が〕病み、〔渇望という〕矢に〔心が〕射ぬかれて苦しんでいるものが眠って何になる。

『法喩』教学品の第一、二偈（五七七上）の他、この偈には『雑含』巻五十（三六七下）、『別雑』巻十六（四八九下）、『智度』巻十七（一八四中）にも対応偈がある。

思いて放逸ならず……常に念じて自ら意を滅す（四9）『法喩』教学品の第三偈（五七七上）、『出曜』無放逸品の第七偈（六三八中）。『法集』放逸品の第七a偈第一、二句（七七九上）には、次のようにある。すなわち、

専意莫放逸　習意牟尼戒

また Uv は、

adhicetasi mā pramadyata
pratataṃ maunapadeṣu śikṣata /
śokā na bhavanti tāyino
hy upaśāntasya sadā smṛtātmanaḥ // (Uv IV. 7)

気高き心をもち、怠ってはならない。
絶えず沈黙の道を学べよ。
というのも心がおさまり、常に自己を思念している、
このような者には悲しみは存在しないから。

この Uv IV. 7 の対応偈は真柄［一九八五］七頁、Schmidt［1989: 47-50］に一覧表で示されている。またパーリの Ud では、

adhicetaso appamajjato munino monapathesu sikkhato /
sokā na bhavanti tādino upasantassa sadā satīmato //
(Ud IV. 7)

気高き心して、怠けることなく、沈黙の聖者（牟仁）としての
道を学ぶ沈黙の聖者、
このような、常に思念していて、〔心が〕おさまっている者には
憂いはない。

先の Uv の sadā smṛtātmanaḥ（常に自己を思念し）と、Ud の sadā satīmato（常に思念して）との違いに着目した榎本文雄「『法句譬喩経』偈文の解釈研究⑵」『アーガマ』一二三号、一九三頁は注目すべきであろう。また、adhicetasi, adhicetaso の訳については、Lüders［1954：17-18］を参照。

正見にして、学び務めて増やさば……終に悪道に堕せず（四11）『法喩』教学品の第四偈（五七七上）、『出曜』無放逸品の第九偈

(六三九中)、『法集』放逸品の第八偈(七七九上)。『坐禅』巻下(二八〇上)の他、『雑含』巻二十八(二〇四下)に対応する。すなわち、

仮使有世間　正見増上者
雖復百千生　終不堕悪趣

また Uv は、

samyagdṛṣṭir adhīmātrā laukikī yasya vidyate /
api jātisahasrāṇi nāsau gacchati durgatim // (Uv IV. 9)

世俗的であっても、すぐれた正しいものの見方をする者は、千回生まれ変わっても不幸な境遇に至ることがない。

その他 *Śrāvakabhūmi* (ed. by K. Shukla, Patna, 1973) p. 29 を参照。Uv の adhīmātrā は韻律の関係で adhimātrā の -i- が長母音化したものと考えられる。この語は P. adhimatta に相当し、「増上」と漢訳されることが多い。『法集』は「増上道」、『法句』は「学務増」と訳している。さらに、『法句』の第二句は Uv の laukikī yasya vidyate を訳したものであろう。「明」は S. vidyā (知識、明知)と関連させたものか。『法集』では「所察」とある。また『法句』の第三句の「所生福千倍」は Uv の api jāti-sahasrāṇi の jāti (生)が訳出時の原本では jāta (生じた)とあった可能性も否定できない。ガンダーラ語では jadi (jāti), jada (jāta) とある。

小道を学びて……欲意を増さしむること莫かれ (四13) 『出曜』無放逸品の第八偈(六三九上)、『法集』放逸品の第七b偈(七七九上)に対応する。すなわち、

不親卑漏法　不与放逸会
不種邪見根　不於世増悪

また Uv は、

hīnaṃ dharmāṃ na seveta pramādena na saṃvaset /
mithyādṛṣṭiṃ na roceta na bhavel lokavardhanaḥ // (Uv IV. 8)

諸々の卑小なことを行うな。放逸なままに暮らすな。間違った考えを抱くな。世俗のわずらいを増やすな。

『出曜』や『法集』の「卑漏法」は『出曜』の説明(六三九上)で、「一切の諸結・諸悪行・邪見・顚倒」と説明されている。『法句』の「小道」もこの「卑漏法」に相当すると考えられるから、その内容も同じであろう。『出曜』の「不於世増悪」は、「若有衆生、習邪見者。便長於世、生諸穢悪。長地獄世・餓鬼世・畜生世」(六三九中)と説明されている。相当する Uv の loka-vardhanaḥ は訳しにくい複合語であるが、Tat-puruṣa よりも Bahu-vrīhi と考えるべきだという意見もある。Brough [1962 : 213, n. 121] を

参照。『法句』の「令増欲意」もこの複合語を意訳したものか。

敏め学びて身を摂し……行滅すれば、安らぎを得（四17）『出曜』学品の第十偈（六六二中）、『法集』善行品の第十二偈（七八一上）に対応する。すなわち、

慎身為勇悍　慎口悍亦然
慎意為勇悍　一切結亦然
此処名不死　所適無憂患

対応するUvは、

kāyena saṃvṛtā dhīrā dhīrā vācā susaṃvṛtāḥ /
manasā saṃvṛtā dhīrā dhīrāḥ sarvatra saṃvṛtāḥ /
te yānti hy acyutaṃ sthānaṃ yatra gatvā na śocati //(Uv VII. 10)

賢者らは身体を慎み、賢者らは言葉をよく慎み、
賢者らは心を慎む。賢者らはあらゆる点で慎んでいる。
実に彼らは不死の境地に赴く。そこに行けば悲しむことはない。

このうちpāda a-dはDhp 234, GDhp 51, PDhp 282,『法句』忿怒品の第十五偈（五六八上）に対応し、pāda efはDhp 225cdに対応する。

学ぶには先ず母を断じ……是れ上道の人なり（五10）『法喩』教学品の第五偈（五七七中―下）。また『出曜』双要品の第二十四偈（七五〇下）と『出曜』梵志品の第六十偈（七七四下）には類似した表現が以下のようにある。

除其父母縁　王家及二種
遍滅其境土　無垢為梵志　『出曜』双要品の第二十四偈＝『法集』相応品の第二十三偈（七九三中）

先去其母　王及二臣
尽勝境界　是謂梵志　『出曜』梵志品の第六十偈＝『法集』梵志品の第五十九偈（七九九中）

『出曜』の説明によれば、「父母縁を除き」、「母を去る」とは仏道を妨げる根源の「愛心」を除くことであり、王は「我慢」、二臣は「(外道の)戒律と邪見」、もしくは「戒盗と身見」であるとされる。対応するDhp 294の注釈等はWillemen[1978：137–138]を参照。

またUvは、

mātaraṃ pitaraṃ hatvā rājānaṃ dvau ca śrotriyau /
rāṣṭraṃ sānucaraṃ hatvā anigho yāti brāhmaṇaḥ //(Uv XXIX. 24)

母・父・王・二人の聖典に通じたバラモンを殺し、
王国を破壊し、従臣を殺して、バラモンは苦悩なく行く。

Dhp 294bにはrājāno dve ca khattiye(二人のクシャトリヤ出身の王）とある。これを「王の二人の武士」と解せば『法句』第二

句に対応する。

学ぶに朋類無く……愚と偕ならざれ（五12）　『法喩』教学品の第六偈（五七七下—五七八上）。また『法句』愚闇品の第二偈（五六三中）を参照。『出曜』忿怒品の第十二偈（六九七下）、『法集』怨家品の第十三偈（七八四中）。また Uv は、

caraṃś ca nādhigaccheta sahāyaṃ tulyam ātmanaḥ /
ekacaryāṃ dṛḍhaṃ kuryān nāsti bāle sahāyatā //(Uv XIV. 15)

〔道を〕歩むに際し、自分に等しい伴が得られなかったなら、
断固として一人で歩むべきである。愚者には伴の資格はない。

戒を楽しみ行を学ぶに……空野の象の如し（五14）　『法喩』教学品の第七偈（五七八上）、『出曜』忿怒品の第十三偈（六九八上）。また『法集』怨家品の第十四偈（七八四中）は微妙に異なる。すなわち、

楽戒学法行　奚用伴侶為
如龍好深淵　如象楽曠野

その他『四分』巻四十三（八八二下）、『中含』巻十七（五三五下）。『僧祇』巻十七（三六三下）では『法句』の前半二句と後半二句とが入れ替わっている。また Uv は、

ekasya caritaṃ śreyo
na tu bālaḥ sahāyakaḥ /
ekaś caren na ca pāpāni kuryād
alpotsuko 'raṇyagataiva nāgaḥ //(Uv XIV. 16)

一人で歩む方がよく、愚者は伴の資格がない。
一人で歩んで、諸々の悪を為すべきではない。欲求は少なくあるべきである。荒野にいる象のように。

これはむしろ『法句』象喩品の第十一偈（五七〇下）の方により対応しよう。すなわち、

寧独行為善　不与愚為侶
独而不為悪　如象驚自護

榎本［一九八〇］九三一頁を参照。

若し人寿百歳ならんも……精進して正法を受くるに如かず（六1）　Uv は、

yac ca varṣaśataṃ jīvet kusīdo hīnavīryavān /
ekāhaṃ jīvitaṃ śreyo vīryam ārabhato dṛḍham //(Uv XXIV. 5)

怠りなまけて、気力なく百年生きるよりは、
しっかりと努め励む人の一日生きる方が優れている。

Uv は『法句』述千品の第十三偈（五六四下）の方に近い。すなわち、

若人寿百歳　懈怠不精進
不如生一日　勉力行精進

これは『法集』広説品の第五偈（七八九上）、『出曜』広演品の第五偈（七二五中）とほぼ同一。一方『中本起』巻上（一五二下）は教学品と同じ。その他『仏本行集』巻四十四（八五六下）を参照。

若し人寿百歳ならんも……福の称うるに如かず（六3）　Uv は、

yac ca varṣaśataṃ pūrṇam agniṃ paricared vane /
yac caikaṃ bhāvitātmānaṃ muhūrtam api pūjayet /
sā tasya pūjanā śreṣṭhā na tad varṣaśataṃ hutam //(Uv XXIV. 16)

百年満ちるあいだ、林の中で火に仕えるのと、
一瞬間に自己の身を修養した一人の〔修行者を〕供養するのとでは、
彼を供養する方がすぐれている。百年間の祭祠はそうではない。

これは『法句』述千品の第八偈（五六四中―下）の方に近い。すなわち、

雖終百歳　奉事火祠
不如須臾　供養三尊
一供養福　勝彼百年

また GDhp 319ab, 320 を合わせれば Uv と一致する。その他 Dhp 107 を参照。

学ぶには当に先ず解を求め……慧あるも然くして復た惑わず（六7）　Uv は、

ātmānam eva prathamaṃ pratirūpe niveśayet /
tato 'nyam anuśāsīta na kliśyeta hi paṇḍitaḥ //(Uv XXIII. 7)

先ず自己を正しくととのえて、
次に他人に教えるべきである。というのも賢者は悩むことがないであろうから。

これは『法句』愛身品の第二偈（五六五下）の方に近い。すなわち、

為身第一　常自勉学
利乃誨人　不惓則智

その他『出曜』我品の第七偈（七八八下）、『法集』己身品の第七偈（七二三中）、MBh V. 34. 57 を参照。

学びて能く三悪を捨し……蛇の故き皮を脱するが如し（六11）
Uv の三偈を一偈にまとめたものと一致する。すなわち、

yas tūtpatitaṃ nihanti *rāgam*
viṣṛtaṃ sarpaviṣaṃ yathauṣadhena /

sa tu bhikṣur idaṃ jahāty apāraṃ
hy urago jīrṇam iva tvacaṃ purāṇam //(Uv XXXII. 62)
yas tūtpatitaṃ nihanti *dveṣaṃ*
visṛtaṃ sarpaviṣaṃ yathauṣadhena /
sa tu bhikṣur idaṃ jahāty apāraṃ
hy urago jīrṇam iva tvacaṃ purāṇam //(Uv XXXII. 63)
yas tūtpatitaṃ nihanti *mohaṃ*
visṛtaṃ sarpaviṣaṃ yathauṣadhena /
sa tu bhikṣur idaṃ jahāty apāraṃ
hy urago jīrṇam iva tvacaṃ purāṇam //(Uv XXXII. 64)

蛇の毒が〔身体に〕まわるのを薬でとめるように、沸き起こった情欲をとめる、
このような修行者はこちらの岸を捨てる。あたかも蛇が使いふるしの古皮を捨てるように。(62)

後の二偈は「情欲（貪）」の部分が「憎しみ（瞋）」と「迷妄（痴）」に代わっている。この蛇の脱皮の比喩については、中村［一九八四］二四七—二四八頁を参照。

学びて多聞にして……所願は得らる（六13）　『法喩』護戒品の第一偈（五七八上）。一方『出曜』聞品の第九偈（七二一中）、『法集』多聞品の第十一偈（七八八上）は少し異なる。すなわち、

智博為多聞　持戒悉完具
二倶得称誉　所願者尽獲

この「二」は、『出曜』の説明では多聞と持戒を指し、次の偈の「両世」すなわち、現在世と未来世の解釈と異なる。これは Uv でも同様である。すなわち、

bahuśruto 'pi ced bhavati śīleṣu susamāhitaḥ /
ubhayatas taṃ praśaṃsanti tasya saṃpadyate vratam //
(Uv XXII. 10)

博学で様々な戒に専念すれば、
その二点で彼を人々は賞賛する。彼には誓戒が具わっている。

この「二点」の説明は AN の方がよりはっきりしている。すなわち、

bahussuto pi ce hoti sīlesu susamāhito /
ubhayena naṃ pasaṃsanti sīlato ca sutena ca //(AN II. 8)

博学で様々な戒に専念すれば、
二つの点、つまり戒と［博］学の点で、彼を人々は賞賛する。

学びて寡聞にして……其の本の願を喪う（六15）　『法喩』護戒品の第二偈（五七八上）。一方『出曜』聞品の第八偈（七二一中）、『法集』多聞品の第八偈（七八八上）は少し異なる。すなわち、

雖少多有聞　持戒不完具

二倶被訶責　所願者便失

また Uv は、

alpaśruto 'pi ced bhavati śīleṣu tv asamāhitaḥ /
ubhayatas taṃ vigarhanti nāsya saṃpadyate vratam //(Uv XXII. 9)

学が少なく、様々な戒に専念しなければ、
その二点で彼を人々は非難する。彼には誓戒は具わっていない。

夫れ学ぶに二有り……困しむと雖も邪ならざれ（六17）『法喩』護戒品の第三偈（五七八上―中）。

罪と福を遠く捨て……是れを善学と名づく（七6）これは Uv に幾分対応する。すなわち、

yas tu puṇyaṃ ca pāpaṃ ca prahāya brahmacaryavān /
viśreṇayitvā carati sa vai sthavira ucyate //(Uv XI. 12)

福と罪とを捨てて、清らかな行いをし、
人々との交わりを避けて進む（行じる）人、彼こそ長老と呼ばれる。

F. Edgerton, *Buddhist Hybrid Sanskrit Dictionary*, pp. 501-502 の訳を参照。ただ全体的に見れば、この Uv は『法句』奉持品の第十二偈（五六九上）の方により対応しよう。すなわち、

謂捨罪福　浄修梵行
慧能破悪　是為比丘

多聞品（七8）「多聞品」も所属部派不明の『法句経』に由来すると考えられる偈がほとんどであり、わずかの偈のみが現存する Uv, GDhp, Dhp にその対応が見出されるに過ぎない。水野［一九八一］三一一頁を参照。

多聞を能く持すること固く……是れに従りて戒と慧成ず（七10）『法喩』多聞品の第一偈（五七八下）。『法集』多聞品の第九偈（七八八上）の第三、四句では「精進難毀誉　従是三学成」とある。この第三句を Willemen は「毀損しがたき名誉のために精進し」と英訳している。Willemen［1978 : 94］を参照。

多聞は志を明らかならしめ……義を見れば法を行ずること安し（七12）『法喩』多聞品の第二偈（五七八下）。また Thag 141 に次のようにある。

sussūsā sutavaḍḍhanī sutaṃ paññāya vaḍḍhanaṃ /
paññāya atthaṃ jānāti ñāto attho sukhāvaho //(Thag 141)

聞いて学ぼうとすることが学識を増大し、学識は智慧を増大する。
智慧によって意味を知り、意味を知れば幸福を招く。

多聞は能く憂いを除き……自ずから泥洹を得るを致す（七14）『法喩』多聞品の第三偈（五七八下）。また GDhp 246-247 に対応

する。すなわち、

prahodi duhiṇo dokhu avaṇedu bahoṣuda /
katha'i paḍiruva'i bhaṣamaṇa puṇa-puṇu //(GDhp 246)
suhidasa vi pramoju jaṇayadi bahoṣuda /
deśada amuda dhamu dukha-vaśama-kami'a //(GDhp 247)

多聞で学識あるものは、適切な話を何度も語りつつ、苦しんでいるものの苦しみを取り除くことができる。

多聞で学識あるものは、苦しみを静める甘露の教えを説きつつ、幸福な者のためにさえ［さらなる］喜びを生み出す。

訳は Brough［1962 : 253］を参照。

聞きて法律を知ると為し……行きて不死の処に到る(七16)『法喩』多聞品の第四偈（五七八下)、『瑜伽』巻十九（三八二上)。また Uv には以下のようにある。

śrutvā dharmāṃ vijānāti śrutvā pāpaṃ na sevate /
śrutvā hy anarthaṃ varjayate śrutvā prāpnoti nirvṛtim //
(Uv XXII. 6)

聞きて様々なことがらを識別し、聞きて悪に従わず、
聞きてためにならないことを避け、聞きて不死の境地を得る。

dharmāṃ（様々なことがら）は、他の写本では dharmaṃ（真理）とあり、より漢訳に近い。Enomoto［1989 : 30–31］を参照。

為に能く師は道を現わし……能く法蔵を奉持せしむ(八1)『法喩』多聞品の第九偈（五七九中)。

能く摂すれば義を解するを為し……是れに従りて疾く安きを得ん（八3）『法喩』多聞品の第十一偈（五七九中)。

若し多少聞くこと有りて……自らは明らかならざるが如し（八5）『法喩』多聞品の第五偈（五七九上)。また Thag 1026 に次のようにある。

bahussuto appasutaṃ yo sutenātimaññati /
andho padīpadhāro va tath' eva paṭibhāti maṃ //(Thag 1026)

〔自らの〕学識によって学のない者に対して慢心を抱く多聞の者は、
ちょうど盲人が灯火を手にしているようなものだと、私には思われる。

Thag, pāda d の paṭibhāti には「明らかとなる」の意もあるから、paṭibhāti naṃ（彼を照らす）とあったとすれば、『法句』第四句の「炤彼」に近い意となる。

夫れ爵・位・財を求め……斯れ聞を第一と為す（八7）これは Dhp 178 と幾分対応する。

pathavyā ekarajjena saggassa gamanena vā /

sabbalokādhipaccena sotāpattiphalaṃ varaṃ //(Dhp 178)
大地に於ける唯一の王となるより、あるいは天に至るより、
全世界の支配者となるよりも、預流果《よるか》の方がすぐれている。

このDhpは『法句』世俗品の第十三偈（五六六中）に全体的には対応するが、より直接的には『解脱道』巻十二（四五八上）に対応する。すなわち、

於地一国王　於天堂一王
領一切世間　須陀洹果勝

その他『義足』巻下（一八五下）を参照。

日に事うるは明かるさの為の故なり……〔多〕聞の故に道人に事うるなり（八15）『法喩』多聞品の第六偈（五七九中）。

人は命の為に医に事え……福行あらば世世に明かるし（八17）『法喩』多聞品の第七偈（五七九中）。

友を察するは謀を為すに在り……智を知らんと欲せば説に在り（八19）『法喩』多聞品の第八偈（五七九中）。

聞は今世の利を為し……聞を積みて聖智を成ず（九2）『法喩』多聞品の第十偈（五七九中）。

是れ能く憂恚を散じ……当に多聞者に事うべし（九4）『法喩』多聞品の第十二偈（五七九中）。

斫創は憂いに過ぎたるは無く……唯だ多聞に従いて除く（九6）『法喩』多聞品の第十三偈（五七九下）。

盲は是れに従りて眼を得……目あるものが目無きものを将いるが如し（九8）『法喩』多聞品の第十四偈（五七九下）。

是の故に痴を捨つ可し……是れを徳を積聚すと名づく（九10）『法喩』多聞品の第十五偈（五七九下）。

篤信品（九12）　この品はUvのŚraddhā-varga（信品）とほぼ順序通りに対応している。ただ最後の四偈だけはUvにもDhpにも対応しないから、おそらく所属部派不明の『法句経』に由来するのであろう。水野［一九八一］三一〇頁を参照。

信・慚・戒・意財……是の如くして天世に昇る（九14）『出曜』信品の第一偈（六七二上）。『法集』正信品の第一偈（七八二上）は多少異なる。すなわち、

信慚戒布施　上士誉此法
斯道明智説　得生於天界

その他『瑜伽』巻十九（三八一下）参照。またUvには以下のようにある。

śraddhātha hriśīlam athāpi dānaṃ
dharmā ime satpuruṣapraśastāḥ /
etaṃ hi mārgaṃ divyaṃ vadanti
etenāsau gacchati devalokam //(Uv X. 1)

信心・恥・戒・布施、これらの徳は立派な人がほめ讃えるものである。
この道は実に神聖であると人々は言う。これによって彼は神の世界に赴く。
その他『法集』有為品の第二十三偈（七七七中）の第一、二句を参考。

愚かなるは天行を修せず……是れに従りて彼この安に到る（九16）『出曜』信品の第二偈（六七二中）。『法集』正信品の第二偈（七八二上）は多少異なる。すなわち、

愚不修天行　亦不讃布施
正直随喜施　彼得後世楽

また Uv は、

na vai kadaryā devalokaṃ vrajanti
bālā hi te na praśaṃsanti dānam /
śrāddhas tu dānaṃ hy anumodamāno
'py evaṃ hy asau bhavati sukhī paratra //(Uv X. 2)

物惜しみする人は神の世界に赴かない。彼ら愚者たちは布施を讃えない。
しかし信心あり、布施を喜ぶ人は、このようにして来世で幸福となる。

ところで『法句』の第三句の「信施助善者」については、『出曜』も同一であるが、『法集』では「正直随喜施」とある。Uv は「しかし信心あり、布施を喜ぶ人は」とあり、『法句』や『出曜』に近い。一方、Dhp 177c は「賢者は布施を喜び」(dhīro ca dānaṃ anumodamāno）とあり『法集』に近い。これは PDhp 293c も同様である。この偈は、Uv→『法集』、Dhp→『法句』『出曜』という関係と逆になっている。注意を要しよう。Willemen [1978 : 43-44] を参照。

信ずる者は真人の長……智の寿は寿の中の賢なり（一〇一）『出曜』信品の第三偈（六七二中）、『法集』正信品の第三、五偈（七八二上）。また Uv は、

śraddhā hi vittaṃ puruṣasya śreṣṭhaṃ
dharmaḥ sucīrṇaḥ sukham ādadhāti /
satyaṃ hi vai svādutamaṃ rasānāṃ
prajñājīvī jīvināṃ śreṣṭha uktaḥ //(Uv X. 3)

信は実に人の最高の財である。徳をよく実行すれば楽を受ける。
真実は実に諸々の飲料のうちで最も甘いものである。
智で生きる人は生命あるものたちの中で最も優れていると言われている。

その他 Sn 182 を中心とした対応偈については、矢島［一九九七］

三〇頁を参照。

信は能く道を得……到る所に明らかなる有り（一〇3）『法喩』篤信品の第三偈（五八〇上）。『出曜』信品の第四偈（六七三中）は少し異なる。すなわち、

信財乃得道　自致法滅度
善聞従得慧　一切縛得解

その他『法集』正信品の第六偈（七八二上―中）も『出曜』とほぼ同じ。また Uv は、

śraddhādhano hy arhatāṃ dharmaṃ nirvāṇaprāptaye /
śuśrūṣur labhate prajñāṃ tatra tatra vicakṣaṇaḥ //(Uv X. 4)

供養されるべき人たちへの信を財産とし、涅槃を得るための法を聞こうとする、あらゆる点で聡明な人は智慧を得る。

『法集』『出曜』ともに第一句には「信財」とあり、対応する Uv も「信を財産とし」（śraddhā-dhano）とある。一方、対応する Sn 186a は「信心あるもの」（saddahāno）とあり、『法句』の「信能」に近い。また『法句』の第四句「所到有明」は Uv の「あらゆる点で聡明な人は」（tatra tatra vicakṣaṇaḥ）を訳したものか。

信もて能く淵を度し……慧もて彼岸に到る（一〇5）『法喩』篤信品の第一偈（五八〇上）。Uv は、

śraddhayā tarati hy ogham apramādena cārṇavam /
vīryeṇa tyajate duḥkhaṃ prajñayā pariśudhyate //(Uv X. 5)

人は信仰によって激流を渡り、不放逸によって海を〔渡る〕。
精進によって苦を捨て、智慧によって完全に清浄となる。

その他 Sn 184 を中心とした対応偈については、矢島［一九九七］三一頁を参照。

士に信と行有れば……一切の縛解かる（一〇7）『法喩』篤信品の第二偈（五八〇上）。Uv は、

śraddhā dvitīyā puruṣasya bhavati prajñā caināṃ praśāsati/
nirvāṇābhirato bhikṣuś chinatti bhavabandhanam //(Uv X. 6)

信は男性の伴侶である。智慧が彼を教えさとす。
比丘は涅槃を楽しんで、迷いの生存の束縛を断ち切る。

信之戒と……是れに従りて淵を脱る（一〇9）『法喩』篤信品の第四偈（五八〇上）、『出曜』信品の第五偈（六七三下）、『法集』正信品の第七偈（七八二中）。Uv はわずかに対応するに過ぎない。すなわち、

yasya śraddhā ca śīlaṃ caivāhiṃsā saṃyamo damaḥ /

sa vāntadoṣo medhāvī sādhurūpo nirucyate //(Uv X. 7)

信仰と戒と不殺生とつつしみと自制心のある人は、

汚れを取り払った賢者であり、「立派な姿の人」と呼ばれる。

Uv, pāda cd に対応する Dhp 263c に vanta-doso とあり、dosa には「汚れ」と「怒り」の意味がある。『法句』第三句の「度恚」は後者の意味であろう。

信は戒を誠ならしめ……処処に養わる（一〇11）『出曜』信品の第六偈（六七四上）、『法集』正信品の第八偈（七八二中）。また『法句』広衍品の第十三偈（五七〇上）もかなり類似している。すなわち、

有信則戒成　従戒多致宝

亦従得諸偈　在所見供養

一方、Uv は、

śrāddhaḥ śīlena saṃpannas tyāgavāṃ vītamatsaraḥ /

vrajate yatra yatraiva tatra tatraiva pūjyate //(Uv X. 8)

信仰があり、戒が具わっており、ものに執著せず、物惜しみしない人は、

どこへ行こうとも、そこで供養される。

方に世利に比すれば……家産は非常なり（一〇13）『出曜』信品の第七偈（六七六上）。『法集』正信品の第十偈（七八二中）は少し異なる。すなわち、

此方出世利　慧信為智母

是財出世宝　家産則非常

一方、Uv は、

yo jīvaloke labhate śraddhāṃ prajñāṃ ca paṇḍitaḥ /

tad dhi tasya dhanaṃ śreṣṭhaṃ hīnam asyetarad dhanam//

(Uv X. 9)

生き物の世界にあって信仰と智慧を得た賢者、

それが実に彼にとって最上の財である。それ以外のものは劣った財である。

『法句』第一句の「世利」（世俗の利益）は、Uv, pāda a に見られる jīvaloke labhate の labhate（得る）を lābha（利益、得ること）のように名詞的に解したものか。

諸の真を見んと欲し……此れを信と為す（一〇15）『出曜』信品の第八偈（六七六中）。『法集』正信品の第十一偈（七八二中）はかなり分かりやすい。すなわち、

欲見諸真者　楽聴聞法教

能捨慳垢心　此乃為上信

一方、Uv は、

āryāṇāṃ darśanaḥ kāmaḥ saddharmaśravaṇe rataḥ /

vinītamātsaryamalaḥ sa vai śrāddho nirucyate//(Uv X. 10)

聖者たちに会おうと願い、正しい教えを聞くことを喜び、

物惜しみという垢をなくした彼こそ、「信心ある人」と言われる。

darśanaḥ kāmaḥ は「分離複合語」とみなされている。Uv X. 10の校注二を参照。

信は能く河を度り……野は沙門の楽しみなり（一〇17）『出曜』信品の第九偈（六七七上）、『法集』正信品の第十二偈（七八二中）。また Uv は、

śrāddho gṛhṇāti pātheyaṃ puṇyaṃ coraiḥ sudurharam /

coraṃ harantaṃ vārayati harantaḥ śramaṇāḥ priyāḥ /

śramaṇān āgatāṃ dṛṣṭvā abhinandanti paṇḍitāḥ //(Uv X. 11)

信心ある人は旅路の糧を得る。〔それは〕盗賊たちも奪い難い功徳である。

盗賊は奪うことを防がれるが、沙門たちは〔功徳を〕奪っても愛される。

やって来た沙門たちを見て、賢者たちは〔彼らを〕歓迎する。

その他 Uv VI. 4 を参照。また「信能度河」といった信仰心を重視する思想は大乗仏教に顕著に認められる。『智度』巻一（六三上）にも、「仏法大海、信為能入。智為能度」とある。

信無きに習せざれ……泉を掘るに泥を揚ぐ（一〇19）『出曜』信品の第十三偈（六七七下）、『法集』正信品の第十六偈（七八二中）。また Uv は、

vītaśraddhaṃ na seveta hradaṃ yadvad dhi nirjalam /

sa cet khanel labhet tatra vāri kardamagandhikam //(Uv X. 14)

信心のない者とつきあうべきでない。というのも〔彼は〕水のない池のようであるから。

もし掘るならば、そこで泥臭い臭いのある水を得るであろう。

賢夫に〔習し〕智あるに習せよ……思い冷たくして擾れず（一一2）『出曜』信品の第十四偈（六七七下）、『法集』正信品の第十七偈（七八二中）。また Uv は、

śrāddhaṃ prājñaṃ tu seveta hradaṃ yadvaj jalārthikaḥ /

acchodakaṃ viprasannaṃ śītatoyam anāvilam //(Uv X. 15)

しかし信心あり、智慧ある人とつきあうべきである。あたかも水を求める人が湖に行くように。

〔そこには〕透明で清く澄んだ水や、濁っていない冷たい水がある。

信あるは他を染めず……非好は則ち遠ざく（一一4）『出曜』信

品の第十五偈（六七七下）では少し異なる。すなわち、

　信不染他　唯賢与仁
　非好則遠　可好則学

ここで第二句の「唯賢与仁」（唯だ賢と仁のみ）は、頭註でも触れたように『法句』底本では「唯賢与人」となっている。『法集』正信品の第十八偈（七八二中）も『出曜』と同じ。Uv は『法句』の偈の内容に幾分対応する。すなわち、

　nānurakta iti rajyeta hy atra vai dīryate janaḥ /
aprasannāṃ varjayitvā prasannān upasevate //(Uv X. 16)

　好かれているからといって愛情を持つべきではない。というのも人は実にここで引き裂かれてしまうから。
　〔人は〕浄信なき人たちを避けて浄信ある人たちを敬う。

『法句』第一句の「信不染他」について、『出曜』の説明（六七七下）に、「染者、為沈重結使。婬怒痴具足、入骨徹髄」とあり、「唯賢与仁」の説明（六七七下）に、「以得仙道、離世八業。修行清浄、己身無染、復不浄他」とある。これによれば『法句』の第一、二句についても、「信あるもの、すなわち賢者や仁者は他人を染めることがない」という意味にとれよう。

　しかし、もし Uv, pāda b に見られる dīryate janaḥ の dīryate（引き裂かれる）が、dhīryate とあったとすれば、dhīra（賢者）となる可能性も強くなる。こう考えれば『法句』の「唯賢与人」の方が Uv によく対応していることになる。

信も財、戒も財……慧とを七の財と為す（二8）『法喩』篤信品の第五偈（五八〇中）。

信に従い戒を守り……奉敬して忘れず（二10）『法喩』篤信品の第六偈（五八〇中）。この『法喩』を参照すると、『法句』の第三、四句は「慧而履行　奉教不忘」の方が意味上すっきりするように思える。

生まれて此の財有り……賢者は真を識る（二12）『法喩』篤信品の第七偈（五八〇中）。

戒慎品（二14）この品は Uv の Śīla-varga（戒品）とほぼ順序通りに対応している。それ故この品は Uv から訳出されたものと推測される。ただこのうちの二偈だけは不明であるから、おそらく所属部派不明の『法句経』に由来するのであろう。すなわちこの品は Uv を中心として訳出され、それに所属部派不明の『法句経』が加味されたと考えてよかろう。水野［一九八一］三一〇頁を参照。

慧ある人は戒を護り……後に天に上りて楽しむことなり（三1）『出曜』戒品の第一偈（六五四下）。また『法集』持戒品の第一偈（七八〇中）ではより分かりやすい内容に訳している。す

なわち、

智者能護戒　福致三種報
現名聞得利　終後生天上

これによれば『法句』の「三宝」とは仏・法・僧ではなく、名聞・得利・後上天楽という三種類の果報であることが確認される。また Uv でも、

śīlaṃ rakṣeta medhāvī prārthayaṃ vai sukhatrayam /
praśaṃsā vittalābhaṃ ca pretya svarge ca modanam // (Uv VI. 1)

聡明な人は、三つの幸福を望むならば戒を守るべきである。〔その三つとは〕称讃、財の獲得、そして死後天界で楽しむことである。

常に法処を見……輩中の吉祥たらん（三3）　『出曜』戒品の第二偈（六五四下）。また『法集』持戒品の第二偈（七八〇中）では Uv により近い内容に訳している。すなわち、

当見持戒者　護之為明智
得成真正見　彼獲世安静

また Uv は、

sthānāny etāni saṃpaśyaṃ śīlaṃ rakṣeta paṇḍitaḥ /
āryo darśanasaṃpannaḥ sa loke labhate śivam // (Uv VI. 2)

この〔三つの〕ことがらを見て賢者は戒を守るべきである。聖者は正しい見解を具えると、彼はこの世で吉祥を得る。

持戒者は安く……寤めては則ち常に歓ぶ（三5）　『出曜』戒品の第三偈（六五四下）、『法集』持戒品の第三偈（七八〇中）。また Uv は、

sukhaṃ śīlasamādānaṃ kāyo na paridahyate /
sukhaṃ ca rātrau svapati pratibuddhaś ca nandati // (Uv VI. 3)

戒を保つことは楽しい。身体は悩まされない。夜安らかに眠り、目覚めれば喜ぶ。

戒と布施を修し……常に安処に到る（三7）　『出曜』戒品の第六偈（六五五中）。『法集』持戒品の第七偈（七八〇中）はもっと分かりやすい。すなわち、

修戒行布施　作福為良田
従是至彼岸　常到安楽処

一方 Uv は、

kṛtvā puṇyāni saprajño datvā dānāni śīlavān /
iha cātha paratrāsau sukhaṃ samadhigacchati // (Uv VI. 5)

智慧ある人は功徳を積み、布施を行い、戒を保って、
この世でもあの世でも幸せに到る。

何ぞ終わりに善しと為し……何ぞ盗びとも取らざる（三9）『出曜』戒品の第五偈（六五五中）、『法集』持戒品の第五偈（七八〇中）。またSN I. 36では次のようにある。

kiṃsu yāva jarā sādhu kiṃsu sādhu patiṭṭhitam /
kiṃsu narānaṃ ratanaṃ kiṃsu corehi duharan-ti //

一体何が老ゆるまで良く、一体何が安立されるのが良く、
一体何が人々の宝であり、一体何が盗賊たちが奪いがたいものであるのか。

戒は老いに終わるも安く……福は盗びとにも取られず（三11）『出曜』戒品の第四偈（六五五上）、『法集』持戒品の第四、六偈（七八〇中）。またUvは、

śīlaṃ yāvaj jarā sādhu śraddhā sādhu pratiṣṭhitā /
prajñā narāṇāṃ ratnaṃ vai puṇyaṃ coraiḥ sudurharam //
(Uv VI. 4)

老いに至るまで戒〔を保つことは〕良い。信仰が確立されるのは良い。
智慧は実に人々の宝である。福徳は泥棒たちによっても大変奪い難い。

『法句』『出曜』『法集』も第二句は「戒［法］善安止」であり、Uv, pāda b の「信仰」(śraddhā) と対応していない。このUvに対応するのは、SN I. 36と『旧婆沙』巻二十四（一七七上）である。すなわち、

戒終老安　信善安止
慧為人宝　福無能盗

また『雑含』巻三十六（二六五中）も対応する。すなわち、

正戒善至老　浄信善建立
智慧為人宝　功徳賊不奪

これに対して『大毘婆沙』巻四十四（二三〇上）では、この「信」を第三句の「慧」と合わせてしまい、初めの二句は戒のみを説いている。すなわち、

尸羅厳身具　幼壮老咸宜
住信慧為珍　福無能盗者

ところで『出曜』の第二句の説明（六五五上）では、「若有衆生、信向如来、信根成就。信有二業。一無孤疑信。二有根本信。在諸衆中、若沙門梵志婆羅門衆梵衆魔衆。不能使、持戒之人、迴心就悪。為天人所供養」とあるから、「戒」も実質は「信」にもとづくと解釈していた可能性が高い。

比丘は戒に立ち……意を悟まして応ぜしむ（三13）『法喩』戒

慎品の第一偈（五八〇下）、『出曜』戒品の第七偈（六五五中）、『法集』持戒品の第八偈（七八〇下）。また Uv は、

śīle pratiṣṭhito bhikṣur indriyaiś ca susaṃvṛtaḥ /
bhojane cāpi mātrajño yukto jāgarikāsu ca //(Uv VI. 6)

比丘は戒に立脚し、諸々の感覚器官をよく制御し、
食事は適量を知り、目覚めていることに心を向ける。

『法句』第四句の「悟意令応」は、Uv の pāda d の「目覚めていることに心を向ける」(yukto jāgarikāsu ca) に対応する。この jāgarikā に関しては、パーリ語に jāgariyānuyoga（警寤策励、不眠の努力）とあり、Mv III. 145, *l*. 14 に、jāgarikāyogam anuyuktena（不眠の努力につとめ）とある。T. W. Rhys Davids and W. Stede, *The Pali-English Dictionary* (PTS) の jāgariyā の項を参照。ただ『法集』第四句「寤寐意相応」は「寤《き》めても寐《ね》ても、意《こころ》は相応し」と読める。一方『出曜』の説明（六五五下）では、「昼夜警悟、係意在禅。若睡欲至、時当舒一脚、垂於床下。……若復不解、仰観星宿、以寤其志。初夜・中夜・後夜、令無懈怠」とあり、やはり、眠らないように心をくばる意に解している。

戒を以て心を降し……忘るること無く正智あれ（二15）『法喩』戒慎品の第二偈（五八〇下）、『出曜』戒品の第十偈（六五五六中）、『法集』持戒品の第十一偈（七八〇下）。『法句』第二句「守意正定」は、『出曜』では異読（元・明本）として「守護正定」とあり、さらにその説明中にも「守護正定」とある。さらに『法集』でも「守護正定意」とある。それ故「守護正定」の可能性も無視できまい。また Uv も「正定を守護する」の方に近い。すなわち、

tasmāt satataśīlī syāt samādher anurakṣakaḥ /
vipaśyanāyāṃ śikṣec ca saṃprajānapratismṛtaḥ //(Uv VI. 9)

それ故に常に戒を守り、精神統一を守る者であるべきである。
真理を観じることを学び、注意深くして気をつけているべきである。

『法句』第三句の「内学正観」の「正観」は宋・元・明の三本や、『出曜』『法集』では「止観」(BSk. śamatha-vipaśyanā, P. samatha-vipassanā) とあり、この可能性の方が高そうであるが、Uv は「真理を観じることを学び」と「観」のみであるから、底本に従うことにした。

さらに第四句の「無忘正智」は、『法集』では「無忘為正智」とある。「無忘」は Uv の「気をつけている」(pratismṛtaḥ)、「正智」は Uv の「注意深くして」(saṃprajāna-) に対応する。saṃprajāna-pratismṛtaḥ は Sn 413d では sampajāno patissato と

二語に分解している。一方、Mv II. 359. *l*.6 では saṃprajāna-pratismṛto と一語にしている。Uv の校訂者 Bernhard は一語にとるが、Lüders は二語に分ける。中村［一九七八］三二〇頁を参照。

明哲にして戒を守り……自ら清くして苦を除け（三17）『法喩』戒慎品の第三偈（五八〇下）。『出曜』戒品の第九偈（六五六上）は少し異なる。すなわち、

慧者立禁戒　専心習其智
比丘無熱悩　可果尽苦際

『法集』持戒品の第十偈（七八〇下）も『出曜』に同じ。また Uv は、

śīle pratiṣṭhito bhikṣuś cittaṃ prajñāṃ ca bhāvayet /
ātāpī nipako nityaṃ prāpnuyād duḥkhasaṃkṣayam //(Uv VI. 8)

比丘は戒に立脚し、心と智とを修養すべきである。
常に熱心にして慎み深くあれば、苦の滅尽に到るであろう。

このうち bhāvayet は注意すべきである。これは古代東部インド語では bhāvaye であったと推定されるが、それは現在分詞形である。それ故この偈とほぼ対応する SN I. 13 では bhāvayaṃ と現在分詞形となっている。おそらく Uv はこれを願望法（optative）と誤解してしまったのであろう。中村［一九七八］三二〇頁、Lüders［1954 : 160］参照。

一方、『法句』第三句の「行道如応」は、『出曜』や『法集』では「比丘無熱悩」とある。これは Uv の「熱心にして」(ātāpī) を「熱（tāpa）のないこと」と誤解したのであろう。訳としては『法句』の方が良いことになる。

さらに『法句』第四句の「自清」は、『出曜』や『法集』では「可果」とある。これは Uv の「慎み深く」(nipako) を果（vipāka) と誤解したためであろう。全体として『法集』や『出曜』は Uv に沿った訳であるものの誤解が多く、『法句』は Uv と異なる原典からの訳出か、もしくは意訳の可能性が強い。

諸垢を蠲除し……暫くも聖を離るること勿かれ（三19）『出曜』戒品の第十一偈（六五六中）、『法集』持戒品の第十二偈（七八〇下）。また Uv は、

sa tu vikṣīṇasaṃyogaḥ kṣīṇamāno niraupadhiḥ /
kāyasya bhedāt saprajñaḥ saṃkhyāṃ nopaiti nirvṛtaḥ //
(Uv VI. 10)

彼は束縛が消えて、慢心も消え、煩悩の妨げもなく、
身体が壊れても智慧を持ち、平安になって、〔凡夫という〕名称に至らない。

戒・定・慧の解り……禍い無く有を除く（二三2）　『出曜』戒品の第十二偈（六五六下）、『法集』持戒品の第十三偈（七八〇下）。また Uv は、

śīlaṃ samādhiḥ prajñā ca yasya hy ete subhāvitāḥ /
so 'tyantaniṣṭho vimalas tv aśokaḥ kṣīṇasaṃbhavaḥ //（Uv VI. 11）

その人に戒と精神統一と智慧があり、それらをよく修養しておれば、
彼は究極の境地に安住し、汚れなく、憂いなく、生存を消滅させている。

着解かるれば則ち度し……日の如く清明なり（二三4）　『出曜』戒品の第十三偈（六五六下）。また『法集』持戒品の第十四偈（七八〇下）では次のようにある。すなわち、

集白浄解脱　無智皆以尽
超越魔羅界　如日光明照

また Uv は、

saṅgāt pramukto hy asita ājñātāvī niraupadhiḥ /
atikramya māraviṣayam ādityo vā virocate //（Uv VI. 12）

実に執著から解放され、何にも依存せず、完全な智慧あり、煩悩の妨げなく、
悪魔の領域を越え、太陽のように輝く。

『法集』第二句の「無智」は Uv の「完全な智慧あり」(S. ājñātāvī, P. aññātāvin) を誤訳したものか。

狂惑し、自ら恣にして……満を求めて離るること勿かれ（二三6）　『出曜』戒品の第十四偈（六五七上）は第二句が少し異なる。すなわち、

狂惑自恣　比丘外避
戒定慧行　求満勿離

『法集』持戒品の第十五偈（七八〇下）も『出曜』に同じ。一方 Uv は、

uddhatasya pramattasya bhikṣuṇo bahirātmanaḥ /
śīlaṃ samādhiḥ prajñā ca pāripūriṃ na gacchati //（Uv VI. 13）

比丘が心が高ぶり、なまけており、外界に心を向けていると、
戒と精神集中と智慧とは完成しない。

『法句』の第一句「狂惑自恣」のうち「狂惑」は『出曜』の説明（六五七上）に、「愚惑凡夫、所行卒暴。猶如獼猴、捨一取一。心如疾風、馳念万端」とある。これによれば「狂惑」は狂って道理がわからないという意であろう。一方『法集』では「我慢」とある。この「狂惑」と「我慢」との違いについて、Uv では「心が高

ぶり」(uddhatasya)、Thag 634a では「高慢な」(unnaḷassa) とある。Uv の uddhata は、「心がうわついた状態」を意味する BSk. auddhatya, P. uddhacca（掉挙）に通じる。したがって『法句』や『出曜』の「狂惑」は Uv の uddhata の訳、『法集』の「我慢」は Thag の unnaḷa の訳ではないかと考えられる。

一方、「自恣」は S. pramatta, P. pamatta（放逸）の訳語。

次に『法句』第二句「外避」は注意すべきである。『出曜』の説明（六五七上）に、「所謂比丘、不猗豪族、能自制情、閉塞六門、乃謂比丘」とあるから、「外界の対象を避ける」と理解される。一方、Uv は「外界に心を向けている」(bahirātmanaḥ) とあり、対応する Thag 634b にも bāhirāsassa とある。この語は bāhiresu āyatanesu āsāvato kāmesū avītarāgassa と注釈されているから (Thag p. 65)、「外界の対象に執著した」とあり、『法句』の理解と全く逆の意味になる。

持戒清浄にして……邪部を覩ず（一三8）『出曜』戒品の第二十偈（六五八上）とほぼ内容的に同じ。すなわち、

戒具成就　定意度脱
魔迷失道　魔不知道

『法集』持戒品の第二十偈（七八〇下）は『法句』と『出曜』との中間的内容である。

若人能持戒　清浄不放逸
正智得解脱　是名安楽処

一方 Uv は『法句』に一番近い。すなわち、

teṣāṃ viśuddhaśīlānām apramādavihāriṇām /
samyagājñāvimuktānāṃ māro mārgaṃ na vindati //(Uv VI. 19)

清らかな戒を守り、不放逸な生活をし、
正しい智慧をもって解脱した人たちには、悪魔は近づかない。

これは『法句』華香品の第十五偈（五六三中）にも対応する。すなわち、

戒具成就　行無放逸
定意度脱　長離魔道

是れ吉処に往き……諸の魔界を離れん（一三10）『出曜』戒品の第二十一偈（六五八上）とほぼ内容的に同じ。すなわち、

此道為究竟　此道無有上
向得能究原　禅定是縛魔

『法集』持戒品の第二十一偈（七八〇下）とは第一、二句が対応する。すなわち、

此道無有上　消除禅定魔

また Uv は、

eṣa kṣemagamo mārga eṣa mārgo viśuddhaye /
pratipannakāḥ prahāsyanti dhyāyino mārabandhanam //
(Uv VI. 20)

これは安穏に到る道である。これは清浄に向かう道である。
禅定者は〔この道を〕進みながら悪魔の束縛を捨てるであろう。

なお『法句』道行品の第二、三偈（五六九上）も参照。

惟念品（一三12）　この品は Uv の Smṛti-varga（念品）に相当し、漢訳十二偈は Uv にほぼ順序通りに合致している。ただ漢訳最後の三偈は Uv の第二、三、十偈をそれぞれまとめた形になっている。それ故この品は Uv の訳だと言ってよかろう。水野［一九八一］三一〇頁を参照。

出息入息の念を……安きこと仏の所説の如し（一三14）『出曜』惟念品の第一偈（六九八中）、『法集』憶念品の第一偈（七八四中）。また Uv は『法句』第二偈の最初の二句を含む。

ānāpānasmṛtir yasya paripūrṇā subhāvitā /
anupūrvaṃ parijitā yathā buddhena deśitā /
sa imaṃ bhāsate lokam abhramuktaiva candramāḥ //(Uv XV. 1)

仏によって説かれた通りに、出・入息の思念をよく修行して、
完成し、順次に克服すると、
雲から離れた月のように彼はこの世界を照らす。

parijitā は Thag 548c の平行句では paricitā とある。この paricitā は、先の「克服された」(parijitā) の意味のほかに、「集積した、熟知した」の意味もある。『法句』の「通利」は parijitā よりも paricitā の意味に解釈したものであろう。また『法句』の第二句の「具満」は Uv の「完成し」(S.paripūrṇā, P.paripuṇṇā) の訳語、「諦思惟」は Uv の「よく修行して」(S.subhāvitā) の訳語。

是れ則ち世間を炤すこと……坐臥に廃忘せず（一三16）『出曜』惟念品の第二偈（六九八下）、『法集』憶念品の第二偈（七八四中）。また Uv は『法句』第三偈をも含む。

sthitena kāyena tathaiva cetasā
sthito niṣaṇṇo 'py atha vā śayānaḥ /
nityaṃ smṛto bhikṣur adhiṣṭhamāno
labheta pūrvāparato viśeṣam /
labdhvā ca pūrvāparato viśeṣam
adarśanaṃ mṛtyurājasya gacchet //(Uv XV. 2)

身体をまっすぐにし、心も同様にして、立っていても、座っていても、あるいは横になっていても、
常に念じ、確固としている比丘は、過去にも未来にも勝れた境

地を得るであろう。

過去にも未来にも勝れた境地を得ると、死王の目の届かないところへ行くであろう。

比丘是の念を立つれば……逝きて生死を覩ず（一四1）『出曜』惟念品の第三偈（六九八下）、『法集』憶念品の第三偈（七八四中）。Uv の「過去にも未来にも勝れた境地を得るであろう」(labheta pūrvāparato viśeṣam / labdhvā ca pūrvāparato viśeṣam) を、『法句』や『出曜』は「前利後則勝　始得終必勝」、『法集』は「現利未来勝　始得終最勝」と訳している。S. pūrvāparato を前者は「前後」「始めと終わり」の二通りに、後者は「現世と未来世」「始めと終わり」の二通りに解している。

若し身の所住を見んには……便ち自ら泥洹を知らん（一四3）『出曜』惟念品の第四偈（六九八下）、『法集』憶念品の第四偈（七八四中）。また Uv は、

smṛtiḥ kāyagatā nityaṃ saṃvaraś cendriyaiḥ sadā /
samāhitaḥ sa jānīyāt tena nirvāṇam ātmanaḥ //(Uv XV. 3)

身体について常に考え、いつも諸々の感覚器官を慎み、心を集中させている者は、それによって自己の安らぎを知るであろう。

Ud III. 5ab (p. 28) には、sati kāyagatā upaṭṭhitā, chasu phassāyatanesu saṃvuto / とあり、「思いが身体についてあり、〔そこに〕現起しており、六触処を制御する」という意味になる。Uv も「諸々の感覚器官」(ca＋indriyaiḥ) とあるから、『法句』の「六更」は『出曜』の説明（六九九上）での「六情」、すなわち六根と同じであり、「六触」とも訳されるものであろう。『法句』『出曜』『法集』のすべてに見られる「六」の数が、Uv になく、Ud にあるということは、Uv を原本としながらも Ud を参考にして訳出した可能性が高いことを物語っていよう。また chasu phassāyatanesu saṃvuto の、saṃvuto が複数処格 (locative) をとることについては Lüders [1954 : 156] を参照。

已に是の諸の念有らば……是の如く愛労を度せん（一四5）『出曜』惟念品の第五—六偈第一、二句（六九九上）、『法集』憶念品の第五—六偈第一、二句（七八四中）。また Uv は、

yasya syāt sarvataḥ smṛtiḥ
satataṃ kāyagatā hy upasthitā /
no ca syān no ca me syān
na bhaviṣyati na ca me bhaviṣyati /
anupūrvavihāravān asau
kālenottarate viṣaktikām //(Uv XV. 4)

もしその人にとって身体についての考えが常にあらゆる場合に現起していれば、
〔我という迷いは〕ないであろう。我のものという〔迷いも〕存在しないであろう。〔我という迷いは〕将来もないであろうし、我のものという〔迷いも〕将来もないであろう。
彼は〔様々な念に〕順次に住するから、やがて執著〔の流れ〕を超えるであろう。

この和訳は中村［一九七八］を参考にした。この偈は Ud VII. 8 (p. 78) にも認められる。

yassa siyā sabbadā sati satataṃ kāyagatā upaṭṭhitā /
no c' assa no ca me siyā na bhavissati na ca me bhavissati/
anupubbavihārī tattha so kālen' eva tare vissatikan ti //
(Ud VII. 8)

この感興の偈を世尊が説いたのは、Mahākaccāna 尊者がほど近い場所で結跏趺坐し、姿勢をまっすぐにして、思いを身体に集中させ、現前した自己自身によく止住させている (kāya-gatāya satiyā ajjhattaṃ parimukhaṃ supatiṭṭhitāya) のを見たからだとある (p. 77)。これによれば「思い」(sati) は「身体にあり」(kāya-gatā)、「内なる自己に止住している」(ajjhattaṃ parimukhaṃ supatiṭṭhitā) となる。それ故 Ud の pāda c・d の no c' assa, na bhavissati の意味上の主語は「内なる自己＝我《が》」、no ca me siyā, na ca me bhavissati の意味上の主語は「身体＝我所《がしょ》」ということになろう。

Ud の注釈書 UdA (p. 376) では Ud の pāda c・d を二通りに解釈する。第一の解釈では、no c' assa は「過去の私の煩悩の業」(atīta-kāle mama kilesa-kammaṃ) を主語とし、na ca me siyā は「現在のこの自己という存在」(imasmiṃ paccuppanna-kāle ayaṃ attabhāvo) を主語とする。na bhavissati は「将来の煩悩の業」を主語に、na ca me bhavissati は「将来の私の果報の輪転」(me āyatiṃ vipāka-vaṭṭaṃ) を主語とする。第二の解釈では、no c' assa は「我と呼ばれる五蘊から離れたある存在」(ayaṃ attā nāma [n' āpi] khandha-pañcaka-vinimutto koci) を主語とし、no ca me siyā は「私の所有するものという名のあるもの」(mama santakaṃ nāma kiñci) を主語とする。na bhavissati とは「現在も過去も我所はない」(etarahi ca atīte ca attaniyaṃ suññaṃ) のことであり、na me bhavissati とは「未来にあっても〔五〕蘊から離れた我と呼ばれる、とある存在は私には生じないであろう」(anāgate pi khandha-nimmutto attā nāma koci na me bhavissati, na pavattissati) のことであるとする。

一方、『出曜』(六九九上) は、第一、二句の「以有是諸念　自

身常建行」を「如彼執行之人。昼夜精勤、意不迷誤。進前求道、如遭劫焼、救護頭燃。初中竟夜、亦不廃忘」と説明するから「自身にてよく修行する」意に解釈していることになる。反対に第三、四句の「若其不如是　終不得意行」の「生死長遠、亦無端緒。解知泥洹、已離三界、過去未来現在」という説明は少し理解しがたい。「其れ」は輪廻を指し、「不如是」は涅槃を指し、「終不得意行」は三界・三時から離れることを指していると考えるならば、この第四句は「終に意《こころ》の行《すす》むを得じ」すなわち「煩悩の働きがない」と解釈されよう。ともかく Uv や Ud の pāda c・d は訳しにくく、「若其不如是」と意訳したものと推察される。

『法句』の第五、六句は『出曜』と『法集』では独立して第六偈となっている。すなわち、

是随本行者　如是度愛労
若能寤意念　解脱一心楽

また、この第三、四句はそれぞれ第七偈の第一、二句として重複して現われる。

若し能く意を悟り……是れ老死と悩を度さん（一四8）『出曜』惟念品の第七偈（六九九上）は少し異なる。すなわち、

若能寤意念　解脱一心楽
応時等行法　是度老死地

『法集』憶念品の第七偈（七八四中）も『出曜』に同じ。また Uv では、

yo jāgaret smṛtimāṃ saṃprajānaḥ
samāhito mudito viprasannaḥ /
kālena dharmāṃ mīmāṃsamānaḥ
so 'tikramej jātijarāṃ saśokām //(Uv XV. 5)

目覚めていて、思いを持ち、正気でいて、心を集中させ、喜び、心が澄んでおり、
適当な時に法を熟考する者は、老死と憂いとを超えるであろう。

対応する Itv 47.2 (p. 42) は次のようにある。

yo jāgaro ca satimā sampajāno
samāhito mudito vippasanno ca /
kālena so sammā dhammaṃ parivīmaṃsamāno
ekodibhūto vihane tamaṃ so //

目覚めていて、思いを持ち、正気でいて、心を集中させ、喜び、心が澄んでおり、
適当な時に正しく法を熟考する者は、心を専一させて、闇愚を打ち破るであろう。

内容的には先の Uv と同一であるが、ここで注目すべき点がある。pāda c の「正しく」(P.sammā, S.samyak) は『法句』第

三句の「等しく」（S.,P.sama）との関連性を想起させる。ガンダーラ語では P. sammā は same となり、P. sama はそのまま sama である。ガンダーラ語を経由すれば、「正しく」と「等しく」とは混同しやすいと言えよう。

比丘は意を悟り……為に能く苦際を作さん（一四10）『出曜』惟念品の第八偈（六九九下）、『法集』憶念品の第八偈（七八四中）。また Uv では、

tasmāt sadā jāgarikāṃ bhajeta
yo vīryavāṃ smṛtimān apramattaḥ /
saṃyojanaṃ jātijarāṃ ca hitvā
ihaiva duḥkhasya karoti so 'ntam //(Uv XV. 6)

それ故に常に目覚めているべきである。勇気あり、思いを持ち、
怠ることのない者は、
束縛と生死を捨てて、まさにこの世にあって苦の終わりをなす。

『法句』第三句「諸念生死棄」の「念」は宋・元・明三本では「欲」に作る。『法集』第三句は「生死煩悩断」とあり、『出曜』第三句は「都合生死棄」とあり、Uv は「束縛と生死を捨てて」とあるから、『法句』も「念」より「欲」に作るのがよいと思われる。本書の本文もそのように改める。

常に当に微妙を聴き……終始会する所無けん（一四12） この第四句の「所会」の意味は不明。『出曜』惟念品の第九偈（七〇〇中）では「所畏」とあり、『法集』憶念品の第九偈（七八四下）では「怖畏」とある。ここは「畏れ」の意に理解した方が文意がすっきりする。また Uv は、

jāgarantaḥ śṛṇudhvaṃ me suptāś ca pratibudhyata /
supteṣu jāgaraṃ śreyā na hi jāgarato bhayam //(Uv XV. 7)

目覚めている者たちは私〔の言葉〕を聞きなさい。眠っている者たちは目覚めなさい。
眠っている者たちより目覚めている方が優れている。というのも目覚めている者には恐れがないからである。

Uv の supteṣu は、対応する Itv 47.1 (p. 41) では suttā と奪格 (ablative) となっている。

覚むるを以て意能く応じ……諸漏をして尽くることを得しむ（一四14）『出曜』惟念品の第十偈（七〇〇下）、『法集』憶念品の第十偈（七八四下）。その他『法句』忿怒品の第七偈（五六八上）も同様な意味である。すなわち、

意常覚寤　明慕勤学
漏尽意解　可致泥洹

その他『法集』持戒品の第八偈（七八〇下）を参照。また Uv は、

jāgaryam anuyuktānām ahorātrānuśikṣiṇām /
amṛtaṃ cādhimuktānām astaṃ gacchanti āsravāḥ //(Uv XV. 8)

目覚めていることを心がけており、日夜つとめ学び、
甘露を信解する者たちの煩悩はなくなる。

本偈は忿怒品の偈と異なる点がある。前者の第一句は「以覚意能応」とあるのに対し、後者は「意常覚寤」とある。さらに前者の第三句は「当解甘露要」とあるのに対し、それに対応するはずの後者の第四句は「可致泥洹」とある。Uv の pāda a は「目覚めていることを心がけており」(jāgaryam anuyuktānām)、pāda c は「甘露を信解する」(amṛtaṃ cādhimuktānām) とあり、惟念品に近い。一方、対応する Dhp 226 の pāda a は「常に目覚めており」(sadā jāgaramānānaṃ)、pāda c は「涅槃を信解し」(nibbānaṃ adhimuttānaṃ) とあり、後者の忿怒品に近い。PDhp 269 の pāda a は jāgarikām anuyuttānāṃ、pāda c は nibbāṇe adhimutānāṃ と両者の中間的形である。それ故、本偈は Dhp ではなく Uv の内容に沿って訳されていると言えよう。

夫れ人善利を得んとせば……常に仏法衆を念ずべし (一四16)
『法喩』惟念品の第一偈（五八一上）。また『出曜』惟念品の第十一―十三偈（七〇一上―中）では、『法句』の一偈が次のように三偈に分かれている。

夫人得善利　乃来自帰仏
是故当昼夜　一心当念仏　（第十一偈）
夫人得善利　乃来自帰法
是故当昼夜　一心当念法　（第十二偈）
夫人得善利　乃来自帰衆
是故当昼夜　一心念於衆　（第十三偈）

『法集』憶念品の第十一―十三偈（七八四下）も同様である。その他『法句』広衍品の第八偈（五六九下）を参照。また Uv でも三偈になっている。

lābhas teṣāṃ manuṣyāṇāṃ ye buddhaṃ śaraṇaṃ gatāḥ /
yeṣāṃ divā ca rātrau ca nityaṃ buddhagatā smṛtiḥ //(9)
lābhas teṣāṃ manuṣyāṇāṃ ye dharmaṃ śaraṇaṃ gatāḥ /
yeṣāṃ divā ca rātrau ca nityaṃ dharmagatā smṛtiḥ //(10)
lābhas teṣāṃ manuṣyāṇāṃ ye saṃghaṃ śaraṇaṃ gatāḥ /
yeṣāṃ divā ca rātrau ca nityaṃ saṃghagatā smṛtiḥ //(Uv XV. 11)

仏陀に帰依する人たちには利益がある。
というのも昼夜彼らはいつも仏陀を念じているので。(9)

残りの二偈は「仏陀」がそれぞれ「法」、「サンガ」と代わる。こ

のように『法句』は元来三偈であったものを、漢訳に際し一偈にまとめたものと考えられる。

己れを知り自ら意を覚ます……仏と法と及び僧とを念ずべし（一四18）　『法喩』惟念品の第二偈（五八一上）。ここも『出曜』惟念品の第十四—十六偈（七〇一中—下）、『法集』憶念品の第十四—十六偈（七八四下）は三偈である。また Uv でも、

suprabuddhaṃ prabudhyante ime gautamaśrāvakāḥ /
yeṣāṃ divā ca rātrau ca nityaṃ buddhagatā smṛtiḥ //(12)
suprabuddhaṃ prabudhyante ime gautamaśrāvakāḥ /
yeṣāṃ divā ca rātrau ca nityaṃ dharmagatā smṛtiḥ //(13)
suprabuddhaṃ prabudhyante ime gautamaśrāvakāḥ /
yeṣāṃ divā ca rātrau ca nityaṃ saṃghagatā smṛtiḥ //
(Uv XV. 14)

これらガウタマの弟子たちは、よく覚醒していると言われている。

というのも彼らは、昼夜いつも仏陀を念じているので。(12)

残りの二偈は最後の句の「仏陀」がそれぞれ、「法」、「サンガ」と代わる。

Uv の「よく覚醒している」というのは、同族目的語をとった suprabuddhaṃ prabuddhyante であり、対応する Dhp 296-298 の pāda a も suppabuddhaṃ pabujjhanti である。対応する『法句』広衍品の第八偈（五六九下）の第二句は「常寤、自覚」とある。おそらく本偈の第一句の「己知」は「よく目覚めた」(suprabuddhaṃ) を、「自覚意」は「覚醒している」(prabuddhyante) を訳したものであろう。『法集』第一句の「善知」は「己知」に、「自覚者」は「自覚意」に、『出曜』第一句の「善覚」や「能知」は「己知」に相当しよう。また「己ヲ知リ」と「善ク覚メ」の違いは、suprabuddhaṃ の su- (よく) を sva- (自身の、P. sa-) と混同したためであろう。

身を念じ非常を念じ……昼夜に当に是れを念ずべし（一五1）　『法喩』惟念品の第三偈（五八一上）。『出曜』惟念品の第十七偈（七〇一下）では第三句が「念天安般死」と異なっている。また『法集』憶念品の第十七—二十九偈（七八四下—七八五上）には、それぞれ戒・施・天・身・静慮・不殺・不盗・空・無相・無願・出世・意楽・円寂の語句が出る。Uv はほぼ『法集』に対応する。すなわち、

suprabuddhaṃ prabudhyante ime gautamaśrāvakāḥ /
yeṣāṃ divā ca rātrau ca nityaṃ śīlagatā smṛtiḥ //(Uv XV. 16)

ガウタマの弟子たちはよく覚醒していると言われる。

というのも彼らは日夜、常に戒を考えているので。

この中の「戒」の代わりに、Uv の第十五偈では「身」(kāya)、同A偈では「三昧」(samādhi)、第十六A偈では「捨施」(tyāga)、同B偈では「神」(deva)、第十七—二十六偈では「不殺生」(ahiṃsā)、「不殺」(avyāpāda)、「出離」(naiṣkramya)、「静慮」(dhyāna)、「遠離」(viveka)、「空」(śūnyatā)、「無相」(animitta)、「無所有」(ākiñcanya)、「実修」(bhāvanā)、「涅槃」(nirvāṇa)となっている。

慈仁品（一五3）　この品に対応するものは、パーリ本、サンスクリット本にも見当たらない。品名からすると Suttanipāta（経集）の Metta-sutta（慈経）に対応するようにも考えられるが、実際には両者は無関係である。ただ直接対応はしないまでも、近い内容のものがパーリ本、サンスクリット本に見られる箇所では、それらを指摘する。水野［一九八一］三一一頁を参照。品題では、この品は十八偈とあるが、『法喩』を対照し、十九偈とする。

仁を為して殺さず……適く所患い無し（一五5）　『法喩』慈仁品の第一偈（五八一中）。『出曜』学品の第七偈（六六一中）、『法集』善行品の第七偈（七八一上）。これはまた『法句』忿怒品の第六偈（五六八上）とほぼ同一の内容である。すなわち、

常自摂身　慈心不殺
是生天上　到彼無憂

これに対応する Uv は、

ahiṃsakā vai munayo nityaṃ kāyena saṃvṛtāḥ /
te yānti hy acyutaṃ sthānaṃ yatra gatvā na śocati // (Uv VII. 7)

殺生をせず、常に身体を慎んでいる聖者たち、
彼らは不死の境地に赴く。そこに行けば憂うることはない。

『法句』第一句「為仁」は『出曜』や『法集』では「慈仁」とあり、Uv や Dhp 225 では「聖者たち」(munayo) とある。釈尊は「能仁」(Śākya-muni) と訳されることがあり、「仁」は muni に対応する。それ故「為仁」も聖者を表わしている可能性が高い。ただし『出曜』の説明（六六一中）は「所謂仁者、得履賢聖善法」とするから、聖者の教えを実践することと理解していたようである。

殺さずして仁を為し……適く所患い無し（一五7）　『法喩』慈仁品の第二偈（五八一中）。『出曜』学品の第八—九偈（六六二上）の二偈をまとめたものと推察される。すなわち、

不殺為仁　常能慎言
是処不死　所適無患　（第八偈）
不殺為仁　常能慎意
是処不死　所適無患　（第九偈）

一方『法集』善行品の第八偈（七八一上）は「言を慎む」というだけで、「心を守る」はない。また Uv は『出曜』に対応する。

ahiṃsakā vai munayo nityaṃ vācā susaṃvṛtāḥ /
te yānti hy acyutaṃ sthānaṃ yatra gatvā na śocati //(8)
ahiṃsakā vai munayo manasā nityasaṃvṛtāḥ /
te yānti hy acyutaṃ sthānaṃ yatra gatvā na śocati //(Uv VII. 9)

殺生をせず、常に言葉をよく慎んでいる聖者たち、
彼らは不死の境地に赴く。そこに行けば憂うることはない。
殺生をせず、心を常に慎んでいる聖者たち、
彼らは不死の境地に赴く。そこに行けば憂うることはない。

彼の乱れ已に整わば……是れを梵行と為す（一五9）『法句』梵志品の第十七偈（五七二下）を参照。すなわち、

見罵見撃　黙受不怒
有忍辱力　是謂梵志

至誠にして安く除まり……是れを梵行と謂う（一五11）Uv XXXIII. 17, Dhp 408 を参照。

垂拱して為すこと無く……是れ応に梵行たるべし（一五13）『法喩』慈仁品の第三偈（五八一中）。ただし第四句は「是応梵天」とある。『法句』梵志品の第二十三偈（五七二下）を参照。

常に慈哀を以て……是れ生死を度るなり（一五15）『法喩』慈仁品の第四偈（五八一中）。Uv XXXII. 21, Dhp 368 を参照。ただしこれらは『法句』沙門品の第七偈（五七二上）の方に近い。

仁の寿は犯さるる無く……慧は嘿するを以て安し（一六2）『法句』忿怒品の第二十五偈（五六八中）を参照。すなわち、

苦智勝愚　麁言悪説
欲常勝者　於言宜黙

仁を履み慈を行じ……福は常に身に随う（一六14）『法喩』慈仁品の第五偈（五八一下）。

臥すること安らかに……毒われず兵たれず（一六16）『法喩』慈仁品の第六偈（五八一下）。

水と火喪わせず……是れを十一と為す（一六18）『法喩』慈仁品の第七偈（五八一下）。

仮令い寿命を尽くして……一慈を行うに如かず（一七5）『法喩』慈仁品の第八偈（五八二上）では少し異なる。

若人寿百歳　勤事天下神
象馬用祭祀　不如行一慈

この読みに従い、底本の「懃」を宋・元・明三本の「勤」に、「人」を元・明本の「神」に改めた。その他『雑含』巻四十六（三三八中）を参照。またUvにも類似した内容が認められる。すなわち、

māse māse sahasreṇa yo yajeta samāśatam /
na taṃ maitrasya cittasya kalām arghati ṣoḍaśīm //(Uv XXIV. 25)

百年のあいだ、毎月一千回祭祀をしても、
その（功徳）慈悲の心の十六分の一にも及ばない。

pāda c の taṃ は tad に代わることが Middle Indic ではしばしば見られる。F. Edgerton, *Buddhist Hybrid Sanskrit Grammar*, Delhi, (1953) 1972, § 21.11.

言語品（一七7）　この品は初めの二偈を除いて後の十偈は Uv の Vāca-varga（言語品）にほぼ順序通りに対応する。また Sn にも対応する偈が多い。漢訳の最初の二偈の対応箇所は Dhp にも見いだせないから、おそらく所属部派不明の『法句経』から訳出されたのであろう。水野［一九八一］三一〇頁を参照。

悪言し罵詈し……疾怨滋こに生ず（一七9）『法喩』言語品の第一偈（五八二中）。

遜言し順辞し……疾怨自ずから滅ぶ（一七11）『法喩』言語品の第二偈（五八二中）。

夫れ士の生まるるや……其の悪言に由る（一七13）『法喩』言語品の第三偈（五八二中）、『出曜』誹謗品の第二偈（六六四上）、『法集』語言品の第二偈（七八一中）。その他 Uv は、

puruṣasya hi jātasya kuṭhārī jāyate mukhe /
yayā chinatti hātmānaṃ vācā durbhāṣitaṃ vadan //(Uv VIII. 2)

人は実に生まれると口の中に斧が生じ、
その言葉によって悪口を言っては自分自身を切る。

その他 Matsumura [1989 : 83] の第四十二偈にも対応する。その他、矢島［一九九七］六四頁を参照。

諍いて少利を為すは……意をして悪に向かわしむ（一七15）『出曜』誹謗品の第四偈（六六五中）、『法集』語言品の第五偈（七八一中）。その他 Uv は、

alpamātro hy ayaṃ kalir
ya ihākṣeṇa dhanaṃ parājayet /
ayaṃ atra mahattaraḥ kalir
yaḥ sugateṣu manaḥ pradūṣayet //(Uv VIII. 4)

この世でさいころ賭博で財産を失っても、その不運はごくわずかである。
この世で聖者たちに対して悪意をいだく人の不運はより大きい。

kali はさいころの目で、この目が出ると負ける。『法句』はこの kali を争いの意にとったのであろう、「諍い」とある。Uv や Sn 659 を正確に訳としているのは『雑含』巻四十四（三二四上）であ

る。すなわち、

博弈酒喪財　其過失甚少
悪心向善逝　是則為大過

また『別雑』巻五（四一一下）ではkaliを「迦梨」と音写している。すなわち、

迦梨偽謗　於仏賢聖
迦梨為重　百千地獄

その他の対応偈については矢島［一九九七］六五頁を参照。さらにMatsumura［1989:84］の第四十四偈にも対応する。

悪を誉め……是れ後に皆な安きこと無し（一七17）『出曜』誹謗品の第三偈（六六五上）、『法集』語言品の第四偈（七八一中）。その他Uvは、

yo nindiyāṃ praśaṃsati
tāṃ api nindati ye praśaṃsiyāḥ /
sa cinoti mukhena taṃ kaliṃ
kalinā tena sukhaṃ na vindati //(Uv VIII. 3)

そしるべき人たちを誉め、誉めるべき人たちをそしる人、
彼は口によって非運を重ね、その非運によって幸福を得ない。

『別雑』巻十四（四七〇中）ではkaliを「綺語」（十悪の一つで、いつわりかざった言葉）と意訳している。すなわち、

応讃而毀　応毀而讃
口出綺語　後受苦殃

その他Sn 658等の対応偈については矢島［一九九七］六五頁を参照。さらにMatsumura［1989:84］の第四十三偈にも対応する。

道無ければ悪道に堕し……諦を念ずれば則ち犯すこと無し（一八2）『出曜』誹謗品の第六偈（六六五下）、『法集』語言品の第七偈（七八一中）。その他Uvは、

asatāṃ hi vadanti pāpacittā
narakaṃ vardhayate vadhāya nityam /
anavadyabalas titikṣate
tāṃ manaso hy āvilatāṃ vivarjayitvā //(Uv VIII. 6)

悪い心の人たちはありもしないことを語り、地獄を増大させて常に傷つける。
欠点なき力のある人は心の混濁を取り除いて、何でも耐えようとする。

Matsumura［1989:84］の第四十六偈にも対応する。

善に従いて解脱を得……是れを悪悩を脱すと為す（一八4）『出曜』誹謗品の第九偈（六六六下）、『法集』語言品の第十一偈（七八一中）。その他Uvは、

kalyāṇikāṃ vimuñceta naiva muñceta pāpikām /

muktā kalyāṇikī śreyo muktā tapati pāpikā //(Uv VIII. 8)

善い〔言葉を〕口に出すべきである。悪い〔言葉を〕口に出すべきでない。

善い〔言葉は〕口に出した方が良い。悪い〔言葉は〕口に出すと〔その人を〕悩ます。

Uv の「口に出す」(vimuñceta, muñceta, muktā) は『法句』では「解脱」もしくは「解」とある。これは解脱を意味する mokṣa の動詞 √muc の活用形をすべて自動的に解脱と訳したためであろう。その他 Matsumura [1989 : 85] の第五十偈にも対応する。

解して自ら損意を抱き……是の言は柔軟にして甘し（二八6）

『出曜』誹謗品の第十偈（六六六下）、『法集』語言品の第十二偈（七八一中）。その他『法句』沙門品の第三偈（五七二上）にも近い表現がある。

学当守口　寡言安徐

法義為定　言必柔軟

また Uv は、

mukhena saṃyato bhikṣur mandabhāṣī hy anuddhataḥ /
arthaṃ dharmaṃ ca deśayati madhuraṃ tasya bhāṣitam //
(Uv VIII. 10)

口を慎み、ゆっくりと語り、心が浮わつかないで、事がらの意味と真理とを説く修行僧、彼の説くところは甘美である。

ここで Uv の manda-bhāṣī は「ゆっくりと語る」という意味であるが、対応する Dhp 363b では manta-bhāṇī（マントラを語る）となっている。その意味では底本の「得中」よりも、『出曜』や『法集』の「得忠」の訳の方が「誠実に語る」という意味あいを持ち、適当であるようにも考えられる。中村［一九七八］三二二頁、Brough [1962 : 249] を参照。ただし『出曜』の説明（六六六下）では、「少言多中、不離仏語。世俗煩鬧、意恒遠離」とし、「少なく言えども多く中《あ》たり」とある。また「少言」が Uv の manda-bhāṣī に相当することは、Uv XI. 6 の manda-buddhinā が『出曜』沙門品の第六偈や『法集』沙門品の第六偈の「少智」や「少智慧」に相当していることから確認される。そうすれば『法句』の第二句は「中」をそのままにして「不躁にして言は中《あ》たるを得《え》」と読んでもおかしくはない。

次に『法句』第一句の「抱」は、宋・元・明三本や聖本は「挹」に作る。それに従えば「解して自ら意を挹損《ゆうそん》し」と読め、「挹損」は「自分の心をおさえてへりくだる」という意であり、Uv の「口をつつしみ」(mukhena saṃyato) や Dhp の mukha-saññato により対応した意になるのかもしれない。『出曜』や『法集』も「挹」

に作るが、本書の本文は底本のままに読んでおく。

次に同じく第一句の「解」も問題であろう。『出曜』や『法集』は「比丘（苾芻）」とあり、UvやDhp, GDhp 54は「比丘は口をつつしみ」とあるから、『法句』だけ特別なように思われる。これは恐らく「口を」に相当するS.,P.mukha, G.muhaを、「解脱した」を意味するS. mukta, P. mutta, G.mutaと混同したためではなかろうか。

その他『法句』沙門品第三偈（五七二上）を参照。

是こを以て語を言う者は……是れは能く善く言うを為す（一六8）『出曜』誹謗品の第十二偈（六六七上）、『法集』語言品の第十四偈（七八一下）。その他Uvは、

tām eva vācaṃ bhāṣeta yayātmānaṃ na tāpayet /
parāṃś ca na vihiṃseta sā hi vāk sādhu bhāṣitā //(Uv VIII. 12)

自己を苦しめず、他人を傷つけないような言葉だけを語るべきである。これが実に善く説かれた言葉である。

言を意の可しきに投ぜしめ……言衆を出すも悉く可しきなり（一六10）『出曜』誹謗品の第十三偈（六六七中）、『法集』語言品の第十五偈（七八一下）。その他Uvは、

priyodyam eva bhāṣeta yā hi vācābhinanditā /
nādadāti yayā pāpaṃ bhāṣamāṇaḥ sadā priyam //(Uv VIII. 13)

好ましい言葉だけを語るべきである。その言葉は〔人々に〕喜ばれる。

常に好ましい言葉を語っている人はその〔言葉に〕よって悪を受けない。

至誠にして甘露なる説は……是れを道に近づき立つと為す（一六12）第四句の「是為近道立」は、『出曜』誹謗品の第十四偈（六六七中）では「是為立道根」、『法集』語言品の第十六偈（七八一下）では「是為立道本」とあり、この方が意味を取りやすい。一方Uvは、

satyā syād amṛtā vācā satyavācā hy anuttarā /
satyam arthe ca dharme ca vācam āhuḥ pratiṣṭhitām //
(Uv VIII. 14)

真実〔の言葉〕は不滅の言葉であるはずである。実に真実の言葉が最上である。

彼らは真実、つまり事がらの意味と真理に立脚した言葉を語る。

対応するSn 453は次のようにある。

saccaṃ ve amatā vācā esa dhammo sanantano /
sacce atthe ca dhamme ca āhu santo patiṭṭhitā /(Sn 453)

真実［の言葉］は実に不滅の言葉である。これは永遠の法である。

立派な人々は真実と事がらの意味と真理に立脚していると［人々は］言う。

Uv pāda b は「実に真実の言葉が最上である」(satyavācā hy anuttarā) とあり、Sn や Thag 1229, SN I. 189 の「これは永遠の法である」(esa dhammo sanantano) と大きく異なる。『出曜』や『法集』は「説法無有上」と訳し、『雑含』巻四十五（三三二上）は「諦説知無上」、『別雑』巻十三（四六二下）は「実語甘露最無上」、『四分』巻五十二（九五二中）は「実語為最上」とある。これによれば『雑含』と『四分』の第二句が Uv に一番近く、『法集』や『出曜』の「説法無有上」は、Uv にも Sn にも完全な一致をみない。おそらく Sn の esa dhammo sanantano に近い、esa dhammo anuttaro が原文であった可能性が高い。ただ『法句』には「如法而無過」とあるから、その「無過」に相当する原語は不明である。

次に Uv の pāda c は「真実を」(satyam) となっているが、Thag や Sn では、「真実・意味・真理」(sacce atthe ca dhamme ca) とあり、これに一番近いのは『雑含』の「諦・義説・法説」である。『法句』は「諦如義如法」、『法集』や『出曜』は「諦説義如法」、『四分』には「真実如仏法」とあるのは、どちらかといえば Uv の satyam に近いのかもしれない。

最後に Uv の pāda d「立脚した言葉を語る」(vācam āhuḥ pratiṣṭhitām) は、Sn では「立派な人々は立脚していると〔人々は〕言う」(āhu santo patiṭṭhitā) とある。この「立派な人々」(santo) に忠実な訳は、『雑含』の「正士建立処」、『別雑』の「安立実説善丈夫」である。一方『法句』の「是為近道立」、『出曜』の「是為立道根」、『法集』の「是為立道本」には、いずれも「道」の語がある。これは santo をこのように訳したためではなかろうか。『四分』は「便住於涅槃」としている。

説の仏言の如きは……是れを言中の上と謂う（一八14）『出曜』誹謗品の第十五偈（六六七下）、『法集』語言品の第十七偈（七八一下）。一方 Uv は、

yāṃ buddho bhāṣate vācaṃ kṣemāṃ nirvāṇaprāptaye /
duḥkhasyāntakriyāyuktāṃ sā hi vāk sādhu bhāṣitā //(Uv VIII. 15)

安らぎに到達する為に、苦しみを終わらせる為に用いられる、
仏が説かれる安寧の言葉は、実に善く説かれた言葉である。

Uv の pāda c に対応する Sn 454c, Thag 1230c, SN I. 189 では「苦の滅をなす為に」(dukkhass' anta-kiriyāya) とある。この

「為……作」の形は『法句』第三句に近い。『出曜』や『法集』第三句の「為能断苦際」は、Bernhard が提示した Uv の異読、DF 26 の (duḥkhasyānta) prahāṇāya の「(苦の終わりを) 断つために」に近い。

次に Uv の pāda d に対応する Sn 454d, Thag 1230d では「実にこれが言葉のうちの最上である」(sa(sā) ve vācānam uttamā) とあり、この方が『法句』『出曜』『法集』第四句の「是謂言中上」に近い。また Uv の異読、DF 26 の [s] (ā) [v] (ai) vācā anuttarā も対応する。一方 Uv の pāda d に近い訳は、『雑含』巻四十五 (三三二上) であろう。すなわち、

如仏所説法　安隠涅槃道
滅除一切苦　是名善説法

その他『別雑』巻十三 (四六二下) も『雑含』に同じ、『四分』巻五十二 (九五二中) もほぼ同様である。Willemen [1978: 38, n. 17] を参照。DF 26 については Bernhard [1965: 47] を参照。

双要品 (一六16)　漢訳の二十二偈中、第十五、十六偈を除いた二十偈は Dhp の Yamaka-vagga (双要品) と順序通り対応している。一方 Uv にも対応偈があるものの、Yuga-varga にまとまっておらず、他品にまたがっている。さらに第十五、十六偈は Uv にもあまりぴったりとは対応しない。この二偈は所属部派不明の『法句経』から訳出されたものと推察される。水野 [一九八一] 三〇二頁を参照。

心を法の本と為す……車、轍を轢むがごとし (一九1)　『法喩』双要品の第一偈 (五八三上)、『出曜』心意品の第十三偈 (七六〇上)、『法集』護心品の第十三偈 (七九五下)。また Dhp は、

manopubbaṅgamā dhammā manoseṭṭhā manomayā /
manasā ce paduṭṭhena bhāsati vā karoti vā /
tato naṃ dukkham anveti cakkaṃ va vahato padaṃ //
(Dhp 1)

ものごとは、心を先とし、心を主とし、心より成る。
もしも、汚れた心で話したり、行ったりすれば、
苦しみがそのものに付きまとう。ちょうど〔車を〕引く牛の足に車輪が付きまとうように。

ただ『法句』の「心使」は Dhp 1 の manomayā の訳語というよりも、PDhp 1 の manojavā、GDhp 201 の maṇojava、Uv XXXI. 23 の manojavāḥ の訳語の可能性が高い。Brough 教授は manomaya は唯識論 (Vijñāna-vāda) の説を含み、manojava は諸法が刹那滅の性格 (kṣaṇika) であることを反映していると指摘する。Brough [1962: 243] を参照。

次に Dhp の pāda d の cakkaṃ va vahato padaṃ は問題が

多い。PDhp は cakram vā vahato padaṃ、GDhp は cako va vahaṇe pathi、Uv は cakraṃ vā vahataḥ padam とある。ここで P. vahato の語について三通りの解釈がある。

まず第一は『出曜』『法喩』『法集』に「車轢於（于）轍」とある。この「轢」は「きしる、ふみにじる」の意であるが、『出曜』の説明では「其中有一乞児。嫉妬心盛、便発悪心。設我後得自在、為国王者。当以車輪、轢断爾許道人頭。……出在路側、飽満睡眠。数百群車、路由其中。轢断其頭。死入地獄、受苦無量」とある。この説明に従えば、「車が轍で〔人を〕轢みにじるように」と解釈できよう。『有部薬事』巻八（三五中）でも「輪断其頭」とある。この解釈と GDhp の pathi（路で）に影響された Dhammajoti は、この語のインド原語は vahati に類した形であるものの、パーリ語の vahato ではなくプラークリット語形の vadhati または √vṛh（殺す）の省略形ではないかと推察している。Dhammajoti [1995 : 81] を参照。

第二に、ただ単に「車輪がわだちの跡を進む」だけの意と解釈するものもある。『央掘』巻四（五四〇上）では、「如輪随跡」とある。ただこれでは vahato の説明がしにくい。

第三には、vahato は vahatu（雄牛）の単数、属格形であり（すなわち vahatoḥ padaṃ）、この padam を牛の足と解釈するものである。Brough 教授は DhpA I. 24 の dhure yuttassa dhuraṃ vahato balivaddassa padaṃ cakkaṃ viya（軛につながれた荷を運ぶ雄牛の足に車輪が〔つき従う〕ように）に注目している。Brough [1962 : 243]、Norman [1997 : 61] を参照。『本事』巻一（六六四上）でも「如輪因手（牛？）転」とある。

おそらく漢訳の際に、この vahato、もしくはこれに類する形の原語の意味がとりにくかったものと考えられる。第一の解釈は「轢」に力点をおきすぎており、第三の解釈はパーリ聖典を中心としているため漢訳の参考とはならない。『法句』は第二の解釈をとっている。

心を法の本と為す……影の形に随うが如し（一九4）『法喩』双要品の第二偈（五八三上）、『出曜』心意品の第十四偈（七六〇上）、『法集』護心品の第十四偈（七九五下）。また Dhp は、

manopubbaṅgamā dhammā manoseṭṭhā manomayā /
manasā ce pasannena bhāsati vā karoti vā /
tato naṃ sukham anveti chāyā va anapāyinī // (Dhp 2)

ものごとは、心を先とし、心を主とし、心より成る。
もしも、清らかな心で話したり、行ったりすれば、
楽しみがそのものに付いて来る。ちょうど影が〔体から〕離れることなく付いて来るように。

乱れたる意行に随いて……何ぞ善言を解せん（一九7）　Dhp 3 に近い内容であるが今一つ疑問が残る。この偈は意味的には『出曜』心意品の第十六偈（七六〇中）に近い。すなわち、

不以不浄意　亦及瞋怒人
欲得知法者　三耶三仏説

『法集』護心品の第十五偈（七九五下）も同じ。ただし第四句は「正等覚所説」とある。これに対応する Uv は次のようにある。

nāprasannena cittena duṣṭena kṣubhitena vā /
dharmo hi śakyam ājñātuṃ saṃrambhabahulena vā //(Uv XXXI. 25)

心が澄んでいなく、汚れていて、動揺し、
あるいはおごり高ぶりで満ちていれば、真理（法）を知ることはできない。

もしくは、

na pratyanīkasāreṇa suvijñeyaṃ subhāṣitam /
upakliṣṭena cittena saṃrambhabahulena vā //(Uv XXXI. 27)

心が敵対心でかたまり、汚れており、あるいはおごり高ぶりで満ちていれば、善く説かれた言葉を明らかに判別することはできない。

おそらく『法句』の原文は Uv の両偈に近いものであったであろう。

正しき意行に随いて……善言に敏達す（一九9）　Dhp 4 に近い内容であるが今一つ疑問が残る。この偈も意味的には『出曜』心意品の第十七偈（七六〇中）に近い。すなわち、

諸有除貢高　心意極清浄
能捨傷害懐　乃得聞正法

『法集』護心品の第十六偈（七九五下）も同じ。また Uv は、

vinīya yas tu saṃrambham aprasādaṃ ca cetasā /
āghātaṃ caiva niḥsṛjya prajānīyāt subhāṣitam //(Uv XXXI. 26)

一方、心におごり高ぶりと汚れを除き、
害心を捨てて、善く説かれた言葉を知る者は、……

中村博士も指摘されるように、この原文は完結していない。PDhp 337 の方が一偈としてまとまっていよう。すなわち、

yo tu vinīya sāraṃbhaṃ aprasādaṃ ca cetaso /
prasannacitto sumano sa ve nyāyyā subhāṣitaṃ //(PDhp 337)

一方、心におごり高ぶりと汚れを除き、
澄んだ心をもち、善き心の持ち主は、善く説かれた言葉を導き

出すであろう。

怨者を慍まば……是の道を宗とす可し（一九11）　第四句の「是道可宗」は『出曜』忿怒品の第八偈（六九七上）、『法集』怨家品の第九偈（七八四中）では、「此名如来法」とある。また Dhp は、

na hi verena verāni sammant' idha kudācana /
averena ca sammanti esa dhammo sanantano //(Dhp 5)

実にこの世においては、怨みによって怨みは決して静まらない。しかし怨みなきによって静まる。これは永遠の真理である。

この「永遠の真理」(dhammo sanantano) の説明は、中村［一九七八］七二頁を参照。

好んで彼れを責めず……永く滅して患い無けん（一九13）『中含』巻十七（五三五下）。また Dhp は、

pare ca na vijānanti mayam ettha yamāmase /
ye ca tattha vijānanti tato sammanti medhagā //(Dhp 6)

他の人々は次のことを知っていない。「我々はこの点について自制すべきである」と。しかしこの点を知っている人たちには、争いは静まる。

Dhp, pāda b の yamāmase は難解な語である。DhpA I. 65 では maccu-santikaṃ gacchāmā ti (死のそばに我々は行く＝死ぬ) と説明し、同時に DhpA I. 66 では vāyamāmā ti (我々は努力する) と説明している。Norman 教授は「制御する」の意の、命令形と考えている。Norman［1997 : 62-63］を参照。

Dhp, pāda a の vijānanti（知る）は、対応する Uv XIV. 8a, PDhp 254a も同形である。一方『法句』第一句は「不好責彼」と大きく異なっている。おそらく訳出時に何らかの混乱が原本にあったと考えられるが、漢訳者は P. vinadati（叱る）あたりを想定したのではなかろうか。ちなみに S. vijānāti は G. vi'aṇadi である。

行うに身を浄と見……風の草を靡かすが如し（一九15）『出曜』双要品の第十五偈（七四九中）と『法集』相応品の第十五偈（七九三上―中）は少し比喩が異なる。すなわち、

観浄而自修　諸根不具足
於食無厭足　斯等凡品行
転増於欲意　如屋壊穿漏

ただし第一句の「修」は『法集』では「浄」とある。Dhp は『法句』に近い。

subhānupassiṃ viharantaṃ indriyesu asaṃvutaṃ /
bhojanamhi cāmattaññuṃ kusītaṃ hīnavīriyaṃ /
taṃ ve pasahatī māro vāto rukkhaṃ va dubbalaṃ //(Dhp 7)

浄らかと見なして生活し、感覚器官を慎むことなく、
食の量に節度を知らず、怠惰で努め励むことのない者、
彼を実に悪魔は圧倒する。風がか弱い木を〔圧倒する〕ように。

身を不浄と観じ……大山を風くが如し（一九18）『出曜』双要品の第十六偈（七四九下）と『法集』相応品の第十六偈（七九三中）は少し異なる。すなわち、

当観不浄行　諸根無欠漏
於食知止足　有信執精進
不恣於欲意　如風吹泰山

また Dhp は、

asubhānupassiṃ viharantaṃ indriyesu susaṃvutaṃ /
bhojanamhi ca mattaññuṃ saddhaṃ āraddhavīriyaṃ /
taṃ ve na-ppasahatī māro vāto selaṃ va pabbataṃ // (Dhp 8)

不浄と見なして生活し、感覚器官をよく慎み、
食の量に節度を知り、信仰心あり、努め励む者、
彼を実に悪魔は圧倒しない。風が岩山を〔圧倒しない〕ように。

Dhp, pāda d の「信仰心あり、努め励む者」(saddhaṃ āraddha-vīriyaṃ) は『出曜』や『法集』第四句の「有信執精進」に一致し、『法句』第四句の「常楽精進」とは異なる。この「常」は S., P. sadā (G. sada / sado) を容易に連想させる。一方「有信」は S. śrāddha, P. saddha, G. ṣadhu であり、訳出時の原本に何等かの混乱があったのではないか。

また『法集』『出曜』の第六句の「泰山」は大きな山の意か、固有名詞なのか定かではない。

毒態を吐かず……法衣に応ぜず（二〇2）『出曜』双要品の第七偈（七四八中）と『法集』相応品の第七偈（七九三上）は少し異なる。すなわち、

無塵離於塵　能持此服者
無御無所至　此不応法服

また Dhp は、

anikkasāvo kāsāvaṃ yo vatthaṃ paridahessati /
apeto damasaccena na so kāsāvam arahati // (Dhp 9)

汚濁を除いていないのに黄褐色の法衣をまとおうとする人は、
自制と真理をそなえていないから、黄褐色の〔法衣に〕ふさわしくない。

ここでは「言葉の遊び」が認められる。「汚れ」(kasāva) と「法衣」(kāsāva) の発音がよく似ていることから、両者をかけて説いている。Dhp, pāda c の「自制と真理をそなえていない」(apeto dama-saccena) は、Uv XXIX. 7c には「自制と柔和さとをそ

なえていない」(apeta-dama-sauratyo)、GDhp 192c も avedu-dama-soraca とある。『法句』第三句の「未能自調」は Uv や GDhp に近く、反対に『出曜』『法集』第三句の「無御無所至」は Dhp に近い。なお、『法句』の次の偈の第三句「降心已調」は、より一層 Uv XXIX. 8c (upeta-dama-sauratyaḥ) や GDhp 193c (uvedu-dama-soraca) に近いように思われる。ただ P. sacca は「真理」のほかに、「快よい」という意味もあるとする説もある。この説を採用すれば、『法句』も Dhp に近くなる。Norman [1997 : 116, n. 224] を参照。

次に『出曜』(七四八中) は、第一、二句の「無塵離於塵　能持此服者」の説明として、「人之修道、常懐染汚。婬怒痴垢、不去于心。雖披袈裟、不去三毒。此則不至於道」とあるから、『出曜』の「塵」は婬怒痴の三毒を指していると言えよう。『法句』の「毒態」もそれに近いものを指すか。その他 MBh XII. 18.33 を参照。

能く毒態を吐き……此れ法衣に応ず (三〇4)　『出曜』双要品の第八偈 (七四八中) と『法集』相応品の第八偈 (七九三上) は少し異なる。すなわち、

若能除垢穢　修戒等慧定
彼応思惟業　此応服袈裟

また Dhp は、

yo ca vantakasāv' assa sīlesu susamāhito /
upeto damasaccena sa ve kāsāvam arahati // (Dhp 10)

一方汚濁を吐き出して、戒律によく専念する人がいれば、かれは自制と真理をそなえているから、実に黄褐色の〔法衣に〕ふさわしい。

真を以て偽と為し……真利を得ず (三〇6)　『法喩』双要品の第七偈 (五八三下)。『出曜』双要品の第三偈 (七四七下) は少し異なる。すなわち、

不牢起牢想　牢起不牢想
彼不至於牢　由起邪見故

『法集』相応品の第三偈 (七九三上) は「牢」ではなく「堅」とある。また Dhp は、

asāre sāramatino sāre cāsāradassino /
te sāraṃ nādhigacchanti micchāsaṃkappagocarā // (Dhp 11)

真髄でないものに対して真髄だと考え、真髄に対して真髄でないと見なす、
邪な思いに支配されたそれらのものたちは真髄に達しない。

真を知りて真と為し……必ずや真利を得ん (三〇8)　『法喩』双要品の第八偈 (五八三下)。『出曜』双要品の第四偈 (七四八上)

は少し異なる。すなわち、

牢而知牢者　不牢知不牢
彼人求於牢　正治以為本

『法集』相応品の第四偈（七九三上）は「牢」ではなく「堅」とある。また Dhp は、

sārañ ca sārato ñatvā asārañ ca asārato /
te sāraṃ adhigacchanti sammāsaṃkappagocarā //(Dhp 12)

真髄を真髄と、真髄でないものを真髄でないと知り、
正しい思いに支配されたそれらのものたちは真髄に達する。

屋を蓋うに密ならずんば……淫泆為に穿たん（三10）『法喩』双要品の第十一偈（五八三下）、『出曜』心意品の第十一偈（七五九下）、『法集』護心品の第十一偈（七九五中）を参照。また Dhp は、

yathā agāraṃ ducchannaṃ vuṭṭhi samativijjhati /
evaṃ abhāvitaṃ cittaṃ rāgo samativijjhati //(Dhp 13)

屋根を粗雑に葺いた家屋に雨が漏れ入るように、
修められていない心に貪欲が漏れ入る。

屋を蓋うに善く密ならば……淫泆生ぜず（三12）『法喩』双要品の第十二偈（五八三下）、『出曜』心意品の第十二偈（七六〇上）、『法集』護心品の第十二偈（七九五中）を参照。また Dhp は、

yathā agāraṃ succhannaṃ vuṭṭhi na samativijjhati /
evaṃ subhāvitaṃ cittaṃ rāgo na samativijjhati //(Dhp 14)

屋根をよく葺いた家屋に雨が漏れ入らないように、
よく修められた心に貪欲は漏れ入らない。

鄙夫の人を染むるや……覚らずして悪を成す（三14）『法喩』双要品の第十三偈（五八三下）。Uv に多少類似する。すなわち、

pūtimatsyāṃ kuśāgreṇa yo naro hy upanahyate /
kuśāpi pūtikā vānti hy evaṃ pāpopasevanāḥ //(Uv XXV. 7)

人が腐った臭いのする魚をクシャ草の先で包むならば、
そのクシャ草もまた悪臭を放つ。悪人と交わる人たちも同様である。

また『出曜』親品の第七偈（七二八中）には次のようにある。すなわち、

如魚湍聚湊　人之貪著取
意著不覚臭　習悪亦如是

その他『法集』善友品の第七偈（七九〇上）、『仏本行集』巻五十七（九一五上）、PDhp 186 を参照。

賢夫の人を染むるや……行じて潔芳を成す（三16）『法喩』双

要品の第十四偈（五八三下）。Uv に多少類似する。すなわち、

tagaraṃ palāśapatreṇa yo naro hy upanahyati /
patrāṇy api sugandhīni sad evaṃ saṃgamāt satām //(Uv XXV. 8)

人がタガラ香をパラーシャの葉で包むならば、その葉も芳香を放つ。同様に善い人たちと交わることより善いことが生じる。

また『出曜』親品の第八偈（七二八下）には次のようにある。すなわち、

木檻葵霍葉　衆生往採取
葉薫香遠布　習善亦如是

その他『法集』善友品の第八偈（七九〇上）、『仏本行集』巻五十七（九一五上）、PDhp 187 を参照。

造して憂い後に憂い……罪を見て心懐る（二〇18）『法喩』双要品の第五偈（五八三中）。『出曜』悪行品の第三十二偈（七四六中）と『法集』罪障品の第三十一偈（七九二下）とは少し異なる。すなわち、

此憂彼亦憂　悪行二俱憂
彼憂彼受報　見行乃知審

第四句の「知審」は『法集』では「審知」とある。また Dhp は、

idha socati pecca socati
pāpakārī ubhayattha socati /
so socati so vihaññati
disvā kammakiliṭṭham attano //(Dhp 15)

悪を為す者はこの世で憂いあの世で憂い、ふたつの所で憂う。彼は自分の行為が汚れているのを見て憂い、悩む。

kamma-kiliṭṭham の解釈については、Norman [1997 : 64-65] を参照。ところで『法句』第三句の「彼憂惟懼」の「彼…惟…」は『出曜』や『法集』では「彼…彼…」となっている。Dhp は so . . . so . . .、Uv XXVIII. 34c も sa. . . sa. . .、GDhp 205c も so. . . so. . .、PDhp 3c も so. . . so. . . であり、どうして『法句』のように「かれ」と「これ」という区別が生じるのか、不思議である。「惟」は「もって＝以」、あるいは「ひたすら＝独、唯」の意か。

造して喜び後に喜び……福を見て心安からん（二1）『法喩』双要品の第三偈（五八三中）。『出曜』悪行品の第三十三偈（七四六下）と『法集』罪障品の第三十二偈（七九二下）とは少し異なる。すなわち、

此喜彼亦喜　福行二俱喜
彼喜彼受報　見行自清浄

第三句の「喜」は『法集』では「行」とある。また Dhp は、

idha modati pecca modati
katapuñño ubhayattha modati /
so modati so pamodati
disvā kammavisuddhim attano //(Dhp 16)

福を為す者はこの世で喜びあの世で喜び、ふたつの所で喜ぶ。彼は自分の行為が清浄なのを見て喜び、楽しむ。

今も悔い後にも悔い……罪を受けて熱悩せん（三3）『法喩』双要品の第六偈（五八三中）。『出曜』悪行品の第三十四偈（七四七上）と『法集』罪障品の第三十三偈（七九二下）とは少し異なる。すなわち、

此煮彼亦煮　罪行二倶煮
彼煮彼受罪　見行自有験

またDhpは、

idha tappati pecca tappati
pāpakārī ubhayattha tappati /
pāpaṃ me katan ti tappati
bhiyyo tappati duggatiṃ gato //(Dhp 17)

悪を為す者はこの世で悩みあの世で悩み、ふたつの所で悩む。彼は「私は悪を犯した」と悩む。彼は悪趣に行ってさらに深く悩む。

P. tappati, S. tapyate は「悩む」の意のほかに、「あたためられる」、「煮る」の意がある。

今も歓び後にも歓ぶ……福を受けて悦予せん（三5）『法喩』双要品の第四偈（五八三中）。またDhpは、

idha nandati pecca nandati
katapuñño ubhayattha nandati /
puññaṃ me katan ti nandati
bhiyyo nandati suggatiṃ gato //(Dhp 18)

善を為す者はこの世で楽しみあの世で楽しみ、ふたつの所で楽しむ。彼は「私は福を行った」と楽しむ。彼は善趣に行ってさらに深く楽しむ。

巧言し多く求め……仏弟子に非ず（三7）『出曜』無放逸品の第二十二偈（六四三中）は少し異なる。すなわち、

雖多誦習義　放逸不従正
如牧数他牛　不獲沙門正

『法集』放逸品の第二十一偈（七七九中）もほぼ同じ。またDhpは、

bahum pi ce sahitaṃ bhāsamāno
na takkaro hoti naro pamatto /

gopo va gāvo gaṇayaṃ paresaṃ
na bhāgavā sāmaññassa hoti // (Dhp 19)
たとえ多くの聖典を誦えても、放逸ならば、その人は実行しない〔人と同じである〕。
牛飼いが他人の牛を数えるようなものである。彼は修行生活の分けまえを得ない。

時に言い少しく求め……是れ仏弟子なり（三10）『出曜』無放逸品の第二十三偈（六五八下）は少し異なる。すなわち、

説法雖微少　一意専聴受
此名獲法人　除去婬怒痴
衆結永尽者　故名為沙門

その他『法集』放逸品の第二十二偈（七七九中）を参照。また Dhp は、

appaṃ pi ce sahitaṃ bhāsamāno
dhammassa hoti anudhammacārī /
rāgañ ca dosañ ca pahāya mohaṃ
sammappajāno suvimuttacitto /
anupādiyāno idha vā huraṃ vā
sa bhāgavā sāmaññassa hoti // (Dhp 20)
たとえわずかの聖典を誦えても、法に従って正しく実行し、
貪欲と怒りと迷妄を捨て、正しく知り、善く心が解き放たれており、
この世あるいはあの世で執著なければ、彼は修行生活の分けまえを得る。

Dhp の pāda e の「執著なければ」(anupādiyāno) は注目すべきであろう。Uv IV. 23 はこの箇所が欠落している。PDhp 291e では anupādiyāno、GDhp 191c では aṇuvadi'aṇu とある。この語は an-upādiyati の -āna で終わる現在分詞形とされる。Norman [1997 : 66] を参照。この語の意味は「執著する」であり、対応する『法句』第五句の「不起」と大きく異なる。他の句が Dhp とよく対応しているのと対照的である。「起きる、起こす」は P. uppādeti を容易に想起させる。この動詞の現在受動分詞、uppādiyāna の否定形、an-uppādiyāna と先の an-upādiyāna とを混同した可能性を指摘したい。

放逸品（三13）漢訳第一―十四偈のうち第十、十一、十二の三偈を除いた十一偈は Dhp の Appamāda-vagga（無放逸品）第二十一―三十二偈の十二偈に順序も一致して対応している。また漢訳第十五―二十偈の六偈は Uv の Prakīrṇaka-varga（雑品）の偈と相応するものが多いから、これは Uv によって追加されたものであろうと考えられる。水野［一九八一］三〇二―三〇三頁を

参照。またこの品については、Lévi［1912］を参照。

戒を甘露の道と為し……道を失うを自ら喪うと為す（三15）『出曜』無放逸品の第一偈（六三六下―六三七上）。『法集』放逸品の第一偈（七七九上）。またDhpは、

appamādo amatapadaṃ pamādo maccuno padaṃ /
appamattā na mīyanti ye pamattā yathā matā //(Dhp 21)

不放逸は不死の境地であり、放逸は死の境地である。
不放逸の人たちは死なない。放逸の人たちが死者であるように。

『法句』や『出曜』『法集』はDhpのappamāda, pamāda, appamattā, pamattāを、それぞれ「戒」、「放逸」、「不貪」、「失道」と様々に訳している。このDhpの直訳は『瑜伽』巻十八（三七九上）に認められる。すなわち、

無逸不死跡　放逸為死跡
無逸者不死　縦逸者常死

ただしこの第四句は「常」(sadā) とあるので、これはUv IV. 1の方に近い。Lévi［1912 : 235］, Willemen［1978 : 20］を参照。

慧智あるは道を守るに勝れ……是れに従りて道の楽しみを得（三17）『出曜』無放逸品の第二偈（六三七中）。『法集』放逸品の第二偈（七七九上）を参照。またDhpは、

etaṃ visesato ñatvā appamādamhi paṇḍitā /
appamāde pamodanti ariyānaṃ gocare ratā //(Dhp 22)

賢者らは不放逸におけるこの点を特に知って、
聖者たちの境地を喜び、不放逸を楽しむ。

常に当に道を惟念して……吉祥の上有ること無し（三2）『出曜』無放逸品の第三偈（六三七中）。『法集』放逸品の第三偈（七七九上）を参照。またDhpは、

te jhāyino sātatikā niccaṃ daḷhaparakkamā /
phusanti dhīrā nibbānaṃ yogakkhemaṃ anuttaraṃ //(Dhp 23)

彼ら賢者は〔道を〕瞑想し、堅忍不抜であり、常に強く努力すると、
涅槃を獲得する。これは無常の幸せである。

正念あり……犯さずして善ければ名増す（三4）『出曜』無放逸品の第六偈（六三八中）。『法集』放逸品の第六偈（七七九上）を参照。またDhpは、

uṭṭhānavato satīmato
sucikammassa nisammakārino /
saññatassa ca dhammajīvino
appamattassa yaso 'bhivaḍḍhati //(Dhp 24)

奮起し、正しい考えあり、浄い行いをし、慎重に行動し、

自制し、真理の法にしたがって生きる、不放逸の人の名声は増す。

行を発し……冥淵の中に返らず（三6）『出曜』無放逸品の第五偈（六三八上）。『法集』放逸品の第五偈（七七九上）の方が分かりやすい。

まず『法句』第二句の「約以」は『出曜』『法集』とも「約己」とあり、「己れを約して」の意味にとれる。

次に『法句』第三句の「定明」は『出曜』では「錠明」とあり、『法句』の宋・元・明三本も同じ。これは灯明の意味である。また『法集』では「智灯」とあり、智慧の灯明の意味である。本書の本文でも「定」を宋・元・明三本の「錠」に改める。またDhpは、

uṭṭhānen' appamādena saññamena damena ca /
dīpaṃ kayirātha medhāvī yaṃ ogho nābhikīrati //(Dhp 25)

聡明な人は奮起し、不放逸で、克己し自制することによって、激流も流さないような島を作るべきである。

パーリ語のdīpaは、「島」と「灯明」の意味がある。サンスクリット語のUv IV. 5ではdvīpaとなっているから、明らかに「島」の意味である。おそらく漢訳者はdīpaを「灯明」の意味にとりoghaを「冥淵中」と解したのではないかと考えられる。これについてBroughは次のような可能性を指摘している。

1　ghaとyaはインドの書記法では大変似ているので、中国語の翻訳者がtamo oghoの代わりにtamo yaṃと解釈したのであろう。

2　taṃm oghoと記されていたところを、taṃ moghoと読み、moghoをmoho（迷妄）と解釈した。「迷妄」と「冥」は意味的にすぐさま結びつく。

3　tamoghoをtamas＋aghaと解釈した。

彼は、このうちの第三が漢訳の「冥淵」に一番近いのではないかとしている。Brough [1962 : 211], Norman [1997 : 67-66], Lévi [1912 : 240-241], Dhammajoti [1995 : 114-115] を参照。またdīpaが「明かり」と「島」の両方に訳された点についてもBrough [1962 : 209-210] を参照。さらにGDhp 111dのjaraとDhp 25dのoghoとの関連性については、中村［一九七八］七七―七八頁に詳しい説明がある。

愚人の意は解し難く……斯れを護りて宝尊と為す（三8）『出曜』無放逸品の第十偈（六三九下）は少し異なる。すなわち、

修習放逸人　愚人所狎習
定則不放逸　如財主守蔵

『法集』放逸品の第九偈（七七九上）も『出曜』に同じ。またDhp

は、

pamādam anuyuñjanti
bālā dummedhino janā /
appamādañ ca medhāvī
dhanaṃ seṭṭhaṃ va rakkhati //(Dhp 26)

智慧の乏しい愚かな人たちは放逸に耽る。
一方、智慧ある人は不放逸を守る。ちょうど最上の財を守るように。

Brough は、この Dhp の dhanaṃ seṭṭhaṃ を『法句』だけが「宝尊」と訳し、Uv IV. 10d の śreṣṭhī、GDhp 117d の śeṭhi は『出曜』や『法集』で「財主」と訳されている点に着目し、これを Dhp と『法句』との密接な関係の証左の一つと考えている。Brough [1962 : 36] を参照。

貪ること莫かれ……以て大安を獲可し（三10）『出曜』無放逸品の第十二偈（六四〇上）、『法集』放逸品の第十一偈（七七九上）。また Dhp は、

mā pamādam anuyuñjetha mā kāmaratisanthavaṃ /
appamatto hi jhāyanto pappoti vipulaṃ sukhaṃ //(Dhp 27)

放逸に耽るな。愛欲の楽しみに親しむな。
不放逸にして瞑想する人は大きな幸せを獲得する。

『法句』第三句の「思心」は『出曜』や『法集』では「思念」とある。これは Dhp の jhāyanto、Uv IV、12c の dhyāyī、GDhp 134c の jayadu（瞑想する）に対応する。

次に『法句』第四句の「大安」は『出曜』『法集』とも同じであるが、Dhp では vipulaṃ sukhaṃ（広大な幸せ）、Uv IV. 12d では acalaṃ sukham（不動の幸せ）、GDhp 134d では paramu sukhu（最高の幸せ）、Thag 884d では paramaṃ sukhaṃ（最高の幸せ）とある。とすれば漢訳は Dhp に一番近いことになろう。

放逸如し自ら禁じ……譬えば山と地との如し（三12）『出曜』無放逸品の第四偈（六三七下）、『法集』放逸品の第四偈（七七九上）を参照。また Dhp は、

pamādaṃ appamādena yadā nudati paṇḍito /
paññāpāsādaṃ āruyha asoko sokiniṃ pajaṃ /
pabbataṭṭho va bhummaṭṭhe dhīro bāle avekkhati //(Dhp 28)

賢者が放逸を不放逸をもって取り除く時、
智慧の楼閣に昇り、憂いがなくなって憂いある人たちを〔見おろす。〕
たとえば山の上にいる人が地上にいる人たちを見おろすように、

賢者は愚者たちを〔見おろす。〕

その他 Dhp 28c–f は MBh XII. 17. 19 にほぼ対応する。

乱に居て身を正しくせば……悪を棄つるを大智と為す（三15）

『法句』象喩品の第十八偈（五七〇下）も内容的には同じである。すなわち、

　不自放恣　従是多寤
　羸馬比良　棄悪為賢

『出曜』馬喩品の第三偈（七一二下）、『法集』馬喩品の第四偈（七八六下）も同じ。また Dhp は、

appamatto pamattesu suttesu bahujāgaro /
abalassaṃ va sīghasso hitvā yāti sumedhaso //(Dhp 29)

放逸に耽る人たちの中で不放逸であり、眠っている人たちの中ではっきり目覚めている、
思慮ある人は、駿馬が足ののろの馬を捨て去るように、彼らを捨て去る。

『法句』第三句「師子」と、Dhp, pāda c の sīghasso（駿馬）とは対応しない。「師子」は P. sīha (S. siṃha) であり、おそらく訳出時の原本は sīhassa（師子の）とあったのではなかろうか。

睡眠は重きこと山の若く……是こを以て常に受胎す（三17）

『法句』第三句の「弊」について、元・明本は「蔽」の読みを採っている。前者は「苦しむ、やぶれる」の意で、後者は「おおう」の意。先の「睡眠」はしばしば middha の訳語として用いられるが、この煩悩を表わす語との関係上、「弊」よりも「蔽」の方が文意が通るように考えられる。『梵和』にも middha-guruka の訳語として、「睡眠所覆」「睡眠所覆将重」を挙げている。一方「弊」と同義とされる蔽は nivaraṇa の訳語として『梵和』に登場するが、それに対するより一般的な訳語は「蓋」である。以上を考慮すれば、この偈のテーマは、middha-nivaraṇa（睡眠におおわれること）が、無知な人を不放逸により輪廻に結びつけることとなろう。したがって、本書の本文も、元・明本により「弊」を「蔽」に改める。Dhammajoti [1995: 116. n. 14] を参照。

一方 Lévi は、この偈を「人を輪廻に結びつける七つの要素として、睡、眠、重若山、痴、冥、為所弊、安臥不計画がある」と解釈する。Lévi [1912: 282] を参照。

時に自ら恣ならざれ……師子の鹿を搏つが如し（三19）『出曜』無放逸品の第十三偈（六四〇上）、『法集』放逸品の第十二偈（七七九上）。またUv IV. 13 に次のようにある。

nāyaṃ pramādakālaḥ syād aprāpte hy āsravakṣaye /
māraḥ pramattam anveti siṃhaṃ vā mṛgamātṛkā //(Uv IV. 13)

今は放逸の時であるべきではない。煩悩の消滅が得られなければ、
悪魔は放逸な者につき従う。あたかも鹿の母が〔自分の子を奪った〕ライオンに〔つき従って行く〕ように。

Jātaka 物語（vissāsā bhayaṃ anveti sīhaṃ va miga-mātukā. J I. 389）を参照した pāda d の解釈については、Brough [1962 : 215], Lévi [1912 : 250] を参照。漢訳はすべて「獅子が鹿を搏つ」としているが、『出曜』の説明（六四〇中）に「猶鹿母初乳、児小逐、母東西恋其子、不能遠逝。時師子獣王、審知鹿母、不能離子。時往搏撮、鹿母子倶喪」とあり、乳飲み子を愛してそばから離れられない母鹿を一緒に師子がおそうと解釈している。

また『法句』第二句の「痛得尽」は Uv の pāda b の aprāpte（得られなければ）の a- が何らかの理由で翻訳の際に欠落したのであろう。意味が反対になっている。

能く自ら恣ならざる者……常に当に自ら心を護るべし（三2）

『法集』放逸品の第三十七偈（七七九下）に第四句を除き対応する。すなわち、

苾芻懐謹慎　持戒勿破壊
善守護自心　今世及後世

また Uv IV. 36 には次のようにある。

apramādaratā bhavata suśīlā bhavata bhikṣavaḥ /
susamāhitasaṃkalpāḥ svacittam anurakṣata //（Uv IV. 36）

比丘たちは不放逸を楽しめ。よく戒をたもて。
その分別の思いをよく集中させて、自らの心をまもれ。

GDhp 124a や DN II. 120 の pāda a は appamattā の後に satīmanto (G.svadimada)「念をたもつ」となっている。

比丘よ、謹慎を楽しめ……悪を積みて火焔に入る（三4）

『法喩』放逸品の第一偈（五八四上）では、第一句が「比丘謹慎戒」とある。その他、『出曜』無放逸品の第二十九偈（六四六下）、『法集』放逸品の第二十八偈（七七九中）を参照。また Dhp は、

appamādarato bhikkhu pamāde bhayadassivā /
saññojanaṃ aṇuṃthūlaṃ ḍahaṃ aggī va gacchati //（Dhp 31）

不放逸を楽しみ、放逸に恐れを見る比丘は、
小さなものでも大きなものでも、〔人を精神的に〕縛るものを、
火のように焼きながら進む。

pāda c の saññojanaṃ aṇuṃthūlaṃ は漢訳と対応していないように見える。『法集』第三句は「結使深纏縛」とあり、Dhp の saññojanaṃ が「結使」と対応するが、aṇuṃthūlaṃ は対応しない。これは『出曜』も同じである。一方『法句』第三句の「変諍

小致大」のうち「小致大」は aṇumthūlaṃ に対応すると考えてよかろう。「変諍」の説明はつきにくいが、saññojayaṃ のように現在分詞と考えたと仮定すれば、「小と大とを結びつけ」となり、幾分『法句』に近くなろう。

戒を守るは……此れ乃ち泥洹に近し（三6）『法喩』放逸品の第二偈（五八四上）。『法集』放逸品の第三十二偈（七七九下）を参照。また Dhp は、

appamādarato bhikkhu pamāde bhayadassivā /
abhabbo parihānāya nibbānass' eva santike // (Dhp 32)

不放逸を楽しみ、放逸に恐れを見る比丘は、
堕落するはずはなく、実に涅槃の近くにいる。

『法句』第一句の「守戒」と第二句の「犯戒」はそれぞれ Dhp の appamāda（不放逸）、pamāda（放逸）の訳語と思われる。

また Dhp, pāda c の abhabbo parihānāya は「～(＋与格）できない」と解釈すべきである。Norman [1997 : 69] を参照。ただ『法句』第三句の「能断三界漏」の「能断」は parihānāya に対応するとすれば、「三界漏」は abhabbo に対応することになろう。この abhabba は「不適切な」という意もあるので、「不適切なもの＝煩悩（漏）」という連想も不可能ではなかろう。

その他 Lévi は『法句』の第一句を「戒を守るに福と致の喜を（見出し）」と解釈している。Lévi [1912 : 278] を参照。

若し前に放逸なるも……念ありて其れ宜しきを定む（三8）『法喩』放逸品の第三偈（五八四中）。『出曜』雑品の第五偈（七〇三上）には次のようにある。すなわち、

人前為過　終止不犯
是照世間　如月雲消

一方、『法集』清浄品の第五偈（七八五上）では『出曜』第一句の「過」を「放逸」と言いかえている。また Dhp は、

yo ca pubbe pamajjitvā pacchā so na-ppamajjati /
so 'maṃ lokaṃ pabhāseti abbhā mutto va candimā // (Dhp 172)

しかし以前に放逸であっても、後で放逸でなければ、
彼はこの世界を照らす。雲から離れた月のように。

また『法句』の第四句は Uv XVI. 6 cd に近い。すなわち、

yas tu pūrvaṃ pramādyeha paścād vai na pramādyate /
sa imāṃ viṣaktikāṃ loke smṛtaḥ samativartate // (Uv XVI. 6)

この世で以前は放逸であっても、後に不放逸になる者、
彼は思念して、この世に対するこの愛着をのり超える。

この Uv に直接対応するのは『雑含』巻三十八（二八一中）であ

る。すなわち、

人前放逸行　随後能自斂
於世恩愛流　正念而超出

また『別雑』巻一（三七九上）に、

若人先放逸　後止不放逸
正念離棘毒　専心度彼岸

とある。おそらく『法句』の第三、四句に相当する原本は『出曜』第三、四句の「是照世間　如月雲消」の第三句と、『雑含』の第四句の「正念而超出」が組み合わさったようなものではなかろうか。すなわち、Uv XVI. 5,7,9 の pāda c の sa imaṃ bhāsate lokam と Uv XVI. 6,8,10 の pāda d の smṛtaḥ samativartate とが組み合わさったものであろう。この場合『法句』第四句の「念定其宜」のうち「念」は smṛtaḥ に対応し、「定其宜」は samativartate に対応しよう。S. の samati- は「超えて」という意をもつが、これが S.samyak, P.sammā / sammad, G.same（正しく）と混同したのではなかろうか。

過失もて悪を為すも……念ありて其れ宜しきを善くす（三10）　『法喩』放逸品の第四偈（五八四中）。『法句』は Uv XVI. 9 と XVI. 10 を合わせたようなものに対応する。すなわち、

yasya pāpakṛtaṃ karma kuśalena pithīyate /
sa imaṃ bhāsate lokam abhramuktaiva candramāḥ // (9)
yasya pāpakṛtaṃ karma kuśalena pithīyate /
sa imāṃ viṣaktikāṃ loke smṛtaḥ samativartate // (Uv XVI. 10)

悪業を犯しても、〔それを〕善で覆うものは、
この世を照らす。雲から離れた月のように。
悪業を犯しても、〔それを〕善で覆うものは、
思念して、この世に対するこの愛着をのり超える。

また Dhp は、

yassa pāpaṃ kataṃ kammaṃ kusalena pithīyati /
so 'maṃ lokaṃ pabhāseti abbhā mutto va candimā // (Dhp 173)

悪業を犯しても、〔それを〕善で覆うものは、
この世を照らす。雲から離れた月のように。

その他『出曜』雑品の第六、七偈（七〇四中―下）、『法集』清浄品の第六、七偈（七八五上―中）、『法句』悪行品の第十八偈（五六五上）を参照。

少荘にして家を捨て……月に雲の消ゆるが如し（三12）　『法喩』放逸品の第五偈（五八四中）、『出曜』雑品の第八偈（七〇四下）、『法集』清浄品の第八偈（七八五中）の他、同じ『法句』沙

門品の第二十二偈（五七二中）を参照。また Dhp は、

yo have daharo bhikkhu yuñjate buddhasāsane /
so 'maṃ lokaṃ pabhāseti abbhā mutto va candimā //(Dhp 382)

実に仏の教えにいそしむ若い比丘、
彼はこの世を照らす。雲から離れた月のように。

人前に悪を為すも……月に雲の消ゆるが如し（三14）『法喩』放逸品の第六偈（五八四中）。『出曜』雑品の第五、六偈（七〇三上―中）、『法集』清浄品の第五、六、七偈（七八五上―中）、『別雑』巻一（三七九上）を参照。

ところで、この品の第十六偈の補註に示したように Dhp 173b は『法句』の第二句と対応しない。漢訳では『別雑』巻一（三七九上）が一番『法句』に近い。すなわち、

若人先造悪　後止不復作
是照於世間　如月雲翳消

生きて悩を施さざれば……応に〔憂いの〕中にても憂うること勿かるべし（三16）『出曜』雑品の第十偈（七〇五上）。『法集』清浄品の第九偈（七八五中）は次のようにある。すなわち、

現世不施害　死而無憂慼
彼見道無畏　離苦獲安隠

またこの漢訳は Uv の二偈を合わせたものに近い。すなわち、

yo jīvite na tapate maraṇānte ca sarvaśaḥ /
sa vai dṛṣṭapado dhīro maraṇānte na śocati //(11)
yo jīvite na tapate maraṇānte ca sarvaśaḥ /
sa vai dṛṣṭapado dhīraḥ śokamadhye na śocati //(Uv XVI. 12)

生命がある時に苦しまない者は、死後にもあらゆる点で〔苦しむことがない。〕
この賢者は実に道を見て、死後に憂うることがない。
生命がある時に苦しまない者は、死後にもあらゆる点で〔苦しむことがない。〕
この賢者は実に道を見て、憂いの中にあっても憂うることがない。

一方『法句』にぴったりと当てはまるのは Ud である。

yaṃ jīvitaṃ na tapati maraṇante na socati /
sace diṭṭhapado dhīro sokamajjhe na socati //(Ud IV. 9, p. 46)

生類を苦しめなければ、彼は死後憂うることはない。
もし賢者が道を見れば、憂いの中で憂うることはない。

『法句』第三句の「悍」は、Uv や Ud では dhīra である。この dhīra

は「賢い」のほかに「勇敢な、強靭な」の意があり、おそらく『法句』は後者の意を採用したと考えられる。

濁黒の法を断じて……欲断たれて憂い無し（三18）『出曜』雑品の第十二偈（七〇五上）。『法集』清浄品の第十一偈（七八五中）には次のようにある。すなわち、

除断濁黒業　惟修白浄行
度愛得清浄　棄捨穢悪行

さらに『法句』明哲品の第十四—十五偈（五六四上）を参照。また Dhp は、

kaṇhaṃ dhammaṃ vippahāya
sukkaṃ bhāvetha paṇḍito /
okā anokaṃ āgamma
viveke yattha dūramaṃ //(87)
tatrābhiratim iccheyya hitvā kāme akiñcano /(Dhp 88ab)

賢者は黒い（＝悪い）ことを捨てて、白い（＝善い）ことを修すべきである。
家から出て家のない生活に入り、人気のない所にあっては楽しみ難いが、
そこで喜びを求めるべきである。愛欲を棄てて無一物になって。

『法句』第四句「棄猗行止」は難解である。「猗」は「倚」と同じで「よりかかる、たのむ、依存する」の意で、何か世俗のものに依存することを意味すると理解し、「日常の行動に於いて何にも依存しない」と解釈した。『出曜』の説明（七〇五上—中）では、「所謂猗者、猗欲不善法。是故如来説、棄猗無著、乃謂真行」とあり、「猗」とは「欲や不善法に依存する」こととしている。

次に『法句』第三句の「度淵不反」と Dhp 87c の okā anokaṃ āgamma（家から出て家のない生活に入り）とは一見すれば何の関連もないようである。しかし oka は「家」と同時に「水」を指すことも指摘されている。Norman [1997 : 69, n. 34] を参照。さらに Dhp 91d の okamokaṃ jahanti te（彼らはさまざまな家を捨てる）は、対応する Uv XVII. 1d では hy okam ogham jahante te、Uv の古写本であるスバシ写本 205d では ogham oghaṃ jahaṃti te、PDhp 231d では okam okam jahaṃti te とあり、oka（家）と ogha（暴流）とが混同されて表われている。Norman [1997 : 86, n. 91] を参照。これによれば『法句』の「淵」は ogha からの訳か、もしくは oka を「水」の意でとった可能性が高い。

心意品（二四2）「心意品」は Dhp の Citta-vagga（心意品）の十一偈（Dhp 33–43）の中から Dhp 34 を除いた十偈と大体その順序通り対応する。また『法句』第七、八の二偈は Dhp にも Uv に

もその対応が認められない。水野［一九八一］三〇三頁を参照。

意は猶作らしめ……其の明らかなること乃ち大なり（二四4）『出曜』心意品の第八偈第三、四句—第九偈第一、二句（七五九中—下）と『法集』護心品の第八偈第三、四句—第九偈第一、二句（七九五中）は比喩の箇所を含めて、『法句』よりもDhpやUvの方に近い。すなわち、

心多為軽躁　難持難調護
智者能自正　如匠搦箭直

またDhpは、

phandanaṃ capalaṃ cittaṃ dūrakkhaṃ dunnivārayaṃ /
ujuṃ karoti medhāvī usukāro va tejanaṃ //(Dhp 33)

心は動揺し、ざわざわし、護り難く、制し難い。
智慧ある人はこれを直くする。弓師が弓の矢を〔直くする〕ように。

一方、『法句』の元・明本は、第一句の「意使作猶」の代わりに「意駛於響」とある。「響」は「実体のないもの」の喩えとしてよく用いられるため、後者の読みの方が解しやすい。『出曜』は第八偈第三句「心為軽躁」の説明（七五九中—下）で、「我今説、心之本、軽操速疾。一日一夜、有九百九十九億念。念念異想、造行不同」とし、続いて第四句「難持難護」の説明（七五九下）で、「発心之頃、造善悪行。念善之心、尋響即至、間無滞礙。念悪之心、如響応声」として、心の動きと言葉や行動は声と響のように対応するとある。とすれば元・明本の「意駛於響」の方がやはり適切かもしれない。また狗が主人に忠実であることから、言葉や行動が意の狗となると考えるならば『法句』の底本もそれなりに理解できよう。一応、本書では底本のままにしておく。

軽躁にして持し難く……自ら調うれば則ち寧し（二四6）『出曜』心意品の第一偈（七五八下）。『法集』護心品の第一偈（七九五中）は分かりやすい。すなわち、

心軽難調伏　為欲所居懐
降心則為善　以降便軽安

またDhpは、

dunniggahassa lahuno yatthakāmanipātino /
cittassa damatho sādhu cittaṃ dantaṃ sukhāvahaṃ //
(Dhp 35)

心は捉え難く、軽々しく、欲するところに降りたつが、
〔これを〕調御することは善いことである。心は調御されると、
幸福をもたらす。

意は微にして見難く……能く守れば、則ち安し（二四8）『法句』以外の漢訳の対応偈は見られない。Dhpは、

sududdasaṃ sunipuṇaṃ
yatthakāmanipātinaṃ /
cittaṃ rakkhetha medhāvī
cittaṃ guttaṃ sukhāvahaṃ //(Dhp 36)

心は大変見難く、きわめて微細であり、欲するところに降りたつ。

智慧ある人は〔これを〕守るべきである。心は守られると幸福をもたらす。

独り行き遠く逝き……魔の繋乃ち解けん（三四10）『出曜』梵志品の第五十六偈（七七四上）。『法集』梵志品の第五十五偈（七九九上）は前半の二句だけ対応する。また Dhp は、

dūraṅgamaṃ ekacaraṃ asarīraṃ guhāsayaṃ /
ye cittaṃ saññamessanti mokkhanti mārabandhanā //(Dhp 37)

遠くに行き、一人で行動し、形無く、心の秘密の場所に住む心を制するであろう人たちは悪魔の束縛から解放されるであろう。

ところで、『法句』の第四句「魔繫乃解」については少し注目すべきであろう。対応する Dhp も mokkhanti māra-bandhanā とあり、両者はぴったりと一致する。これに対して Uv XXXI. 8A では、pāda d で、vimokṣyante mahābhayāt と「魔」ではなく「大きな恐怖」となっている。これと一致するのは『大婆沙』巻七十二（三七一中）である。ここでは第四句が「解脱大怖畏」となっている。両者の一致はどちらも説一切有部に属するということで説明がつこう。ただし説一切有部の中でも正統有部の学系に属すると考えられている Abhdīp p.78 では Dhp の方に近い。すなわち、

dūraṅgamam ekacaram aśarīraṃ guhāśayaṃ /
ye cittaṃ damayiṣyanti te mokṣyante mārabandhanāt //

ところで Uv XXXI. 8A は同じ Uv XXXIII. 55 に近い。すなわち、

dūraṅgamam ekacaram
aśarīraṃ guhāśayam /
durdamaṃ ye damiṣyanti
tenai - kasya brāhmaṇam /
v̲ v̲ v̲ • u . . .
brāhmaṇaṃ taṃ bravīmy aham //(55)

これは同じ説一切有部の正統派に属すとされる衆賢の『阿毘達磨順正理論』（大正二九、三九五上）にぴったりと相応する。すなわち、

心遠行独行　無身寐於窟

能調伏難伏　我説婆羅門

Dhammajoti [1995 : 123, n.10]、吉元信行『アビダルマ思想』法蔵館、一九八二、五七―六六頁を参照。

心に住息無く……正智有ること無けん（三四12）『出曜』心意品の第十八偈（七六〇下）、『法集』護心品の第十七偈（七九五下）。Dhp は、

anavaṭṭhitacittassa saddhammaṃ avijānato /
pariplavapasādassa paññā na paripūrati //(Dhp 38)

〔その人の〕心が安住することなく、正しい真理を知らず、
浄信が動揺していたならば、知恵は完成しない。

『法句』や『出曜』の第三句は「世事」とあるが、『法集』では「出世事」とあり、全く反対になっている。一方 Dhp, Uv XXXI. 28c, PDhp 335c もすべて「浄信が動揺し」とある。中村博士は『法句』の「迷於世事」を、世の中の俗な事がらに迷って浄信が動揺すると解釈している。中村［一九七八］八〇頁を参照。

念は適しく止まること無く……覚者は賢と為す（三四14）『出曜』悪行品の第六偈（七四三上）は少し異なる。すなわち、

人不損其心　亦不毀其意
以善永滅悪　不憂堕悪道

『法集』罪障品の第六偈（七九二上）も『出曜』に同じ。また Dhp は、

anavassutacittassa ananvāhatacetaso /
puññapāpapahīnassa n' atthi jāgarato bhayaṃ //(Dhp 39)

心が汚されることなく、思い乱れることなく、
善と悪とを捨て去った、目覚めている人には恐れがない。

一方、Uv XXVIII. 6d は jāgarato の代わりに durgatito（悪趣に対する）とあり、より『出曜』に近い。Dhp, pāda c や Uv XXVIII. 6c は「善と悪を捨て去る」とあるが、『法句』第三句は「福能遏悪」、『出曜』や『法集』の第三句は「以善永滅悪」とあり、すべて「善あるいは福で悪を滅する、とめる」という表現に改めている。中村［一九七八］八〇、三五五頁を参照。

ところでこの『法句』とぴったり一致するものが『出曜』心意品の第十五偈（七六〇中）に認められる。この偈の説明（七六〇中）「夫修行人、縦意遊逸、不能専一。正使聞法、不貫心懐。所謂、不絶無辺者。戒盗身邪也」に影響された『国一』（本縁部十一、『出曜経』、一六一頁、注六）は、第二句を「辺を絶無せず」と理解し、辺は戒盗身邪と共に五見を構成すると解釈している。ただ Dhammajoti はこの五見の考えに否定的である。Dhammajoti ［1995 : 123］を参照。

身有るも久しからず……寄住して何ぞ貪らん（三五3）『法喩』

心意品の第一偈（五八四中）。『出曜』無常品の第三十四偈（六二二下）に対応する。すなわち、

是身不久　還帰於地
神識已離　骨幹独存

またDhpは、

aciraṃ vat' ayaṃ kāyo paṭhaviṃ adhisessati /
chuddho apetaviññāṇo niratthaṃ va kaliṅgaraṃ //(Dhp 41)

ああ、この身体はまもなく地面に横たわるであろう。
打ち捨てられ、意識が去って、投げ捨てられた無用の丸太のように。

Dhp, pāda c の chuddho、Thig 468c の chuṭṭho、Uv I. 35c の śunyo、GDhp 153c の tuchu、PDhp 349c の chūḍo の語学的相違については Brough［1962：225］を参照。

さらにDhp, pāda d の niratthaṃ は Uv I. 35d では nirastaṃ（投げ捨てられた）とされているが、DhpA I. 321 では nirupakāraṃ（無益の）とあるから、S. nirartha-（役に立たない）の方であろう。この方が漢訳の第四句の「何貪」に意味的に近い。Brough［1962：225–226］を参照。

心は務めて処を造り……自ら為して患いを招く（二五5）『法喩』心意品の第二偈（五八四中）。またDhpは、

diso disaṃ yan taṃ kayirā verī vā pana verinaṃ /
micchāpaṇihitaṃ cittaṃ pāpiyo naṃ tato kare //(Dhp 42)

憎むものが憎むものに、あるいはさらに恨むものが恨むものに何をなそうと、
それよりもっと悪いことを、邪に向けられた心はその当人になすであろう。

是れ、意自ら造りて……福を為して回ること勿かれ（二五7）『法喩』心意品の第三偈（五八四中）、『出曜』心意品の第十偈（七五九下）、『法集』護心品の第十偈（七九五中）。またDhpは、

na taṃ mātā pitā kayirā aññe vāpi ca ñātakā /
sammāpaṇihitaṃ cittaṃ seyyaso naṃ tato kare //(Dhp 43)

母も父も、はたまた他の親族ですら出来ないこと、
それよりもっとよいことを、正しく向けられた心はその当人になすであろう。

この偈は先の第十偈と対をなすが、『出曜』や『法集』ではこの偈に対応する一偈だけである。『出曜』の説明（七五九下）では、「意造衆行、為身招患。為悪斯悪、斯由心造。亦非父母、兄弟宗族、僕従奴婢、之所為也。明審此者、乃知従邪、生此塵労。復不守護、使心不乱。」とある。

六を蔵すること亀の如く……勝たば則ち患い無し（二五9）『法喩』心意品の第四偈（五八四中―下）。一方『出曜』心意品の第二十五偈（七六二上）や『法集』護心品の第二十四偈（七九五下）は次のように異なる。すなわち、

観身如空瓶　安心如丘城
以叡与魔戦　守勝勿復失

また Dhp は、

kumbhūpamaṃ kāyam imaṃ viditvā
nagarūpamaṃ cittam idaṃ ṭhapetvā /
yodhetha māraṃ paññāvudhena
jitañ ca rakkhe anivesano siyā //(Dhp 40)

この身体を瓶のように〔脆いものと〕知り、この心を城のように〔守り堅固に〕保ち、智慧という武器で死魔と戦うべきである。そして、勝ち得たものを守るべきである。執著することがあってはならない。

Dhp の kumbha（瓶）は kumma（亀）と間違って伝わり『法句』のようになったのではなかろうか。GDhp 138B では、Uv XXXI. 35a の -mbh->G. -mm- という音韻変化をとって kumma となっている。ただ kumma はプラークリット一般では「亀」を意味するため、この偈だけから類推すると『法句』はガンダーラ語を経由して誤伝された可能性がある。榎本「『法句譬喩経』偈文の解釈研究（七）」『アーガマ』一二八号、一五六頁、Brough [1962 : 100] を参照。一方『出曜』や『法集』では「観身如空瓶」と「亀」ではなく「瓶」となっている。

華香品（二五11）　漢訳十七偈は Dhp の Puppha-vagga（華品）十六偈（Dhp 44-59）に対応する。ただ第三偈は、Dhp ではなく Uv の方に対応する。水野［一九八一］三〇三頁を参照。

孰れか能く地を択び……善き華を択ぶが如くするや（二五14）『法喩』華香品の第一偈（五八四下）、『出曜』華品の第一偈（七〇八中）、『法集』華喩品の第一偈（七八六上）。また Dhp は、

ko imaṃ paṭhaviṃ vijessati
yamalokaṃ ca imaṃ sadevakaṃ /
ko dhammapadaṃ sudesitaṃ
kusalo puppham iva-ppacessati //(Dhp 44)

誰がこの大地を征服するであろうか。〔誰が〕神々とヤマの世界を〔征服するであろうか。〕
巧みな者が花を摘むように、誰が善く説かれた真理の言葉を〔摘むであろうか。〕

Dhp で「征服する」を意味する vijessati は、Uv XVIII. 1a でも同じく vijeṣyate となっている。一方、漢訳では「選択する」意味

の「択」となっている。Uv の校訂者 Bernhard は異読として vicesyati を挙げているが、この語は「選択する」を意味することになる。漢訳の際の原本が -c- と -j- が交替していた可能性もあろう。この交替については、R. Pischel, *A Grammar of the Prakrit Languages*, tr. by S. Jha, 2nd ed. 1981, p. 173; Norman [1997: 72] を参照。

学ぶ者が地を択び……能く徳の華を採るがごとし（三五16）『法喩』華香品の第二偈（五八四下）、『出曜』華品の第二偈（七〇八下）、『法集』華喩品の第二偈（七八六上）。また Dhp は、

sekho paṭhaviṃ vijessati
yamalokaṃ ca imaṃ sadevakaṃ /
sekho dhammapadaṃ sudesitaṃ
kusalo puppham iva-ppacessati // (Dhp 45)

〔真理を〕学ぶ者が大地を征服し、また神々とヤマの世界をも〔征服するであろう。〕
巧みな者が花を摘むように、彼が実に善く説かれた真理の言葉を〔摘むであろう。〕

『出曜』の説明（七〇八下）「学者撰地者。所謂、向阿羅漢。云何名為地、所謂地者。愛種是也。学者執信、択選善地。除愛根本、自致成道。……捨鑑取天者。学人修行、従此世間。上至諸天。披求愛本。永断無余。天龍鬼神。八部将軍。其有愛者、皆能除断」に従えば、「学者」とは「阿羅漢に向かうもの」であり、「地」とは本来「愛の種」であるが、学者は信をもって「善き地」を選ぶとある。「愛の根本を除いて成道する」ということである。さらに天に昇るのは、愛の根本を求めて余すことなく断つ為であるとする。

世は坏に喩えられ……生死を覩ざらん（三六1）『法喩』華香品の第三偈（五八四下—五八五上）。『出曜』華品の第十七偈（七一〇下）は少し異なる。すなわち、

観身如坏　幻法野馬
断魔華敷　不覩死王

『法集』華喩品の第二十四偈（七八六中）も『出曜』に同じ。この偈は Dhp よりも Uv の方に近い。すなわち、

kumbhopamaṃ lokam imaṃ viditvā
maricidharmaṃ paribudhya caiva /
chitveha mārasya tu puṣpakāṇi
tv adarśanaṃ mṛtyurājasya gacchet // (Uv XVIII. 19)

この世界は水瓶のようなものだと知り、陽炎のような性格のものだと悟れば、
この世で悪魔の花を切って死王の眼の届かないところに行くで

あろう。
『出曜』の第四句は「不覩死王」、『法集』の第四句も「不覩死王路」とあり、Uv の読みにぴったりと対応する。一方、『法句』の第四句は「不覩生死」とある。この「生死」は元・明本では「死生」とあり、この「死生」は「死王」の間違いではないかと指摘する学者もいる。Dhammajoti [1995: 129, n. 9] を参照。

次に『法句』第二句の「幻法忽有」の「忽有」は、たちまちに存在するという意で、幻法の説明をしていると思われる。次の偈にも「幻法自然」とあり、やはり自然は幻法の説明をしていよう。『出曜』や『法集』は忽有の代わりに「野馬」（かげろう）とある。

身は沫の如く……生死を覩ざらん（三六3）　『法喩』華香品の第四偈（五八五上）。『出曜』華品の第十八偈（七一一上）、『法集』華喩品の第二十五偈（七八六中）。また Dhp は、

pheṇūpamaṃ kāyam imaṃ viditvā
marīcidhammaṃ abhisambudhāno /
chetvāna mārassa papupphakāni
adassanaṃ maccurājassa gacche // (Dhp 46)

この身体が泡沫のようなものであると知り、陽炎のような性格のものだと悟れば、
悪魔の花を切って死王の眼の届かないところへ行くであろう。

身病めば則ち萎むこと……水の湍に驟きが如し（三六5）　『出曜』華品の第十四偈（七一〇中―下）は少し異なり Dhp や Uv の方に近い。すなわち、

如有採華　専意不散
村睡水漂　為死所牽

その他『法集』華喩品の第十五偈（七八六中）を参照。また Dhp は、

pupphāni h' eva pacinantaṃ
vyāsattamanasaṃ naraṃ /
suttaṃ gāmaṃ mahogho va
maccu ādāya gacchati // (Dhp 47)

実に花を摘むのに夢中になっている人を、
死がさらって行く。眠っている村を洪水が〔さらって行くように。〕

貪欲厭くこと無く……自ら侵欺を為す（三六7）　『出曜』華品の第十五偈（七一〇下）は少し異なり Dhp や Uv の方に近い。すなわち、

如有採華　専意不散
欲意無厭　為窮所困

その他『法集』華喩品の第十六偈（七八六中）も同じ。また Dhp

は、

pupphāni h' eva pacinantaṃ vyāsattamanasaṃ naraṃ /
atittaṃ yeva kāmesu antako kurute vasaṃ // (Dhp 48)

実に花を摘むのに夢中になっている人が、
未だ望みを果たさないうちに、彼を死が征服する。

蜂の華を集むるに……仁の聚に入るも然り（三六9）『出曜』華品の第九偈（七〇九中）、『法集』華喩品の第九偈（七八六上）。また Dhp は、

yathāpi bhamaro puppham
vaṇṇagandhaṃ aheṭhayaṃ /
paleti rasam ādāya
evaṃ gāme munī care // (Dhp 49)

蜜蜂は〔花の〕色や香りを損なうことなく、汁を取って花から飛び去るように、聖者は村でそのように行動すべきである。

Dhp, pāda a の puppham について、中村博士は -aṃ を奪格とみるべきで、「花から」と訳すべきであるとしているが、Norman は pupphaṃ vaṇṇa-gandhaṃ を「分離複合語」(a split compound) と考える。すなわち「花の色や香りを」という意になる。中村〔一九七八〕八三頁、Norman [1997 : 73, n. 49] を参照。その他、この偈の対応一覧は、真柄〔一九八五〕五―六頁、Schmidt [1989 : 44–46] を参照。

彼れの作すと作さざるとを……正と不正とを知れ（三六11）『法集』華喩品の第十偈（七八六上）はわずかに異なる。すなわち、

不違他好悪　勿観作不作
但自観身行　若正若不正

また Dhp は、

na paresaṃ vilomāni na paresaṃ katākataṃ /
attano va avekkheyya katāni akatāni ca // (Dhp 50)

他人の過失を見ることなく、他人の為したことと為さなかったことを見ず、
ただ自分の為したことと為さなかったことだけを見るべきである。

Dhp, pāda d の katāni akatāni ca は、『法句』第四句の「知正不正」と対応していない。むしろ、GDhp 271d の samaṇi viṣamaṇi ca や、Uv XVIII. 9d の samāni viṣamāni ca（正と不正とを）の方に『法句』は対応する。その他、この偈の対応一覧は、真柄〔一九八五〕六頁、Schmidt [1989 : 46–47] を参照。

可意の華の……行ぜざれば得ること無し（三六13）『出曜』華品の第七偈（七〇九上）、『法集』華喩品の第七偈（七八六上）。また Dhp は、

yathāpi ruciraṃ pupphaṃ vaṇṇavantaṃ agandhakaṃ /
evaṃ subhāsitā vācā aphalā hoti akubbato //(Dhp 51)

美しく艶やかな花でも香りのないものがあるように、
そのように善く説かれた言葉でも、それを実行しない人には実りがない。

可意の華の……必ず其の福を得ん（二六15）『出曜』華品の第八偈（七〇九上）、『法集』華喩品の第八偈（七八六上）。また Dhp は、

yathāpi ruciraṃ pupphaṃ
vaṇṇavantaṃ sagandhakaṃ /
evaṃ subhāsitā vācā
saphalā hoti sakubbato //(Dhp 52)

美しく艶やかな花で、香りのあるものがあるように、
そのように善く説かれた言葉も、それを実行する人には実りがある。

多く宝花を作り……生まるる所、転た好し（二六17）『法喩』華香品の第五偈（五八五下）、『法集』華喩品の第十三偈（七八六上）。『出曜』華品の説明（七〇九中）に『法句』と同じ偈が認められる。ただし、第二句は「結歩瑤琦」とある。

また Dhp は、

yathāpi puppharāsimhā kayirā mālāguṇe bahū /
evaṃ jātena maccena kattabbaṃ kusalaṃ bahuṃ //(Dhp 53)

数多い花から多くの種類の花輪を作るように、
そのように死すべき人間として生まれたものは、多くの善を行うべきである。

『法喩』の第一句は「多作宝華」とある。この「華」を華鬘と理解すれば、「多く宝華を作りて、歩搖の綺なるに結ぶ」とも読めよう。ただ『法集』は Dhp とほぼ一致し、「多集衆妙華、結鬘為歩搖」とあることによれば、「きれいな花を集めて、それを結んで髪飾りとする」ということになる。

琦草、芳しき花とて……徳の人は遍く香る（二六19）『法喩』華香品の第六偈（五八五下）。『出曜』戒品の第十七偈（六五七中）、『法集』持戒品の第十八偈（七八〇下）。また Dhp は、

na pupphagandho paṭivātam eti
na candanaṃ tagaramallikā vā /
satañ ca gandho paṭivātam eti
sabbā disā sappuriso pavāti //(Dhp 54)

花の香りは風に逆らって進まない。栴檀、タガラ、ジャスミン〔の香りもそうである。〕

しかし善き人々の香りは風に逆らって進む。善者はあらゆる方向に香る。

旃檀、多香……戒の香りに如かず（三七2）『法喩』華香品の第七偈（五八五下）、『出曜』戒品の第十八偈（六五七下）、『法集』持戒品の第十九偈（七八〇下）。またDhpは、

candanaṃ tagaraṃ vāpi uppalaṃ atha vassikī /
etesaṃ gandhajātānaṃ sīlagandho anuttaro //(Dhp 55)

梅檀・タガラ・青蓮華・ヴァッシキー、
これら香りある種類のもののうちで、徳行の香りの方が比類ないほど優れている。

Dhpに現われるcandana, tagara, uppala, vassikī はすべてUv VI. 17, PDhp 122, J III. 291, Mil 333 にも共通して現われる。一方『法句』や『法喩』の「旃檀、多香、青蓮、芳花」は、『出曜』では「旃檀、多香、青蓮、芳華」とあり、『法集』では「烏鉢、嚩哩史、多誐羅、梅檀」とある。すなわち、candana（旃檀）、tagara（多香＝多誐羅）、uppala（青蓮＝烏鉢）、vassikī（芳花、芳華＝嚩哩史）となる。

『別雑』巻一（三七七上）でも「梅檀、沈水、優鉢羅、抜師」と同じ四種が出る。一方『雑含』巻三十八（二七九上）ではvassikīの代わりに「末利」(mallikā, ジャスミン）が出る。また『増一』巻十三（六一三下）や『戒徳』（五〇七下）ではtagaraの代わりに「木櫁」が出る。すなわち「梅檀、木櫁、優鉢（羅）、諸（雨）香」である。

『出曜』の説明（六五七下）では、旃檀や多香は根香に属し、青蓮や芳華は華香に属するとある。ところで、伽羅(S.agaru)は沈水香、沈香と訳されるが、これと多誐羅（＝多掲羅）(S.tagara)とは異なるとされる。またvassikī (S.vārṣikā) は木犀科の植物で夏時に開花し、白色にして香しきものとされ、mallikāと同じとされる。とすれば、『雑含』の原本も『出曜』等と同じものであった可能性も高い。また「木櫁」はS.devadāruで、ヒマラヤスギを指す。これが「多誐羅」と同じとは考えにくい。和久博隆『仏教植物辞典』国書刊行会、一九七九年、満久崇麿『仏典の植物』八坂書房、一九八五年を参照。

華の香気は微にして……天にも到り殊勝なり（三七4）『法喩』華香品の第八偈（五八五下）、『出曜』戒品の第十九偈（六五八上）。またDhpは、

appamatto ayaṃ gandho yāyaṃ tagaracandanī /
yo ca sīlavataṃ gandho vāti devesu uttamo //(Dhp 56)

タガラや梅檀に属する、この香りはごくわずかにすぎない。
しかし徳行ある人々の香りは神々のあいだで最上のものとして

香る。

戒、具さに成就し……長く魔道を離る（二七6）『法喩』華香品の第九偈（五八五下）、『出曜』戒品の第二十偈（六五八上）、『法集』持戒品の第二十偈（七八〇下）。また Dhp は、

tesaṃ sampannasīlānaṃ appamādavihārinaṃ /
sammadaññāvimuttānaṃ māro maggaṃ na vindati //(Dhp 57)

清らかな徳行を保ち、つとめ励んだ生活をし、
正しい智慧によって解脱した人々に、悪魔は近づけない。

『法句』第三句の「定意度脱」は少し問題である。『出曜』第二句は『法句』に同じであるが、『法集』第三句は「正智得解脱」とあり、「定意」ではなく「正智」となっている。一方、Dhp, pāda c も sammad-aññā-（正しい智）とあり、Uv VI. 19c も同じく samyag-ājñā-（正しい智）とある。これを対応する他の漢訳経典で調べると、『雑含』巻三十八（二七九上）第三句と、『別雑』巻一（三七七上）の第四句は「正智等(得)解脱」、『増一』巻十三（六一三下）第三句は「等智而解脱」とあり、いずれも「正しい智」を連想させるものばかりである。ところで対応する GDhp 297c は samadaña-（P. sammad-aññā-）とある。一方 P. samādāna は G. samadaṇa、P. samādhi は G. samadhi であることから類推して、おそらく『法句』の「定意」は P. samādhāna（定、精神統一）のガンダーラ語形と G. samadaña- を間違えて訳したのではあるまいか。また Dhammajoti は「定意」の「意」は「慧」の間違いではないかと指摘する。Dhammajoti [1995 : 131, n. 29] を参照。

田の溝を作るに……香潔にして可意なるが如く（二七8）『法喩』華香品の第十偈（五八六上）、『出曜』華品の第十二偈（七〇九下）。『法集』華喩品の第十一偈（七八六上）を参照。また Dhp は、

yathā saṃkāradhānasmiṃ ujjhitasmiṃ mahāpathe /
padumaṃ tattha jāyetha sucigandhaṃ manoramaṃ //(Dhp 58)

大道に捨てられた塵の堆積、
そこに大変香りのよい、麗しい蓮華が生じるように、

『法集』の第一、二句は「如田糞穢溝、而近于大道」とあり、「大道の近くの、糞穢がいっぱいの田の溝に蓮華が生じると、それは香りよく美しいように」という意であり、『法句』よりも Dhp の方により近い。

生死有るも然り……仏弟子と為る（二七10）『法喩』華香品の第十一偈（五八六上）、『出曜』華品の第十三偈（七〇九下）。『法集』華喩品の第十二偈（七八六上）を参照。また Dhp は、

evaṃ saṃkārabhūtesu andhabhūte puthujjane /
atirocati paññāya sammāsambuddhasāvako //(Dhp 59)

そのように塵のような存在の、目の不自由な凡夫のなかにあって、
正しく目覚めた仏の弟子は智慧によって輝く。

Dhp, pāda a に見られる evaṃ saṃkāra-bhūtesu の -bhūtesu は複数・処格であり、単数・処格の puthujjane と数が一致しない。そのため Norman は -bhūtesu を -bhūte su(<sma)と解釈する。Norman [1997 : 75, n. 59] を参照。また『法句』第一句の「有生死」は、P. saṃkāra-bhūtesu が P. saṃsāra-bhūtesu（輪廻の存在の）に誤ったのではないかと指摘されている。Willemen [1978 : 81, n. 12] を参照。

次に、漢訳はどれも第二句で「処辺」とし、Dhp, Uv XVIII. 13b, PDhp 136b はいずれも andha-bhūte とする。GDhp 304b も aña-hodi とあり、aña は andha と同一とされるから（例えば gañava=gandharva, Brough [1962 : 98]）、やはりこれも andha である。おそらく漢訳の際に、何らかの理由で anta-bhūte と解されたのかもしれない。

次に『法句』や『出曜』の第三句は「慧者楽出」とあり、『法集』第三句も「慧人愛出離」とあり、Dhp, pāda c の atirocati paññāya（智慧によって輝く）と異なる。GDhp 304c では、abhiroyadi praña'i とあり、この abhiroyadi は P. abhirocati に対応すると考えられる。この abhirocati は「喜ぶ、好む」という意であるから、漢訳の「楽」や「愛」は GDhp の原本から訳出された可能性が高い。Willemen は√ruc ではなく√ruh（昇る）の可能性を指摘する。Willemen [1978 : 81, n. 12] を参照。

愚闇品（二七12）　漢訳二十偈は Dhp の Bāla-vagga（愚闇品）十六偈（Dhp 60-75）に相当するものであるが、漢訳と Dhp とはかなりの出入りがある。この品に相当する品が Uv に存在しないこともその一因であろう。Uv では Anitya（無常）、Mitra（親友）、Karma（業）、Satkāra（利養）などの諸品に散在している。水野［一九八一］三〇三頁を参照。またこの品は二十一偈とあるが、最後の二偈は対応する Dhp に従って、六句一偈と考えられ、全体で二十偈となる。

寐ずんば夜は長く……正法を知ること莫ければ（二七15）　『出曜』無常品の第十九偈（六一六下）、『法集』有為品の第二十偈（七七七中）。また Dhp は、

dīghā jāgarato rattī dīghaṃ santassa yojanaṃ /
dīgho bālānaṃ saṃsāro saddhammaṃ avijānataṃ //(Dhp 60)

目が醒めている人には夜は長く、疲れている人には一ヨージャナの道のりは長く、
正しい真理を知らない愚かな人たちには生死は長い。

痴かの意は常に冥く……独りにして偶無し（三七17） Dhp 61と対応が見られるものの、Dhp は『法句』教学品の第十三偈（五五九下）の方により対応する。

愚人の数に着かば……我れを猶お怨むがごとし（三八2） Dhp 66と対応が見られるものの、Dhp は『法句』愚闇品の第九偈（五六三下）の方により対応する。ただし、この偈は『出曜』楽品の第二十七偈（七五六中）とも幾分対応する。すなわち、

如与愚従事　経歴無数日
与愚同居難　如与怨憎会
与智同処易　如共親親会

これに対応する Dhp 207 は、

bālasaṅgatacārī hi dīgham addhāna socati /
dukkho bālehi saṃvāso amitteneva sabbadā /
dhīro ca sukhasaṃvāso ñātīnaṃ va samāgamo //(Dhp 207)

実に愚者と共に歩む人は、長いあいだ憂う。
愚者らと共に住むのは苦しい。敵といつも〔共に住む〕ようなものだ。
しかし智者は一緒に住んで楽しい。親族らと出会うように。

Dhp, pāda e の dhīro ca sukhasaṃvāso（智者は一緒に住んで楽しい）は、Uv XXX. 26e では dhīrais tu sukha-saṃvāso とあり、PDhp 70e では dhīrā tu sukha-saṃvāsā とあり、訳しにくい箇所である。Norman [1997: 113, n. 207], Brough [1962: 235, n. 176] を参照。

その他『法集』楽品の第二十七偈（七九四下）、『出曜』親品の第十九偈（七三〇上―中）、『法集』善友品の第二十一偈（七九〇中）を参照。ちなみに『出曜』親品は、第十九偈（莫見愚聞声　亦莫与愚居　与愚同居難　猶如怨同処）の説明で（七三〇上）、仏陀が侍者の阿難と旅していたとき、はるかにデーヴァダッタ（調達）を見るや、道を変更した物語を伝えている。

また『法句』第四句の「於我猶怨」は Dhp 207d の amitteneva sabbadā（敵といつも〔共に住む〕ようなものだ）よりも、Dhp 66b の amitteneva attanā（敵のような自身とともに）の方に近いと思われる。

子有り、財有りと……何ぞ子や財を憂えんや（三八4）『法喩』愚闇品の第一偈（五八六中）。『出曜』無常品の第三十九偈（六二四中）の第三句には「命非我有」とある。『法集』有為品の第二十一偈（七七七中）を参照。また Dhp は、

puttā m' atthi dhanaṃ m' atthi iti bālo vihaññati /
attā hi attano n' atthi kuto puttā kuto dhanaṃ //(Dhp 62)

「私には息子たちがいる。私には財がある」と思って愚かな人は悩む。
自己でさえ自分のものではない。どうして息子たちが〔自分のものであろうか。〕財が〔自分のものであろうか。〕

暑きには当に此こに止まるべし……来たる変を知ること莫し（三八6）『法喩』愚闇品の第二偈（五八六中）、『出曜』無常品の第三十七偈（六二三下）。『法集』有為品の第三十七偈（七七七下）を参照。またDhpは、

idha vassaṃ vasissāmi idha hemantagimhisu /
iti bālo vicinteti antarāyaṃ na bujjhati //(Dhp 286)

「雨期の間はここで暮らそう、冬と夏にはここで〔暮らそう。〕」と愚者は思いめぐらし、障害があることに気づかない。

Dhp, pāda d の antarāyaṃ（障害）は DhpA III. 431 では jīvitantarāyaṃ（生命の障害）と、「死」の意味に解釈されている。

愚蒙にして愚かの極みなるは……是れを極愚と謂う（三八8）『法喩』愚闇品の第三偈（五八六中）、『出曜』無常品の第四十偈（六二四中）。同じく親品の第十七偈（七二九下）、『法集』善友品の第十八偈（七九〇中）を参照。またDhpは、

yo bālo maññati balyaṃ paṇḍito vāpi tena so /
bālo ca paṇḍitamānī sa ve bālo ti vuccati //(Dhp 63)

〔自らを〕愚者と思う愚者は、それによって彼は実に賢者である。一方、〔自らを〕賢者と思う愚者こそが〔真の〕愚者であると言われる。

第三句の「勝智」は『出曜』では両品の偈とも「称智」、『法集』も「称智」、『法喩』でも底本では「勝智」であるが宋・元・明三本や磧砂蔵本では「称智」とある。おそらくDhpやUv XXV. 22c, PDhp 184cにpaṇḍita-mānīとあるから、「称智」の方が適当であろう。本書の本文も「勝」を「称」に改める。

頑闇は智に近づくも……猶お法を知らず（三八10）『法喩』愚闇品の第四偈（五八六中）。『出曜』親品の第十二偈（七二九上）では次のようにある。すなわち、

愚者尽形寿　承事明智人
亦不知真法　如瓢斟酌食

一方『法集』善友品の第十三偈（七九〇上）の第四句は、「瓢」の代わりに「杓」（ひしゃく）が認められる。「杓」と「瓢」はどちらも「ひしゃく」の意で用いられている。『出曜』の説明（七二九上）にも、「是以聖人、以瓢為喩。終日酌物、不知鹹酢。喩彼愚者、雖遇賢聖、意迷心惑、不達正教」とあるから「瓢」は食物をくむ

道具ということになる。また Dhp は、

yāvajīvam pi ce bālo paṇḍitaṃ payirupāsati /
na so dhammaṃ vijānāti dabbī sūparasaṃ yathā //(Dhp 64)

愚者はたとえ一生涯、賢者に仕えたとしても、
道理を知ることはない。柄杓がスープの味を〔知ることはない〕ように。

開達は智に近づけば……即ち道の要を解せん（二八12）『法喩』愚闇品の第五偈（五八六中）。『出曜』親品の第十三偈（七二九中）には次のようにある。すなわち、

智者斯須間　承事賢聖人
一一知真法　如舌知衆味

『法集』善友品の第十四偈（七九〇上）も同じ。また Dhp は、

muhuttam api ce viññū paṇḍitaṃ payirupāsati /
khippaṃ dhammaṃ vijānāti jivhā sūparasaṃ yathā //(Dhp 65)

智者はたとえ瞬時でも賢者に仕えれば、
たちどころに道理を知る。舌がスープの味を〔知る〕ように。

愚人の施行は……自ら重き殃を致す（二八14）『法喩』愚闇品の第六偈（五八六中）。『出曜』行品の第十三偈（六七一上）には次のようにある。すなわち、

凡人為悪　不能自覚
愚痴快意　後受鬱毒

また Dhp は、

caranti bālā dummedhā amitteneva attanā /
karontā pāpakaṃ kammaṃ yaṃ hoti kaṭukapphalaṃ //(Dhp 66)

愚かで智慧のない者たちは、自身が敵であるかのように、
辛い果実を招く悪業をなしながら、歩いていく。

行うに不善を為さば……報いは宿習に由る（二八16）『法喩』愚闇品の第七偈（五八六中）。『出曜』行品の第十四偈（六七一上―中）を参照。また Dhp は、

na taṃ kammaṃ kataṃ sādhu yaṃ katvā anutappati /
yassa assumukho rodaṃ vipākaṃ paṭisevati //(Dhp 67)

それをなしてから後悔し、顔に涙して、泣きながらその報いを
受けるような行為は善く為されたものではない。

『法句』第二句の「見悔悋」に相当する『出曜』第二句は「自熾然」とある。Dhp の pāda b は anutappati、Uv IX. 14b も anutapyate、PDhp 175b も anutappati とあり、どれも「後悔する」の意で共通している。『法句』は原語の意を「後悔する」と訳し、『出

曜』第二句の「熾然」は「焼ける」(P.tappati) の意を採用したものと考えられる。

行うに徳や善を為さば……喜笑もて悦び習わん(二八18)『出曜』行品の第十五偈(六七一中)を参照。また Dhp は、

tañ ca kammaṃ kataṃ sādhu yaṃ katvā nānutappati /
yassa patīto sumano vipākaṃ paṭisevati //(Dhp 68)

一方、それをなして後悔せず、喜び楽しんで、その報いを受けるような行為は善く為されたものである。

過罪未だ熟さざれば……自ら大罪を受く(二九1)『出曜』悪行品の第十八偈(七四四下)には次のようにある。すなわち、

愚者自謂生　猶悪未成熟
悪以成熟満　諸苦亦復熟

『法集』罪障品の第十七偈(七九二中)も同じ。また、『法集』業品の第十四偈(七八二上)を参照。また Dhp は、

madhuvā maññatī bālo
yāva pāpaṃ na paccati /
yadā ca paccatī pāpaṃ
atha bālo dukkhaṃ nigacchati //(Dhp 69)

愚者は〔悪を為しても〕悪が熟さないかぎりは、それを蜂蜜のように考える。しかし悪が熟す時、愚者は苦しむ。

『法句』第二句の「恬惔」は『出曜』第一句の「自謂生」や『法集』第一句の「自謂正」に相当し、Dhp, pāda a の madhuvā maññatī (蜂蜜のように考える)、Uv XXVIII. 18a の madhuvad manyate に相当するようであるが、漢訳では「蜂蜜」の意が全く欠落している。GDhp 283c の mahoru mañati sadhu の mahoru を Dhp 69a の madhuvā と対応させて、これは本来 madhuraṃ (蜂蜜のような、甘い) から変化したものではないかという意見もあるが、やはり漢訳とは対応しない。ここでは『法句』の「恬惔」は P. maddava (S. mārdava, 柔和な) を、さらに『法集』の「正」は P.,S.sādhu (善い、G.sadhu) を容易に想起させることを指摘しておきたい。Brough [1962 : 262, n. 283], Norman [1997 : 77, n. 69] を参照。

愚かの所望する処……乃ち不善と知る(二九3)『法喩』愚闇品の第九偈(五八七上)。『出曜』行品の第十偈(六七〇中)、『法集』業品の第十二偈(七八二上)を参照。この偈は Uv に幾分対応する。

kurvaṃ hi manyate bālo naitaṃ māṃ āgamiṣyati /
sāmparāye tu jānāti yā gatiḥ pāpakarmaṇām //(Uv IX.10)

実に、愚者は〔悪業を〕為しながら、この〔悪業の果報〕は自

分にふりかかって来ないだろうと考える。

しかし、次世に〔生まれ変わる〕や、悪業を為す者たちの行き着く先を知る。

愚惷は悪を作して……罪熾燃と成る（二九5）『法喩』愚闇品の第八偈（五八七上）。『出曜』行品の第十一偈（六七〇下）、『法集』業品の第十三偈（七八二上）の他、『法句』悪行品の第二偈（五六四下）を参照。また Dhp は、

atha pāpāni kammāni karaṃ bālo na bujjhati /
sehi kammehi dummedho aggidaḍḍho va tappati //(Dhp 136)

さて愚者は、様々な悪い行為をなしながら、〔それらに〕気がつかない。

智慧のない者は自らの行為によって、火に焼かれたように苦しむ。

愚かは美食を好み……未だ一にも法を思わず（二九7）『出曜』広演品の第十六偈（七二六中）、『法集』広説品の第二十偈（七八九中）を参照。また Dhp は、

māse māse kusaggena bālo bhuñjetha bhojanaṃ /
na so saṃkhatadhammānaṃ kalaṃ nāgghati soḷasiṃ // (Dhp 70)

月々にクシャ草の先をもって、愚者が〔わずかの〕食物を取っても、

彼は真理を体得した人たちの十六分の一にも値しない。

Dhp, pāda c の saṃkhata-dhamma-（真理を体得した）に関して、このサンスクリット語形 saṃskṛta-dharma- は「有為法」という意になってしまい、全く逆の意味になる。この S.saṃskṛta を「すぐれた、洗練された」という意にとれなくもないが、少し無理なように思われる。一方、DhpA II. 63 では、saṃkhāta-dhammā（法を究めた）とあり、文意に適する。Uv XXIV. 20Ec には svākhyāta-dharmasya（教えをよく説いた）とあり、PDhp 385c には sākhāta-dhaṃmāṇāṃ、389c には sākkhāta- とある。また Brough は、G.saghasa-dhama'u（saṃkhyāta-dharma）は P.saṃkhāta に相当し、Dhp 70 の saṃkhata はこの saṃkhāta の間違いだとする。Brough［1962 : 310］を参照。

『出曜』や『法集』第三句は「彼不信於仏」とあり、『法句』と全く対応しないが、『法集』同品の第三十一偈（七八九下）第三句には「不見択滅法」とあり、『法句』の「思法」、DhpA の saṃkhāta（S.saṃkhyāta）に一致する。Norman［1997 : 78, n. 70］を参照。

愚かは念慮を生ずるも……報いに印章有り（二九9）『法句』利養品の第二偈（五七一下）、『出曜』利養品の第二偈（六八八下）、

『法集』利養品の第二偈（七八三下）を参照。また Dhp は、

yāvad eva anatthāya ñattaṃ bālassa jāyati /
hanti bālassa sukkaṃsaṃ muddham assa vipātayaṃ //
(Dhp 72)

愚者には技能の名声が生じても、ついには不利なことになってしまうだけである。
〔この名声は〕愚者の幸運を滅ぼし、彼の頭を破壊する。

Dhp は『法句』利養品の第二偈の方に対応する。

道に遠く欲に近づく者は……多く異なる姓より供えを取る（三九13）『法句』利養品の第五偈（五七一下）、『出曜』利養品の第三偈（六八八下）、『法集』利養品の第三偈（七八三下）を参照。また Dhp は、

asataṃ bhāvanam iccheyya
purekkhārañ ca bhikkhusu /
āvāsesu ca issariyaṃ
pūjā parakulesu ca //(Dhp 73)

彼は良くない者たちからは尊敬を望むであろう。比丘たちの間では傑出を、
住居にあっては権力を、他人の家では供養を〔望むであろう〕。

Dhp, pāda a の bhāvanam は DhpA II. 76 に従って saṃbhāvanaṃ（尊敬）の意味にとった。また『法句』第一句の「遠道」は Dhp, pāda a の asataṃ を訳したのであろう。

次に『法句』第二句の「為食在学名」は、同じ『法句』利養品第五偈の第二句では「貪養比丘」とあり、『出曜』第二句では「求望名誉称」、『法集』第二句では「苾芻勿羨之」とある。一方 Dhp, pāda b や PDhp 178b では purekkhārañ ca bhikkhusu とあり、Uv XIII. 3b では satkāraṃ caiva bhikṣuṣu（比丘たちのあいだでは尊敬を）とある。Uv の Satkāra-varga は『法句』『出曜』『法集』とも「利養品」と訳されているから、少なくとも『法句』の利養品の「貪養」の原語は satkāra (P. sakkāra) であったであろう。反対に『法句』の愚闇品の偈は、「食」を意味する bhikkhā と同根である bhikkhusu を「為食」と訳し、「在学」を「今学ぶ段階にあるもの」と解せば、pure-（時間的前）-kkhāra（為しおわること）を「在学」と訳した可能性もあろう。

最後に Dhp, pāda c の issariyaṃ（自在、権力）は、『法句』第三句では「貪猗」、同じ『法句』利養品の第三句では「慳意」、『出曜』第三句では「自興嫉」、『法集』第三句では「多愛恋」とある。一方、PDhp 178c では essariyaṃ、Uv XIII. 3c では mātsaryaṃ (P. macchariya, 慳、物惜しみ) とある。とすれば、『法句』利養品の「慳意」は Uv の mātsaryaṃ に対応する。ま

た『出曜』の「嫉」は容易に P. issā (S. īrṣyā) を想起させるから、何らかの誤解が訳出時にあったかもしれない。

以上のように、『法句』の愚闇品は Dhp や PDhp の方に近く、同じ『法句』の利養品は第一句を除けば Uv に近いと言えよう。

学ぶに二つの望みに堕すること莫かれ……但だ欲と慢とを増やさしむ（二九15）『法句』利養品の第六偈—七偈第一、二句（五七一下）は『出曜』利養品の第四—五偈第一、二句（六八九上—中）、『法集』利養品の第四—五偈第一、二句（七八三下）に同じ。また Dhp は、

mam' eva kata maññantu gihī pabbajitā ubho /
mam' evātivasā assu kiccākiccesu kismici /
iti bālassa saṃkappo icchā māno ca vaḍḍhati // (Dhp 74)

「〔これは〕私だけによって為されたと、在家者・出家者の両者は考えよ。
為されるべき、為されざるべきことに関しては、何であれ、〔彼らは〕私のみの意向に従うべきである」
というのが愚者の考えである。〔こうして〕欲望と高慢が増大する。

Dhp, pāda a の mam' eva kata は意味が取りにくい。むしろ Uv XIII. 4-5ab の pāda ab の mām eva nityaṃ jāniyur gṛhī pravrajitas tathā（在家者も出家者も、私のことだけを常に知るべきである）の方がすっきりとしている。PDhp 179a では mameva katamannentu となっている。Dhammajoti は『法句』の禁止を表わす「莫」に着目し、Dhp の mam'（私の）は S., P. mā（〜してはならない）と誤訳した可能性を指摘する。Dhammajoti [1995: 138, n. 26] を参照。

利を求むるの願い異なれば……終に生死に堕せず（二九18）『法句』利養品の第七偈第三、四句—第八偈（五七一下）は『出曜』利養品の第五偈第三、四句—第六偈（六八九中）にほぼ同じ。『法集』利養品の第五偈第三、四句—第六偈（七八三下）を参照。また Dhp は、

aññā hi lābhūpanisā aññā nibbānagāminī /
evam etaṃ abhiññāya bhikkhu buddhassa sāvako /
sakkāraṃ nābhinandeyya vivekam anubrūhaye // (Dhp 75)

実に利益を得る手段とニルヴァーナに至る〔手段〕とは別々のものである。
このようにこのことを理解すると、仏陀の弟子である比丘は、尊敬を喜ぶべきではない。孤独の境地を実習すべきである。

この aññā... aññā は「別々のものである」と訳すことができよう。そうすれば『法句』の第一、二句の「○○異、○○異」も「別々

のものである」という意味にとってよかろう。

Dhp, pāda e•f は『法句』の第五、六句と対応せず、同じ『法句』利養品の第八偈第三、四句の「不楽利養　閑居却意」の方に対応する。

明哲品（三〇2）　この品十七偈は Dhp の Paṇḍita-vagga（賢者品）十四偈（Dhp 76-89）に順序通り対応する。ただし漢訳の第六、十二の二偈は Dhp にも Uv にも対応偈がないから、おそらく所属部派不明の『法句経』から訳出されたものであろう。さらに Uv にはこの品に対応する独立の品がなく、種々の品の偈に散在している。水野［一九八一］三〇四頁を参照。ただ漢訳の第一から第三偈は Dhp と対応しているとは考えにくい。

深く善悪を観じ……終に吉にして憂い無けん（三〇4）　水野博士はこの偈と次の偈とを併せて一偈とし、それが達意的ではあるが、Dhp 76 と対応すると述べている。水野［一九八一］三二一―三二二頁を参照。ただ内容的にかなりの開きがあり、両偈を一偈とすることも、さらにそれが Dhp 76 と対応することにもなかなか納得しにくい。Dhammajoti、中谷博士もともに二偈に分け、対応する Dhp, Uv はないと考えている。Dhammajoti [1995 : 142]、中谷［一九八八］三〇〇頁を参照。

善を信じ、福を作し……久しくして必ず彰らかならん（三〇8）　水野博士はこの偈が、達意的ではあるが、Dhp 77 と対応すると述べている。水野［一九八一］三二一頁を参照。ただ内容的にかなりの開きがあり、博士の説には納得しかねる。Dhammajoti、中谷博士もともに、対応する Dhp, Uv はないと考えている。Dhammajoti [1995 : 142]、中谷［一九八八］三〇〇頁を参照。

常に無義を避け……上士に狎附せよ（三〇10）　『出曜』親品の第三偈（七二七下）、『法集』善友品の第三偈（七八九下―七九〇上）には次のようにある。すなわち、

不親悪知識　不与非法会
親近善知識　恒与正法会

また Dhp は、

na bhaje pāpake mitte na bhaje purisādhame /
bhajetha mitte kalyāṇe bhajetha purisuttame // (Dhp 78)

悪い友らと交わるべきでない。最低の人らと交わるべきでない。
善い友らと交わるべきである。最高の人らと交わるべきである。

この偈は意味がとりやすいので、原語がどのように漢訳されているのかを調べるには好都合である。すなわち、Dhp 78a の pāpake mitte（悪い友ら、PDhp 205a, pāpake mitre ; Uv XXV. 3a, pāpakaṃ mitraṃ）は『法句』では「無義」、『出曜』や『法集』では「悪知識」とあり、Dhp 78b の purisādhame（最低の人ら、

PDhp 205b, puruṣādhame ; Uv XXV. 3b, puruṣādhamam) は、『法句』では「愚人」、『出曜』や『法集』では「非法会」とあり、Dhp 78c の mitte kalyāṇe (善き友ら、PDhp 205c, praṃñe medhāvī; Uv XXV. 3c, mitraṃ kalyāṇaṃ) は、『法句』では「賢友」、『出曜』や『法集』では「善知識」とあり、Dhp 78d の purisuttame (最高の人ら、PDhp 205d, puruṣottame ; Uv XXV. 3d, uttamapūruṣam) は、『法句』では「上士」、『出曜』や『法集』では「正法会」とある。

このうち、『出曜』や『法集』の「非法会」や「正法会」は注目すべきである。「非法」はS.adharma, P.adhamma に、「正法」は S. dharma, P.dhamma に対応するが、ガンダーラ語では dhama となる。おそらく『出曜』や『法集』の訳者はこの adhama を「最低の」ではなく「非法」と解したのであろう。さらに S. puruṣa, P.purisa (人) と S.pariṣad, P.parisā, parisa, G. pariṣa (衆、集会、人々) との混同を指摘したい。これにより『出曜』や『法集』の「会」という訳語になったのではあるまいか。

『出曜』の説明(七二七下—七二八上)では、「非法会」は「非法人者、五無救罪。無戒、無信、無聞、無慧、無施」とあり、「正法会」は「所謂正法会、仏、辟支仏、声聞、是他」とある。

法を喜べば臥すこと安く……慧あるは常に行を楽しむ (三〇12) 『出曜』楽品の第十五偈(七五四下)、『法集』楽品の第十五偈(七九四中)を参照。また Dhp は、

dhammapīti sukhaṃ seti vipasannena cetasā /
ariyappavedite dhamme sadā ramati paṇḍito // (Dhp 79)

真理を喜ぶ人は心清らかにして、安らかに臥す。
聖者によって説かれた真理を賢者は常に喜ぶ。

この中で dhamma-pīti は、『法句』では「喜法」、『出曜』や『法集』では「愛法」とある。これは Uv XXX. 13a の dharma-prītiḥ、PDhp 348a の dhamma-prīti-rasaṃ、GDhp 224a の dhama-pridi がすべて prīti (喜ぶ) となっていることからも理解できる。ただ DhpA II. 126 では dhamma-pāyako, dhammaṃ pivanto と「飲む」の意に解している。Brough 教授はおそらく S. -pīti と -prīti 両方の意味を伝えることを意図したのであろうと述べている。Brough [1962 : 244], Norman [1997 ; 82, n. 79], Dhammajoti [1995 : 142] を参照。

次に『法句』第三句の「聖人演法」は、Dhp の pāda c を直訳したものと考えられる。むしろ、『出曜』や『法集』の「賢聖所説法　智者所娯楽」の方が理解しやすく、Dhp や Uv の意に近い。

弓工は角を調え……智者は身を調う (三〇16) 『法喩』明哲品の第一偈(五八七中)、『出曜』水品の第十偈(七〇七下)、『法集』

水喩品の第十偈（七八五下）。また Dhp は、

udakaṃ hi nayanti nettikā
usukārā namayanti tejanaṃ /
dāruṃ namayanti tacchakā
attānaṃ damayanti paṇḍitā //(Dhp 80)

実に水道を作る人らは水を導き、矢を作る人らは矢を矯め、
木匠らは木を矯め、賢者らは自己を整える。

Dhp, pāda a は、Uv XVII. 10a では、udakena nijanti nejakā（洗濯屋は水をもって洗濯し）とあり、どちらも漢訳の「水人調船」と対応しない。ただ『増一』巻三十一（七二一中）だけが「水人能調水」とある。

譬えば厚き石は……毀誉に傾かず（三1）『法喩』明哲品の第二偈（五八七中—下）、『出曜』双要品の第三十八偈（七五二上）、『法集』相応品の第四十三偈（七九四上）。また Dhp は、

selo yathā ekaghano vātena na samīrati /
evaṃ nindāpasaṃsāsu na samiñjanti paṇḍitā //(Dhp 81)

あたかも厚い石は風によって動じないように、
賢者たちは非難と賞賛とに動揺しない。

『法句』第一句の「厚石」は、『出曜』や『法集』では「安明山」、『増一』巻三十一（七一八下）では「大方石」とある。Willemen[1978: 139, n. 43]はこの「安明山」を安けく明るき山、すなわち須弥山(S. Sumeru) の訳語と考える。『出曜』の説明（七五二上）も「如彼安明山、峙立安固。終不為風所動」と固有名詞にとる。

譬えば深き淵は……心浄くして歓然たり（三3）『法喩』明哲品の第三偈（五八七下）、『出曜』水品の第十一偈（七〇八上）、『法集』水喩品の第十一偈（七八五下）。また Dhp は、

yathāpi rahado gambhīro vippasanno anāvilo /
evam dhammāni sutvāna vippasīdanti paṇḍitā //(Dhp 82)

あたかも深い湖が澄んで、清らかであるように、
そのように賢者たちは真理を聞いてこころ清らかである。

大人は無欲を体とし……高ぶらずして其の智を現ず（三5）『法喩』明哲品の第四偈（五八八上）。『出曜』楽品の第四十六偈（七五八中）、『法集』楽品の第四十六偈（七九五中）を参照。また Dhp は、

sabbattha ve sappurisā vajanti
na kāmakāmā lapayanti santo /
sukhena phuṭṭhā athavā dukhena
na uccāvacaṃ paṇḍitā dassayanti //(Dhp 83)

実に偉大な人たちはあらゆる所に行き、立派な人たちは愛欲への欲望から浮言することはない。

楽または苦に遭っても、賢者たちは高ぶったり落ち込んだりした様子を見せない。

Dhp の以前のテクスト（ed. by S.Sumaṅgale Thera, PTS, 1914）では、pāda a は vajanti ではなく、cajantī（捨てる）となっている。この方が『出曜』の「不著欲垢穢」、『法集』の「不著一切垢」に対応しているように思える。ただ Dhp の最新の校訂者 Norman は Brough の説に従っている。Brough は「遊行者」(parivrājaka)、「遊行する」(parivrajanti) を詩的に表現したものが、sarvatra vrajanti であったろうと述べている。これは GDhp 226a の vivedi に着目したものである。Brough [1962 : 245] を参照。

大賢は世事無く……邪なる富貴を貪らず（三7）『法喩』明哲品の第五偈（五八八中）。また Dhp は、

na attahetu na parassa hetu
na puttam icche na dhanaṃ na raṭṭhaṃ /
na iccheyya adhammena samiddhim attano
sa sīlavā paññavā dhammiko siyā //(Dhp 84)

自分の為にも他人の為にも息子や財や王国を望むべきでない。非法によって自身の繁栄を望むべきではない。彼は戒あり、慧あり、真理に従った者であるべきである。

智人は、動揺すること……色に随いて其の素を染めん（三9）『法喩』明哲品の第六偈（五八八中）。

世は皆な淵に没し……必ず奔るのみ（三11）『出曜』双要品の第二十八偈（七五一上）、『法集』相応品の第二十七偈（七九三中）を参照。また Dhp は、

appakā te manussesu ye janā pāragāmino /
athāyaṃ itarā pajā tīram evānudhāvati //(Dhp 85)

人々のうちで彼岸に達する人は少ない。一方これらの他の人たちは岸にそって走るだけである。

Dhp や Uv XXIX. 33, PDhp 261 に直接対応するのは、『雑含』巻三十七（二七四下）である。すなわち、

少有修善人　能度於彼岸
一切衆生類　駈馳走此岸

誠に道を貪る者は……死を脱するを上と為す（三13）『出曜』双要品の第二十九偈（七五一中）、『法集』相応品の第二十八偈（七九三中）には次のようにある。すなわち、

諸有平等説　法法共相観
尽断諸結使　無復有熱悩

また Dhp は、

ye ca kho sammadakkhāte

dhamme dhammānuvattino /
te janā pāram essanti
maccudheyyaṃ suduttaraṃ // (Dhp 86)

しかし真理が正しく説かれたときに、真理に従う人々は、
彼岸に赴くであろう。死の領域は非常に渡り難い。

『法句』第三、四句の「此近彼岸　脱死為上」は、ほとんど Dhp, pāda cd の直訳に近い。これに対して『出曜』や『法集』の第三、四句は内容が異なるので、異なる内容の原本からの訳であったろうと思われる。

ところで『法句』第四句の「為上」は注目すべきであろう。Uv XXIX. 34d は mṛtyudheyasya sarvaśaḥ とあり、「為上」とは全く関係がない。しかし Dhp, pāda a の samma-d- akkhāte のように -d- が母音の間に現われることから考えれば、Dhp, pāda d も su-d-uttaraṃ と読め、『法句』の「為上」も納得がいく。この -d- については、Norman [1997: 75, n. 57] を参照。

一方、『出曜』や『法集』第一、二句の「諸有平等説　法法共相観」は Dhp よりも Uv, pāda ab の ye tarhi samyag ākhyāte dharme dharmānudarśinaḥ（実に真理が正しく説かれたときに、真理を見る人たちは）に近い。

五陰の法を断ち……猗を棄つるは其れ明し（三15）『法句』放逸品の第二十偈（五六二下）、『出曜』雑品の第十二偈（七〇五上）、『法集』清浄品の第十一偈（七八五中）を参照。

『法句』第一句「五陰法」は少し注意を要しよう。これは対応する Dhp 87a では kaṇhaṃ dhammaṃ、Uv XVI. 14a では kṛṣṇāṃ dharmāṃ、PDhp 263a では kihne dhamme とすべて「黒法」となっている。一方、「五陰法」は、対応するサンスクリット語やパーリ語としては、pañca-skandha-dharma/pañca-khandha-dhamma が考えられる。さらに、GDhp 56b には、対応する Dhp 374b の khandhānaṃ に対して kaṇaṇa とある。おそらく kaṇha, kihna に相当するガンダーラ語とこの kaṇaṇa とが混同して、訳出時にこのような結果が生じたのであろう。Dhammajoti [1995: 144, n. 21]、水野［一九八一］三二一―三二三頁を参照。

また Dhp 87c の oka（家）が『法句』で「淵」と訳されることについては、『法句』放逸品の第二十偈の補註を参照。

情欲を抑制し……意をして慧為らしむ（三17）Dhp は、

tatrābhiratim iccheyya hitvā kāme akiñcano /
pariyodapeyya attānaṃ cittaklesehi paṇḍito // (Dhp 88)

愛欲を捨てて無一物となってそこに喜びを求めるべきである。
賢者は自己を心の煩悩から浄化すべきである。

学びて正智を取り……是れは度世を得（三19）『出曜』心意品の第二十七偈（七六二中）には次のようにある。すなわち、

心念七覚意　等意不差違
当捨愚惑意　楽於不起忍
尽漏無有穢　於世取滅度

『法集』護心品の第二十六偈（七九五下—七九六上）も同じ。また Dhp は、

yesaṃ sambodhi-aṅgesu sammā cittaṃ subhāvitaṃ /
ādānapaṭinissagge anupādāya ye ratā /
khīṇāsavā jutimanto te loke parinibbutā //(Dhp 89)

悟りの肢体に心を正しくおさめ、
執著なく執取を捨てることを喜び、
煩悩を滅ぼして輝く人たちは、この世において完全に解脱している。

『法句』第三句の「受諦」の「諦」（真理）が、Dhp, pāda c の -paṭinissagge（捨離）に対応すると考えれば、ādāna（受けとること）は「受」に対応し、「捨離という真理を受け」と、『法句』の訳者は考えた可能性もあろう。

『法句』第四句の「不起」は Dhp, pāda c の anupādāya（執著なく）の直訳のように推察される。ただ「不起」や「無生」に相当する原語は、S.anutpāda, P.anuppāda であり、anuppāda の -pp- と anupādāya の -p- との混同があったと考えられる。『出曜』や『法集』には「不起忍」とあり、『出曜』の説明（七六二中）に、「不著色想、乃応道真楽捨、不起法忍。無生滅意、乃入道室」とある。Willemen [1978 : 156, n. 26] は、これを「無生法忍」(anutpattika-dharma-kṣānti) と同義と考える。

羅漢品（三3）　この品の十偈は Dhp の Arahanta-vagga（羅漢品）の十偈（Dhp 90-99）と順序通りに相当している。一方、Uv には相当する品がない。このことより、この品は明らかに Dhp から訳出されたことが分かる。水野［一九八一］三〇四頁を参照。

憂患を去離し……冷ややかにして煖かきこと無けん（三5）『出曜』双要品の第三十偈（七五一中）、『法集』相応品の第二十九偈（七九三下）には次のようにある。すなわち、

行路無復憂　終日得解脱
一切結使尽　無復有衆悩

また Dhp は、

gataddhino visokassa vippamuttassa sabbadhi /
sabbaganthappahīnassa pariḷāho na vijjati //(Dhp 90)

旅路を終え、憂いなく、あらゆる点で自由になり、
一切の束縛のなくなった人には、熱悩は存在しない。

『法句』第一句の「去」は単独でDhpのgataddhinoを訳している可能性もある。『出曜』や『法集』では「行路」とあり、Dhp, Uv XXIX. 35aのgatādhvano、PDhp 86aのgataddhunoに対応している。Willemen [1978 : 138, n. 29] は、聖者の四段階を去った者、すなわち阿羅漢（P.arahant）と同義とする。

心浄くして念を得……雁の池を棄つるが如し（三7）『出曜』水品の第一偈（七〇六下）。『法集』水喩品の第一偈第四句（七八五下）には「如鵝守枯池」とあり、文意が異なる。またDhpは、

uyyuñjanti satīmanto na nikete ramanti te /
haṃsā va pallalaṃ hitvā okamokaṃ jahanti te //(Dhp 91)
心を集中する者たちは努めはげむ。彼らは家の生活を喜ばない。
彼らはハンサ鳥が湖を去るように、彼らは家々を捨てる。

Uv XVII. 1dはhy okam oghaṃ jahante teとある。oka（S. okas）は「家」と同時に「喜び」を意味し、oghaは「流れ」を意味する。このokaが「淵」と漢訳されることについては、『法句』放逸品の第二十偈（五六二下）を参照。

腹に量りて食い……遠く逝くに礙げ無し（三9）『出曜』双要品の第二十五―二十六偈（七五〇下―七五一上）、『法集』相応品の第二十四―二十五偈（七九三中）を参照。またDhpは、

yesaṃ sannicayo n' atthi ye pariññātabhojanā /
suññato animitto ca vimokho yesaṃ gocaro /
ākāse va sakuntānaṃ gati tesaṃ durannayā //(Dhp 92)
財を蓄えることなく、食物を遍知し、
その人の境地が空であり、特徴のない（無相）解脱であるならば、
彼らの行方は付き従い難い。虚空の鳥たちの〔行方〕のように。

世間の習尽き……暫く下りるも輒ち逝くが如し（三12）『出曜』双要品の第二十五―二十六偈（七五〇下―七五一上）、『法集』相応品の第二十四―二十五偈（七九三中）を参照。またDhpは、

yassāsavā parikkhīṇā āhāre ca anissito /
suññato animitto ca vimokho yassa gocaro /
ākāse va sakuntānaṃ padaṃ tassa durannayaṃ //(Dhp 93)
その人の汚れは完全に消え、食物にたよらず、
その人の境地が空であり、特徴のない（無相）解脱であるならば、
彼らの足跡は付き従い難い。虚空の鳥たちの〔足跡〕のように。

根を制して止に従うは……天の敬う所と為る（三15）『法句』象喩品の第十七偈（五七〇下）を参照。またDhpは、

yass' indriyāni samathaṃ gatāni

assā yathā sārathinā sudantā /
pahīnamānassa anāsavassa
devāpi tassa pihayanti tādino //(Dhp 94)
馬が御者によってよく調御されるように、その人の感覚器官が
静まり、
慢心を捨て、煩悩のなくなった、そのような境地にある人を、
神々でさえも羨む。

一般に「止観」(P. samatha-vipassanā, BSk. śamatha-vipaśyanā)の意とされる samatha を、『法句』でも「止」と訳している。ただし、宋・元・明三本では「正」とあり、Uv XIX. 3a でも samatāṃ gatāni（均衡した状態になり）、PDhp 89a でも samataṃ gatāni とあるから、訳出時の原語は samata- に近いものであったかもしれない。

一方、第三句の「捨憍慢習」は「憍慢の習を捨てる」とも読めるが、Dhp 等に従って、「憍慢と習を捨てる」と理解した。「習」は、Dhp の āsava（漏、煩悩）に対応する。

怒らざること地の如く……生死の世を絶つ（三17）『法句』泥洹品の第二十三偈（五七三下）、『出曜』水品の第十二偈（七〇八中）、『法集』水喩品の第十三偈（七八五下）を参照。また Dhp は、

pațhavīsamo no virujjhati
indakhīlūpamo tādi subbato /
rahado va apetakaddamo
saṃsārā na bhavanti tādino //(Dhp 95)
彼は大地のように怒ることなく、門柱のように〔不動であり、〕
そのような〔尊ぶべき〕人であり、善き誓いを保ち、
泥のない湖のようである。そのような境地にある人には輪廻は
存在しない。

Uv XVII. 12b に tāyī kīlavad aprakampayaḥ（門柱のように不動）とある。同じ『法句』泥洹品の第二句には「行忍如門閾」とあり、indakhīla（門柱）は訳されているが「不動」の語は認められない。一方、『出曜』第二句は「不動如安明」とあり、「猶如安明、独処衆山。不為暴風、所傾動。賢聖之人、亦復如是」と説明する。この「安明山」は須弥山（Sumeru）を指すから、やはり『法句』と同じく「山」である。この門柱が不動の比喩として用いられることは Sn 229 にも認められる。すなわち、

yath' indakhīlo paṭhaviṃ sito siyā
catubbhi vātehi asampakampiyo /(Sn 229ab)
あたかも地中に埋め込まれた門柱が、
四方からの風にも動揺されないように、……

中村博士［一九八四］三〇一頁は、城門の外に立つ柱が indakhīla

と呼ばれ、この比喩の用法はインド・ヨーロッパ語族に共通していると指摘されている。ただ中国にあってはこの門柱よりも山の方が不動の比喩としては適切であったろうと考えられる。ここでは、それにならったものか。

さらにDhp, pāda c の rahado は「湖」と訳されるが、何らかの理由で訳出時の原本が arahato に近いものであれば、「真人」と訳される可能性もあろう。ガンダーラ語では araha (S.arhant-), arahada (S. arhantaṃ), arahadi (S. arhati), arahadu (S. arhatāṃ) とあり、語頭の a- を除けば、「湖」を意味する rahada に酷似する。しかし、P.rahada はガンダーラ語では rada となり、-ha- の欠落が生じてしまうことも考慮しなければならない。『法句』泥洹品の第三句は「浄如水無垢」、『出曜』第三句も「澄如清泉」と「湖」であり、「真人」ではない。Dhammajoti [1995: 148, n. 13]、水野 [一九八一] 三二四頁を参照。

心は已に休息し……寂然として滅に帰す (三2) 『法喩』羅漢品の第一偈 (五八八下)。『出曜』心意品の第三十四偈 (七六三上)、『法集』護心品の第三十三偈 (七九六上) を参照。また Dhp は、

santaṃ tassa manaṃ hoti santā vācā ca kamma ca /
sammadaññāvimuttassa upasantassa tādino // (Dhp 96)

正しい智慧によって解脱して、静寂になった人、そのような人の、心は静かであり、言葉も静かであり、行いも〔静かである〕。

欲を棄て着無く……是れを上人と謂う (三4) 『法喩』羅漢品の第二偈 (五八八下)。『出曜』双要品の第二十三偈 (七五〇下)、『法集』相応品の第二十二偈 (七九三中) を参照。また Dhp は、

assaddho akataññū ca sandhicchedo ca yo naro /
hatāvakāso vantāso sa ve uttamaporiso // (Dhp 97)

欲望なく、作られざるもの (=涅槃) を知り、生死の絆を断ち、〔再生の〕機会を断ち、欲望を捨て去った人、彼こそ実に最上の人である。

この Dhp は「信仰心なく、恩を知らず、家の隙間の破壊者 (=押し込み強盗) であり、好機をだいなしにし、吐き出した物を食べる者、彼こそ実に極度の大胆さのある者である」という否定的な意味をも兼ねている。この矛盾に注目した原實教授の論文が最近出版された。Minoru Hara, "A Note on Dhammapada 97," *Indo-Iranian Journal*, Vol.35 (1992), pp.179-191. 原教授は、この偈が二重の意味 (śleṣa) を持っていることを明確に指摘した K. R. Norman の説を、後の注釈文や漢訳文献を援用して補強し、さらに最後の uttama-poriso という語を中心に論証している。この二重の意味とは、肯定的な意味 (uttamārtha) と否定的な意味 (hīnārtha) である。『法句』が前者であるのに対して、『出曜』や

『法集』の方は後者を採用している。すなわち、

無信無反復　穿牆而盗窃
断彼希望意(思)　是名為勇士　　（ ）は『法集』の読み。

Norman [1997 : 87. n. 97] を参照。

聚に在りても若しくは野も……祐けを蒙らざること莫し（三6）『法喩』羅漢品の第三偈（五八八下）、『出曜』双要品の第十八偈（七五〇上）。また Dhp は、

gāme vā yadi vāraññe
ninne vā yadi vā thale /
yatth' arahanto viharanti
taṃ bhūmiṃ rāmaṇeyyakaṃ // (Dhp 98)

村にせよ、林野にせよ、低地にせよ、高地にせよ、
聖者たちが住む土地は楽しい。

彼れは空閑を楽しむも……欲求する所無し（三8）『法喩』羅漢品の第四偈（五八八下）。『出曜』双要品の第十七偈（七四九下―七五〇上）、『法集』相応品の第十七偈（七九三中）を参照。また Dhp は、

ramaṇīyāni araññāni yattha na ramatī jano /
vītarāgā ramissanti na te kāmagavesino // (Dhp 99)

林野は楽しい。俗人が楽しまない所で、
執著を離れた人たちは楽しむであろう。彼らは愛欲を求めないからである。

述千品（三10）　この品の十六偈は、Dhp の Sahassa-vagga（千品）の十六偈（Dhp 100-115）と順序通りに合致し相応している。それ故この品は Dhp から訳されたと言えよう。また、この品は、内容的には Uv の Peyāla-varga（広説品）にも相当している。水野［一九八一］三〇四頁を参照。

ところでこの品は大衆部系説出世部の仏伝、梵文『マハーヴァストゥ』(Mahāvastu=Mv)にも、dharmapadeṣu sahasravargaṃ bhāṣati（ダルマパダのうちの千品を説く）(Mv III. 434) で始まる形式で現われる。この Mv の全二十四偈は、配列順序や内容の点で、他の系統の『法句経』よりも『仏本行集』（八五六中―下）の偈文と似ていることが指摘されている。田辺(斉藤)和子「『法句経』の「千品」と『仏本行集経』」『印度学仏教学研究』、十九―二（一九七一年）一六〇―一六二（六四九―六五一）頁を参照。

千言を誦すと雖も……滅す可きには如かず（三13）『法喩』述千品の第一偈（五八九中）。『出曜』広演品の第一偈（七二四下）、『法集』広説品の第一偈（七八九上）を参照。また Dhp は、

sahassam api ce vācā anatthapadasaṃhitā /
ekaṃ atthapadaṃ seyyo yaṃ sutvā upasammati // (Dhp

100)
無益な語句を連ねた言葉なら、たとえそれが千あったとしても、
聞いて寂静を得る有益な語句一つの方がすぐれている。

千章を誦すと雖も……度す可きには如かず（三三15）『法喩』述千品の第二偈（五八九中）。『出曜』広演品の第一偈（七二四下）、『法集』広説品の第一偈（七八九上）。また Dhp は、

sahassam api ce gāthā anatthapadasaṃhitā /
ekaṃ gāthāpadaṃ seyyo yaṃ sutvā upasammati // (Dhp 101)

101)
無益な語句を連ねた詩なら、たとえそれが千あったとしても、
聞いて寂静を得る有益な詩句一つの方がすぐれている。

多く経を誦すと雖も……行ずれば道を得可し（三三17）『法喩』述千品の第三偈（五八九中）。『出曜』広演品の第二偈（七二五上）、『法集』広説品の第二偈（七八九上）。また Dhp は、

yo ca gāthāsataṃ bhāse anatthapadasaṃhitā /
ekaṃ dhammapadaṃ seyyo yaṃ sutvā upasammati // (Dhp 102)

102)
無益な語句を連ねた詩を百語るよりも、
聞いて寂静を得る、ものの道理を説く語句一つの方がすぐれている。

千千を敵と為し……〔彼れは〕戦中の上為り（三四2）『出曜』我品の第三偈（七二三上）、『法集』己身品の第三偈（七八八中）。また Dhp は、

yo sahassaṃ sahassena saṅgāme mānuse jine /
ekañ ca jeyya-m-attānaṃ sa ve saṅgāmajuttamo // (Dhp 103)

103)
戦場において千回千人に勝つとしても、
ただ一人の自己に勝てば、彼こそ、実に最上の戦場の勝利者である。

自らに勝つは最も賢なり……自らを損えて終わりに至る（三四4）『出曜』我品の第四偈（七二三上）、『法集』己身品の第四偈（七八八中）。Dhp の対応は次偈の補註を参照。

尊天と曰う……人に勝つこと莫し（三四6）『出曜』我品の第五偈（七二三上）、『法集』己身品の第五偈（七八八中）。また Dhp は二偈で一つのまとまりの意味になっている。

attā have jitaṃ seyyo yā cāyaṃ itarā pajā /
attadantassa posassa niccaṃ saññatacārino // (104)
n' eva devo na gandhabbo na māro saha brahmunā /
jitaṃ apajitaṃ kayirā tathārūpassa jantuno // (Dhp 105)

実に自己を征服することは、これらの他の人々を〔征服するこ

とより〕すぐれている。
自己を調え、常に行いをつつしんでいる人、
そのような人の勝利を敗北にすることは、神もガンダルヴァも
悪魔も梵天もなすことができないであろう。

ガンダルヴァを『出曜』では「非天犍沓和」、『法集』では「非天彦達縛」と訳しているものの、『法句』は直接この訳語を記さず、その代わりに「釈」として帝釈天の名前を挙げている。この帝釈天は P. Sakka, S. Śakra であり、Dhp 105b の saha と何らかの関連性を認めることも可能であろう。また Dhp 420b にも、gandhabba の語があるが、『出曜』にはその対応訳語があるものの、『法句』梵志品の第三十七偈（五七三上）にはない。Dhp 420 に対応する GDhp 43b では gaṅava- とあるが、どうして『法句』のみ訳出を避けたのか疑問が残る。

月に千反祠り……彼の終身に勝る（三四8）　『法喩』述千品の第四偈（五八九下）、『法集』広説品の第三十二偈（七八九下）。また Dhp は、

māse māse sahassena yo yajetha sataṃsamaṃ /
ekañ ca bhāvitattānaṃ muhuttam api pūjaye /
sā yeva pūjanā seyyo yañ ce vassasataṃ hutaṃ // (Dhp 106)

百年間、月々、千によって祭祠を行うものの、
一人の自己をおさめた者を瞬時でも供養すれば、
この供養の方こそが、百年間の祭祠よりもすぐれている。

榎本氏は水野博士の指摘以外に、この偈が Uttarajihāyā. 9. 40 に幾分対応すると述べている。『アーガマ』一三二号、三一三頁のほか、M. Yamazaki and Y. Ousaka, *Uttarajihāyā. Word Index and Reverse Word Index. Philologica Asiatica.* The Chūō Academic Research Institute, Tokyo, 1997 を参照。

ところで Dhp は PDhp 379 と完全に対応するほか、Dhp, pāda c-f は Mv (III. 435) 第十六偈と同一である。すなわち、

yo caikaṃ bhāvitātmānaṃ muhūrtam api pūjayet /
sā ekapūjanā śreyo na ca varṣaśataṃ hutaṃ //

一方、Dhp の pāda ab は Uv XXIV. 21ab に対応すると考えられている。すなわち、

māse māse sahasreṇa yo yajeta samāśatam /
na tad buddhe prasādasya kalām arghati ṣoḍaśīm // (Uv XXIV. 21)

百年間、月々、千によって祭祠を行っても、
それは仏陀を信奉する者の十六分の一にも及ばない。

Uv の本偈は「仏」を説き、第二十二偈は「法」、第二十三偈は「僧」

と続く。これと同じスタイルを、GDhp 310-312, PDhp 382-384や、『法集』広説品第二十四—二十六偈（七八九下）はとっている。『法集』の訳では、

従月至於月　常行平等会
彼人不信仏　十六不及一

とある。この第二句の「平等」は S.samā-（年）を誤訳したのであろう。ところが、Mv 第四偈（III. 434）では少し異なっている。すなわち、

yo jayeta sahasrāṇāṃ māse māse śataṃ śataṃ /
na so buddhe prasādasya kalām arghati ṣoḍaśīm //

月々、千のうちの百人づつを打ち負かすとしても、
彼は仏陀を信奉する者の十六分の一にも及ばない。

大きな相違点は Uv 等のグループが yajeta（祭る）であったのに対し、Mv では jayeta（打ち負かす）であることである。Brough は、GDhp 310 の校注で Mv の jayeta を yajeta と読むのが自然だとしているが、『仏本行集』布施竹園品第四偈（八五六中）には「得勝」とあるので、jayeta の可能性を否定することはできない。すなわち、

一月之中千過闘　一闘百倍得勝他
若能帰信仏世尊　能勝於彼十六分

この指摘については、中谷［一九八八］一一八頁を参照。以上によれば、Dhp,『法句』の第一グループ、Uv, GDhp,『法集』の第二グループ、Mv,『仏本行集』の第三グループに分類することができよう。そして第三グループは第二グループの分派形とみなしてよかろう。さらに PDhp は第一、第二の両グループに共通した偈文をもっている。

ところでこの Mv の「千品」の内容を調べてみると以下の七種に類型分けすることが可能である。すなわち、

(A) sahasram api... anartha-pada-saṃhitā（第一、二偈）
(B) yo śatāni sahasrāṇāṃ saṃgrāme manujā jaye（第三偈）
(C) yo jayeta sahasrāṇāṃ māse māse śataṃ śataṃ /
na so *buddhe prasādasya* kalām arghati ṣoḍaśīṃ //（第四—八偈）
(D) māse māse kuśāgreṇa bālo bhuṃjeya bhojanaṃ /
na so *buddhe prasādasya* kalām arghati ṣoḍaśīṃ //（第九—十四偈）
(E) yo caikaṃ bhāvitātmānaṃ muhūrtam api pūjayet（第十六偈）
(F) yat kiṃcid iṣṭaṃ ca hutaṃ ca loke...（第十七偈）
(G) yo ca varṣa-śataṃ jīve... ekāhaṃ jīvitaṃ śreyo...（第十

八—二十四偈）

イタリックは偈によって内容が異なることを示す。また第十五偈は(G)の変形とみなす。

Mv (1-24)	Uv (XXIV.1-30)	Dhp (100-115)	PDhp (376-397)	GDhp (305-321)
(1-2)A	1-2	100-102	376-377	306-309
(3)B	(XXIII.3)	103△	378	305
(4-8)C	21-29*		382-385	310-315
(9-14)D	17-20E		386-389	
(16)E	16**	106○, 107	379, 380	320
(17)F	30	108	381	321
(18-24)G	3-15	110-115	390-397	316-318◎

*: Uv 21-29, pāda ab（=PDhp 382-385, GDhp 310-315 の pāda ab）は、māse māse sahasreṇa yo yajeta samāśatam / とある。

**: Uv 16 は pāda a-f よりなり、うち pāda ab は Mv 15ab と一致する。Uv 16 =Dhp 107 =PDhp 380, Mv 16=GDhp 320

△: Dhp 103（=PDhp 378=GDhp 305）は、yo sahassaṃ sahassena saṅgāme mānuse jine / とある。Uv XXIII. 3 に対応偈があるものの、これは千品ではなく我(Ātma-)品である。

○: Dhp 106ab（=PDhp 379ab）は、māse māse sahassena yo yajetha sataṃsamaṃ / とある。

◎: GDhp 316-318 の各 pāda c は muhutu jivida ṣevha とある。また GDhp 319ab =Dhp 107ab。

また千品に登場する Dhp 104（=Uv XXIII. 4=PDhp 319), 105（=Uv XXIII. 5=PDhp 320）に対応する Uv や PDhp は「我品」に認められ、Dhp 109（=GDhp 172）に対応するGDhp は「楽品」に認められる。

次に漢訳文献を見てみると、

Mv	『法集』広説品（33偈）	『出曜』広演品（22偈）	『法句』述千品（16偈）	『仏本行集』布施竹園品（18偈）
A	1-3	1-2	1-3	1-2
B	己身品-3		4	3
C	24-31			4-7
D	20, 22-23	16-21		8-9*
E	(18-19) 32-33	14-15*	7, 8	12
F	21	22	9	10-11
G	4-17	3-13	11-16	13-18

Dhp 104, 105 は『法句』第五、六偈に対応し、Dhp 109 は『法句』第十偈に対応する。さらに Dhp 106 は『法句』第七偈、『法

集』第三十二偈に対応し、Dhp 107（＝Uv 16）は『法句』第八偈、『法集』第三十三偈、『出曜』第十四偈、『仏本行集』第十、十二偈に対応する。

以上により、先に述べたグループ分けを確認することができよう。そしておそらくPDhpやMvに近いものが原型の『法句経』の千品としてあり、その派生形として他のUv, Dhp, GDhpが展開していったものと推察される。

あるいはPDhpの言語がサンスクリット語的特徴と中期インド語族（Middle Indic）的特徴の混在ということから、PDhpの編者がUvやMvの古本を参照して補充したのではないかとも考えられよう。中谷［一九八八］一二六―一二七頁。

百歳に終わるまで……彼の百年に勝る（三四11）『法喩』述千品の第五偈（五八九下）、『出曜』広演品の第十四偈（七二六上）、『法集』広説品の第三十三偈（七八九下）。『法句』教学品の第十八偈（五五九下）を参照。またDhpは、

yo ca vassasataṃ jantu aggiṃ paricare vane /
ekañ ca bhāvitattānaṃ muhuttam api pūjaye /
sā yeva pūjanā seyyo yañ ce vassasataṃ hutaṃ //(Dhp 107)

人がいて、百年間、森で祭火に仕えるものの、
一人の自己をおさめた者を瞬時でも供養すれば、
この供養の方こそが、百年間の祭祠よりもすぐれている。

Uv XXIV.16aでは、yac ca varṣa-śataṃ pūrṇam とあり、『法句』の「終百年」（百歳になるまで、至るまで）とぴったりと一致する。これに対してDhpのjantu（人は）はこの文のうちで必要な語とは考えられない。おそらくpūrṇamに相当する原語が訳出時にあったと推察される。あるいは、GDhp 319aのjadu（＝jantu）と、同318（＝Dhp 115）のjivi（＝jive）とが入れ代わったものが、『法句』の「終百年」の原本である可能性もあろう。

またDhpのbhāvitattānaṃはUv、PDhp 380cも同様であり、さらにGDhp 320aもbhavidatvaṇaと一致している。『法集』第四句は「供養仏法僧」と『法句』に近く、『出曜』第四句は「執行自修慕」とDhpやUvに近い。水野博士はこれを「三尊」と誤訳したものとされているが、むしろ仏・法・僧とそれぞれある三偈を漢訳で一偈にする傾向から類推して、これは何らかの理由で意訳されたと考える方が適当であろう。すなわち、『法集』広説品第二十四―二十六偈（七八九下）に説く仏・法・僧の偈は、Mvの(c)の類型に属するが、これはDhpには現われない。おそらく『法句』の訳者は、Uv XXIV. 21-23を参照しながら、Dhpのbhāvitattānaṃを「三尊」と訳すことによって、Dhpの欠落部分

を補おうとしたのではあるまいか。そして『法集』の訳はこの『法句』に影響されたのであろう。この対応偈について先の第七偈の補註を参照。

また Mv 千品の第十五、十六偈（III. 435）のうち、第十五偈の pāda cd を除いたものと、Dhp 107 とは一致する。水野［一九八一］三三五頁、Dhammajoti［1995：153-154］を参照。

神を祭り以て福を求め……賢者を礼するに如かず（三四14）『法喩』述千品の第六偈（五九〇中）、『出曜』広演品の第二十二偈（七二七上）、『法集』広説品の第二十一偈（七八九中）。また Dhp は、

yaṃ kiñci yiṭṭhañ ca hutañ ca loke
saṃvaccharaṃ yajetha puññapekho /
sabbam pi taṃ na catubhāgam eti
abhivādanā ujugatesu seyyo //(Dhp 108)

功徳を期待して一年間、世の中のどんな祭祠やあるいは献供を行ったとしても、
そのすべてをもってしても、質直な〔修行〕者たちに対して挨拶する方がすぐれており、〔その〕四分の一にも及ばない。

能く善く礼節を行い……色・力・寿・安らかなり（三四16）『法喩』述千品の第七偈（五九〇中）。また Dhp は、

abhivādanasīlissa
niccaṃ vaddhāpacāyino /
cattāro dhammā vaḍḍhanti
āyu vaṇṇo sukhaṃ balaṃ //(Dhp 109)

うやうやしく挨拶する習慣があり、常に年長者を敬う者には、寿命・容貌・幸福・力、以上の四つのことが増大する。

一方、GDhp 172 には、寿命（ayo）・幸福（suha）・力（bala）は同じであるが、容貌の代わりに名声（kirta）となっている。これは MBh V. 39. 60 も同じ。ManuS 2.121（āyu, vidyā, yaśas, bala）: Bhaviṣya Purāṇa I.4.50（āyu, prajñā, yaśas, bala）のほか、Cāṇakya-Nīti-Text-Tradition (ed. by L. Sternbach) No. 1174 にも対応すると、榎本氏は指摘している。『アーガマ』一三三号、三一四頁を参照。

若し人の寿の百歳なるも……意を正しくして禅なるに如かず（三四18）『出曜』広演品の第三偈（七二五上の散文中）、『法集』広説品の第四偈（七八九上）を参照。また Dhp は、

yo ca vassasataṃ jīve dussīlo asamāhito /
ekāhaṃ jīvitaṃ seyyo sīlavantassa jhāyino //(Dhp 110)

もし悪習慣があり、心を集中しない者が百年生きるならば、
戒を保ち瞑想する人の一日生きる方がすぐれている。

Dhp, pāda b の dussīlo asamāhito（悪習慣があり、心を集中し

ない）と pāda d の sīlavantassa jhāyino（戒を保ち、瞑想する）に全く対応するのは、Mv 千品第十八偈（III. 436）、PDhp 390 であり、Uv XXIV. 3 の pāda b は対応するものの、pāda d では sadā śīlavataḥ śuceḥ（常に戒を保ち、清浄である）とわずかに異なる。一方、漢訳のうちでは『法句』が一番 Dhp に近く、『出曜』や『法集』は、第二句で「毀戒意不定（息）」と対応するものの、第四句は「供養持戒人」とあり、「瞑想する」に対応する訳語は認められない。同様に『仏本行集』巻四十四（八五六下）第十三偈も、第二句で「破戒心無有寂定」と対応するものの、第三句は「有能堅持忍精進」とあり、全く対応しない。

若し人の寿の百歳なるも……正智を学ぶに如かず（三五1）『出曜』広演品の第四偈（七二五上）。また Dhp は、

yo ca vassasataṃ jīve duppañño asamāhito /
ekāhaṃ jīvitaṃ seyyo paññāvantassa jhāyino //(Dhp 111)

もし智慧なく、心を集中しない者が百年生きるならば、
智慧あり瞑想する人の一日生きる方がすぐれている。

若し人の寿の百歳なるも……精進を行ずるに如かず（三五3）『出曜』広演品の第五偈（七二五上）、『法集』広説品の第五偈（七八九上）。『法句』教学品の第十七偈（五五九下）を参照。また Dhp は、

yo ca vassasataṃ jīve kusīto hīnavīriyo /
ekāhaṃ jīvitaṃ seyyo viriyam ārabhato daḷhaṃ //(Dhp 112)

もし怠惰にして、気力ない者が百年生きるならば、
堅く精進努力する人の一日生きる方がすぐれている。

若し人の寿の百歳なるも……忌む所を知るに如かず（三五5）『出曜』広演品の第六偈（七二五中）、『法集』広説品の第六、七偈（七八九上）。また Dhp は、

yo ca vassasataṃ jīve apassaṃ udayavyayaṃ /
ekāhaṃ jīvitaṃ seyyo passato udayavyayaṃ //(Dhp 113)

もし物事の発生と消滅を見ない者が百年生きるならば、
物事の発生と消滅を見て一日生きる方がすぐれている。

Dhp, pāda d は「物事の発生と消滅を見て」とあり、『法句』第四句の「見微知所忌」とは全く対応しない。これを解く鍵は先にあげた『法集』の第六、七偈にあろう。すなわち、

若人寿百歳　不観生滅法
不如一日中　而解生滅法　（第六偈）
若人寿百歳　不観成敗事
不如一日中　覩微知所忌　（第七偈）

このうち第六偈は Dhp 113 に完全に対応するほか、Uv XXIV. 6,

GDhp 317, PDhp 393, Mv 千品の第二十二偈 (III. 436) にも完全に対応する。一方、第七偈は『法句』の当該偈と全く同一であるものの、Uv のどれにも対応せず、「覩微」の原本は sūkṣma-darśin であったのではないかと推察されている。Willemen [1978 : 105, n. 7] を参照。

ところで、『法集』第六偈第四句「生滅法」、第八偈第四句「無漏道」、第九偈第四句「無動道」と Uv XXIV. 6d の udaya-vyayam、同 8d の āsrava-kṣayam、同 9d の acalaṃ padam と両経は順番がきれいに一致していることから判断して、この『法集』第七偈第四句の「覩微知所忌」は Uv XXIV. 7d の paśyato vedanā-kṣayam (感受作用の消滅を見る人の) に対応している可能性が高い。この vedanā は「知る」を意味する √vid から派生した言葉であるから、この vedanā を「微《いやし》き知」と訳し、kṣaya を「忌む所」と意訳したと考えることも可能ではあるまいか。そうだとすればこの第四句は「微《いやし》き知の忌む所なるを覩」とも読めよう。このように考えれば『法句』の本偈の原文は、Uv XXIV. 6, 7 両偈を合わせたものであった可能性が高い。

若し人の寿の百歳なるも……服行するに如かず (三五7) 『法集』広説品の第十五偈 (七八九中)。また Dhp は、

yo ca vassasataṃ jīve apassaṃ amataṃ padaṃ /
ekāhaṃ jīvitaṃ seyyo passato amataṃ padaṃ // (Dhp 114)

もし甘露の境地を見ない者が百年生きるならば、甘露の境地を見て一日生きる方がすぐれている。

『法句』は amataṃ padaṃ を「甘露道」と訳しているが、『法集』は「甘露句」と直訳している。

若し人の寿の百歳なるも……学び惟うに如かず (三五9) 『法集』広説品の第十三偈 (七八九中)。また Dhp は、

yo ca vassasataṃ jīve apassaṃ dhammam uttamaṃ /
ekāhaṃ jīvitaṃ seyyo passato dhammam uttamaṃ // (Dhp 115)

もし最上の真理を見ない者が百年生きるならば、最上の真理を見て一日生きる方がすぐれている。

GDhp 318, PDhp 394, Mv 第二十一偈 (III. 436) はすべて「最上の真理」(dhammaṃ uttamaṃ) であるが、Uv XXIV. 14 と『法集』は「最上の境地」(uttamaṃ padam) となっている。

悪行品 (三五11) この品は Dhp の Pāpa-vagga (悪行品) とも、Uv の Pāpa-varga (悪行品) と Karma-varga (業品) とも、部分的にしか対応していない。おそらく所属部派不明の『法句経』から訳出されたか、もしくは種々の増補を経過したものと推察される。水野 [一九八一] 三〇四頁を参照。

善を見て従わずんば……反って邪婬を楽しまん（三六13）　『出曜』悪行品の第二十三偈（七四五下）、『法集』罪障品の第二十二偈（七九二下）には次のようにある。すなわち、

先当制善心　摂持悪根本
由是興福業　心由楽於悪

またDhpは、

abhittharetha kalyāṇe pāpā cittaṃ nivāraye /
dandhaṃ hi karoto puññaṃ pāpasmiṃ ramatī mano //
(Dhp 116)

善きこと〔をする〕に急ぐべきである。悪から心を防御すべきである。
というのも善をゆっくり行うと、〔彼の〕心は悪を楽しむから。

『出曜』や『法集』はDhpやUv XXVIII. 23, PDhp 96を直訳し、『法句』は意訳している。ところでDhpのpāda cのdandhaṃは「ゆっくりと」と訳したが、この語（仏教梵語ではdhandha）は「愚鈍」という意味もあり、『法句』第三句の「不正」に通じるものがあろう。

凡人は悪を為して……後に毒を欝らしむ（三六15）　『出曜』行品の第十三偈（六七一上）。『法句』愚闇品の第九偈（五六三下）を参照。この偈はDhp 66（＝『法句』愚闇品の第九偈）の後半二句とDhp 136の前半二句とを併せた形にほぼ一致する。

atha pāpāni kammāni karaṃ bālo na bujjhati / (Dhp 136ab)

しかし愚者は悪行を為して、〔それを〕自覚しない。

karontā pāpakaṃ kammaṃ yaṃ hoti kaṭukapphalaṃ //
(Dhp 66cd)

苦い果実を結ぶような悪行を為しながら。

殃人虐を行えば……罪報は自然なり（三六17）　『出曜』行品の第十二偈（六七〇下）。一方『出曜』悪行品の第二十一偈（七四五中）、『法集』罪障品の第二十偈（七九二中）は否定辞を用いた禁止形となっている。すなわち、

人雖為悪行　亦不数数作(行)
於彼意不楽　知悪之為苦　（ ）は『法集』の読み。

この禁止形はDhpも同じ。すなわち、

pāpañ ce puriso kayirā
na taṃ kayirā punappunaṃ /
na tamhi chandaṃ kayirātha
dukkho pāpassa uccayo // (Dhp 117)

もし人が悪を為すとしても、それを何度も行うべきではない。それに意欲を燃やすべきではない。悪の積み重ねは苦しみである。

この禁止形は Uv XXVIII. 21 ; GDhp 207 ; PDhp 97 も同様である。

吉人徳を行えば……福応は自然なり（三六2）『出曜』行品の第十五偈（六七一中）。一方『出曜』悪行品の第二十二偈（七四五中）、『法集』罪障品の第二十一偈（七九二中―下）は、先の偈と対句になっている。すなわち、

人能作其福　亦当数数造
於彼意願楽　善受其福報

この対句形は Dhp も同じ。すなわち、

puññañ ce puriso kayirā
kayirāth' enaṃ punappunaṃ /
tamhi chandaṃ kayirātha
sukho puññassa uccayo //(Dhp 118)

もし人が善を為すとすれば、それを何度も行うべきである。
それに意欲を燃やすべきである。善の積み重ねは楽しみである。

この対句形は Uv XXVIII. 22 ; GDhp 208 ; PDhp 98 も同様である。

妖孽の福を見るは……自ら罪虐を受く（三六4）『出曜』悪行品の第十九偈（七四五上）、『法集』罪障品の第十八偈（七九二中）は、主語が「賢者」となっている。また Dhp は、

pāpo pi passatī bhadraṃ
yāva pāpaṃ na paccati /
yadā ca paccatī pāpaṃ
atha pāpo pāpāni passati //(Dhp 119)

悪が熟さない限りは、悪人でも善福を見る。
しかし悪が熟す時、悪人は悪〔の報い〕を見る。

貞祥の禍いを見るは……必ず其の福を受く（三六6）『出曜』悪行品の第二十偈（七四五上）、『法集』罪障品の第十九偈（七九二中）を参照。また Dhp は、

bhadro pi passatī pāpaṃ
yāva bhadraṃ na paccati /
yadā ca paccatī bhadraṃ
atha bhadro bhadrāni passati //(Dhp 120)

善福が熟さない限りは、善人でも悪を見る。
しかし善福が熟す時、善人は善〔の報い〕を見る。

人を撃たば撃を得……怒りを施さば怒りを得（三六8）『出曜』忿怒品の第三偈（六九五上）、『法集』怨家品の第三偈（七八四上）。Dhp には対応する偈はないが、Uv に次のようにある。

hantāraṃ labhate hantā vairī vairāṇi paśyati /
akroṣṭāraṃ tathākroṣṭā roṣitāraṃ ca roṣakaḥ //(Uv XIV.

3）殺す者は殺人者を得、怨む者は怨みを見、
罵る者は罵倒者を、怒る者は忿怒者を〔見る〕。

Uv の pāda c の akroṣṭāraṃ は中村博士も指摘されているように、当初の語は ākroṣṭāraṃ であったであろう。パーリ語の akkosa（そしり）は S.ākrośa と対応する。おそらくパーリ語をサンスクリット語化する際にこのような語形になったのであろう。

世人は聞無く……何ぞ宜しく悪を為すべき（三六10）『出曜』忿怒品の第四偈（六九五中）、『法集』怨家品の第四偈（七八四上）。Dhp には対応する偈はないが、Uv に次のようにある。

anyatrāśravaṇād asya saddharmasyāvijānakāḥ /
āyuṣy evaṃ paritte hi vairaṃ kurvanti kena cit //(Uv XIV. 4)

真理を知らない者たちは、この正しい教えを聞くことなく、
誰か他人と争いをなす。寿命はこのように短いのに。

『出曜』第一句の「沙門」や『法集』第一句の「沙門行」は、-āśravaṇād を śramaṇa と混同したものと考えられる。GDhp 257 は aṣamaṇadha とあり、おそらくガンダーラ語形からの訳出によりこのような混同が起こったのであろう。この m/v の交替については Brough [1962 : 88] に詳しい。

小悪を軽んじ……小より積もりて成る（三六12）『出曜』水品の第五偈（七〇七上）、『法集』水喩品の第五偈（七八五下）。またDhp に次のようにある。

māppamaññetha pāpassa na man taṃ āgamissati /
udabindunipātena udakumbho pi pūrati /
bālo pūrati pāpassa thokathokam pi ācinaṃ //(Dhp 121)

「その〔罪の報い〕は私に来ないであろう」と思って、悪を軽んずるべきではない。
水の滴が落ちることによって水瓶でも満たされる。
少しずつでも〔罪を〕積み重ねながら、愚者は罪で満たされる。

小善を軽んじ……纖纖より積む（三六15）『出曜』水品の第六偈（七〇七中）、『法集』水喩品の第六偈（七八五下）。また Dhp に次のようにある。

māppamaññetha puññassa na man taṃ āgamissati /
udabindunipātena udakumbho pi pūrati /
dhīro pūrati puññassa thokathokam pi ācinaṃ //(Dhp 122)

「その〔善の報い〕は私に来ないであろう」と思って、善を軽んずるべきではない。
水の滴が落ちることによって水瓶でも満たされる。
少しずつでも〔善を〕積み重ねながら、賢者は善で満たされる。

夫れ士の行いを為すや……終には敗亡せず（三六18）『出曜』行品の第八偈（六七〇上）、『法集』業品の第九偈（七八一下）。またUvに次のようにある。

yat karoti naraḥ karma kalyāṇam atha pāpakam /
tasya tasyaiva dāyādo na hi karma praṇaśyati //(Uv IX. 8)

人が行為をなすと、〔それが〕良いものであれ、悪いものであれ、〔彼は〕それぞれの〔行為の〕相続者となる。というのも行為は滅びないから。

Thag 144a-c が Uv のこの偈 a-c と相応し、Thag 143d が Uv のこの偈 d と相応する。また『出曜』（六七〇上）は、この偈の第三、四句を「各自為身者。人為善悪、若苦若楽、若好若醜。尽当受報、無免之者。善生天上、悪入地獄。是故説、各自為身。終不敗亡者。夫善悪之行、猶形影相追。受対由行、終不毀敗」と説明している。

好取の士は……人も亦た之を没す（三七1）『出曜』行品の第九偈（六七〇中）。また Uv に次のようにある。

vilumpate hi puruṣo yāvad asyopakalpate /
tato 'nye taṃ vilumpanti sa viloptā vilupyate //(Uv IX. 9)

その〔物〕が人に役立つ限り、〔その〕人は〔その物を〕盗むが、

その後別の者たちがその物を盗む。〔物を〕盗む者が盗まれるのである。

悪は即時ならざること……灰の火を覆うが如し（三七3）『出曜』行品の第十七偈（六七一中―下）、『法集』業品の第十五偈（七八二上）。また Dhp に次のようにある。

na hi pāpaṃ kataṃ kammaṃ
saju khīraṃ va mucchati /
ḍahantam bālam anveti
bhasmācchanno va pāvako //(Dhp 71)

悪業を為しても、〔その悪業は〕牛乳のように直ちには凝固しない。〔その悪業は〕灰に覆われた火のように、燃え苦しめながら愚者につきまとう。

Dhp, pāda b の saju khīraṃ va mucchati（牛乳のように直ちには凝固しない）のうち、mucchati（凝固する）は、Norman が指摘しているように、あらゆる写本や校訂本では muccati（放出される、脱れる）となっている。この mucchati（凝固）か muccati（放出される）かの選択について、DhpA II. 67 に、ミルクを saju-khīra（しぼりたてのミルク）と abbhuṇha-khīra（まだ温かいミルク）の二種に分け、前者は直ちには凝固しない（na muccati na parinamati na pakatiṃ jahanti）という説明がある。ここでは muccati の語形でありながら「性質が変化する」という凝固に近い意味を採用している。また Uv IX. 17b では sadyaḥ kṣīram iva mūrchati と明らかに「凝固」の語形にしている。一方、PDhp 107b は、Shukla の校訂本で muccati とあるが、Cone の校訂本では mucchati に訂正されている。その他 ManuS IV. 172b では、sadyaḥ phalati gaur iva とある。

一方、漢訳文献では、まず『法句』第二句は「如搆牛乳」で、「搆《しぼ》る」とあるから muccati の訳であろう。『出曜』や『法集』も同じく「𤛓」とあるから、同じく muccati の訳語と思われる。ただし『出曜』の説明（六七一下）に、「昔有異国、生即応草、若以彼草。著乳中者。即成為酪、不移時節。是故説曰、悪不即時、如𤛓牛乳也」とあり、特殊な草を牛乳の中につけておけば、たちまちに酪となるとある。それ故『出曜』は muccati を「凝固」の意味にとっていた可能性が高い。『大婆沙』巻七十六（三九三中）では、

作悪不即受　非如乳成酪
猶灰覆火上　愚蹈久方焼

とあり、明らかに mucchati の訳語である。この mucchati と muccati との混同は、後者が前者の帯気音 h が欠落した方言であったため、また両者の類似した発音によるある種の「言葉の遊び」が意図されたため、さらには「業」（kamma）との関連から解脱（mokkha）と同じ語根の muccati の方が好まれたためであろうと推察されている。Norman［1997：79, n. 71］を参照。

戯笑して悪を為し……行いに随いて罪至る（三七5）『法喩』悪行品の第一偈（五九〇下）、『出曜』行品の第十六偈（六七一中）、『法集』業品の第十四偈（七八二上）。また Uv に次のようにある。

hasantaḥ pāpakaṃ karma kurvanty ātmasukhaiṣiṇaḥ /
rudantas tasya vipākaṃ prativindanti duḥkhitāḥ //(Uv IX. 16)

自分の幸福を求める者たちは、笑いながら悪業を為して、〔後に〕苦しみ泣きながらその〔業の〕報いを受ける。

悪を作すも〔報いは〕起きず……前の所習の如し（三七7）『出曜』行品の第十偈（六七〇中）。また Uv に次のようにある。

na hi pāpakṛtaṃ karma sadyaḥ śastram iva kṛntati /
sāmparāye tu jānāti yā gatiḥ pāpakarmaṇām /
paścāt tu kaṭukaṃ bhavati vipākaṃ pratiṣevataḥ //(Uv IX. 18)

悪事を為しても、その業は、刀のように直ちに〔為した者を〕切ることはない。

しかし来世で、〔彼は〕悪業を為した者たちの行き先を知るのである。

後に〔彼が〕報いを受けるときに、苦渋が生じる。

『出曜』行品の第十八偈（六七一下）にも以下のような同様の偈があるが、四字四句の量からして、Uv に直接相応しているとは思われない。

悪不即時　如彼利剣
不慮後世　当受其報

その他『法集』業品第十六偈（七八二上）を参照。

悪を加えて人を誣罔するも……塵の風に逆いて坌るが如し（三七12）『出曜』悪行品の第九偈（七四三中）、『法集』罪障品の第九偈（七九二中）を参照。またDhp に次のようにある。

yo appaduṭṭhassa narassa dussati
suddhassa posassa anaṅgaṇassa /
tam eva bālaṃ pacceti pāpaṃ
sukhumo rajo paṭivātaṃ va khitto //(Dhp 125)

汚れの無い人、清くて過失の無い人をそこなう者、

まさにその愚者に悪〔の報い〕が降りかかる。風に逆らって投げられた細かい塵が〔自身に降りかかる〕ように。

この Dhp の直訳と考えられるものに『雑含』巻四十二（三〇七中―下）がある。すなわち、

若人無瞋恨　罵辱以加者
清浄無結垢　彼悪還帰己
猶如土坌彼　逆風還自汚

過失もて非悪を犯すも……日に雲曀無きが如し（三七14）『法句』放逸品の第十八偈（五六二下）と、対応する Dhp 173 を参照。

夫れ士の以て行う所……悪を為さば則ち悪を得（三七16）第一、二句は『出曜』悪行品の第十偈（七四三中―下）の「人之為行各各自知」、『法集』罪障品の第十偈（七九二中）の「人之為善悪各各自知之」の方が分かりやすい。Uv には次のようにある。

yad yat karoti puruṣas tat tat paśyati hātmanaḥ /
kalyāṇakārī kalyāṇaṃ pāpakārī ca pāpakaṃ //(Uv XXVIII. 10)

人がどんなことを為そうとも、その〔報い〕が自身に〔起こるのを〕見る。

善を為せば善〔の報い〕を、悪を為せば悪〔の報い〕を〔見る〕。

有る識は胞胎に堕し……無為なるは泥洹を得（三七18）『出曜』無常品の第二十四偈（六一八下―六一九上）、『法集』有為品の第二十五偈（七七七中）。またDhp に次のようにある。

gabbham eke upapajjanti nirayaṃ pāpakammino /

saggaṃ sugatino yanti parinibbanti anāsavā //(Dhp 126)
ある者たちは胎内に宿り、悪行者たちは地獄に〔堕ち〕、
善行者たちは天に行き、汚れのない者たちは完全なやすらぎに
入る。

『法句』第一句の「有識」は Dhp の eke（ある者たちは）に相当する。漢訳の時点で、識が輪廻の主体と考えられていたようである。

空にも非ず……殃いを避免すること莫し（三八1）　『法喩』悪行品の第二偈（五九一中）、『出曜』行品の第五偈（六六九中）、『法集』業品の第六偈（七八一下）。『法句』無常品の第十九偈（五五九中）を参照。また Dhp は、

na antalikkhe na samuddamajjhe
na pabbatānaṃ vivaraṃ pavissa /
na vijjatī so jagatippadeso
yatthaṭṭhito muñceyya pāpakammā //(Dhp 127)
空中にいても、大海の中でも、山の裂け目に入っても、
そこにいれば悪業から逃れられるような場所は、世界のどこにもない。

衆生に苦悩有りて……人の非悪を念ぜず（三八3）　『法喩』悪行品の第三偈（五九一中）、『出曜』行品の第六偈（六六九下）、『法集』業品の第七偈（七八一下）。この『法句』に幾分対応する Uv は、

yat pareṣāṃ vigarheta karma dṛṣṭveha pāpakam /
ātmanā tan na kurvīta karmabaddho hi pāpakaḥ //(Uv IX. 6)
この世で他人の悪業を見ては、ひとは非難するであろうが、
その〔悪業〕を自らなすべきではない。というのも悪人は業に束縛されているから。

『法集』第四句の「能免纒縛罪」は Uv の pāda d とよく対応している。その他 Thag 496 を参照。

刀杖品（三八5）　この品の十四偈は、Dhp 第十章の Daṇḍa-vagga (杖品) 十七偈 (Dhp 129-145) 中の十二偈に相当している。ただ Dhp 130, 131, 135, 136, 145 の五偈は訳出されていない。これはおそらくこの五偈が難解であったためであろうと推察されている。一方、Uv には本品に相当する章はなく、本品の偈に相当するものは他の章に散在している。さらに『法句』第十偈は Dhp にも Uv にも相当偈が見出されず、第十四偈は Uv のみに対応する。水野［一九八一］三〇四頁を参照。

一切皆な死を懼れ……杖を行うこと勿かれ（三八7）　『出曜』念品の第十六偈（六五三中）、『法集』愛楽品の第十六偈（七八〇上）。

また Dhp は、

sabbe tasanti daṇḍassa sabbe bhāyanti maccuno /
attānaṃ upamaṃ katvā na haneyya na ghātaye // (Dhp 129)

すべての者は杖罰をおそれ、すべての者は死をおそれる。
自己をたとえとして、殺すべきではないし、殺させるべきでもない。

能く常に群生を安んじて……後世に長く安隠なり（三八9）『出曜』楽品の第四偈（七五三中）、『法集』楽品の第四偈（七九四上―中）には次のようにある。すなわち、

人欲得歓楽　杖不加群生
於中自求楽　後世亦得楽

また Dhp は『出曜』や『法集』に近い。

sukhakāmāni bhūtāni yo daṇḍena na hiṃsati /
attano sukham esāno pecca so labhate sukhaṃ // (Dhp 132)

幸せを求める衆生を杖によって害さない者は、
自身の幸せを求めるが、死後には幸せを得る。

当に麁言すべからず……刀杖は軀に帰せん（三八11）『出曜』泥洹品の第三偈（七三一下）、『法集』円寂品の第三偈（七九〇中）を参照。また Dhp は、

mā voca pharusaṃ kañci vuttā paṭivadeyyu taṃ /
dukkhā hi sārambhakathā paṭidaṇḍā phuseyyu taṃ // (Dhp 133)

荒々しい〔言葉を〕誰に対しても言うな。言われた人はその〔通りの言葉〕を言い返すであろう。
というのも尊大な言葉は苦しみである。報復の杖が汝に降りかかるであろう。

言を出だすに善を以てすること……世を度すること則ち易し（三八13）『出曜』泥洹品の第五偈（七三二上）、『法集』円寂品の第五偈（七九〇中）を参照。また Dhp は、

sace neresi attānaṃ kaṃso upahato yathā /
esa patto si nibbānaṃ sārambho te na vijjati // (Dhp 134)

もし汝がこわれた鐘のようには、みずから声を出さないならば、
汝は実に安らぎに達している。汝に尊大さは存在しない。

Uv XXVI. 5b では、kaṃsir nopahatā yathā と否定形となっている。PDhp 199b も同様に否定形である。Dhp では「こわれた鐘」は悪い音を出す喩えとして用いられている。一方 Uv や PDhp では、これは音を出さない喩えとして用いられている。いずれにしてもよい意味ではない。一方『法句』では鐘はここちよい音を出す喩えとして用いられ、全く対照的である。『出曜』や『法集』の

第二句は「猶器完牢具」とあり、『出曜』の説明（七三二上）では、「猶如完器、堪任受盛。衆人見者、莫不愛楽」とあるから、「完全な器」の比喩であり、鐘ではない。

良善を欧杖し……災い迅くして赦すこと無し（三八15）『法喩』刀杖品の第一偈（五九一下）。『出曜』悪行品の第二十六偈（七四六上）、『法集』罪障品の第二十五偈（七九二下）には次のようにある。すなわち、

無過而強軽　無恚而強侵
当於十品処　便当趣於彼

また Dhp は、

yo daṇḍena adaṇḍesu
appaduṭṭhesu dussati /
dasannam aññataraṃ ṭhānaṃ
khippam eva nigacchati //(Dhp 137)

杖を持たない、無実の人たちを、杖の罰をもって汚す者は、
〔以下の〕十のうちの何れかの境遇にまさに速やかに赴く。

以下の偈の内容や Dhp を併せ考えると、『法句』第三句の「十倍」は「十種」を誤訳したものと推察される。

〔第一は〕生きて酷痛を受け……是の如きを十と為す（三八17）『法喩』刀杖品の第二—四偈（五九一下）。『出曜』悪行品の第二十七—二十九偈（七四六上—中）、『法集』罪障品の第二十六—二十八偈（七九二下）。また Dhp は、

vedanaṃ pharusaṃ jāniṃ sarīrassa ca bhedanaṃ /
garukaṃ vāpi ābādhaṃ cittakkhepaṃ va pāpuṇe //(Dhp 138)

（一）激しい苦痛、*（一）損失、あるいは（二）身体の分断、
あるいは（三）重病、あるいは（四）乱心に至るであろう。

第一の jāniṃ（損失）は少し問題があろう。Uv XXVIII. 28a には vāpi とあって「損失」はない。しかもこの「損失」を勘定に入れるならば、全部で十一の災いとなってしまう。Dhp の伝承に何らかの混乱があったと推察すべきであろう。

rājato va upassaggaṃ
abbhakkhānaṃ va dāruṇaṃ /
parikkhayaṃ va ñātinaṃ
bhogānaṃ va pabhaṅguṇaṃ //(Dhp 139)

あるいは（五）王からの迫害、または（六）ひどい中傷、
または（七）親族の滅亡、または（八）財物の破滅、

athav' assa agārāni aggī ḍahati pāvako /
kāyassa bhedā duppañño nirayaṃ sôpapajjati //(Dhp 140)

あるいは（九）浄化の火がその者の家を焼く。

(十)この智慧が劣った者は、身体の破壊後、地獄に再生する。

以上を一覧表にすると、

『法句』	Dhp
一 生受酷痛	(一)激しい苦痛
二 形体毀折	(二)身体の分断
三 自然悩病	(三)重病
四 失意恍惚	(四)乱心
五 人所誣咎	(五)王からの迫害
六 或県官厄	(六)ひどい中傷
七 財産耗尽	(七)親族の滅亡
八 親戚離別	(八)財物の破滅
九 舎宅所有、災火焚焼	(九)火がその者の家を焼く
十 死入地獄	(十)身体の破壊後地獄に至る

これからも分かるように五から八までの順が、『法句』とDhpとではかなり異なっている。これは第七偈、これに相応するDhp 139に混乱があったものと推察される。Uv XXVIII. 27では、(五)親族の滅亡、(六)財物の破滅、(七)王からの迫害、(八)ひどい中傷と、これも順が異なっているが、『出曜』第二十八偈は(五)宗族別離散、(六)財貨費耗尽、(七)王者所劫略、(八)所願不従意となっており、Uvと同じであり、さらに『法集』第二十七偈とも同じ。ただしUv XXVIII. 27cdの(八)ひどい中傷(abhyākhyānaṃ ca dāruṇam)は『出曜』も『法集』も(八)所願不従意とあって異なり、さらに『法集』では(七)為賊所劫掠とあり、王ではなく盗賊となっている。ただ『出曜』、『法集』に共通するのは(十)亦趣於十品で、Uvでも「第十番目の悪境に赴くであろう」(daśamāṃ durgatiṃ vrajet)と、『法句』やDhpのように、「地獄」(nirayaṃ)の語を出していない。つまり、『法句』とDhpのグループと、Uvと『出曜』、『法集』のグループとに大別される。

倮にして剪髪し……疑結を奈何せん(三九6)『法喩』刀杖品の第六偈(五九二中)。『出曜』梵志品の第一偈(七六八下)、『法集』梵志品の第一偈(七九八上)を参照。またDhpは、

na naggacariyā na jaṭā na paṃkā
nānāsakā thaṇḍilasāyikā vā /
rajo va jallaṃ ukkuṭikappadhānaṃ
sodhenti maccaṃ avitiṇṇakaṃkhaṃ //(Dhp 141)

裸体の行、結った髪、泥〔にまみれる〕、断食、露地で寝ること、塵または汚物〔を身体に塗る〕。つま先や踵だけでうずくまる姿勢に精勤すること、〔以上のどれも〕疑いを離れていない人間を浄めることはない。

古代インドの苦行に関しては、原實『古典インドの苦行』春秋社、

一九七九、土田龍太郎「隠棲の問題」『東洋文化』第七三号、四一―八六頁を参照。榎本氏は、MBh, Vol. 4, Appendix, I, 21A, 215-221 (p. 1115) の対応偈を指摘している。『アーガマ』一三四号、三一九頁を参照。

伐ちて殺焼せず……適く所、怨み無し（三九8）『法喩』刀杖品の第七偈（五九二中）。

世に党し人有りて……良馬を策つが如し（三九10）『出曜』馬喩品の第四偈（七一一下）、『法集』馬喩品の第五偈（七八六下）。また Dhp は、

hirīnisedho puriso koci lokasmi vijjati /
yo nindaṃ appabodhati asso bhadro kasām iva //(Dhp 143A)

恥を知って自己を制し、非難を気にかけないような人が、この世のどこにいるであろうか。良馬が鞭を〔気にかけない〕ように。

Dhp の pāda c は、Uv XIX. 5c の sarvapāpaṃ jahāty eṣa（彼はあらゆる悪を捨てる）と同様、『法句』や『出曜』には直接的に反映されていない。この Dhp と同一の偈が SN I. 7 にも認められるが、その漢訳の『雑含』巻二十二（一五四上）には、

常習慚愧心　此人実希有
能遠離諸悪　如顧鞭良馬

とあり、この第三句は Dhp よりも Uv の方に一致する。どうして pāda c の yo nindam appabodhati をこのように訳したのか疑問が残るが、『別雑』巻九（四三五中）第三句も「能遠離諸悪」とあるから、これらの漢訳に伝わった原本は Dhp よりも Uv の方に近かったであろう。

さらに、『法句』も『出曜』『法集』もすべて第三句は「是易誘進」とあり、奇妙な一致をみる。おそらく『法句』の訳を、『出曜』や『法集』の訳者は参考にして、偈全体の内容にふさわしいこの訳を採用したのではあるまいか。『出曜』の説明（七一二上）に、「是易誘進、如策良馬者、尽能滅、一切諸悪。永抜根原、無復塵翳。如斯之人、易進為道」とあるから、「あらゆる悪を捨てる」の意を知りながらも、「是れは誘進し易し」と『法句』に従って意訳したものと推察される。

善馬を策ちて……便ち衆苦を滅せん（三九12）『法句』象喩品の第十五―十六偈第一―三句（五七〇下）、『出曜』馬喩品の第一偈（七一一中）、『法集』馬喩品の第一偈（七八六下）を参照。また Dhp は、

asso yathā bhadro kasāniviṭṭho
ātāpino saṃvegino bhavātha //(143B)

saddhāya sīlena ca viriyena ca
samādhinā dhammavinicchayena ca /
sampannavijjācaraṇā patissatā
pahassatha dukkham idaṃ anappakaṃ // (Dhp 144)

鞭打たれた良馬のように、熱心にしてすばやくあれ。
信仰心と戒律と努め励むこと、精神統一、真理の見極めによって、
智慧と行いを完成し、思念を凝らせば、汝はこの少なくない苦しみを取り除くであろう。

自ら厳れども以て法を修し……是れは沙門にして道の人なり

（三九15）　Dhp 142 より Uv の方が『法句』に近い。すなわち、

alaṃkṛtaś cāpi careta dharmaṃ
kṣānto dānto niyato brahmacārī /
sarveṣu bhūteṣu nidhāya daṇḍaṃ
sa brāhmaṇaḥ sa śramaṇaḥ sa bhikṣuḥ // (Uv XXXIII. 2)

身は飾っているけれども、真理を行うべきである。耐え忍び、
身を調え、自己を抑制し、清らかな行いをし、
一切の生き物に杖罰を加えない人、彼はバラモンであり、彼は
沙門であり、彼は比丘である。

『法句』第一句の「修法」に相当するのは、このUvの他、GDhp 80a, Mv III. 412, Divy 339 であり、Dhp や PDhp 196a では samaṃ（平等の行）とある。また Uv, pāda c の sarveṣu bhūteṣu nidhāya daṇḍaṃ は「あらゆる衆生に杖をふりおろす」ことではなく、「あらゆる衆生に対して杖を下におく、すなわち杖罰を加えない」意である。Mv, pāda c では sarvehi bhūtehi nivārya daṇḍaṃ とある。その他 Sn 35a を参照。

天下を害すること無くんば……熟か能く与て怨みを為さんや

（三九17）　『出曜』心意品の第三十偈（七六二下）や『法集』護心品の第二十九偈（七九六上）には次のようにある。

不以無害心　尽為一切人
慈心為衆生　彼無有怨恨

ただし『出曜』第一句の「無」は『法集』では「能」とある。対応する Uv では、

avyāpannena cittena yo bhūtāny anukampate /
maitraḥ sa sarvasatveṣu vairaṃ tasya na kena cit // (Uv XXXI, 42)

害する心なく、生類をあわれみ、
一切衆生に慈悲の心ある者、彼には誰とも敵対する心はない。

その他 PDhp 248, GDhp 199ab, 198cd を参照。

老耗品（四〇1）　この品の十四偈は終わりの三偈を除いて、Dhp

の Jarā-vagga（老品）の十一偈（Dhp 146–156）に順序通り相応している。一方、Uv の対応箇所は他の品に散在している。それ故この品は基本的には Dhp から訳され、最後の三偈のみ、所属部派不明の『法句経』から訳出されたのであろう。水野［一九八一］三〇四—三〇五頁を参照。

何をか喜び、何をか笑う……錠を求むるに如かず（四〇3）『法喩』喩老耄品の第一偈（五九二下）、『出曜』無常品の第四偈（六一一下）。『法集』有為品の第四偈（七七七上）を参照。また Dhp は、

ko nu hāso kim ānando niccaṃ pajjalite sati /
andhakārena onaddhā padīpaṃ na gavessatha //(Dhp 146)

〔世界が〕絶えず燃えているときに、どんな笑いがあろう、どうして喜びがあろう。
〔汝らは〕暗黒に覆われている。汝らは灯明を求めないだろう。

『法句』の第二句の「命」を宋・元・明三本は「念」に作り、『法喩』『出曜』も「念」に作る。対応する Dhp, pāda b では niccaṃ pajjalite sati とあり、Uv I. 4b や PDhp 233b でも sati とある。P. sati は sant の単数、処格と同時に、S. smṛti に対応して「念」の意もある。それ故、この「念」の訳語は sati を smṛti に理解した可能性が高い。一方、Mv III. 376 の *l*. 10 では evaṃ prajvalite sadā、GDhp 143b でも tava pajvalide sado とあるから、P. sati ではなく、S. sadā（常に）である。ただ G. sado は P. santo とも対応し、G. svadi は S. smṛti と対応するから、おそらく訳出時に G. sadi / svadi の混乱があったのではあるまいか。

身の形範を見て……豈に真に非ずと知らん（四〇5）『法喩』喩老耄品の第二偈（五九二下）。『出曜』観品の第十六偈（七三八中）、『法集』観察品の第十六偈（七九一下）を参照。また Dhp は、

passa cittakataṃ bimbaṃ arukāyaṃ samussitaṃ /
āturaṃ bahusaṃkappaṃ yassa n' atthi dhuvaṃ ṭhiti //
(Dhp 147)

様々に彩られた身体を見なさい。〔これは〕傷だらけで、集合体であり、
病あり、多くの意欲がある。それには永遠の安定性はない。

Dhp, pāda d の dhuvaṃ ṭhiti の解釈については Norman［1997 : 98, n. 147］を参照。

老ゆれば則ち色衰え……死命近づき促る（四〇7）『法喩』喩老耄品の第三偈（五九二下）。『法句』無常品の第十四偈（五五九上）、『出曜』無常品の第三十三偈（六二二中）を参照。また Dhp は、

parijiṇṇam idaṃ rūpaṃ roganiḍḍaṃ pabhaṅguṇaṃ /

bhijjati pūtisandeho maraṇantaṃ hi jīvitaṃ //(Dhp 148)
この姿は衰え、病の巣窟であり、壊れやすい。
腐臭する身体は壊れてしまうであろう。というのも生は死で終わるから。

身死に、神徙くこと……身何ぞ怙む可きや（四〇9）『法喩』喩老耄品の第四偈（五九二下）。『出曜』無常品の第五偈（六一二上）、『法集』有為品の第五偈（七七七上）を参照。Dhp は幾分対応する。

yān' imāni apatthāni alāpūn' eva sārade /
kāpotakāni aṭṭhīni tāni disvāna kā rati //(Dhp 149)
秋に投げすてられた瓢箪のような、
これらの灰白色の骨を見て、何の楽しみがあろう。

『出曜』や『法集』は Uv I. 5 とよく対応しているが、このDhp が『法句』と対応しているとは言いがたい。GDhp 155＝Uv I. 5＝Divy 561, *ll.* 8-9 であり、それは「十方にうちすてられた鳩色の骨」を説く。一方、「瓢箪」の比喩は GDhp 154＝Divy 561, *ll.* 10-11 であり、GDhp 154, 155 の両偈をあわせたものが Dhp 149 である。GDhp 153（＝Dhp 41）では「意識がなくなった肉体が大地に横たわる」という表現があるから、おそらくこれらをまとめて意訳したのが『法句』ではなかろうか。

身を城の如しと為すに……但だ恚りと慢とを蔵す（四〇11）『出曜』雑品の第十九偈（七〇六中）、『法集』清浄品の第二十偈（七八五中）を参照。また Dhp は、

aṭṭhīnaṃ nagaraṃ kataṃ maṃsalohitalepanaṃ /
yattha jarā ca maccu ca māno makkho ca ohito //(Dhp 150)
骨で城は作られ、肉と血を漆喰とし、
そこに老いと死と高慢と偽善とが収納されている。

老ゆれば則ち形変わること……宜しく以て仂学すべし（四〇13）『出曜』無常品の第二十七偈（六二〇中）。『法集』有為品の第三十偈（七七七下）を参照。また Dhp は、

jīranti ve rājarathā sucittā
atho sarīram pi jaraṃ upeti /
satañ ca dhammo na jaraṃ upeti
santo have sabbhi pavedayanti //(Dhp 151)
たいへん飾り立てられた王の車も実に朽ちてしまう。さらに肉体もまた老いに近づく。
しかし善い人たちの真理は老いに近づかない。実に善い人たちは善い人たちに〔真理を〕教える。

このDhp に相当する偈が SN I. 71 にも認められるが、その漢訳である『雑含』巻四十六（三四〇上）には次のようにある。

王所乗宝車　終帰有朽壊
此身亦復然　遷移会帰老
唯如来正法　無有衰老相
稟斯正法者　永到安隠処

この訳は『別雑』巻四（三九七上）もほぼ同じ。これによれば『法句』第三、四句はかなり意訳されていると思われる。また『出曜』の訳が『法句』と同一であることは、前者が後者を踏襲したのであろう。

人の無聞なるは……福慧有ること無し（四15）『法喩』広衍品の第二偈（五九八中）。また Dhp は、

appassutāyaṃ puriso balivaddo va jīrati /
maṃsāni tassa vaḍḍhanti paññā tassa na vaḍḍhati //(Dhp 152)

学ぶことの少ないこの人は、雄牛のように老いる。
彼の肉は増えるが、彼の智慧は増えない。

生死は無聊にして……生苦は端無し（四17）『法喩』広衍品の第三偈（五九八中）。『出曜』心意品の第六偈（七五九中）と『法集』護心品の第六偈（七九五中）には次のようにある。すなわち、

生死無有量　往来無端緒
求於屋舎者　数数受胞胎

また Dhp は、

anekajātisaṃsāraṃ sandhāvissaṃ anibbisaṃ /
gahakārakaṃ gavesanto dukkhā jāti punappunaṃ //(Dhp 153)

私は家を作る者を捜し求めながらも、休むことなく数多くの生死の流れを流転してきた。何度となく生死〔を繰り返すこと〕は苦しみである。

DhpA III. 128 に gahakārakaṃ gavesanto ti ahaṃ imassa attabhāva-gehassa kārakaṃ taṇhā-vaḍḍhakiṃ gavesanto とある。これに従えば Dhp, pāda c の「家を作る者」というのは、家＝自身の体であり、作る者＝渇愛ということになる。家（P. kuṭi）が身体を指すことは Sn 18-19 を参照。『出曜』や『法集』は「屋舎者」と直訳し、『法句』は「意猗貪身」と意訳している。『増一』巻十一（五九七上―中）はこの両者をあわせた訳を採用している。すなわち、

生死無数劫　流転不可計
各各求所安　数数受苦悩
設復見身已　意欲造舎宅

次に Dhp, pāda b の anibbissaṃ（休むことなく）の解釈については、Norman［1997 : 100, n. 153］を参照。

慧あるは以て苦を見……愛尽きて生無し（四一2）　『法喩』広衍品の第四偈（五九八中）。『出曜』心意品の第七―八偈第一、二句（七五九中）、『法集』護心品の第七―八偈第一、二句（七九五中）を参照。またDhpは幾分対応する。

gahakāraka diṭṭho si puna gehaṃ na kāhasi /
sabbā ete phāsukā bhaggā gahakūṭaṃ visaṃkhitaṃ /
visaṃkhāragataṃ cittaṃ taṇhānaṃ khayam ajjhagā //
(Dhp 154)

家を作る者よ、汝は見られた。汝は再び家を作らないであろう。
これらのすべての垂木は折れ、家の屋根は壊れた。
心は形成作用（＝行）を離れて、愛欲の終滅に到達した。

この偈でも『法句』は家という直訳を避けている。それ故、『出曜』第三、四句の「梁栈已壊　台閣摧折」といった具体的記述は省略されたと考えてよかろう。この『法句』と、『出曜』『法集』の中間に位置するのが『増一』巻十一（五九七中）であり、家の細部ではなく人間の体の細部という形で、訳出している。すなわち、

一切肢節壊　形体不得全
心已離諸行　愛著永無余
更不受此形　長楽涅槃中

ところで『法句』第三句の「断行」はDhp, pāda e の vi-saṃkhāra-gataṃ と対応していると考えられる。それ故、「行」は「行い」特に「悪行」よりも、心作用の一つである、形成作用を意味していると考えるべきであろう。『法喩』には「断欲」とあり、『出曜』第八偈第一句の「心已離行」についての説明（七五九中）では、「所謂行者、衆結之首。所以群萌、沈湮生死者。皆由造行、致斯災変。聖人降世、精懃自修。断諸行本、使不復生」とあり、行は諸の煩悩の根本と解釈している。

梵行を修せず……空池を守り伺うが如し（四一4）　『法喩』喩老耄品の第七偈（五九三上）、『出曜』水品の第四偈（七〇七上）、『法集』水喩品の第四偈（七八五下）。またDhpは、

acaritvā brahmacariyaṃ aladdhā yobbane dhanaṃ /
jiṇṇakoñcā va jhāyanti khīṇamacche va pallale // (Dhp 155)

若い時に梵行を修することなく、財を得ることがなければ、魚のいなくなった池にいる老いた青鷺のようにやせ滅びてしまう。

Dhp, pāda c の koñca (S. krauñca) は、『法句』の「白鷺」、『出曜』の「鶴」、『法集』の「鴛鴦」、『雑含』巻四十二（三一〇中）の「鵠」、『別雑』巻五（四〇三中）の「鶴雀」、『大婆沙』巻百二十六（六六〇上）の「二老鶴」と様々に訳されている。

次に『法句』第四句の「守伺」は注目すべきであろう。この「守」は『出曜』や『法集』にも認められる。対応するDhpではjhāyantiとある。この語は「禅定をなす」(S.dhyāyati)の他、「消尽する」(S.kṣāyati)の意味がある。ここでは後者の意味が適切であるが、Uv XVII. 3cではdhyāyante(思いにふける)と前者の意味の方に誤ってサンスクリット語化している。『出曜』の説明(七〇七上)では、「猶如老鶴、伺立池辺、望魚上岸。乃取食之。終日役思、不果其願。用意不息、自致亡軀。老有老法、壮有壮力。鶴以老法、行於壮力、終日不果。但念少壮捕魚。不覚耆年已至」とあり、「守る」ということは「魚を捕まえようと願って一日中ぼんやりする」ことを指す。それ故、漢訳は共通して前者の意味にとっていると考えてよかろう。ただ『雑含』第四句は「守死於空池」とあるから、これは後者の意味を採用した可能性が高い。

既に戒を守らず……故を思うも何ぞ逮ばん(四一6)　『法喩』喩老耄品の第八偈(五九三上)、『出曜』水品の第三偈(七〇六下)、『法集』水喩品の第三偈(七八五下)。またDhpは、

acaritvā brahmacariyaṃ aladdhā yobbane dhanaṃ /
senti cāpātikhīṇā va purāṇāni anutthunaṃ //(Dhp 156)

若い時に梵行を修することなく、財を得ることがなければ、弓からはずれた〔矢〕のように横たわる。昔のことを思い出して泣きながら。

Dhp, pāda c の cāpātikhīṇā(弓からはずれた〔矢〕)に対応する訳は『法句』『出曜』『法集』ともに認められない。おそらく『法句』第三句の「気竭《つ》き」が対応しているのではないかと推察されるが何の確証もない。ただUv XVII. 4cのcāp*āti* kīrṇāは、イタリックの部分をチベット訳やDhpを援用して再構築したものであり、スバシ写本208では、cāpāv(a)kīrṇāとあり、cāpとkとのあいだは何らかの理由で、混乱があったと推察される。もしこのような混乱が『法句』訳出時にもあったと仮定するならば、この語をca-apānā khīṇā(息が尽き)と解釈した可能性もあるのではなかろうか。一方『雑含』巻四十二(三一〇上)はこのような写本の乱れがなかったのであろう、正しく「弓」と訳している。すなわち、

不行梵行故　不得年少財
思惟古昔事　眠地如曲弓

老ゆること秋葉の如く……後悔を用いず(四一8)　『法喩』喩老耄品の第九偈(五九三上)。

命は日夜に尽きんと欲すれば……惑うて冥中に堕すること莫かれ(四一10)　『法喩』喩老耄品の第十偈(五九三上)。

当に学びて意の灯を燃やし……燭を執りて道地を観ぜよ(四一

12)『法喩』喩老耄品の第十一偈（五九三上）。

愛身品（四一14）　この品の十三偈のうち最初の十偈は、Dhp の Atta-vagga（我品）の十偈（Dhp 157-166）に順序通りに相当している。一方、最後の三偈は、Dhp にも Uv にも対応偈が見いだされないから、おそらく所属部派不明の『法句経』から訳出されたものであろう。水野［一九八一］三〇五頁を参照。

自ら身を愛する者は……正しきを学びて寐らざれ（四一16）『法喩』愛身品の第一偈（五九三中）。『出曜』念品の第十二偈（六五二中）に、次のようにある。すなわち、

夫欲自念者　善宜自守護
猶如防辺城　深塹固乃牢
失三離三者　智者宜自悟

『法集』愛楽品の第十二偈（七八〇上）は『出曜』の第五、六句が欠落している。また Dhp は、

attānañ ce piyaṃ jaññā rakkheyya naṃ surakkhitaṃ /
tiṇṇaṃ aññataraṃ yāmaṃ paṭijaggeyya paṇḍito //(Dhp 157)

もし自己をいとおしいと知るならば、そのよく守護された〔自己〕を守るべきである。

賢者は夜間を三分したうちの一分の間は目を覚ましているべきである。

心を城に喩える内容は、Uv V. 15、『出曜』『法集』に認められるものの、Dhp, PDhp 312、『法句』には認められない。

ところで『法句』第三句の「希望欲解」は、Dhp, pāda c の tiṇnaṃ aññataraṃ yāmaṃ（夜間を三分したうちの一分の間）とは全く異なっている。「三」の複数、属格である tiṇṇaṃ は同時に「度脱した」(S. tīrṇa) を意味する。PDhp 312も ttiṇṇaṃ aññataraṃ yānānaṃ と ttiṇṇaṃ の形である。ただガンダーラ語では S. tīrṇa は G. tiṇa であり、この語が同じく「三」を意味するかどうか定かではない。

身は第一為り……惓まざるは則ち智なり（四二1）『法喩』愛身品の第二偈（五九三中）。『法句』教学品の第二十偈（五五九下）、『出曜』我品の第七偈（七二三中）、『法集』己身品の第七偈（七八八下）を参照。また Dhp は、

attānam eva paṭhamaṃ patirūpe nivesaye /
ath' aññam anusāseyya na kilisseyya paṇḍito //(Dhp 158)

賢者は先ず、まさに自己を適切な状態におくべきである。その後で、他人を教えるべきである。〔こうすれば〕汚れることはないであろう。

学びて先ず自ら正し……必ず遷りて上と為る（四二3）『法喩』

愛身品の第三偈（五九三中）。『出曜』我品の第六偈（七二三中）、『法集』己身品の第六偈（七八八中—下）を参照。また Dhp は、

attānañ ce tathā kayirā yath' aññam anusāsati /
sudanto vata dametha attā hi kira duddamo // (Dhp 159)

もし他人をさとすように自己もそうすれば、
よく〔自己を〕調えた者こそが〔他人を〕制御するであろう。
というのも自己は制御しがたいものであるからである。

pāda a の ce の解釈については、Norman [1997 : 102, n. 159] を参照。

身ら利すること能わずんば……何の願いか至らざらん（四三5）『法喩』愛身品の第四偈（五九三中）。『法集』己身品の第二十偈（七八八下）は Dhp に符合する。すなわち、

自己心為師　不依他為師
自己為師者　長作真智師

また Dhp は、

attā hi attano nātho ko hi nātho paro siyā /
attanā hi sudantena nāthaṃ labhati dullabhaṃ // (Dhp 160)

自己こそが自己の主人である。というのも他の誰が主人であろうか。
よく制御された自己によってこそ、得難い主人を人は得るのである。

水野博士は、この Dhp の偈が『法句』の当偈に対応すると述べられている。一方、Dhammajoti [1995 : 174, n. 9] はこれに異を唱え、『法句』の当偈はむしろ『出曜』我品の第八偈（七二三中—下）に近いと説く。すなわち、

当自剋修　随其教訓
己不被訓　焉能訓彼

これは『法集』己身品の第八偈（七八八下）に同じ。ただこの偈も『法句』とぴったり当てはまるとは言いがたい。

本我れ造りし所……剛の珠を鑽るが如し（四三7）『法喩』愛身品の第五偈（五九三中）。『出曜』悪行品の第十二偈（七四三下）、『法集』罪障品の第十一偈（七九二中）を参照。また Dhp は、

attanā va kataṃ pāpaṃ
attajaṃ attasambhavaṃ /
abhimatthati dummedhaṃ
vajiraṃ v' amhamayaṃ maṇiṃ // (Dhp 161)

他ならぬ自己がなした悪は、自己から生じ、自己に起源する。
〔それは〕智慧なき〔自己〕を粉砕する。〔石から生じた〕ダイヤモンドが、〔同じ〕石からなる宝珠を〔粉砕する〕ように。

人戒を持さずんば……悪行日に増さん（四三9）『出曜』沙門品

の第十偈（六七九下）。また Dhp は、

yassa accantadussīlyaṃ māluvā sālam iv' otataṃ /
karoti so tath' attānaṃ yathā naṃ icchatī diso // (Dhp 162)

過度の悪しき戒が〔自身にまとわる〕者は、敵が彼に望むように自己に対して行う。蔓草が沙羅の木にまとわるように。

Dhp, pāda b の otataṃ についての文法的考察は、Norman [1997 : 103, n. 162] に詳しい。

悪行は身を危うくするも……愚かは以て難しと為す（四三11）『出曜』悪行品の第十六偈（七四四中）、『法集』罪障品の第十五偈（七九二中）。また Dhp は、

sukarāni asādhūni attano ahitāni ca /
yaṃ ve hitañ ca sādhuñ ca taṃ ve paramadukkaraṃ //
(Dhp 163)

善くないこと、自己の為にならないことは、為しやすい。
実に為になること、善いことは、実にきわめて為し難い。

真人の教えの如くに……苦き種を種うるが如し（四三13）『法喩』愛身品の第六偈（五九三下）。『法集』語言品の第十偈（七八一中）には次のようにある。すなわち、

竹蘆生実乾　還害其自軀
若吐言当善　不演悪法教

また Dhp は、

yo sāsanaṃ arahataṃ ariyānaṃ dhammajīvinaṃ /
paṭikkosati dummedho diṭṭhiṃ nissāya pāpikaṃ /
phalāni kaṭṭhakasseva attaghaññāya phallati // (Dhp 164)

供養を受けるにふさわしく、真理にかなった生き方をする聖者たちの教えを、
愚者は、悪い考えに依拠して非難するが、
竹の実のように、〔愚者〕自身を滅ぼすという結果となる。

kaṭṭhaka が「竹」を意味する点に関しては、Brough [1962 : 255, n. 258] を参照。実を結ぶと、バナナ、竹、葦は枯れてしまうという表現は SN I. 154 にも認められる。

phalaṃ ve kadalim hanti phalaṃ veḷu phalaṃ nalaṃ /
sakkāro kāpurisam hanti gabbho assatarim yathā ti //

〔バナナの〕実はバナナを滅ぼし、〔竹の〕実は竹を、〔葦の〕実は葦を〔滅ぼす〕。
尊敬は悪しき人を滅ぼす。〔驢馬の〕胎児が驢馬を〔滅ぼす〕ように。

『法句』で「苦」となっているのは、Dhp の kaṭṭhaka（GDhp 258c では kaḍaka）をサンスクリット語の kaṣṭa（悪い、苦しい）と理解したためであろう。『法集』の「竹と蘆」は Uv VIII. 7e の

kaṇṭaka-veṇur を訳したものと考えられる。その他、Matsumura [1989 : 85] の第四十九偈、『智度』巻十三（一五八上）を参照。

悪は自ら罪を受け……亦た甜き〔種を〕種うるが如し（四二16）『法喩』愛身品の第七偈（五九三下）。『出曜』悪行品の第十一―十二偈第一、二句（七四三下）。また Dhp は、

attanā va kataṃ pāpaṃ attanā saṃkilissati /
attanā akataṃ pāpaṃ attanā va visujjhati /
suddhī asuddhi paccattaṃ nāñño aññaṃ visodhaye //(Dhp 165)

他ならぬ自分自身によって悪がなされると、自分自身によって汚される。
自分自身によって悪がなされないと、他ならぬ自分自身によって清められる。
清浄と不浄は各自に〔備わり〕、人は他人を清めることはできない。

自ら利し人を利するは……戒と聞とを最と為す（四二19）『出曜』我品の第十偈（七二三下）、『法集』己身品の第十偈（七八八下）。また Dhp は、

attadatthaṃ paratthena bahunā pi na hāpaye /
attadattham abhiññāya sadatthapasuto siyā //(Dhp 166)

たとえ多くても他人のことの為に、自分の為のことを捨てるべきではない。
自分の為のことを知って、自分の為のことに専念すべきである。

『法句』第四句の「戒聞」と Dhp, pāda c の sa-d-attha-pasuto（自分の為のことに専念する）とは、全く対応していない。Dhp に対応する PDhp 325d では sadātthaparamo、Uv XXIII. 10d では svakārthaparamo、GDhp 265d では svakatha-paramu とあり、Dhp のみが -pasuto とあって、他はすべて -paramo とある。この pasuta は S. prasṛta（専念した）に対応すると考えられている。Norman [1997 : 105, n. 166] を参照。ただ pasuta (passuta?) は S. pra-śruta（聞いた）と対応するとも考えられる。そして sa-d-attha は「自らの目的、利益」(S. sva-artha) と同時に、sad-attha (S. sad-artha)、すなわち「善き目的、利益」の意味がある。こうすれば pasuta は『法句』の「聞」に、sad-attha は「戒」に対応すると考えてもよかろう。

世俗品（四三8）　この品は、Dhp の Loka-vagga（世間品）に相当するが、半数以上は対応偈がなく、完全に Dhp からの訳とは言えない。さらに Dhp にはなく Uv に、その対応偈が認められるものもあるが、Uv にはこの品に相当する章が独立していず、所属部派不明の『法句経』からの訳か、もしくは訳出時の補正整理の

ためにこのような混乱が生じたのではないかと考えられている。水野［一九八一］三〇五頁を参照。

車の道を行くに……憂いを生ずるが如く（四三10）『出曜』無放逸品の第十七偈（六四一下―六四二上）。これは Uv に対応する。

yathā śākaṭiko mārgaṃ samaṃ hitvā mahāpatham /
viṣamaṃ mārgam āgamya cchinnākṣaḥ śocate bhṛśam //
(IV. 17)

例えば車夫が平坦な大道を捨てて、
凹凸のある道をやってきて、車軸が壊れて大そう悲しむように、

この偈は Dhp に対応偈は見出せないものの、PDhp 111, SN I. 57, Mil 66 には認められる。その他『義足』巻上（一七八下）。

法を離るるも是の如くして……折るる患い有り（四三12）『出曜』無放逸品の第十八偈（六四二上）。これは Uv に対応する。

evaṃ dharmād apakramya hy adharmam anuvartya ca /
bālo mṛtyuvaśaṃ prāptac chinnākṣa iva śocate // (IV. 18)

このように真理からはずれて、正しくないことに従うと、
愚者は死の支配に陥り、車軸が壊れたかのように悲しむ。

この偈は前の偈に続くものであり、意味上対をなす。これも Dhp に対応偈は見出せないものの、PDhp 112, SN I. 57, Mil 67 には認められる。その他『義足』巻上（一七八下）。

正道に順行して……世世に患い無し（四三14）『出曜』楽品の第五偈（七五三中）、『法集』楽品の第五偈（七九四中）。これは Dhp にも対応偈がある。

dhammaṃ care sucaritaṃ na naṃ duccaritaṃ care /
dhammacārī sukhaṃ seti asmiṃ loke paramhi ca // (Dhp 169)

真理を正しく行うべきであり、それを悪く〔行うべきでは〕ない。
真理を実践する人は、この世でもあの世でも安らかに横たわる。

万物は泡の如く……奈何ぞ此こを楽しまん（四三16）『出曜』観品の第十三偈（七三八中）、『法集』観察品の第十三偈（七九一中）の第四句は、どちらも「亦不見死王」とある。これは Dhp にも対応偈がある。

yathā bubbulakaṃ passe yathā passe marīcikaṃ /
evaṃ lokaṃ avekkhantaṃ maccurājā na passati // (Dhp 170)

〔この世を〕泡沫のようだと見るべきである。〔この世を〕陽炎のようだと見るべきである。
世界をこのようなものだと観察する人を死王は見ない。

若し能く此れを断じ……必ず定に至る（四四1）『法句』塵垢品

の第十四偈（五六八下）とほぼ同じ内容である。すなわち、

一切断欲　截意根原
昼夜守一　必入定意

『出曜』信品の第十二偈（六七七中）、『法集』正信品の第十五偈（七八二中）を参照。またDhpは、

yassa c' etaṃ samucchinnaṃ
mūlaghaccaṃ samūhataṃ /
sa ve divā vā rattiṃ vā
samādhiṃ adhigacchati //(Dhp 250)

しかしその人のこの〔欲望〕が断ち切られ、根絶され、完全に除去されると、
彼は実に夜であれ昼であれ、心の集中に至る。

一ものは施すこと信の如く……定意を得ず（四3）『出曜』信品の第十偈第三、四句―第十一偈（六七七中）、『法集』正信品の第十三偈第三、四句―第十四偈（七八二中）を参照。またDhpは、

dadanti ve yathāsaddhaṃ yathāpasādanaṃ jano /
tattha yo maṅku bhavati paresaṃ pānabhojane /
na so divā vā rattiṃ vā samādhiṃ adhigacchati //(Dhp 249)

〔ある〕人々は実に信仰に従い、浄い心に従って布施をなす。このことで、他人に〔布施する〕飲物と食物とについて当惑した者は、
昼であれ夜であれ心の集中に至らない。

雁の群れを将いるに……邪衆より度脱せしむ（四8）『出曜』水品の第二偈（七〇六下）。『法集』水喩品の第二偈（七八五下）には次のようにある。すなわち、

彼心既棄捨　翺翔昇虚空
修行出世間　能破魔羅衆

またDhpは、

haṃsādiccapathe yanti ākāse yanti iddhiyā /
nīyanti dhīrā lokamhā jetvā māraṃ savāhanaṃ //(Dhp 175)

ハンサ鳥は太陽の道を行き、〔それらは〕神通力をもって虚空を行く。
賢者たちは悪魔とその軍勢に打ち勝って、この世から〔安らぎの世界へと〕抜け出す。

『法句』第四句の「邪衆」はDhp, pāda d の「魔とその軍勢」を指すと考えれば、『法句』第三、四句はDhp, pāda cd と対応する。また『出曜』や『法集』の第三、四句も、このDhpやUv XVII. 2 cd, PDhp 232cd と対応している。

ところで Dhp の前の偈を調べてみると、

andhabhūto ayaṃ loko tanuk' ettha vipassati /
sakunto jālamutto va appo saggāya gacchati // (Dhp 174)

この世の人は目が不自由である。ここで〔真理を〕見る人はごくわずかである。
網から脱れた鳥のように天界に到る人は少ない。

この Dhp, pāda ab は『法句』の前の偈（第七偈）の第一、二句「世俗無眼　莫見道真」に対応している。しかも同第三句の「如少見明」を「少なきが明を見るが如し」と読めば、第一句から第三句までが対応していることになる。

さらに Dhp, pāda cd の網から脱した鳥の比喩は、『法句』第八偈、第一、二句の「如雁将群　避羅高翔」に対応していると考えてよかろう。Dhp 175ab は「ハンサ鳥」(haṃsa) だけが漢訳に反映されていない。すなわち、

Dhp	『法句』
174ab	第七偈　第一、二、三句
不明	同　第四句
174cd	第八偈　第一、二句
175ab →	参考的
175cd	同　第三、四句

一方 Dhp 174 や Uv XXVII. 5 に相当する『出曜』観品の第五偈（七三六下）には次のようにある。

世間普盲冥　有目尠尠耳
群鳥堕羅網　生天不足言

『法集』観察品第五偈（七九一中）は第二句「智眼尠尠耳」が異なるだけで、他は『出曜』と同じ。この『出曜』の説明（七三七上）に、「群鳥堕羅網者。猶如猟者、施張羅網、懸弶捕鳥。剋獲無数、鳥獣之属。其得脱者、若一若両。生天之衆、亦復如是。若一若両、得受天福」とあり、正しく Dhp や Uv を理解していたことになる。

次に『出曜』水品や『法集』水喩品第一句の「彼心既棄捨」は Uv XVII. 2b の *ākāśe jīvitendriyāḥ* に対応すると考えられる。ただし Bernhard が欠漏を補った jīvitendriyāḥ には異論が出されている。水野博士は vijitendriyāḥ、中村博士は jitendriyāḥ—どちらも「感覚器官を制御した」の意味である—を呈示しておられる。ともかく Dhp 175b やこの Uv, XVII. 2b は訳しにくい箇所である。また『出曜』第二句にハンサ鳥の訳語がないのは、前の第一偈第四句の「如雁棄池」が、対応する Uv XVII. 1c の haṃsavat palvalaṃ hitvā（ハンサ鳥が池を捨てるように）の訳語として現われているから、あえて同じ語は二度繰り返して使う必要

がなかったのではないかと推察される。これは『法集』にもあてはまる。

一法を脱過せる……悪として更ざるは靡し（四16）『出曜』行品の第一偈（六六八上）、『法集』業品の第一偈（七八一下）。またDhp は、

ekaṃ dhammaṃ atītassa musāvādissa jantuno /
vitiṇṇaparalokassa n' atthi pāpaṃ akāriyaṃ //(Dhp 176)

一つの真理を逸脱し、偽りを語り、
来世を捨てた者には、犯すことのできない悪はない。

Dhp, pāda c の vitiṇṇa-paralokassa（来世を捨てた）について、少し説明が必要であろう。DhpA III, 183 には、vitiṇṇa-paralokassā ti vissaṭṭha-paralokassa（来世を捨てた）とあり、vitiṇṇa は vissaṭṭha（vissajjati, 捨てるの過去分詞）と同義とされる。一方、Dhp 141d の avitiṇṇa-kaṃkhaṃ（疑いを離れていない人を）は vitiṇṇa をよい意味に解釈する。つまり vitiṇṇa は「超越した」の意で使用されている。ところで、『法句』や『出曜』第三句は「不免後世」と輪廻は避けがたい意味に解釈されるが、『法集』は「不免後世苦」と「来世の苦」を強調している。これは vitiṇṇa を「超越した」の意で解釈したものである。一方『雑含』巻三十八（二八〇中）第三句では「不計於後世」、『別雑』巻一（三七八上）第三句では「則為棄後世」、『中含』巻三（四三六中）第三句では「不畏後世」とあり、みなDhp の訳のように「来生を考慮しない」という、vitiṇṇa を「捨てた」の意で解釈したものである。

『出曜』の説明（六六八上）には、「不逸後世者。已捨後世、功働善本」とあり、vitiṇṇa (Uv IX. 1c, vitīrṇa) を「捨てた」の意で理解している。おそらく『法句』の表現を『出曜』は踏襲しながらも、その説明で「捨てた」の解釈を示し、さらに『法集』は「苦」を加えることによって、よりこの意味に近づける努力をしたのであろう。

多く珍らしき宝を積み……道迹を見るに如かず（四18）『法喩』世俗品の第一偈（五九四上）。『法句』多聞品の第八偈（五六〇上）を参照。また Dhp 178 は、

pathavyā ekarajjena saggassa gamanena vā /
sabbalokādhipaccena sotāpattiphalaṃ varaṃ //(Dhp 178)

大地で唯一の王権よりも、あるいは天界に昇ることよりも、〔あるいは〕一切世界に対する支配よりも、聖者の流れに入り終わること（預流果）のほうがすぐれている。

このDhp により対応する漢訳は『解脱道』巻十二（四五八上）である。すなわち、

於地一国王　於天堂一王
領一切世間　須陀洹果勝

ところで、このDhpに対応するPDhp 338に次のようにある。

manuṣyapaṭilābhena saggānāṃ gamanena ca /
pṛthivyām ekarājjena sotāpattiphalaṃ varaṃ //(PDhp 338)

人間（の体）を得ることよりも、諸々の天界に昇ることよりも、大地で唯一の王権よりも、聖者の流れに入り終わること（預流果）のほうがすぐれている。

この訳は『義足』巻下（一八五下）により対応する。

有利得人形　持戒得為天
於世独為王　見諦是独尊

以上よりDhp 178＝『解脱道』、PDhp 338＝『義足』の構図が得られるが、『法句』はこれらのどちらにも属さないことから、別の原本からの訳の可能性が考えられよう。

不善は像りて善の如く……狂夫は為に厭さる（四五1）　『法喩』世俗品の第二偈（五九四上―中）。『出曜』念品の第十偈（六五二上）、『法集』愛楽品の第十偈（七八〇上）を参照。これはUvに対応する。

asādhu sādhurūpeṇa priyarūpeṇa cāpriyam /
duḥkhaṃ sukhasya rūpeṇa pramattān abhimardati //(Uv V. 12)

善かならぬものが善い姿をして、愛らしくないものが愛らしい姿をして、
苦が楽の姿をして、放逸な者たちを押しつぶす。

パーリの対応偈は、Ud II. 8 (p. 18); J I. 410に認められる。ただしpāda dはativattati（征服する）とある。

述仏品（五一5）　この品の二十一偈は、Dhp 14 の Buddha-vagga（仏陀品）十八偈（Dhp 179-196）にほぼ相応している。一方、Uv では一見すると、第二十一の Tathāgata-varga（如来品）がこれに相応しているようであるが、実際は二偈しか対応していない。また『法句』、第七、八、十九の三偈は Dhp にも Uv にも対応していないので、おそらく所属部派不明の『法句経』からの訳だと推察される。水野［一九八一］三〇五頁を参照。

己れに勝ちて悪を受けず……曚きを開きて道に入らしむ（五一7）『出曜』如来品の第五偈（七一七下）、『法集』如来品の第六偈（七八七下）。また Dhp は、

yassa jitaṃ nāvajīyati
jitaṃ assa no yāti koci loke /
taṃ buddham anantagocaraṃ
apadaṃ kena padena nessatha // (Dhp 179)

その人の勝利は損なわれることがなく、その人の勝利はこの世のどこにも去ってしまわない、
そのような無限の境地あり、足跡のない目覚めた人をどんな足跡によって汝は導くであろうか。

『出曜』第四句は「開蒙我為勝」、『法集』第四句は「誘蒙吾為勝」と『法句』とは微妙に異なるものの、ほぼ『法句』の訳を踏襲していると言ってよかろう。ただ同じ『出曜』双要品の第四十二偈（七五二下）や『法集』相応品の第四十七偈（七九四上）は Dhp に近しい訳となっている。すなわち、

若有不欲生　以生不受有
仏有無量行　無跡誰跡将

これに相応するとされる Uv は、

yasya jitaṃ nopajīyate
jitaṃ anveti na kaṃ cid eva loke /
taṃ buddham anantagocaraṃ
hy apadaṃ kena padena neṣyasi // (Uv XXIX. 52)

その人の勝利は敗れることなく、〔その人の〕勝利はこの世のどんな者にも付き従うことのない、
そのような無限の境地あり、足跡のない目覚めた人をどんな足跡によって汝は導くであろうか。

これによると、pāda cd は完全に『出曜』第三、四句と一致しているが、pāda ab は異なっている。その違いは Uv の Dhp と同じく、jitaṃ（勝利）、upajīyate（失う、敗れる）に対応する漢訳が「有」、「生」となっている点である。この点に関して Mv III. 91 には興味深い対応偈がある。その pāda ab のみを示すと、

yasya jitaṃ nātha jīvati
jitaṃ asya na jīnāti antako /
その人に勝利が生じなければ、死も彼の勝利を打ち負かすことはない。

ここでは jīvati と「生じる」という語が現われる。漢訳の『仏本行集』巻五十一（八八八中）の第一、二句では「若人已調伏　世無不伏者」と「勝利、征服」の意味であり、jīvati の意味が反映されていない。このように考えると、『出曜』訳出時の原本には、jitaṃ / jīvaṃ (G. jiva, 生)、upajīyate / upajīvati（依って生活する）の混同があったのではなかろうか。

ところで『法句』第三、四句と Dhp とを比較してみると、「叡智」は buddhaṃ（仏陀）に、さらに「曚」は apadaṃ に対応しているように思われる。pada は「足、足跡」の意味が一般的であるが、P. paṭipadā (BSk. pratipad, pratipadā) は「行道」というように「修行」の意味であるから、apada を「修行の状態に入っていない、くらき者」と解することも可能であろう。また次の第二偈第四句には「未践迹令践」とあるから apada を「未践迹」と、やはり「仏道の修行を実践していない者」という意味で解釈している。

さらに『法句』第一、二句と同一の訳語をもつ『出曜』の説明（七一七下）では、「勝」の解釈を「能勝怨、世称曰勝。此勝非為勝。断漏尽諸使。衆結永尽、乃称為勝。独王世界、無能及者」と、自己の煩悩に勝つことが真の勝利であるとしている。

網を決りて罣礙無く……未だ迹を践まざるを践ましむ（五―9）

『出曜』双要品の第四十一偈（七五二中）、『法集』相応品の第四十六偈（七九四上）。また Dhp は、

yassa jālinī visattikā
taṇhā n' atthi kuhiñci netave /
tam buddham anantagocaraṃ
apadaṃ kena padena nessatha //(Dhp 180)
その人に網のような執著である、彼をどこかに導くような渇愛は存在しない、
そのような無限の境地あり、足跡のない目覚めた人をどんな足跡によって汝は導くであろうか。

『法句』第四句の「未践迹」は Dhp の apadaṃ に対応するのは明らかであり、先の偈に比べてより原文に近い。ただ『出曜』や『法集』第四句が「無跡誰跡将」のように「無跡」を仏と同義としているのに対し、『法句』の「未践迹」は「修行中の者」、あるいは「凡夫」の意味に理解している。『出曜』の説明（七五二中）では、「結有跡者。将入三界、遊馳五道、不離生死。結無跡者。則不至三

界、八難之処」とある。

また第二句の「愛尽無所積」は『出曜』や『法集』第二句では「無愛況有余」とあり、Dhp, pāda b の netave（導くような）に相当する訳語とはなっていない。Uv XXIX. 53b では loka-nāyinī、PDhp 277b も netaye、Mv III. 92, pāda b も netrikā とすべて「導く」になっている。この Dhp の kuhiñci netave を訳出した時点で、原本に kuhiñ cinetave とあったとすれば、この cinetave を cināti（積む、集める）の不定詞（cinitum が一般的）と解した可能性が高い。PDhp 277b は kahiṃ ci netaye と分かれているから、先述した如く kuhiñ cinetave とあってもおかしくはなかろう。またこのようなまぎらわしい形は Dhp と PDhp だけであり、Uv や Mv は明らかに「導く」の意味に解さざるを得ない。これによれば『法句』の当偈が Dhp に近い形から訳出された可能性が高いとも言えよう。一方『大婆沙』巻一八八（九四二上）第二句では「無愛誰能将」とあるから、これは正しく「導く」と解している。

勇健に一心に立ち……学ぶは正しく、念は清明なり（五三1）『出曜』如来品の第九偈（七一八上）、『法集』如来品の第十偈（七八七下）では、第一、二句は『法句』と同じであるが、第三、四句は『法句』と明らかに異なる。すなわち、

諸天常衛護　為仏所称記

これは『法句』では主語が仏であるのに対し、『出曜』や『法集』では主語が仏より称賛される修行者であることを意味する。また Dhp は、

ye jhānapasutā dhīrā nekkhammūpasame ratā /
devāpi tesaṃ pihayanti sambuddhānaṃ satīmataṃ //(Dhp 181)

瞑想に耽り、欲望のない静けさを楽しむ賢者たち、
彼ら正しく目覚め、記憶力ある者たちを、神々でさえうらやむ。

Dhp, pāda c の「神々でさえ彼らをうらやむ」と『法句』第三句の「根断無欲意」とは明らかに対応しない。この訳語は Dhp 97c の hatāvakāso vantāso（再生の機会を除き、欲望を吐き出し）に近い印象を受ける。ただ、この句が後に挿入されたものなのか、またそうであるならば、どうして挿入されたのか不明である。

次に『法句』第二句の「出家日夜滅」は『出曜』の説明（七一八中）では「所謂出家、不但捨妻、息離五欲。求出欲界、修上界道。初禅休息、行無起滅」とある。

諦を見、浄くして穢れ無く……衆くの憂苦を除かんが為なり（五三3）『法喩』述仏品の第三偈（五九四中―下）。また Dhp は、

pūjārahe pūjayato buddhe yadi vā sāvake /

papañcasamatikkante tiṇṇasokapariddave //(Dhp 195)

供養に価する人たち——仏たちであれ、あるいは弟子たちであれ——

差別世界を超越した人たち、憂いと悲しみとを超えた人たちを

供養する人の（……）

『法句』第二句は Dhp, pāda c に、同第四句は pāda d に対応していよう。

人道に生まるるを得るは難く……仏法を聞くを得ること難し（五三5）『法喩』述仏品の第四偈（五九四下）。また Dhp は、

kiccho manussapaṭilābho

kicchaṃ maccāna jīvitaṃ /

kicchaṃ saddhammasavanaṃ

kiccho buddhānam uppādo //(Dhp 182)

人身を得ることは困難であり、死すべき人間の寿命は困難であり、

正しい教えを聞くことは困難であり、諸仏の出現は困難である。

これら四難の順序をみると、Dhp＝GDhp 263 であり、『法句』も Dhp とほぼ同一、PDhp 334 のみ大きく異なり、「人身を得ること」に対応するのは śraddha-paṭilābho（信心を得ること）となっている。またこの偈は Uv のグループには見当たらない。

我れ既に帰保無く……自然に聖道に通ず（五三7）『法喩』述仏品の第二偈（五九四中）、『出曜』如来品の第四偈（七一七中）、『法集』如来品の第五偈（七八七下）。また Uv は、

ācāryo me na vai kaś cit sadṛśaś ca na vidyate /

eko 'smiṃ loke saṃbuddhaḥ prāptaḥ saṃbodhim uttamām //(Uv XXI. 4)

私にはどんな師もいない。〔私に〕等しい者は存在しない。

この世においてただ一人さとった者であり、最上のさとりに到達した者である。

『法句』第三句の「積一行得仏」と Uv, pāda c の「私一人がこの世界でさとった者である」を対応させるのは少し困難である。『出曜』第三句も『法句』と同一であるが、その説明（七一七下）では、「於此三世、成最正覚。仏興出世、要在閻浮利地。生於中国、不在辺地」云々とあり、仏が閻浮利地に生まれることのみを強調している。これは Uv の「この世界」の説明を行い、偈の訳は『法句』に従ったものと考えられる。さらに『法集』第三句では「積諸行得仏」とあり、『法句』を踏襲したものの、「一行」がよく理解できず、「諸行」に変更したのであろう。「一」が Uv に従って「ひとり」を意味するとすれば「一《ひとり》で行ずるを積みて仏を得」とも読めよう。また Uv の「この世界」はスバシ写本 273 や Mv III.

326 ('smi loke) にはあるものの、Vin I. 8 や、MN I. 171, Lalitavistara (ed. by S. Lefmann) 26. 1 (p. 405) にはなく、明らかに二種類の原本の系統があったと思われる。

船師は能く水を渡り……度者は健雄為り（五三9）『法集』如来品の第十六偈（七八七下）は、第四句が「度者為勇健」とわずかに違うだけで、『法句』と同一である。『出曜』如来品の第十三偈、十四偈（七一八下—七一九下）は次のように対になっている。

諸有不信仏　如此衆生類
当就於厄道　如商遇羅刹　（第十三偈）
諸有信仏者　如此衆生類
安隠還得帰　皆由馬王度　（第十四偈）

これに対して『法集』第十五偈は『出曜』第十三偈と同一であるものの、第十六偈は『出曜』第十四偈ではなく『法句』の本偈の方を採用している。この『出曜』第十四偈は Uv XXI. 15 と対応する。

悪を壊し度するは仏為り……種を断ずるは弟子為り（五三11）Uv に幾分相応する。

brāhmaṇo vāhitaiḥ pāpaiḥ śramaṇaḥ śamitāśubhaḥ /
pravrājayitvā tu malān uktaḥ pravrajitas tv iha // (Uv XI. 15)

この世では、悪を取り除いたのでバラモンと、不浄を静めたので沙門と、
汚れを除いたので出家者と呼ばれる。

これは『法句』梵志品第七偈（五七二下）や Dhp 388 と対応する。

行に忍は第一なりと観じ……彼れを嬈害すること無し（五三13）『法句』泥洹品の第一偈（五七三上）、『出曜』泥洹品の第二偈（七三一上）、『法集』円寂品の第二偈（七九〇中）を参照。また Dhp は、

khantī paramaṃ tapo titikkhā
nibbānaṃ paramaṃ vadanti buddhā /
na hi pabbajito parūpaghātī
samaṇo hoti paraṃ viheṭhayanto // (Dhp 184)

堪忍という忍耐は最上の苦行であり、ニルヴァーナは最高であると諸仏は言う。
他人を害する者は決して出家者ではなく、他人を困らせる者は沙門ではない。

ここで漢訳の「観」は、「堪忍」を意味する P. titikkhā, S. titīkṣā、それに S. titikṣate（堪忍する）のガンダーラ語形 tidikṣadi が何らかの理由で誤訳されたのであろう。G. の tidikṣa を tid ikṣa と理解し、S. tad ikṣā だとすれば「観察」という訳も可能

である。その他この偈の対応表は、真柄和人［一九八五］三頁、Schmidt ［1989：38-40］を参照。

嬈さず亦た悩まさず……是れ能く仏の教えを奉ずるなり（五三15）『出曜』心意品の第三十九偈第三、四句―四十偈（七六三下）、『法集』護心品の第三十八偈第三、四句―三十九偈（七九六上）。

また Dhp は、

anupavādo anupaghāto pātimokkhe ca saṃvaro /
mattaññutā ca bhattasmiṃ pantañ ca sayanāsanaṃ /
adhicitte ca āyogo etaṃ buddhāna sāsanaṃ //(Dhp 185)

罵らず、害さず、戒律のもとに自己を守り、
食事において適切な量を知り、人を離れた淋しいところに孤独で臥し、座し、
高次の心作用に専心する、これが諸仏の教えである。

Dhp, pāda d の pantañ ca sayanāsanaṃ（辺地での臥坐）は『法句』第四句の「有行幽隠処」によく対応している。これに対して『出曜』や『法集』第二句の「及諸床臥具」では「辺地」の意味が伝わってこない。これは第一句の「於食自知足」の「知る」の目的語として「食に於いて足るを知り、及び諸の床・臥具を（知る）」という解釈を、Uv XXXI.50cd の mātrajñatā ca bhaktesu prāntaṃ ca śayanāsanam / に施したものと推察される。この「辺

地」を訳さない傾向は『増一』巻四十四（七八七上）第三、四句にも認められる。すなわち、

於食知止足　床座亦復然

一方『十誦戒』（四七八下）第四句や『僧祇戒』（五五五下）の「常楽在閑処」、『四分戒』（一〇二二中）第四句の「常楽在空閑」などは『法句』と同様「辺地」を強調している。その他この偈の対応表は、真柄［一九八五］四―五頁、Schmidt［1989：42-44］を参照。

諸悪を作すこと莫く……是れ諸仏の教えなり（五三18）『出曜』悪行品の第一偈（七四一中）、『法集』罪障品の第一偈（七九二上）。

また Dhp は、

sabbapāpassa akaraṇaṃ kusalassa upasampadā /
sacittapariyodapanaṃ etaṃ buddhāna sāsanaṃ//(Dhp 183)

あらゆる悪を為さず、善を保ち、
自分の心を浄めること、これが諸仏の教えである。

この偈の対応表は、真柄［一九八五］八頁、Schmidt［1989：50-52］、さらに碑文を中心とした対応は Bernhard 校訂の Uv XXVIII. 1 の平行句を、さらにジャイナ教の平行句は Watanabe, K, "Avoiding all sinful acts by both Buddha and Mahāvīra," *Bulletin d'Études Indiennes* 11-12(1993-1994), pp. 229-232. 渡辺研二「ゴーサーラ・マンカリプッタ研究序説―アー

ジーヴィカ教再評価の試み—」『ジャイナ教研究』第二号［一九九六］四九—五〇頁を参照。

仏は尊貴為り……一群は心に従う（三三1）『出曜』如来品の第三偈（七一七上）は次のようにある。すなわち、

我為世尊　断漏無姪
諸天世人　一群従心

『法集』如来品の第四偈（七八七中）もほぼ同じ。また Uv は、

ahaṃ hi lokeṣv arahann ahaṃ lokeṣv anuttaraḥ /
sadevakeṣu lokeṣu cāhaṃ mārābhibhūr jinaḥ //(Uv XXI.3)

私は世間において供養されるべきものであり、私は世間において無上のものであり、神々を含めた世間において、私は悪魔に打ち勝つ勝利者である。

『出曜』の訳は Uv を理解しつつも『法句』に従ったものと言えよう。『法句』第一句の「仏為尊貴」では「この世に於ける」という原本の内容が欠落するため、ここは「我為世尊」と訳し直し、その「世尊」の説明（七一七上）で、「世者有三、一者陰世。二者器世。三者衆生世」というように、「世」を陰世・器世・衆生世の三種に分類している。『法集』第一句は先の両訳を組み合わせて「我為仏世尊」としている。次に『法句』第二句の「断漏無姪」は『出曜』や『法集』にそのまま踏襲されている。しかも『出曜』は Uv, pāda b の ahaṃ lokeṣv anuttaraḥ（私は世間において無上のものであり）を知っていたと考えられる。というのもその説明（七一七中）で、「断漏無姪者。謂無上義、無有過上者。亦無儔匹。……」とあるからである。『法句』第三句の「諸釈中雄」は Uv, pāda c の sadevakeṣu lokeṣu（神々を含めた世間において）という原本とかなり異なっているためであろう、『出曜』第三句は「諸天世人」と『法句』と異なる訳を出している。最後に『法句』第四句は「一群従心」とあり、Uv, pāda d の cāhaṃ mārābhibhūr jinaḥ（私は悪魔に打ち勝つ勝利者）と異なっているものの、『出曜』第四句は『法句』の訳に従い、『法集』第四句も「一切従吾心」とあり、同じく『法句』を踏襲している。『出曜』の説明（七一七中）に「諸天世人、沙門婆羅門魔。若魔天釈梵四王。吾為独尊、独悟、無与等者」とあり、魔を含めた神々のうちで仏一人が尊いとしているから、Uv の原本を知っていた可能性が高い。

以上をまとめれば、

『法句』	『出曜』	『法集』
第一句	『法句』と少し異	『法句』と『出曜』との混合
第二句	同	同
第三句	異	『出曜』に同じ
第四句	同	同

快き哉福報あるは……自ら泥洹を致す（五三3）　『出曜』楽品の第十三偈（七五四中）、『法集』楽品の第十三偈（七九四中）。またUvは、

sukho vipākaḥ puṇyānāṃ abhiprāyaḥ samṛdhyate /
kṣipraṃ ca paramāṃ śāntiṃ nirvṛtiṃ so 'dhigacchati //
(Uv XXX. 11)

福徳の果報が熟するのは楽しい。目的は成就される。
彼は速やかに最高の静けさ、寂静に赴く。

或いは、多くは自ら……祭祠して福を求む（五三5）　『法喩』述仏品の第五偈（六〇一下）。『出曜』観品の第二十五偈（七四〇中）、『法集』観察品の第二十五偈（七九一下）の第三、四句は異なる。すなわち、

園観及神祠(祀)　望免苦患難　　（ ）は『法集』の読み。

またDhpは、

bahuṃ ve saraṇaṃ yanti pabbatāni vanāni ca /
ārāmarukkhacetyāni manussā bhayatajjitā //(Dhp 188)

人々は恐怖に駆られて、山、森、園、樹、霊樹といった多くのものに頼る。

P. cetiya は「霊樹」の意味であり、漢訳の「廟立図像」は後代の仏教事情を古代に持ち込んだものであるという。中村［一九七八］一〇七頁を参照。Dhp, pāda c の ārāma-rukkha-cetyāni（園・樹・霊樹）は三種に区切られるが、Uv XXVII. 31c の ārāmaṃ vṛkṣacaityāṃś ca は『出曜』や『法集』第三句では「園観及神祠」とあり、vṛkṣacaitya を霊祠（神祠）の意味に解している。PDhp 216c でも、vastūni rukkha-cittāṇi とある。

自ら帰すること是の如きは……我を衆苦より度すること能わず（五三7）　『法喩』述仏品の第六偈（六〇一下）。『出曜』観品の第二十六偈（七四〇中）、『法集』観察品の第二十六偈（七九一下）を参照。またDhpは、

n' etaṃ kho saraṇaṃ khemaṃ
n' etaṃ saraṇam uttamaṃ /
n' etaṃ saraṇaṃ āgamma
sabbadukkhā pamuccati //(Dhp 189)

実にこれは安穏な拠り所ではない。これは最上の拠り所ではない。
このような拠り所に頼っては、あらゆる苦から解放されない。

如し自ら、仏・法……必ず見るに正慧もてせん（五三9）　『法喩』述仏品の第七偈（六〇一下）。『出曜』観品の第二十七偈（七四〇中）、『法集』観察品の第二十七偈（七九一下）を参照。またDhpは、

yo ca buddhañ ca dhammañ ca
saṃghañ ca saraṇaṃ gato /
cattāri ariyasaccāni
sammapaññāya passati //(Dhp 190)

しかし仏と法と僧に帰依すれば、
四つの真理を正しい智慧をもって見る。

生死は極めて苦しくも……斯れ衆苦を除かん（五三11）『法喩』述仏品の第八偈（六〇一下）。『出曜』観品の第二十八偈（七四〇中）、『法集』観察品の第二十八偈（七九一下—七九二上）を参照。また Dhp は、

dukkhaṃ dukkhasamuppādaṃ
dukkhassa ca atikkamaṃ /
ariyañ c' aṭṭhaṅgikaṃ maggaṃ
dukkhūpasamagāminaṃ //(Dhp 191)

〔即ち、〕苦と、苦の生起と、苦の克服と、
苦の終滅に至る八支の聖なる道である。

Dhp では、四諦八正道が明らかに説かれているが、『法句』では、四諦のうちの「集諦」が明文化されていない。ただし『出曜』第一句は「苦因苦縁生」と、Dhp と同様、明文化されている。『法集』第一句も「苦因縁苦生」とある。

自ら三尊に帰するは……一切の苦を度す（五三13）『法喩』述仏品の第九偈（六〇一下）。『出曜』観品の第二十九偈（七四〇中）、『法集』観察品の第二十九偈（七九二上）を参照。また Dhp は、

etaṃ kho saraṇaṃ khemaṃ etaṃ saraṇam uttamaṃ /
etaṃ saraṇaṃ āgamma sabbadukkhā pamuccati //(Dhp 192)

実にこれは安らかな拠り所である。これは最上の拠り所である。
この拠り所に依存して、ひとはあらゆる苦悩から解放される。

明ある人は値うこと難く……族親慶を蒙る（五三17）『出曜』楽品の第二十八偈（七五六中）、『法集』楽品の第二十八偈（七九四下）。また Dhp は、

dullabho purisājañño na so sabbattha jāyati /
yattha so jāyatī dhīro taṃ kulaṃ sukham edhati //(Dhp 193)

高貴な人は得難く、彼はどこにでも生まれるのではない。
賢明な人が生まれるような家系は、幸福に栄える。

Dhp, pāda a の purisājañño（高貴な人）に対応する訳語は、『法句』の「明人」、『出曜』の「人尊」、『法集』の「人智」とさまざまである。P. ājañña = ājānīya (S. ājāneya) は本来「血統の良い」という意味で、人よりもむしろ馬に対する修飾語であった。

Dhp 322b にも ājānīyā ca sindhavā（血統のよい、インダス河産の）とある。ただこの語は人に適用された場合、ājānāti（よく知る）との関連より、「智慧ある」と誤って訳されることもあったとされる。『法句』の「明人」はこの誤った訳にもとづくものであろう。Brough［1962 : 234］を参照。

次に『法句』第二句の「亦不比有」は『出曜』や『法集』第二句では「終不虚託生」とあり、『出曜』の説明（七五六中—下）に、「億千万劫、不可遭遇。所謂人尊者、諸仏世尊是。所謂生之処、其種清浄、父母真正。其家饒財、……中略……所生国土、上下和穆、共相順従」とあり、「人尊」は諸仏世尊であると説明している。しかも諸仏の出生は両親や国土が清浄であるという条件のもとに可能であるとも説明している。

諸仏の興るは快く……和なれば則ち常に安し（五三19）『出曜』楽品の第二十三偈（七五五下）、『法集』楽品の第二十三偈（七九四下）。また Dhp は、

sukho buddhānaṃ uppādo sukhā saddhammadesanā /
sukhā saṅghassa sāmaggī samaggānaṃ tapo sukho //(Dhp 194)

諸仏の出現は楽しく、妙なる教えを説くのは楽しく、
サンガの和合は楽しく、和合している者たちの激しい修行は楽しい。

安寧品（五四2）　この品は Dhp 15 の Sukha-vagga（楽品）十二偈（Dhp 197–208）にほぼ相当する。また Uv の Sukha-varga（楽品）にもおおよそ対応している。ただし、第十一、十三、十四の三偈は Dhp, Uv のどちらにも対応しないから、これらは所属部派不明の『法句経』からの訳であろうと推察されている。水野［一九八一］三〇五頁を参照。

我が生は已に安く……我れ行くに怨無し（五四4）『法喩』安寧品の第一偈（五九四下）。『出曜』楽品の第四十二偈（七五八中）、『法集』楽品の第四十二偈（七九五上）を参照。また Dhp は、

susukhaṃ vata jīvāma verinesu averino /
verinesu manussesu viharāma averino //(Dhp 197)

怨みある者たちのなかで、私たちは怨みなく、本当に楽しく生きていこう。
怨みある者たちのなかで、私たちは怨みなく暮らしていこう。

我が生は已に安く……我れ行くに病むこと無し（五四6）『法喩』安寧品の第二偈（五九四下）。『出曜』楽品の第四十二偈（七五八中）、『法集』楽品の第四十二偈（七九五上）を参照。また Dhp は、

susukhaṃ vata jīvāma āturesu anāturā /

āturesu manussesu viharāma anāturā //(Dhp 198)

病ある者たちのなかで、私たちは病なく、本当に楽しく生きていこう。

病ある者たちのなかで、私たちは病なく暮らしていこう。

我が生は已に安く……我れ行くに憂い無し（五四8）　『法喩』安寧品の第三偈（五九四下）。『出曜』楽品の第四十三偈（七五八中）、『法集』楽品の第四十三偈（七九五上）を参照。またDhpは、

susukhaṃ vata jīvāma ussukesu anussukā /
ussukesu manussesu viharāma anussukā //(Dhp 199)

貪欲ある者たちのなかで、私たちは貪欲なく、本当に楽しく生きていこう。

貪欲ある者たちのなかで、私たちは貪欲なく暮らしていこう。

Dhp の ussuka (S. utsuka) は、PTS Dictionary (p. 158, s. v. ussuka) に、greedy, longing for とあるから、「貪欲ある」と訳した。中村［一九七八］一一〇頁を参照。一方 Norman 教授は、この語を full of care（心配事でいっぱいの）と訳している。とすれば、『法句』の「憂」は P. ussuka に対応していることになろう。『出曜』『法集』では「惑」とある。

我が生は已に安く……光音天の如くに（五四10）　『法喩』安寧品の第四偈（五九四下）。『出曜』楽品の第四十四偈（七五八中）、『法集』楽品の第四十四偈（七九五上）には次のようにある。

諸欲得楽寿　終已無結著
当食於念食　如彼光音天
恒以念為食　意身無所猗

ただし『出曜』第二句の「著」は『法集』では「者」、『出曜』第六句の「猗」は『法集』では「焼」とある。またDhpは、

susukhaṃ vata jīvāma yesan no n' atthi kiñcanaṃ /
pītibhakkhā bhavissāma devā ābhassarā yathā //(Dhp 200)

私たちには何物もないけれども、本当に楽しく生きていこう。

光音天の神々のように、喜びを食べるものとなろう。

Dhp, pāda c の pīti-(喜び)は Uv XXX. 49c では prīti- とある。『法句』第三句は「楽」と訳されているが、『出曜』や『法集』第三句では「念食」とある。これは『出曜』や『法集』では P. pīti, S. prīti と同じ P. piya, S. priya を「念、愛、愛念、念愛」と訳される傾向に沿ったものであろう。Willemen [1978 : 27, n. 24] を参照。また『出曜』第五の念品は、『法集』第五の愛楽品、Uv 第五の Priya-varga に相当することでも確認されよう。

次に Dhp, pāda b の kiñcanaṃ は「何か、何物か」のほかに「障碍」の意味もある。DhpA III. 258 に rāgādisu kiñcanesu ekam pi kiñcanaṃ n' atthi（貪欲等の障碍のうちの一つの障碍も

ない）とあるから、kiñcana は「障碍」の意で、具体的には「煩悩、執著」を指す。『出曜』には「結著」、『法集』には「結者」とあるのも、この語を「執著」と解したものであろう。とすれば『法句』第二句の「清浄無為」は Dhp, pāda b の yesan no n' atthi kiñcanaṃ を「執著がない」という意味に解したことになろう。これに対して『雑含』巻三十九（二八八上）は原語を「何か」「何物か」の方に解している。すなわち、

正使無所有　安楽而自活
如彼光音天　常以欣悦食

また GDhp 168 は PDhp 257 にそっくり対応し、Dhp は Uv に対応する。

我が生は已に安く……安んぞ能く我れを焼かんや（五四12）『法喩』安寧品の第五偈（五九四下―五九五上）。これは Uv に対応する。

susukhaṃ bata jīvāmo yeṣāṃ no nāsti kiñcanam /
mithilāyāṃ dahyamānāyāṃ na no dahyati kiñcanam //
(Uv XXX. 44)

私たちには何物もないけれども、本当に楽しく生きていこう。
ミティラーの町が焼けているときにも、私たちの何物も焼けない。

ミティラーの町の大火に関しては、引田『アーガマ』一三八号、二五六頁を参照。またミティラー（mithilā）は、弥提国、弥地国、弥薩羅国などと漢訳されるが、mithilā の -th- ＞ -s- という音変化については、榎本文雄「阿含経典の成立」『東洋学術研究』第二十三巻・第一号（一九八四）、九四頁を参照。

勝たば則ち怨を生じ……争い無くして自ら安し（五四14）『出曜』楽品の第一偈（七五三上）、『法集』楽品の第一偈（七九四上）。また Dhp は、

jayaṃ veraṃ pasavati dukkhaṃ seti parājito /
upasanto sukhaṃ seti hitvā jayaparājayaṃ //(Dhp 201)

勝てば怨みを生む。敗者は苦しんで横たわる。
安らいだ人は、勝ちと負けを捨てて幸せに横たわる。

熱は婬に過ぐるは無く……楽は滅に過ぐるは無し（五五16）『法喩』安寧品の第六偈（五九五上）。また Dhp は、

n' atthi rāgasamo aggi
n' atthi dosasamo kali /
n' atthi khandhādisā dukkhā
n' atthi santiparaṃ sukhaṃ //(Dhp 202)

貪欲に等しい火はない。怒りに等しい邪悪はない。
肉体の構成要素に等しい苦はない。寂静にまさる楽はない。

Dhp, pāda b の kali が「さいころ賭博の負けの目」を意味することについては、Dhp 252 を参照。

小楽・小辯・小慧を……乃ち大安を獲（五五1）『法喩』安寧品の第七偈（五九五上）。『法句』広衍品の第一偈（五六九下）、『出曜』楽品の第三十一偈（七五七上）、『法集』楽品の第三十一偈（七九四下）を参照。また Dhp は広衍品の方により対応する。

mattāsukhapariccāgā
passe ce vipulaṃ sukhaṃ /
caje mattāsukhaṃ dhīro
sampassaṃ vipulaṃ sukhaṃ //(Dhp 290)

もし物質的な楽を捨てることによって広大な［精神的］楽を見るとすれば、
賢者は広大な楽を見ながら、物質的な楽を捨てるべきである。

Dhp の mattā- は「わずかの量の」という意味にもとれるが、ここでは「物質、財」という意に解した。Norman［1997 : 132, n. 290］, Brough［1962 : 229, n. 164］を参照。

我れ世尊と為りて……独り衆魔を降す（五五3）『法喩』安寧品の第八偈（五九五上）。Uv XXI. 3 に幾分対応する。

ahaṃ hi lokeṣv arahann ahaṃ lokeṣv anuttaraḥ /
sadevakeṣu lokeṣu cāhaṃ mārābhibhūr jinaḥ //(Uv XXI. 3)

私は世間において供養されるべき者であり、私は世間において無上の者であり、
神々を含めた世界において、私は悪魔に打ち勝つ勝利者である。

聖人を見るは快く……善為りて独り快し（五五5）『法喩』述仏品の第十偈（六〇一下）。『出曜』楽品の第二十六偈（七五六中）、『法集』楽品の第二十六偈（七九四下）を参照。また Dhp は、

sādhu dassanam ariyānaṃ sannivāso sadā sukho /
adassanena bālānaṃ niccam eva sukhī siyā //(Dhp 206)

聖者たちに会うことは善く、〔彼らと〕共に住むことは常に楽しい。
愚者たちと会わないことによって、人はまさにいつも楽しいであろう。

正道を守るは快く……戒を具するは常に快し（五五7）『法喩』述仏品の第十一偈（六〇一下）では、初めの二句が以下のように少し異なる。すなわち、

守正見快　互説法快

賢に依りて居るは快く……多聞にして高遠なり（五五9）『法喩』述仏品の第十二偈（六〇一下）。『出曜』楽品の第二十七偈第五、六句（七五六中）、同・親品の第十九偈第五、六句―第二十偈

第一、二句（七三〇中）、『法集』楽品の第二十七偈第五、六句（七九四下）、同・善友品の第二十一偈第五、六句—第二十二偈第一、二句（七九〇中）を参照。また Dhp は、

dhīro ca sukhasaṃvāso ñātīnaṃ va samāgamo // (Dhp 207ef)

dhīrañ ca paññañ ca bahussutañ ca
dhoreyyasīlaṃ vatavantam āriyaṃ /
taṃ tādisaṃ sappurisaṃ sumedhaṃ
bhajetha nakkhattapathaṃ va candimā // (Dhp 208)

しかし賢者は一緒に住むに快きこと、親戚たちの集まるようなものである。

賢者で智慧があり、博学で、忍耐強く、戒律を守り、気高い、そのような人、〔すなわち〕賢き、良き人に親近すべきである。月が星宿の道に〔従う〕ように。

Dhp 207e の dhīro を S. dhīrais（賢者らと共に）の意味で dhīre と読むことについては、Norman [1997 : 113, n. 207], Dhp 207 の校注を参照。『法句』第一句の「依賢居快」は『出曜』楽品の第二十七偈第五句（七五六中）や『法集』楽品の第二十七偈（七九四下）では「与智同処易」とあるから、「智者と共に居ることは易し」という意味になり、Uv XXX. 26e の dhīrais と一致する。一方 PDhp 70e は dhīrā tu sukha-saṃvāsā（一方賢者らには楽しい共住がある）とあり Dhp に近い。その他この dhīro に対する読みの不確実さについては、Brough [1962 : 235-236] を参照。

次になぜ智者と共に居るのが快いかについては、『出曜』の説明（七五六中）に、「智人所学、必当上及、相見同歓。先笑後語、和顔悦色。内外清泰、無有諍訟」とある。

好喜品（三五15） この品の十二偈は Dhp 16 の Piya-vagga（愛好品）十二偈（Dhp 209-220）にほぼ順序通り対応している。また Uv の Priya-varga（愛好品）にも相当しているが、順序は一致していない。それ故、『法句』のこの品は、まず Dhp から訳出され、次に Uv によって訂正補訳されたものと考えられている。水野［一九八一］三〇六頁を参照。

道に違うには則ち自ら順い……是れを愛欲に順うと為す（三五17） 他の相当する漢訳はない。また Dhp は、

ayoge yuñjaṃ attānaṃ yogasmiñ ca ayojayaṃ /
atthaṃ hitvā piyaggāhī pihet' attānuyoginaṃ // (Dhp 209)

道に違うことに自身を結び付け、道に従うことに結び付けることなく、
道理を捨てて好むことを取る者は、道理に従う人を羨む。

pāda d の atta-anuyoginam を自己（attan）ではなく、目的

(attha) もしくは「得られたもの」(atta) と解することについては、Norman [1997 : 114, n. 209] を参照。

当に愛する所に趣くべからず……愛せざるを見るも亦た憂う（五六2）『出曜』念品の第六偈（六五一中）、『法集』愛楽品の第六偈（七八〇上）には次のようにある。

莫与愛念会　亦莫下念倶
愛念不見苦　不念愛憂慼
於中生愁慼　消滅人根原(善根)　（ ）は『法集』の読み。

このうち第五、六句は『法句』とも Dhp, Uv V. 5, PDhp 73 とも対応しない。また Dhp は、

mā piyehi samāgañchi
appiyehi kudācanaṃ /
piyānaṃ adassanaṃ dukkhaṃ
appiyānañ ca dassanaṃ //(Dhp 210)

好ましい者らとまじわるな。不快な者らとも決して〔まじわるな〕。
好ましい者らを見ないのも苦であり、不快な者らを見るのも〔苦である〕。

是こを以て愛を造ること莫かれ……愛無く憎む所無し（五六4）『出曜』念品の第四偈（六五〇下）、『法集』愛楽品の第四偈（七七九下—七八〇上）。また Dhp は、

tasmā piyaṃ na kayirātha piyāpāyo hi pāpako /
ganthā tesaṃ na vijjanti yesaṃ n' atthi piyāppiyaṃ //(Dhp 211)

それ故〔何であれ〕好ましいとすべきでない。というのも好ましきものの消失は悪であるから。
好ましきものも不快なものもない人たち、彼らには束縛は存在しない。

愛喜は憂いを生じ……何をか憂え、何をか畏れん（五六6）『法喩』好喜品の第一偈（五九五下）、『出曜』念品の第一偈（六四九下）、『法集』愛楽品の第一偈（七七九下）。また Dhp は、

piyato jāyatī soko piyato jāyatī bhayaṃ /
piyato vippamuttassa n' atthi soko kuto bhayaṃ //(Dhp 212)

好ましきものから悲しみが生じ、好ましきものから恐れが生じる。
好ましきものから解放された者には悲しみはない。どうして恐れがあろうか。

好楽は憂いを生じ……何をか憂え、何をか畏れん（五六8）『法喩』好喜品の第二偈（五九五下）、『出曜』欲品の第三偈（六二七

下)、『法集』愛欲品の第三偈（七七八上)。また Dhp は、

ratiyā jāyatī soko ratiyā jāyatī bhayaṃ /
ratiyā vippamuttassa n' atthi soko kuto bhayaṃ //(Dhp 214)

楽しみから悲しみが生じ、楽しみから恐れが生じる。
楽しみから解放された者には悲しみはない。どうして恐れがあろうか。

貪欲は憂いを生じ……何をか憂え、何をか畏れん（三六10）『法喩』好喜品の第三偈（五九五下)。また Dhp は、

taṇhāya jāyatī soko taṇhāya jāyatī bhayaṃ /
taṇhāya vippamuttassa n' atthi soko kuto bhayaṃ //(Dhp 216)

渇愛から悲しみが生じ、渇愛から恐れが生じる。
渇愛から解放された者には悲しみはない。どうして恐れがあろうか。

法を貪り戒成じ……衆の愛する所と為る（三六12）『法喩』好喜品の第四偈（五九五下)。『出曜』念品の第二十一偈（六五四上)、『法集』愛楽品の第二十一偈（七八〇中）を参照。これは Dhp 217 よりも Uv の方に近い。

dharmasthaṃ śīlasaṃpannaṃ hrīmantaṃ satyavādinaṃ /
ātmanaḥ kārakaṃ santaṃ taṃ janaḥ kurute priyaṃ //(Uv V. 24)

道理に立脚し、戒を完備し、羞恥心があり、真実を語り、
自身の行為主体であれば、そ〔の人〕を世の人は愛する。

ここで dharmasthaṃ（道理に立脚し）を『法句』で「貪法」としたのは、プラークリット語形の dhammaṭṭhaṃ や dhammatthaṃ を dharma-arthaṃ（道理を求めて、道理のために）に由来するものと誤り訳した可能性が強いと推察されている。榎本『アーガマ』一三八号、二七三頁。

欲態は出でず……必ず流れを截りて渡らん（三六14）『法喩』好喜品の第五偈（五九五下)。『出曜』欲品の第十偈（六二九中）は次のようにある。

欲生無漏行　意願常充満
於欲心不縛　上流一究竟

また Dhp は、

chandajāto anakkhāte manasā ca phuṭo siyā /
kāmesu ca appaṭibaddhacitto uddhaṃsoto ti vuccati //(Dhp 218)

言葉で言われたことのないもの（＝涅槃）に対して願望が生じ、心で満ち、

欲望の対象に心が縛られないならば、〔聖者の〕流れの中で上位の段階にあるものと呼ばれる。

Dhp, pāda a の anakkhāte（言葉で言えないもの）は Uv II. 9a では avasrāvī（漏れ出る）とある。これは『出曜』第一句の「無漏行」と大きく異なる。ところが同じ Uv のスバシ写本 2a では、’)*n*(a) v(a) sr(ā) *v*(ī) とあり、『出曜』と一致しているように見える。おそらく『法句』の原本も anavasrāvī の形であり、それを単に「不出」と訳したのではなかろうか。次に Dhp, pāda b は Uv II. 9b では manasānāvilo bhavet（心がにごってはいけない）とある。これは Sn 1039b にも認められるが、『出曜』第二句の「意願常充満」とは対応しない。一方 Uv のスバシ写本 2b では m(a) n(a) s(ā) ca sph(u) ṭ(o) bh(a) *v*(et) とあり、Dhp, pāda b や『出曜』と一致する。おそらく『法句』第二句は Uv の方に近く、Dhp やスバシ写本とは異なる原本であったであろう。

譬えば人の久しく行きて……帰り来たるを歓喜するがごとく（五六16）　『出曜』念品の第十七偈（六五三下）、『法集』愛楽品の第十七偈（七八〇上）。また Dhp は、

cirappavāsiṃ purisaṃ dūrato sotthim āgataṃ /
ñātimittā suhajjā ca abhinandanti āgataṃ // (Dhp 219)

久しく旅に出ていた人が遠方から無事に帰って来ると、親戚・友人・友達はその帰ってきた〔者〕を喜ぶ。

好みて福を行ずる者は……親の来たるを喜ぶが如し（五六18）『出曜』念品の第十八偈（六五四上）、『法集』愛楽品の第十八偈（七八〇中）。また Dhp は、

tath’ eva katapuññam pi asmā lokā paraṃ gataṃ /
puññāni paṭigaṇhanti piyaṃ ñātīva āgataṃ // (Dhp 220)

そのように福徳を行って、この世からあの世に行った人を、福徳が迎える。親戚が帰って来た愛しい人を〔迎える〕ように。

起て、聖教に従え……道を離るるは親しまるること莫し（五七1）『出曜』念品の第十九偈（六五四上）、『法集』愛楽品の第十九偈（七八〇中）。また Dhp は、

ovadeyyānusāseyya asabbhā ca nivāraye /
sataṃ hi so piyo hoti asataṃ hoti appiyo // (Dhp 77)

〔他人を〕訓戒すべきであり、教え諭すべきである。善くないことから防護すべきである。

彼は実に善人たちから親しまれ、悪人たちから好まれない。

Dhp, pāda c, d の sataṃ（善人たちの）、asataṃ（悪人たちの）は GDhp 230c, d では paṇidaṇa（S. paṇḍita, 賢者たちの）、balaṇa（S. bāla, 愚者たちの）とある。『法句』では「近道」、「離道」と訳される。『出曜』『法集』は『法句』訳を踏襲する。

〔道に〕近きと近からざると……近からざるは獄に堕す（五七3）『出曜』念品の第二十偈（六五四上）、『法集』愛楽品の第二十偈（七八〇中）。これは Uv に対応する。

asantaś caiva santaś ca nānā yānti tv itaś cyutāḥ /
asanto narakaṃ yānti santaḥ svargaparāyaṇāḥ //(Uv V. 27)

悪人らと善人たちとはこの世から亡くなった後、異なった所に赴く。
悪人らは地獄に行き、善人たちは天界に生まれる。

パーリの対応は SN I. 19。

忿怒品（五七5） 本品の第三―十六の十四偈は、Dhp の Kodha-vagga（忿怒品）の十四偈（Dhp 221-234）に大体順序通りに相当する。また第十七偈以下の十偈は、大体 Uv の Krodha-varga に相当し、Dhp にはない。一方、漢訳の最初の二偈は Dhp にも Uv にも対応偈がない。これによって、この品はまず、Dhp により訳出され、次いで、Uv によって補訳がなされると同時に、所属部派不明の『法句経』によって最初の二偈が追加されたと考えられている。水野［一九八一］三〇六頁を参照。

恚りを能く自ら制するに……冥を棄てて明に入る（五七11）『出曜』恚品の第二十偈（七一六中）、『法集』瞋恚品の第十九偈（七八七中）。また Dhp は、

yo ve uppatitaṃ kodhaṃ rathaṃ bhantaṃ va dhāraye /
tam ahaṃ sārathiṃ brūmi rasmiggāho itaro jano //(Dhp 222)

迷走する車を制御するように、生じた怒りを実に〔制御する〕人、
彼を私は御者と呼ぶ。他の人々は手綱をにぎっているだけである。

『法句』第四句の「棄冥入明」は、Dhp, pāda d の rasmiggāho itaro jano（他の人々は手綱をにぎっているだけである）とかなりの隔たりを示す。『雑含』巻四十（二九一中）第四句は「非謂執縄者」とあり、Dhp に一致する。Uv XX. 22d にも raśmi-grāho 'yam anyathā（そうでなければ彼は手綱をにぎっているにすぎない）とある。しかし、『出曜』も『法集』も『法句』の訳を踏襲しており、あるいは P. rasmi, raṃsi（S. raśmi）は「手綱」と同時に「光」の意味もあるので、rasmiggāho（光をとる）を「入明」と解釈した可能性も考えられよう。その場合「棄冥」という訳は、原本が itaro jano（他の人々）よりも Uv の 'yam anyathā（反対に）であったからではあるまいか。

忍辱は恚りに勝り……至誠は欺きに勝る（五七13）『出曜』恚品

の第十八偈（七一五下—七一六上）、『法集』瞋恚品の第十七偈（七八七中）。また Dhp は、

akkodhena jine kodhaṃ asādhuṃ sādhunā jine /
jine kadariyaṃ dānena saccenālikavādinaṃ // (Dhp 223)

怒りのないことによって怒りに勝つべきである。善いことによって悪いことに勝つべきである。
布施によって物惜しみに勝つべきである。真実語によって虚言の者に〔勝つべきである〕。

『法句』第三句の「勝者能施」は、Dhp, pāda c の jine kadariyaṃ dānena（布施によって物惜しみに勝つべきである）と対応していないように見えるが、『出曜』の説明（七一六上）で、「勝者、能施者。所謂勝者、勝彼慳貪。人不立徳本者、嫉彼妬賢。見人恵施、代惜財貨」と、勝者、すなわち布施者は慳貪に勝るとあるから、『出曜』は『法句』の訳を踏襲しながらも、原本の意を正しく理解していたことになろう。『出曜』は『法句』第一句の「恚」を「怨」に、『出曜』第四句は『法句』第四句の「至誠」を「真誠」と微妙に訳を変えながらも、やはり『法句』の訳を受けついでいる。さらに『法集』は『出曜』の訳を受けつぎながら、四字句を五字句に直している。

欺かず、怒らず……死すれば則ち天に上らん（五七15）『出曜』恚品の第十五偈（七一五中）、『法集』瞋恚品の第十四偈（七八七中）。また Dhp は、

saccaṃ bhaṇe na kujjheyya dajjā appasmi yācito /
etehi tīhi ṭhānehi gacche devāna santike // (Dhp 224)

好ましきことを語るべきである。怒るべきではない。乞われると少ないけれども布施すべきである。
これらの三つのことによって、神々の近くに行くであろう。

『法句』第二句の「意不多求」は『出曜』や『法集』第二句では「乞者念以施」と意味が全く反対になっている。前者は布施を受けることであり、後者は布施をなすことである。『出曜』の説明（七一五中）では、「不懐慳悋、有来乞亦、不逆意者。此乃名曰、開泰人也。乞者、不為貪求、欲後世縁、縁積善満、自然得聖道」とあり、やはり施者を主体としている。Uv XX. 16b の dadyād alpād api svayam（わずかではあるが自ら布施すべきである）、あるいは Uv のスバシ写本 262b の da(d)yād (al)*p*(aṃ) c(a) yāci-(taḥ) /（乞われるとわずかを布施すべきである）も、Dhp, pāda b と同様『出曜』と同じである。これは PDhp 292b も同じ。

『法句』が特異な訳となった理由は GDhp 281 に求めることができる。GDhp, pāda b は daya apadu yayida とあり、このうちの daya は P. dajjā, Uv の dadyāt に直接対応する形とは考え

にくく、むしろ *dā-yāt、あるいは *deyya に対応する形とした方が自然なのではないかと考えられている。Brough［1962 : 262, n. 281］を参照。G. daya<*dā-yāt は、『法句』の翻訳者が G. daya<P. dayā（慈悲、同情）と考えたとしても不思議ではなかろう。そしてこの Dhp, pāda b を「慈悲の心はわずかを求める」と理解したのではなかろうか。

常に自ら身を摂し……彼こに到りて憂い無し（五七17）『法句』慈仁品の第一偈（五六一中）、『出曜』学品の第七偈（六六一中）、『法集』善行品の第七偈（七八一上）を参照。また Dhp は、

ahiṃsakā ye munayo niccaṃ kāyena saṃvutā /
te yanti accutaṃ ṭhānaṃ yattha gantvā na socare //(Dhp 225)

殺生をせず、常に身を慎んでいる聖者たちは、
不死の境地に赴く。そこに到ると憂うることがない。

「仁」が muni（聖者）の音写語である点については、『法句』慈仁品の第一偈の補註を参照。『出曜』や『法集』第一句が「慈仁」、『法句』慈仁品の第一偈の第一句が「為仁」とあるのに対し、ここでは第二句で「慈心」とある。おそらく「慈仁」、「為仁」の訳が muni を念頭においているのに対し、この「慈心」はすでに muni から離れているように考えられ、後で補正された可能性が高い。

意は常に覚寤し……泥洹を致す可し（五八2）『出曜』戒品の第八偈（六五五下）、『法集』持戒品の第九偈（七八〇下）。『法句』惟念品の第九偈（五六一中）を参照。また Dhp は、

sadā jāgaramānānaṃ ahorattānusikkhinaṃ /
nibbānaṃ adhimuttānaṃ atthaṃ gacchanti āsavā //(Dhp 226)

常に目覚めていて、昼も夜もつとめ学び、
ニルヴァーナに心を傾けている人たちにとって、煩悩は消えてなくなる。

人の相い謗毀するは……世に毀られざるもの無し（五八4）『法喩』忿怒品の第一偈（五九六中）、『出曜』忿怒品の第五偈（六九五下）。『出曜』双要品の第三十五偈（七五一下）、『法集』相応品の第四十偈（七九三下）を参照。また Dhp は、

porāṇam etaṃ atula n' etaṃ ajjatanām iva /
nindanti tuṇhiṃ āsīnaṃ nindanti bahubhāṇinaṃ /
mitabhāṇinam pi nindanti n' atthi loke anindito //(Dhp 227)

アトゥラよ、これは昔からのことである。これはたった今日から〔始まった〕ことではない。
〔人々は〕黙って座っているものをそしり、多く語るものをそし

り、限度をもって語るものさえもそしる。この世においてそしられない者はいない。

欲意あるは聖に非ずして……但だ利名の為なるのみ（五八7）『法喩』忿怒品の第二偈（五九六中）。『出曜』双要品の第三十六偈（七五二上）、『法集』相応品の第四十一偈（七九三下）を参照。またDhpは、ある程度相応する。

na cāhu na ca bhavissati na c' etarahi vijjati /
ekantaṃ nindito poso ekantaṃ vā pasaṃsito // (Dhp 228)

一方的にけなされる人や、一方的に誉められる〔人〕は、過去にもいなかったし、未来にもいないであろうし、現在にもいない。

『出曜』第三、四句の「非有非無　亦不可知」や『法集』第三、四句の「非有亦非有　則亦不可知」は明らかにDhp, pāda ab や Uv XXIX. 46cd, GDhp 240cd, PDhp 284ab を予想させるものである。これに対して『法句』第一、二句は明らかに異なる原本からの補訳である。

明智あるに誉めらるるは……譏謗さるること無し（五八9）『法喩』忿怒品の第三偈（五九六中）。『出曜』双要品の第三十七偈（七五二上）、『法集』相応品の第四十二偈（七九三下）を参照。またDhpは、

yañ ce viññū pasaṃsanti anuvicca suve suve /
acchiddavuttiṃ medhāviṃ paññāsīlasamāhitaṃ // (Dhp 229)

しかし分別あるものたちが、欠点なき行動をし、智慧あり、慧と戒とに精神統一したものを、くる日もくる日もよく観察した上で、誉めると、

羅漢の如くに浄きは……梵釈も称する所なり（五八11）『法喩』忿怒品の第四偈（五九六中）。また Dhp は、

nekkhaṃ jambonadasseva ko taṃ ninditum arahati /
devā pi naṃ pasaṃsanti brahmunā pi pasaṃsito // (Dhp 230)

ジャンブー河産の黄金の金貨のような、その人を誰がそしることが出来ようか。
神々でさえ彼を賞賛する。〔彼は〕梵天によってさえ賞賛される。

『法句』第一句の「羅漢」は Dhp, pāda b の arahati（～出来る）に対応しているように思えるが、そうだとすれば Dhp, pāda a は『法句』には全く反映されていないことになる。『出曜』の先の第三十七偈や『法集』の先の第四十二偈第五句では「如紫磨（真）金」とあり、これが Dhp, pāda a の nekkhaṃ jambonadasseva や Uv XXIX. 48c の niṣkaṃ jāmbunadasyaiva、GDhp 242a の

nikhu jabodaṇaseva、PDhp 287a の nikkhaṃ jāṃbūnadasseva に対応していよう。「紫磨」が単に「磨かれた」という意味なのか、音写語なのか今ひとつはっきりしないが、竺法護訳の『正法華経』にも「紫磨黄金」、「紫磨天金」とあり、それに対応するサンスクリット語は suvarṇa-, suvarṇa-rūpyā であり、jāmbunada の語は認められない。辛嶋［一九九八］六一二頁を参照。

また先の Dhp 229c の acchidda-vuttiṃ は「欠点なき行動をした」という意味と、Dhp 230a の nekkhaṃ（金貨）と関連した「破損されていない縁のある」という二重の意味があることについての説明は、Brough［1962 : 251］を参照。

常に守りて身を慎み……徳行を進んで修めよ（五八13）『出曜』学品の第一偈（六六〇上）、『法集』善行品の第一偈（七八一上）。また Dhp は、

kāyappakopaṃ rakkheyya kāyena saṃvuto siyā /
kāyaduccaritaṃ hitvā kāyena sucaritaṃ care //(Dhp 231)

身体の怒りを抑えるべきである。身体を慎むべきである。
身体による悪行を捨てて、身体によって善行を為すべきである。

『出曜』や『法集』第一句は「(守)護身悪行」とあり、対応する Uv VII. 1a では kāya-pradoṣaṃ rakṣeta（身体の過失を守るべきである）であり、「悪行」は pradoṣa（過失）に対応している。一方『法句』第二句は「以護瞋恚」と「怒り」であり、これは Dhp, pāda a の kāya-ppakopaṃ（身体の怒り）によく対応する。それ故『法句』の偈は Dhp に一番近いと言えよう。PDhp 279a は kāya-pradoṣaṃ で Uv の方に近い。

『法句』の第十二、十三、十四偈はそれぞれ身・口・意の三業を守ることを説いている。

常に守りて言を慎み……法の言を誦え習え（五八15）『出曜』学品の第二偈（六六〇中）、『法集』善行品の第二偈（七八一上）。また Dhp は、

vacīpakopaṃ rakkheyya vācāya saṃvuto siyā /
vacīduccaritaṃ hitvā vācāya sucaritaṃ care //(Dhp 232)

言葉の怒りを抑えるべきである。言葉を慎むべきである。
言葉による悪行を捨てて、言葉によって善行を為すべきである。

常に守りて心を慎み……思惟して道を念ぜよ（五八17）『出曜』学品の第三偈（六六〇下）、『法集』善行品の第三偈（七八一上）。また Dhp は、

manopakopaṃ rakkheyya manasā saṃvuto siyā /
manoduccaritaṃ hitvā manasā sucaritaṃ care //(Dhp 233)

心の怒りを抑えるべきである。心を慎むべきである。
心による悪行を捨てて、心によって善行を為すべきである。

身を節し言を慎み……忍辱にして最も強し（五八19）　『出曜』学品の第十偈（六六二中）、『法集』善行品の第十二偈（七八一上）。また Dhp は、

kāyena saṃvutā dhīrā atho vācāya saṃvutā /
manasā saṃvutā dhīrā te ve suparisaṃvutā // (Dhp 234)

賢者たちは身体を慎み、言葉を慎む。
賢者たちは心を慎む。彼らは実に善く慎んでいる。

『法句』第三、四句は Dhp や Uv と直接対応しない。『法句』忿怒品の第四偈第一句の「忍辱勝恚」が Dhp 223a の akkodhena jine kodhaṃ と対応しているとすれば、「忍辱」は P. akkodha（怒らないこと）に対応する。それ故本偈の第三、第四句の「捨恚行道　忍辱最強」はこの第四偈を参考にして後に補正追加されたものであろう。

恚りを捨て慢を離れ……無為にして苦を滅す（五九2）　『出曜』恚品の第一偈（七一三中）、『法集』瞋恚品の第一偈（七八七上）。また Dhp は、

kodhaṃ jahe vippajaheyya mānaṃ
saññojanaṃ sabbam atikkameyya /
taṃ nāmarūpasmim asajjamānaṃ
akiñcanaṃ nānupatanti dukkhā // (Dhp 221)

怒りを捨てるべきである。慢心を除くべきである。あらゆる結縛を超越すべきである。
名前と物質とにこだわらない、無一物となった人を苦はおそわない。

Dhp, pāda d の akiñcanaṃ（無一物）は『法句』第四句の「無為」と対応すると考えれば、『法句』の無為は涅槃を指すのではなく、「為《つく》られたる物は無い、何物もない」程度の意味かもしれない。『出曜』第四句では「除有」とある。

起こらば怒りを解き……斯れは皆な安らぎを得（五九4）　『出曜』恚品の第二偈（七一三中）。この対応偈は Dhp になく、Uv にある。

krodhaṃ jahed utpatitaṃ rāgaṃ jātaṃ nivārayet /
avidyāṃ prajahed dhīraḥ satyābhisamayāt sukham // (Uv XX. 2)

怒りが起こったら、〔それを〕捨てるべきである。情欲が起こったら、〔それを〕抑えるべきである。
賢者は無明を捨てるべきである。真理を体得することから幸せが〔生じる〕。

パーリの対応偈は Netti p. 146 に認められる。

瞋りを断ずれば臥すこと安く……断ずれば患い無しと為す（五九

6）『出曜』恚品の第三偈（七一三下）、『法集』瞋恚品の第二偈（七八七上）。この対応偈は Dhp になく、Uv にある。

krodhaṃ hatvā sukhaṃ śete krodhaṃ hatvā na śocati /
krodhasya viṣamūlasya madhuraghnasya bhikṣavaḥ /
vadham āryāḥ praśaṃsanti taṃ ca hatvā na śocati //(Uv XX. 3)

怒りを捨てて安らかに臥す。怒りを捨てて憂うることはない。
比丘らよ、怒りは毒の根本であり、甘美を損なうものであるので、
〔それを〕滅ぼすことを聖者たちは称讃する。それを捨てると憂うことはない。

Uv, pāda d の madhuraghnasya bhikṣavaḥ（比丘らよ、甘美を損なう）は『法句』第四句の「軟意梵志」とかなり異なっている。同じ Uv のスバシ写本 255d には madh(u)rāgh*n*(a)sya brāhmaṇa /（バラモンよ、甘美を損なう）とあり、やや『法句』に近い。『出曜』第四句の「甘甜為比丘」、『法集』第四句の「苾芻為甘甜」は「比丘は甘さである」という訳をしている。ところで対応偈の Netti p. 145（＝SN I. 161）の pāda d には madhuraggassa brāhmaṇa（バラモンよ、最も甘い）、さらに GDhp 289d の masuragasa bramaṇa は『法句』に一番近い。このように考えると『法句』は Netti, SN, GDhp に一番近く、スバシ写本がそれに続き、Uv が一番遠いことになろう。『出曜』や『法集』は Netti, SN の brāhmaṇa（バラモン）を bhikṣavaḥ（比丘）に代えた形をとっている。

同志相い近づき……火自ずから焼悩す（五九9）『出曜』恚品の第四偈（七一三下）には次のようにある。

人興恚怒　作善不善
後恚已除　如火熾然

『法集』瞋恚品の第三偈（七八七上）では、火は智慧の火で、肯定的な意味に解されている。すなわち、

人興恚怒心　作諸不善業
後恚若得除　智火漸熾盛

これは Uv に幾分対応する。

yat tu rocayati kruddho duṣkṛtaṃ sukṛtaṃ tv iti /
paścāt sa vigate krodhe spṛṣṭvāgnim iva tapyate //(Uv XX. 4)

怒りたった者は、「悪くなされた、善くなされた」と選別するが、後で怒りがおさまると、彼は火に触れた後のように苦しむ。

慚愧を知らず……有の務めを厭わず（五九11）『出曜』恚品の第五偈（七一四上）、『法集』瞋恚品の第四偈（七八七上）。Uv は、

ahrīkaś cānavatrāpī cāvrataś caiva roṣaṇaḥ /
krodhena hy abhibhūtasya dvīpaṃ nāstīha kiṃ cana // (Uv XX. 5)

彼は恥じることなく、愧じることなく、戒を守ることなく、怒りたつ。
怒りに襲われた者には、この世にはどんな依るべ（＝島）もない。

『出曜』第四句の「如冥失明」、『法集』第四句の「如闇失明灯」は、Uv, pāda d の dvīpa が P. dīpa と同様「灯火」の意味をもつと考えられた為であろう。

『法句』第二句の「無戒」は Uv, pāda b の avrata（戒を守ることのない）に対応しているが、この「無戒」は『出曜』や『法集』には認められない。さらに『法句』の第四句「不厭有務」は『出曜』や『法集』と異なる。これは Uv, pāda d の「どんな依るべもない」を意訳したとも推察される。そうであれば『法句』が Uv に一番近いことになる。

力有るは兵に近づき……宜しく常に羸きを忍ぶべし（五九13）

『出曜』恚品の第七偈（七一四上）、『法集』瞋恚品の第六偈（七八七上）。また Uv は、

yas tv ayaṃ balavāṃ bhūtvā durbalasya titīkṣati /
tāṃ āhuḥ paramāṃ kṣāntiṃ nityaṃ kṣamati durbalaḥ // (Uv XX. 7)

この者が力があっても、力のない者を堪え忍ぶならば、
それを最上の忍耐と呼ぶ。力のない者は常に忍ぶ者である（から）。

『出曜』は『法句』の訳をそのまま踏襲しているが、『法集』はわずかに異なる。特に『法句』第四句「宜常忍羸」と、「羸《よわ》きを忍ぶ」とあるが、『法集』第四句は「宜当忍勿羸」とあり、「宜しく当に忍ぶべし。羸ること勿かれ」と意味が異なっている。

『法句』第一、二句の「近兵」、「近軟」を二語で一つの動詞だとすれば、「近兵」は Uv の bhūtvā（スバシ写本 257a では santo）、「近軟」は Uv の titīkṣati（たえ忍ぶ）に対応する可能性もあろう。SN I. 222, 223 では Uv の bhūtvā の代わりに santo とある。また『雑含』巻四十（二九二下）では、

若使有大力　能忍於劣者
是則為上忍　無力何有忍

と Uv に一番近い訳となっている。

『雑含』の対応偈についての研究は、Fumio Enomoto, A Comprehensive Study of the Chinese *Saṃyuktāgama*. Indic Texts Corresponding to the Chinese *Saṃyuktāgama* as Found in the

Sarvāstivāda-Mūlasarvāstivāda Literature. Part I: *Saṃgīta-nipāta, Report of the Grant-in-Aid for Scientific Research (C)1991. 4—1994. 3, Project No. 03610016. を参照。

衆を挙げて之を軽んずるも……宜しく常に羸きを忍ぶべし（五九15）『出曜』恚品の第八偈（七一四中）、『法集』瞋恚品の第七偈（七八七上）。また Uv は、

atyukto hi parair yo vai balavāṃ saṃtitīkṣati /
tāṃ āhuḥ paramāṃ kṣāntiṃ nityaṃ kṣamati durbalaḥ // (Uv XX. 9)

実に力のある者が、他人からそしられても堪え忍ぶならば、
それを最上の忍耐と呼ぶ。力のない者は常に忍ぶ者である〔から〕。

その他『雑含』巻四十（二九二下）を参照。

自我と彼れと……宜しく己れの中を滅すべし（五九17）『出曜』恚品の第九偈（七一四中）、『法集』瞋恚品の第八偈（七八七上）。また Uv は、

ātmānaṃ ca paraṃ caiva mahato rakṣate bhayāt /
yaḥ paraṃ kupitaṃ jñātvā svayaṃ tatropaśāmyati // (Uv XX. 10)

他人が怒ったのを知って、それについて自ら静かにしているならば、
自己と他人とを大きな恐怖から救う。

『法句』第二句の「三」は Uv に対応する原語がない。『出曜』や『法集』第二句は「大畏不可救」とあり、Uv に近い。Dhammajoti [1995 : 200, n. 35] は、次の第二十四偈第一句の「俱両行義」、および対応する『出曜』第一句の「二俱行其義」を参考にして、これは「二」の間違いではないかと指摘する。たしかに『出曜』の説明（七一四下）に、「恒自思惟、避於二事。一者、恐現身受殃。二者、恐後得報」とある。とすれば『法句』の「三」、もしくは「二」は次の偈を参考にして意訳したものか。

『法句』第三句の「作」は Uv の kupitaṃ（怒った）に対応すべきであろうが、「作」に怒るの意味はない。『出曜』や『法集』第三句には「瞋恚」とある。Thag 443c は paraṃ saṃkupitaṃ ñatvā とあるから、saṃkupitaṃ が何らかの理由で saṃkhataṃ（為された、S. saṃskṛtaṃ）として伝わったのかもしれない。また『雑含』巻四十（二九二下）は Uv の内容を正確に伝えている。すなわち、

於己及他人　善護大恐怖
知彼瞋恚盛　還自守静默

俱に両つながら義を行うは……宜しく己れの中を滅すべし（五九

19）『出曜』恚品の第十偈（七一四中）、『法集』瞋恚品の第九偈（七八七上）。また Uv は、

ubhayoś carate so 'rtham ātmanasya parasya ca /
yaḥ paraṃ kupitaṃ jñātvā svayaṃ tatropaśāmyati //(Uv XX. 11)

他人が怒ったのを知って、それについて自ら静かにしているならば、
自己と他人と両者の為になることを行っているのである。

善智あるが愚かに勝るは……言に於いて宜しく黙すべし（六〇2）『法句』の第一句の「苦智勝愚」は少し意味がとりにくい。むしろ『出曜』恚品の第十二偈（七一四下）や『法集』瞋恚品の第十一偈（七八七中）の「若愚勝智」、「若愚勝於智」の方が次の句の関係からしてずっと素直なようである。すなわち「もし愚かが智あるに勝るとすれば、麁言・悪説をもってなり」と解釈でき、これは Uv に相応する。『出曜』の説明（七一五上）にも、「常悪同友、壊敗良善。発言悪至、終日無善。悪悪相随、積罪如山。同類歎誉、各諍勝。如此名穢濁、不至究竟」とある。

『法句』第三句の「欲常勝者」は Uv, pāda c の nityam iva jayas tasya（彼にはまさに常に勝利がある）によく対応する。PDhp 182c には satāṃ hesa jayo hoti（善者らにはこの勝利がある）とあり、「常に」の意味はない。また SN I. 163 の pāda c も jayañ c-ev-assa taṃ hoti で「常に」の語はない。これによれば『法句』は Uv に一番近いことになる。

『法句』第四句の「於言宜黙」に対応するはずの Uv, pāda d は ativākyaṃ titikṣati（そしりを堪え忍ぶ）とあり、対応しないように見える。『出曜』の説明（七一五上）は、「賢者黙然、智者所歎。悪来加己、不以為慼。若得栄寵、不以為歓。罵不報罵、行忍為業。若撾捶者、黙受不報」とあり、報復をせずにたえ忍ぶことが「黙」であるとしている。それ故『出曜』は Uv の原意を知りながらも『法句』の訳を踏襲したのであろう。その他『雑含』巻四十（二九二下）を参照。おそらく『法句』訳出のときに何らかの混乱が生じたのであろう。また Uv は、

jayaṃ hi manyate bālo vacobhiḥ paruṣair vadan /
nityam iva jayas tasya yo 'tivākyaṃ titikṣati //(Uv XX. 13)

愚者は荒々しい言葉をいいながら、実に「勝った」と考える。
そしりを堪え忍ぶ人に、まさに常に勝利があるのである。

夫れ悪を為す者は……彼の闘いに負くるに勝つ（六〇4）『出曜』恚品の第十七偈（七一五下）、『法集』瞋恚品の第十六偈（七八七中）。また Uv は、

tasyaiva pāpaṃ bhavati yaḥ kruddhe krudhyate punaḥ /
kruddheṣv akruddhamānas tu saṃgrāmaṃ durjayaṃ jayet //(Uv XX. 18)

怒った者に再び怒る者、彼にこそ悪が生じる。
しかし怒った者たちに怒らない人は勝ちがたき戦さに勝つのである。

『法句』第四句の「闘負」は Uv, pāda d の saṃgrāmaṃ durjayaṃ（勝ちがたき戦に）を直訳したものであろう。『雑含』巻四十二（三〇七中）第四句の「臨敵伏難伏」は durjayaṃ を「負」ではなく「難伏」と正しく訳している。

塵垢品（六〇6）　この品は基本的に Dhp の Mala-vagga の二十一偈（Dhp 235-255）に対応し、Uv には相当する品はないものの、対応偈の数は少なくない。この品は Dhp を主としつつ、後に所属部派不明の『法句経』と Uv によって補正が加えられたものと考えられる。水野［一九八一］三〇六頁を参照。

生きて善行無くんば……到りて資用無けん（六〇8）　Dhp は、

upanītavayo va dāni si
sampayāto si yamassa santike /
vāso pi ca te n' atthi antarā
pātheyyam pi ca te na vijjati //(Dhp 237)

今や実に汝の寿命は終わりに近づいている。汝はヤマ神の近くに赴いた。
汝には〔死の〕道すがら憩う家さえなく、汝には旅路の資糧さえもない。

『中本起』巻下（一六一上）は『法句』と同一の訳である。

当に智慧を求めて……苦形を離る可し（六〇10）　『出曜』雑品の第三偈（七〇二下）、『法集』清浄品の第三偈（七八五上）を参照。また Dhp は、

so karohi dīpam attano
khippaṃ vāyama paṇḍito bhava /
niddhantamalo anaṅgaṇo
na punaṃ jātijaraṃ upehisi //(Dhp 238)

汝は自己の拠り所をなせ。速やかに努力せよ。賢明であれ。
汚れを払い、過失がなくなれば、汝は再び生と老いに近づかないであろう。

Dhp, pāda a の dīpaṃ は「灯火」と「島」とを意味するが、『法句』第二句では「意の定」と訳されている。「定」は「錠」（明かり）に同じだから、ここでは前者の意味に解されたのであろう。dīpa の両義についての考察は Brough［1962 : 209-210, n. 111］を参照。

慧ある人は漸を以て……工の金を練るが如くに（六〇12）『出曜』欲品の第十一偈（六二九中）。またDhpは、

anupubbena medhāvī thokathokaṃ khaṇe khaṇe /
kammāro rajatasseva niddhame malam attano // (Dhp 239)

智慧ある人は次第に、少しずつ、一瞬ごとに、
自己の汚れを除去すべきである。鍛冶工が銀の〔汚れを除去する〕ように。

Dhp, pāda c の kammāro rajatasseva（鍛冶工が銀の……の如くに）と『法句』第四句の「如工練金」とは銀と金という違いがある。一方Uv II. 10c では karmāro rajatasyaiva、PDhp 163c も kammāro rajatasseva と Dhp に一致している。『出曜』第四句では「巧匠漸刈垢」のように「垢」とあり、さらに異なっている。『出曜』の説明（六二九中）でも「猶如巧匠、除刈重垢、積日乃成。人去心垢、亦復如是」と、垢を除去するとある。

これによればDhp, Uv, PDhpはすべてrajata（銀）と解していることが分かる。しかしながら、もしDhpの rajatasseva を rajaṃ tasseva と読み、Uvも rajas tasyaiva と読んだとすれば、「それの垢（P. raja, S. rajas）を（除く）ように」という訳になる可能性は十分にあろう。この「それ」（P. tassa, S. tasya）を訳さないでおくか、金と意訳したかによって『出曜』と『法句』の訳の違いが生じたのではなかろうか。

悪は心に生じ……反りて其の身を食らうが如し（六〇14）『出曜』行品の第十九偈（六七一下）は、『法句』の第一、二句と第三、四句を入れ替えている。『法集』業品の第十八偈（七八二上）は『出曜』の訳に従いつつ五字句に変える。またDhpは、

ayasā va malaṃ samuṭṭhitaṃ
taduṭṭhāya tam eva khādati /
evaṃ atidhonacāriṇaṃ
sakakammāni nayanti duggatiṃ // (Dhp 240)

鉄から発生した錆が、それから発生した後その〔鉄〕そのものを食べるように、
そのように非常に激しい頭陀行を行う者を、彼自身の行為は悪趣に導く。

Dhp, pāda c の atidhona-cāriṇaṃ を中村博士は「罪を犯した人」と訳す。中村〔一九七八〕一一五頁。たしかにUv IX. 19c では aniśāmya-cāriṇam（注意深く行動しない者）とあり、内容的に一致する。一方 Norman は dhona を dhuta と関連させ、atidhona-cārin は dhutaṅga（頭陀支）を指すと考える。PDhp 160c では vidhūna-cāriyaṃ とあり dhona よりも一層 dhuta に近い形となっている。

誦せざるを言の垢と為し……放逸なるを事の垢と為す（六〇16）『法喩』塵垢品の第一偈（五九六下）。また Dhp は、

asajjhāyamalā mantā anuṭṭhānamalā gharā /
malaṃ vaṇṇassa kosajjaṃ pamādo rakkhato malaṃ //
(Dhp 241)

呪文には読誦しないという汚れがあり、家庭には勤めないという汚れがあり、
怠りは容色の汚れであり、放逸は身を努め守る者の汚れである。

慳を恵施の垢と為し……悪法を常の垢と為す（六一1）『法喩』塵垢品の第二偈（五九六下）。また Dhp は、

mal' itthiyā duccaritaṃ maccheraṃ dadato malaṃ /
malā ve pāpakā dhammā asmiṃ loke paramhi ca // (Dhp 242)

素行の悪さは女性の汚れであり、物惜しみは施す者の汚れであり、
悪法はこの世においてもあの世においても実に汚れである。

垢中の垢……比丘よ、垢ある無かれ（六一3）『法喩』塵垢品の第三偈（五九六下）。また Dhp は、

tato malā malataraṃ avijjā paramaṃ malaṃ /
etaṃ malaṃ pahatvāna nimmalā hotha bhikkhavo // (Dhp 243)

この汚れよりもっとひどい汚れがある。無明は最悪の汚れである。
この汚れを捨てて、汚れなき者となれ、比丘たちよ。

苟生は恥無きこと……名づけて穢れし生と曰う（六一5）『出曜』観品の第三偈（七三六中）、『法集』観察品の第三偈（七九一中）を参照。また Dhp は、

sujīvaṃ ahirīkena kākasūrena dhaṃsinā /
pakkhandinā pagabbhena saṃkiliṭṭhena jīvitaṃ // (Dhp 244)

恥を知らず、烏のおやだまのようであり、しつこくて、ほらふきで、傲慢で、心の汚れた者は楽々と生活する。

Dhp, pāda b の dhaṃsinā（しつこい）は Uv XXVII. 3b では、dhvāṅkṣiṇā（烏、鶴）とあり、こちらの方が『法句』の「如鳥長喙」に対応する。GDhp 221b も dhakṣiṇa とあって Uv の方に近い。Brough [1962 : 244] を参照。あるいは P. dhaṃsinā は『法句』訳出時に P. daṃsinā であった可能性もあろう。P. daṃsa, daṃsa, S. daṃśa は「かむこと、あぶ」を意味する。これが前の語の P. kāka-（烏）との関係で「くちばしでつつくこと」の意をもち、『法句』第二句の「如鳥長喙」の訳となったのではなかろう

か。

次に『出曜』第一句の「知慚寿中上」は Uv, pāda a の ahrīkena sujīvaṃ syāt（恥を知らない者は楽々と生きるであろう）と全く反対の意味になっている。これは『法集』も同じ。

廉恥あるは苦なりと雖も……名づけて潔き生と曰う（六―7）

『出曜』観品の第四偈（七三六下）、『法集』観察品の第四偈（七九一中）。また Dhp は、

hirīmatā ca dujjīvaṃ niccaṃ sucigavesinā /
alīnen' appagabbhena suddhājīvena passatā //(Dhp 245)

しかし恥を知り、常に潔白を求め、愛著なく、謙虚で、清き生活をして、〔真理を〕見る人は生きるのが困難である。

愚人は殺しを好み……好んで人の婦を犯し（六―9） Dhp は、

yo pāṇaṃ atimāpeti musāvādañ ca bhāsati /
loke adinnaṃ ādiyati paradārañ ca gacchati //(Dhp 246)

生き物を殺し、偽りの言葉を語り、
この世で与えられていないものを取り、他人の妻を犯す者、

逞心にして戒を犯し……自ら身の本を掘る（六―11） Dhp は、

surāmerayapānañ ca yo naro anuyuñjati /
idh' eva-m-eso lokasmiṃ mūlaṃ khanati attano //(Dhp 247)

そして、スラー酒・果実酒を飲むことに耽る者は、
まさにこの世において自己の根本を掘りくずす。

人よ、如しく是れを覚れ……久しく自ら焼没す（六―13） Dhp は、

evaṃ bho purisa jānāhi
pāpadhammā asaññatā /
mā taṃ lobho adhammo ca
ciraṃ dukkhāya randhayuṃ //(Dhp 248)

人よ、このように知れ。悪いことは制御されない。
むさぼりと不正が汝を永く苦に陥らせることのないように。

『法句』第二句の「不当念悪」は、Dhp, pāda b の pāpa-dhammā asaññatā に対応しているが、「念」と「制御されない」と大きく異なる。この相違は、『法句』が a-saññatā を P. sañjānāti（知る、念ずる）の過去分詞 saññata の否定形と理解したのに対し、Dhp の方は、P. saṃyamati（抑制する）の過去分詞 saṃyata, saññata の否定形と理解したためであろう。

若しくは信もて布施し……浄き定に入るに非ず（六―15）『出曜』信品の第十一偈（六七七中）、『法集』正信品の第十四偈（七八二中）を参照。また Dhp は、

dadanti ve yathāsaddhaṃ yathāpasādanaṃ jano /
tattha yo maṅku bhavati paresaṃ pānabhojane /
na so divā vā rattiṃ vā samādhiṃ adhigacchati //(Dhp 249)

人々は信じるままに、好みのままに、実に布施をする。この点について他人に〔与えられた〕飲物や食べ物に当惑する者は、
　昼であれ夜であれ、心の統一に至らない。

Dhp は六句よりなるが、これを『法句』は四句にして意訳している。一方『出曜』や『法集』は Uv と、次のような形で対応している。

『出曜』	『法集』	Uv
第十偈、第三、四句	第十三偈、第三、四句	X. 12ab
第十一偈	第十四偈	X. 12c-f

そこで『法句』がどのように Dhp を意訳したかが問題になろう。Dhp, pāda cd の tattha yo maṅku bhavati paresaṃ pāna-bhojane（この点について他人に〔与えられた〕飲物や食べ物に当惑する者）は、Uv X. 12cd では、tatra yo durmanā bhavati pareṣāṃ pāna-bhojane とあり、これは『出曜』第十一偈第一、二句の「若人懐憂　貪他衣食」と対応している。pāna-bhojane がどうして飲食物でなく衣食と訳されたのか不明であるが、ともかく対応していることは間違いない。一方『法句』第三句の「会人虚飾」がこれに対応すると考えて「会」を「貪」と訂正する説もある。Dhammajoti [1995 : 206, n. 14] を参照。しかし「虚飾」が pāna-bhojane に対応することはどうしても納得できない。この『法句』第三句は、むしろ Dhp, pāda b の yathāpasādanaṃ jano の訳ではなかろうか。つまり pasādana（好み、喜び、浄信）と pasādhana（飾り）との混同である。yathāpasādhanaṃ jano（人が飾りのままに）と考えたとしたら『法句』の「人の虚飾に会えば」は素直な読みに思える。つまり Dhp と『法句』の関係は次のようになる。

Dhp		『法句』
pāda a	=	第一句
なし		第二句　挿入
pāda b	=	第三句
pāda cde		なし
pāda f	=	第四句

一切に欲を断ち……必ず定意に入らん（六二17）　『出曜』信品の第十二偈（六七七中）、『法集』正信品の第十五偈（七八二中）。また Dhp は、

yassa c' etaṃ samucchinnaṃ
mūlaghaccaṃ samūhataṃ /
sa ve divā vā rattiṃ vā
samādhiṃ adhigacchati //(Dhp 250)

しかしながら、これを断ち、根絶するくらいに除去すると、
彼は実に昼となく夜となく、心の統一に至るであろう。

彼の自ら侵すを見て……漏尽くれば垢無し（六三2）『出曜』観品第二偈の第三—五句（七三六中）には次のようにある。

但見外人隙　恒懐危害心
遠観不見近

また『出曜』第三、四句は、『瑜伽』巻十八（三八〇中）の偈の第一、二句に近い。

若見他悪業　能審諦思惟
自身終不為　由彼業能縛

一方 Dhp は、

paravajjānupassissa niccaṃ ujjhānasaññino /
āsavā tassa vaḍḍhanti ārā so āsavakkhayā //(Dhp 253)

他人の欠点を見、いつも批判の気持ちばかりある者、
彼の煩悩は増大する。彼は煩悩の消滅からはほど遠い。

『法句』第一句の「見彼自侵」の「自侵」は、『出曜』では「隙」、『瑜伽』では「悪業」とあり、異なる。『出曜』等は「欠点」という意味で、これは Dhp, pāda a や、PDhp 268a の -vajja-、Uv XXVII. 2a の -vadya-（もしくは -avadya-）に対応する。しかし、もし原本で vaja が、vajha（S. vadhya 殺されるべき）とあったとすれば、『法句』の訳も納得がいこう。

次に『法句』第二句の「常内自省」は、『出曜』の「恒懐危害心」とは正反対であるが、『瑜伽』の「能審諦思惟」とは同一の内容である。これは Dhp, pāda b の ujjhāna- の解釈の違いに起因しよう。

ujjhāna は「嫌責、不満」の意味であり、PDhp 268b では ojjhāya、Uv XXVII. 2b では avadhyāna とある。P. ujjhāna は uj-jhāna と分かれ、jhāna は jhāyati の名詞形である。P. jhāyati は「瞑想する」（S. dhyāyati）と同時に「消える」（S. kṣāyati）の意味があり、ujjhāna は後者の方に属する。しかし、Uv はこれを誤って前者の意でサンスクリット語化している。おそらく『法句』や『瑜伽』は前者の意味に、『出曜』は後者の意味に解したのであろう。

『法句』第三句の「行漏自欺」は、Uv, pāda c では vāmā dharmāḥ pravardhante（悪法が増大する）とあり、あまり対応しない。やはり Dhp, pāda c の āsavā tassa vaḍḍhanti の方の訳

であろう。PDhp, pāda c も āsavā tesaṃ vaddhanti' GDhp 339c も asava teṣa vaḍhadi と Dhp に同じ。ところで Dhp の vaḍḍhanti（増大する）は、PDhp では vaddhanti とあり、もし vaddhanti が vadhanti のように、-ddh- の代わりに -dh- とあれば、「殺す、打つ」の意になってしまう。おそらく『法句』の「自欺」はこの vadhanti にもとづいた可能性が高かろう。

火は婬より熱きは莫く……愛流は河より駛し（六三4） Dhp は、

n' atthi rāgasamo aggi n' atthi dosasamo gaho /
n' atthi mohasamaṃ jālaṃ n' atthi taṇhāsamā nadī //(Dhp 251)

貪欲に等しい火はなく、怒りに等しい捕捉者はなく、
迷妄に等しい網はなく、渇愛に等しい河はない。

その他『法句』安寧品の第七偈（五六七中）、Dhp 202 を参照。

虚空に轍の迹無く……唯だ仏のみ浄くして穢れ無し（六三6）

『法集』相応品の第三十四偈（七九三下）。また Dhp は、

ākāse ca padaṃ n' atthi samaṇo n' atthi bāhiro /
papañcābhiratā pajā nippapañcā tathāgatā //(Dhp 254)

虚空には足跡がなく、外面的だけの沙門はない。
人々は差別世界を楽しむが、如来には差別世界はない。

『法集』は『法句』の訳を踏襲している。『法句』第三句の「衆人尽楽悪」は Dhp, pāda c の papañcābhiratā pajā（人とは差別世界を楽しみ）に対応するはずであるが、「悪」と「差別世界」という相違がある。これは papañ cābhiratā pajā＞pāpañ cābhiratā pajā というように P. papañca (S. prapañca) を pāpañ ca（諸々の悪を）と理解したためであろう。

虚空に轍の迹無く……仏には我の所有するもの無し（六三8）

『法集』相応品の第三十五偈（七九三下）。また Dhp は、

ākāse ca padaṃ n' atthi
samaṇo n' atthi bāhiro /
saṃkhārā sassatā n' atthi
n' atthi buddhānam iñjitaṃ //(Dhp 255)

虚空には足跡がなく、外面的だけの沙門はなく、
因縁で造られたもので永遠なものはなく、目覚めた者たちに動揺はない。

Dhp, pāda d の iñjitam（動揺）は動詞 iñjati からの派生語であるが、この動詞から派生した名詞 ejā（動揺、執著）や否定の形容詞 aneja（不動の、無貪愛の）より、この語には「執著」の意味が含まれる。このため『法句』第四句で「仏無我所有」と訳されたのではなかろうか。「無我所有」は S. anātmanīya, anātmīya が

一般的である。Norman [1997 : 123, n. 255] を参照。

奉持品（六三10）　この品は、Dhp, 19 の Dhammaṭṭha-vagga（法住品）十七偈（Dhp 256–272）に順序通り対応するから、この Dhp から訳出されたと考えられる。水野［一九八一］三〇六頁を参照。

経道を好む者は……欲無く惑わずして（六三12）　Dhp は、

na tena hoti dhammaṭṭho yen' atthaṃ sahasā naye /
yo ca atthaṃ anatthañ ca ubho niccheyya paṇḍito // (Dhp 256)

性急に道理を通すからといって、彼は法に則った人ではない。
しかしながら、賢明であって、道理と非理との両者を判別する人、

Dhp, pāda d の niccheyya（判別する）は、n' iccheyya と読んだ場合、「求めない、願わない」の意となり、『法句』第四句の「無欲」に対応しよう。

常に愍みて学を好み……是れを道と為すと謂う（六三14）　『法喩』奉持品の第一偈（五九七上）。また Dhp は、

asāhasena dhammena samena nayatī pare /
dhammassa gutto medhāvī dhammaṭṭho ti pavuccati //
(Dhp 257)

性急でなく、正義によって公平に他人を導き、
正義によって守られており、智慧ある人は、正義に立脚した人だと呼ばれる。

『法句』第三句の「擁懐宝慧」を「宝〔の法〕を擁懐し、慧あり」と読めば、Dhp, pāda c の dhammassa gutto medhāvī（正義によって守られており、智慧ある人は）に一致しよう。

所謂、智とは……善を守るを智と為す（六三16）　『法喩』奉持品の第二偈（五九七上）。また Dhp は、

na tena paṇḍito hoti yāvatā bahu bhāsati /
khemī averī abhayo paṇḍito ti pavuccati // (Dhp 258)

多くを語るそれだけで賢者であることはない。
心穏やかにして、敵意なく、恐れない者が賢者と呼ばれる。

法を奉持すとは……奉法と謂う可し（六三1）　『法喩』奉持品の第十四偈（五九七中）、『出曜』無放逸品の第二十一偈（六四三上）、『法集』放逸品の第二十偈（七七九中）。また Dhp は、

na tāvatā dhammadharo yāvatā bahu bhāsati /
yo ca appam pi sutvāna dhammaṃ kāyena passati /
sa ve dhammadharo hoti yo dhammaṃ na-ppamajjati //
(Dhp 259)

多くを語るからといってそれで正義の人となるのではない。

しかし聞くこと少なくとも、正義を身体で見る者こそ、
　正義の人である。彼は正義から逸脱しない。

ここで「身体で見る」(passati) は注目すべきである。Uv IV. 21d では spṛśet、PDhp 32d では phassaye、GDhp 114d では phaṣa'i とある。Brough は phaṣa'i < sparśayet とし、Dhp の passati を間違いとする。Brough [1962 : 211-212]。Norman は p と ph との交替を指摘する。Norman [1997 : 124, n. 259] を参照。『法句』第四句の「身依法行」も、spṛśet (触れる) の意味に近い。『出曜』や『法集』の第四句では「具足法身行」とある。

所謂、老とは……惷愚なるのみ (六三4) 『法喩』奉持品の第三偈 (五九七上)、『出曜』沙門品の第十一偈 (六八〇上)、『法集』沙門品の第十一偈 (七八二下)。また Dhp は、

na tena thero hoti yen' assa phalitaṃ siro /
paripakko vayo tassa moghajiṇṇo ti vuccati // (Dhp 260)

その人の頭が白くなったからといって彼は長老ではない。
彼の年〔だけ〕が熟すと、「空しく老いた者」と呼ばれる。

MBh III. 133. 11 ; ManuS 2. 156 にも同様の表現がある。

諦法を懐き……是れを長老と為す (六三6) 『法喩』奉持品の第四偈 (五九七上)、『出曜』沙門品の第十二偈 (六八〇上)、『法集』沙門品の第十二偈 (七八二下)。また Dhp は、

yamhi saccañ ca dhammo ca ahiṃsā saññamo damo /
sa ve vantamalo dhīro thero ti pavuccati // (Dhp 261)

その人に真実あり、正義あり、害する気持ちなく、自制心あり、調御あり、
実に汚れを吐きだし、堅固な人こそ、長老であると言われる。

所謂、端正とは……言行に違有り (六三8) 『法喩』奉持品の第五偈 (五九七上)、『出曜』双要品の第九偈 (七四八中―下)、『法集』相応品の第九偈 (七九三上)。また Dhp は、

na vākkaraṇamattena vaṇṇapokkharatāya vā /
sādhurūpo naro hoti issukī maccharī saṭho // (Dhp 262)

嫉妬心あり、物惜しみで、ずるい者は、言葉づかいだけでも、
あるいは蓮華のような容色によっても善者にはならない。

Dhp と『法句』は対応しつつも、訳の各句の位置が異なる。

Dhp		『法句』	
pāda a	na vāk-karaṇa-mattena	第四句	言行有違
pāda b	vaṇṇa-pokkharatāya vā	第二句	非色如花
pāda c	sādhu-rūpo naro hoti	第一句	所謂端正
pāda d	issukī maccharī saṭho	第三句	慳嫉虚飾

Dhp, pāda c の sādhu-rūpo は『法句』では「端正」と訳される

が、『出曜』や『法集』第三句では「善顔色」と訳される。-rūpaが特に意味をもたない点については、Norman[1997 : 124, n. 262-63]を参照。『法句』第四句の「言行」は、「言葉と行為」という意だが、対応するDhpのvāk-karaṇa-は、「言葉を話すこと」の意。

能く悪を捨て……是れを端正と謂う（六三10）『法喩』奉持品の第六偈（五九七上）、『出曜』双要品の第十偈（七四八下）、『法集』相応品の第十偈（七九三上）。またDhpは、

yassa c' etaṃ samucchinnaṃ
mūlaghaccaṃ samūhataṃ /
sa vantadoso medhāvī
sādhurūpo ti vuccati //(Dhp 263)

しかしながら、その人にとってこれが断たれ、根絶やしにされるくらい除去された、
そのような汚れを吐き出し、聡明な者が「善者」と呼ばれる。

Dhp, pāda cのvanta-doso（汚れを吐き出した）の、dosaは「過失」（S. doṣa）と「怒り」（S. dveṣa）の二種の意味をもつ。『法句』第三句の「無恚」は後者の、『出曜』や『法集』第三句の「除諸穢」は前者の意味を採用したのであろう。

またDhp, pāda dのsādhu-rūpoは『法句』第四句では前偈と同じく「端正」と、『出曜』や『法集』第四句では「善色」と訳される。

所謂、沙門とは……欲有らば凡の如し（六三12）『法喩』奉持品の第七偈（五九七上―中）、『出曜』沙門品の第十三偈（六八〇中）、『法集』沙門品の第十三偈（七八二下）。またDhpは、

na muṇḍakena samaṇo abbato alikaṃ bhaṇaṃ /
icchālobhasamāpanno samaṇo kiṃ bhavissati //(Dhp 264)

誓戒を守らず、嘘を語る者は、頭を剃っているからといって沙門ではない。
欲望とむさぼりに満ちている者がどうして沙門になれようか。

能く悪を止め……是れを沙門と為す（六三14）『法喩』奉持品の第八偈（五九七中）、『出曜』沙門品の第十四偈（六八〇下）、『法集』沙門品の第十六偈（七八三上）。またDhpは、

yo ca sameti pāpāni aṇuṃthūlāni sabbaso /
samitattā hi pāpānaṃ samaṇo ti pavuccati //(Dhp 265)

しかし大・小にかかわらず、諸々の悪をあらゆる点で静めた者は、
諸々の悪が静止されたことから「沙門」と呼ばれる。

『法句』では「沙門」の定義は「息心滅意」と、心のはたらきを停止することとする。一方Dhpでは「諸々の悪が静止されたこと」

(samitattā hi pāpānaṃ) が沙門 (samaṇa) だとされる。これは Dhp の註釈の語源解釈に起因する相違である。すなわち、P. samaṇa (S. śramaṇa) が S. √śam (静まる) から派生した語とする解釈である。これは PDhp 236cd でも śamaṇā eva pāpānāṃ śamaṇo ti pravuccati とあり、同じ解釈だと言えよう。一方 Uv XI. 14e の śamitatvāt から śramaṇa へ、GDhp 189c の śamadhare から śramaṇa へという語源解釈は śam->śramaṇa となり少し無理があるように思える。むしろ S. √śram(努力する)>S. śramaṇa (沙門) の方が適切であろう。Norman [1997: 125, n. 265] を参照。

所謂、比丘とは……名を称するのみ (六三16) 『法喩』奉持品の第九偈 (五九七中)。また Dhp は、

na tena bhikkhu hoti yāvatā bhikkhate pare /
vissaṃ dhammaṃ samādāya bhikkhu hoti na tāvatā //
(Dhp 266)

他人に食を乞うからといって、それで「比丘」ではない。
家庭生活のきまりを採用している限り、彼は比丘ではない。

vissaṃ の語の解釈に関しては DhpA III. 393 に vissan ti visamaṃ vissa-gandhaṃ vā kāya-kammādikaṃ dhammaṃ samādāya とあり、visama (不正、不平等) と vissa-gandha (悪臭のする) の二種の訳が可能である。後者の場合 vissa は S. visra に基づいているように思える。一方この偈に対応する Uv XXXII. 18c では veśmāṃ dharmāṃ samādāya (家庭の道理を守って)、GDhp 67c でも veśma dharma samadaï とあり、Mv III. 422 の pāda c では viṣamāṃ dharmāṃ samādāya (不正の道理を守って) とある。この P. visama (S. viṣama) と P. vissa (S. veśma) はすべて *visma (家庭の) を起源とするであろうと推察されている。この *visma が古代西部インド語では vissa となり、古代東部インド語では visama となったであろうというものである。すなわち、

*visma
　├ 古代西部インド語、P. vissa → S. veśma
　│　　　　　　　　　　　　└→ S. visra の解釈
　└ 古代東部インド語、P. visama → S. viṣama

さらに内容的にも家庭生活を捨てて遊行する者こそ食を乞う資格があるのであり、単に食を乞う (P. bhikkhati, S. bhikṣate) だけで「比丘」(P. bhikkhu, S. bhikṣu) と呼ばれるのではない、という方が「不平等の教え」とか、「汚臭のする教え」よりもすっきりしよう。『雑含』巻四 (二七上) の第三句では「受持在家法」と正しく訳されている。『法句』第三句の「邪行婬彼」はおそらく P. visama の意味で解したのであろう。Norman [1997: 125, n.

266], Brough [1962: 191-192] を参照。

罪福を捨て……是れを比丘と為す（六三18）『法喩』奉持品の第十偈（五九七中）、『出曜』沙門品の第十二偈（六八〇上）、『法集』沙門品の第十二偈（七八二下）。また Dhp は、

yo 'dha puññañ ca pāpañ ca bāhetvā brahmacariyavā /
saṃkhāya loke carati sa ve bhikkhū ti vuccati // (Dhp 267)

しかしながら、福徳と悪を排斥し、梵行を守り、
この世で慎重に行動する者こそ、「比丘」と呼ばれる。

『法句』第三句の「慧能破悪」は Dhp, pāda c の saṃkhāya loke carati（この世で慎重に行動する）とかなり異なっている。この偈に対応する Uv XXXII. 19c では viśreṇayitvā carati（他人と交わらずに行動する）とあり、Mv III. 422 の pāda c でも niḥśreṇī-bhūto saprajño とある。『出曜』や『法集』第三句では「明遠（純清潔」とあり、さらに SN I. 182 の、pāda c（saṅkhāya loke carati）に対応する『雑含』巻四（二七上）の第三句には「其心無所畏」とある。

この viśreṇayitvā, niḥśreṇī-bhūta は「他人と交わらない」という意味であり、P. viseneti（除く、きらう）と対応すると考えられている。*Buddhist Hybrid Sanskrit Dictionary* (F. Edgerton), pp. 501-502, s. v. viśreṇī-kṛtvā を参照。これを「清潔」「純清潔」と『出曜』や『法集』は訳したのであろう。一方『法句』第三句の「慧能破悪」は Mv, pāda c の niḥśreṇī-bhūto saprajño に一番対応しており、niḥśreṇī-bhūto を「悪にそまることなく」と考えたとも推察される。

ところで『雑含』第三句の「其心無所畏」は、『別雑』巻十三（四六六中）の第三句では「乾竭諸有結」とあり、「乾竭」は SN, pāda c の saṅkhāya に対応しているように思えるが、これはおそらく saṅkhaya (S. saṃkṣaya, 尽滅、滅亡）の奪格 saṅkhayā ではあるまいか。そうすれば「諸々の有結をなくす」という『別雑』にも、「(恐れるところ）なく」という『雑含』にも対応しよう。さらに『法句』の「能く悪を破す」も saṅkhayā の訳語という可能性もあろう。

次に「比丘」の通俗的語源解釈として、DhpA III. 83-84 に、sa evarūpo bāhita-pāpattā brāhmaṇo ti pi samita-pāpattā samaṇo ti pi bhinna-kilesattā bhikkhū ti pi vattabbo yevā ti と、Dhp 142 を註釈する。これによれば、バラモン（brāhmaṇa）は悪を除去することにより（bāhita）、沙門（samaṇa）は悪を静めることにより（samita）、比丘（bhikkhu）は煩悩を破砕したことにより（bhinna）、それぞれ名前が付けられるとある。

所謂、仁明とは……外に順ずるのみ（六四1）『法喩』奉持品の

第十一偈（五九七中）。また Dhp は、

na monena munī hoti mūḷharūpo aviddasu /
yo ca tulaṃ va paggayha varam ādāya paṇḍito //(Dhp 268)

愚かで、愚迷なる者は沈黙によって「聖者」になるのではない。しかし秤を持つかのように、すばらしい方を取る賢者で、

心無為にして……是れを仁明と為す（六四3）『法喩』奉持品の第十二偈（五九七中）。また Dhp は、

pāpāni parivajjeti sa munī tena so muni /
yo munāti ubho loke munī tena pavuccati //(Dhp 269)

諸々の悪を避ける者が「聖者」である。それ故彼は「聖者」である。

この世で〔善悪の〕両者を熟考する（munāti）者は、それ故に「聖者」（muni）と呼ばれる。

前の Dhp 268 では、「聖者」（muni）の語源は「沈黙」（mona）であったが、本偈では「考える」（munāti）である。一方 DhpA III. 396 では、前の偈の「秤」（tula）との関連から、「計量する、はかる」（mināti）を語源と説明する。

一方、『法句』では「仁明」（muni）の語源として前の偈で「口不言」、すなわち沈黙をあげ、次に本偈で、muni＝「無為」とし、これにより「寂滅」を第二の語源とする。無為（wū wéi）の中古音 miu jwię が muni の音写か否か定かではないが、muni＝無為とすれば、「無為」に対応すると考えられるサンスクリット語の nirvṛti / nirvṛta の訳語「寂滅」を適用したのであろう。辛嶋［一九九八］一九九、二八九―二九〇頁を参照。こう考えれば、『法句』当偈は Dhp 以外の原本から訳された可能性が高い。

さらに、Dhp, pāda c の ubho loke は「この世で両者を」ではなく「両世界で／を」という解釈もある。Norman［1997 : 127, n. 269］を参照。

所謂、有道とは……害すること無きを道と為す（六四5）『法喩』奉持品の第十三偈（五九七中）。また Dhp は、

na tena ariyo hoti yena pāṇāni hiṃsati /
ahiṃsā sabbapāṇānaṃ ariyo ti pavuccati //(Dhp 270)

生類を害することより、彼は「聖なる者」ではない。

あらゆる生類を害さないことより、「聖なる者」と呼ばれる。

「聖なる者（ariya）」の語義解釈について、Dhp, pāda ab の聖者（ariya）は ari（敵）＋ya とし、敵は害するものだからといって ariya ではないとする。Dhp, pāda cd の聖者は a＋riya（P. rissati, S. riṣyati, 害する）として、a＋hiṃsā（害する）と同じく、害することのない＝聖者とする。ただし DhpA III. 398 では、

pāda cd の聖者の解釈として hiṃsato ārā（害することより遠く離れている）という、ārā（遠い）を語源解釈とする。Norman[1997: 127, n. 270]、中村［一九七八］一二一頁を参照。

戒の衆きを言わざれ……要ず閉損に由るを〔言わざれ〕（六四7）

『出曜』沙門品の第二十三偈（七六七上）、『法集』苾芻品の第二十二偈（七九七上）。また Dhp は、

na sīlabbatamattena bāhusaccena vā puna /
atha vā samādhilābhena viviccasayanena vā //(Dhp 271)

戒や誓いだけによっても、あるいはさらに博識によっても、
さらに精神統一を体得しても、あるいはひとり離れて臥すこと
によっても、（次の偈に続く）

「博識によっても」(bāhu-saccena) は、「多くの真理によっても」ともとれるが、Uv XXXII. 31b では、bahu-śrutyena、GDhp 65b では、baho-ṣukeṇa、PDhp 271b では bāhu-śoccena であり、どれも「博学」の意味である。これはおそらく、bāhuśrutya から変化した *bāhusucca が sacca（真理）に影響されて bāhusacca となったか、あるいは bahu-smṛti（多くの念）が *bāhu-smartya へさらに bāhu-sacca へとなったのではないかと推察されている。Norman [1997: 127, n. 271] を参照。『法句』第二句は「多誡」とあるから、原本は Dhp の bāhu-sacca と同じ形であったであろう。

次に『法句』第四句の「要由閉損」は『出曜』第四句では「不著於文飾」とある。対応する Dhp, pāda d は viviccasayanena vā（あるいはひとり離れて臥すことによっても）とあり、Uv XXXII.31d でも vivikta-śayanena vā、GDhp 65d でも vevita-śayaṇeṇa va、PDhp 271d でも vivitta-śayanena vā とある。また Uv のスバシ写本 497d では prānta-śayyāsa (nena)（辺地で臥したり座したりすることにより）とあり、Mv III. 422 の pāda d も prānta-śayyāsanena ca とある。ところで『出曜』の説明（七六七上）では「或在山野、空閑之処。与善知識、相遇。説其正径、不説邪路。比丘、当知此行、習無漏法」とあるから、先の第四句の「不著於文飾」の意図するところは、「人里離れて出家の教えを聞き、無漏の法を習うこと」である。以上によれば『法句』第四句の「閉損」は Dhp の vivicca、Uv の vivikta の訳語と理解してよかろう。次に Dhp の -sayanena は「臥すことによって」と訳される。他もすべて -śayanena もしくは -śayyāsanena とあり、「臥す」の語が正しく現われている。しかし『法句』第四句には「要ず……に由《よ》る」とあり、「臥す」の訳語は見えない。これは P. āsaya (S. āśraya, BSk. āśaya) もしくは S. āśrayaṇa（〜による）の意に解したためではなかろうか。すなわち、viviccāsayanena vā（他人と離れてくらすことに依って）と理解したのであろう。

意解けて安きを求むれば……能く脱を得ること莫からん（六四9）『出曜』沙門品の第二十三偈第五、六句—二十四偈第一、二句（七六七上）、『法集』苾芻品の第二十二第五、六句—二十三第一、二句（七九七上）を参照。また Dhp は、

phusāmi nekkhammasukhaṃ aputhujjanasevitaṃ /
bhikkhu vissāsa māpādi appatto āsavakkhayaṃ //(Dhp 272)

凡夫では味えない、欲望のない楽しみを私は体験しないであろう。

煩悩の滅に到達しない限りは、比丘は安心しなかった。

Dhp, pāda c の bhikkhu vissāsa māpādi は難解である。従来の解釈は、māpādi を禁止の命令形としている。しかしこの場合、vissāsa は単数、対格を示す vissāsam でなければならない。一方本偈に対応する PDhp 272c では、bhikkhū viśśāsamāpādi、GDhp 66c では、bhikhu viśpaśa mavadi、Uv XXXII. 32a では、bhikṣur viśvāsam āpadyed、Mv III. 422, pāda c では、bhikṣu viśvāsam āpadye と、これらはどれも否定辞 mā、もしくは na をともなっていない。それ故この Dhp, pāda c は bhikkhu vissāsam āpādi という肯定文であり、文意上必要な否定辞は、対になっている前の Dhp 271a の na ではないかと推察されている。すなわち、Dhp 271a の na... は、Dhp 272a の phusāmi と同 pāda c の āpādi の両方にかかるというものである。そしてこのわかりにくさを解消するために Uv では pāda ab と cd が逆になったり、あるいは Mv, pāda a の spṛhayaṃ のように動詞ではなく現在分詞になったりしているのではないかと考えられている。Norman［1997 : 128, n. 272］を参照。

次に Dhp, pāda a の nekkhamma- については少し説明が必要であろう。PDhp の nekkhaṃma-、GDhp の nekhama-、Mv の naiṣkramya-、Uv の saṃbodhi- を比較すると、Dhp の nekkhamma を Mv は「出離」を意味する naiṣkramya と置換するが、Uv は「悟り」を意味する saṃbodhi としている。『法句』述仏品第三偈の補註でも述べたように、Dhp 181b の nekkhammūpasame ratā は、DhpA III. 227 では、nekkhamma は「出家」の意味ではなく、「煩悩の静まった涅槃の喜び」(kilesūpasamana-nibbāna-ratiṃ) とあり、S. naiṣkāmya（愛欲なく）に対応するのではないかと述べた。たしかに『法句』の当偈第二句では「出家」と訳されているが、この奉持品第十七偈、第一句の「意解」は nekkhamma を DhpA と同じく「愛欲なく、煩悩が静まり」の

意味で解釈しているのではなかろうか。この P. nekkhamma = S. naiṣkāmya が、Uv では saṃbodhi（悟り）と、より明確な語に置換されたと推察される。

道行品（六四11）　この品は Dhp の Magga-vagga（道品）十七偈(Dhp 273-289)に相当するものの、順序はかなり異なっている。さらに Uv の Mārga-varga（道品）とも幾分対応するが、順序通りに対応するのは漢訳の最後の六偈であり、これに相応する Dhp の偈は見出されない。これにより、この品はおおむね Dhp から訳され、第二次補正の時に、Uv の内容が追加されたものと考えられている。水野［一九八一］三〇七頁を参照。

八直は最上の道にして……灯を施せば必ず眼を得ん（六四13）『出曜』道品の第四偈（六八二上）、『法集』正道品の第四偈（七八三上）。Dhp は、

maggān' aṭṭhaṅgiko seṭṭho saccānaṃ caturo padā /
virāgo seṭṭho dhammānaṃ dipadānañ ca cakkhumā //(Dhp 273)

諸々の道のうちで「八肢よりなる〔正しい道〕」が最もすぐれており、諸々の真理のうちでは四つの句（＝四諦）が最もすぐれており、
諸々のダルマのうちでは離欲が最もすぐれており、両足あるもののうちでは眼ある者が〔最もすぐれている〕。

Dhp, pāda d の dipadānañ ca cakkhumā（両足あるもののうちで眼ある者が）と『法句』第四句の「施灯必得眼」とは対応していない。その大きな違いは dipadānaṃ（両足あるもののうちで）と「施灯」である。『出曜』第四句の「明眼二足尊」と Dhp や Uv XII. 4d の cakṣuṣmān dvipadeṣu ca とよく対応する。

一方水野博士は Dhp の di-padānañ の異読として dvipad°, dīpad°を挙げている。この異読に従えば dīpa-dānañ（灯火の布施）と読むことも可能である。『出曜』道品の第一偈（六八一中）の第一、二句は『法句』と同一であるが、第三、四句は「是道名無為　以錠滅愛冥」とあり、『法集』正道品第三偈（七八三上）も第一、二句はほぼ『法句』と同じでありながら、第三、四句は「是道名無為　智灯照愚暗」とあるから、原本に dīpa（灯火）とあったことが推測できる。

是れは道にして復た畏るる無く……力もて行きて邪苦を滅す（六四15）『出曜』道品の第十一偈（六八三下）、『法集』正道品の第十二偈（七八三中）。Dhp は、

es' eva maggo n' atth' añño
dassanassa visuddhiyā /
etaṃ hi tumhe paṭipajjatha

mārass' etaṃ pamohanaṃ //(Dhp 274)

これだけが道である。見るはたらきを清めるための他の〔道は〕ない。

汝らは実にこの〔道〕に入れ。これが悪魔を迷わすものである。

『法句』第一句の「無復畏」は Dhp, pāda a の n' atth' añño（他はない）に対応しない。『出曜』や『法集』第一句の「無有余」は Dhp や Uv XII. 11a によく対応している。どうして『法句』のみに「畏」の訳があるのかは不明。

我れ已に正道を開けりと……行ずれば乃ち邪縛を解かん

（六四17）　『出曜』戒品の第二十一偈（六五八上）、『法集』持戒品の第二十一偈（七八〇下）を参照。Dhp は、

etaṃ hi tumhe paṭipannā
dukkhass' antaṃ karissatha /
akkhāto ve mayā maggo
aññāya sallasanthanaṃ //(Dhp 275)
tumhehi kiccaṃ ātappaṃ akkhātāro tathāgatā /
paṭipannā pamokkhanti jhāyino mārabandhanā //(Dhp 276)

というのも汝らはこの〔道に〕入って、苦の滅尽をなすであろう。矢の抜除を知ると、私は〔この〕道を汝らに説いた。

汝らは策励を為すべきである。如来は教えを説くだけである。道に入り、禅定を行う者たちは、悪魔の束縛から解放されるであろう。

Dhp 275 は『法句』道行品の第二十二偈に相当すると考えられている。しかし『法句』の本偈は、Dhp 275, 276 の両偈を訳したものと推察される。すなわち、Dhp 275c の akkhāto ve mayā maggo は『法句』第一句の「我已開正道」に、Dhp 276a の tumhehi kiccaṃ ātappaṃ は第二句の「為大現異明」に、そして Dhp 276cd の paṭipannā pamokkhanti jhāyino māra-bandhanā は、第三、四句の「已聞当自行　行乃解邪縛」に対応する。また Dhp 276a の ātappa が『法句』で「異明」と訳されたのは、ātappa（努力、策励）を ātapa（熱、太陽の光、陽光）と解したためか。

生死は非常にして苦なりと……道を行ぜよ、一切は除かれん

（六五2）　『出曜』道品の第五偈（六八二中）、『法集』正道品の第六偈（七八三上）。Dhp は、

sabbe saṃkhārā aniccā ti yadā paññāya passati /
atha nibbindatī dukkhe esa maggo visuddhiyā //(Dhp 277)

「一切の形成されたものは無常である」と智慧をもって観察する時、

人は苦から厭い離れる。これが清めるための道である。

Dhp, pāda c の nibbindati は処格 (locative) をとるのが一般的である。Lüders [1954 : 141, §194] を参照。

(六五4) **生死は非常にして空なりと……但だ当に勤めて道を行ずべし** 『出曜』道品の第七偈（六八二下）、『法集』正道品の第八偈（七八三中）。これは Dhp 279 よりも Uv の方に一致する。

śūnyataḥ sarvasaṃskārāṃ prajñayā paśyate yadā /
atha nirvidyate duḥkhād eṣa mārgo viśuddhaye //(Uv XII. 7)

「一切の形成されたものは空である」と智慧をもって観察する時、
人は苦から厭い離れる。これが清めるための道である。

(六五6) **起つべき時には当に即ち起つべく……計り罷れて道を進まず** 『出曜』心意品の第二十二偈（七六一中）、『法集』護心品の第二十一偈（七九五下）。また Dhp は、

uṭṭhānakālamhi anuṭṭhahāno
yuvā balī ālasiyaṃ upeto /
saṃsannasaṃkappamano kusīto
paññāya maggaṃ alaso na vindati //(Dhp 280)

起きるべき時に起きないで、若く力があるのに怠けていて、
意志も心も元気がなく、怠惰で、おっくうな者は智慧をもって
道を見いださない。

Dhp, pāda a の anuṭṭhahāno（起きていないで）は DhpA III. 409 では avāyamanto（努力しないで）と註釈されている。『法句』第一句の「起時当即起」は uṭṭhāna を字義通りに、『法集』第一句の「応修而不修」は DhpA に近い訳し方をしている。

Dhp, pāda c は saṃsanna-saṃkappa-mano kusīto（意志も心も元気がなく、怠惰で）とあり、『法句』第三句の「与堕無瞻聚」とは全く対応していないように思える。ただ「堕」は「惰」と同じく「おこたる、なまける」の意であるから、これは P. kusīta (S. kusīda) に明らかに対応しよう。次に -saṃkappa-mano は Uv XXXI. 32c では sadaiva saṃkalpa-hataḥ（まさにいつも思惟がそこなわれた）とあり、この方が「無瞻」（見ない、注意しない）に対応しよう。この Uv を参照すれば、Dhp の saṃsanna-saṃkappa-mano は saṃsan na saṃkappamano と切ってもよいのではなかろうか。P. saṃsad は「衆、人々」の意味であり、na saṃkappamano を na-saṃkappamāno（考えていない、注意しない）と読めば『法句』の「無瞻」と幾分対応しよう。

さらに『法句』第四句の「計罷」は「計し罷れて」、「考え疲れて」と読むと、Dhp, pāda d の paññāya (S. prajñāya, 考えて、

知って）…alaso に対応していよう。

念の念に応ぜば則ち正しく……思い正しければ道乃ち成ず（六五8） Dhp は、

yogā ve jāyatī bhūrī ayogā bhūrisaṃkhayo /
etaṃ dvedhāpathaṃ ñatvā bhavāya vibhavāya ca /
tath' attānaṃ niveseyya yathā bhūrī pavaḍḍhati //(Dhp 282)

実に心の統一により智慧が生じ、心が統一されないと智慧の消滅がある。
生成と消滅にいたるこの二種の道を知ると、
智慧が増すように自己を確立させるべきである。

一方、対応するUvでは、意味が全く異なったものとなっている。

yogād bhavaḥ prabhavati viyogād bhavasaṃkṣayaḥ /
etad dvaidhāpathaṃ jñātvā bhavāya vibhavāya ca /
tatra śikṣeta medhāvī yatra yogān atikramet //(Uv XXIX. 40)

束縛より存在物が生成し、束縛のないことより存在物の消滅がある。
生成と消滅に到るこの二種の道を知って、
賢者は束縛を超越するようなその〔境地〕を学ぶべきである。

Dhp とUvとのこのような意味の違いは、bhūrī（智慧）とbhava（存在物）の単語の入れ替えによるものである。PDhp 375 では bhūrī とあり Dhp と同じ。漢訳の内容は Dhp の方に近い。

言を慎み意の念を守り……仏是れ道を得と説けり（六五10）『出曜』学品の第十二偈（六六二下）、『法集』善行品の第十四偈（七八一上―中）。また Dhp は、

vācānurakkhī manasā susaṃvuto
kāyena ca akusalaṃ na kayirā /
ete tayo kammapathe visodhaye
ārādhaye maggam isippaveditaṃ //(Dhp 281)

言葉を慎み、心と身体とをよく慎み、不善を行うべきではない。
これらの三つの行為の道を浄めながら、聖仙によって語られた
道を成就するであろう。

この pāṭimokkha（波羅提木叉）の偈の一覧表については、真柄〔一九八五〕一〇頁、Schmidt〔1989：54-56〕を参照。

Dhp, pāda d の isi-ppaveditaṃ の P. isi（S. ṛṣi）は「聖仙」の意味であるが、『法句』第四句では「仏説」とある。おそらく「聖仙」が「仏」を指すと解したのであろう。

樹を断つも本を伐ること無くんば……比丘は泥洹を得（六五12）『法句』愛欲品の第三十二偈（五七一中）、『出曜』華品の第三偈（七

○八下）、『法集』華喩品の第三偈（七八六上）を参照。また Dhp は、

vanaṃ chindatha mā rukkhaṃ
vanato jāyatī bhayaṃ /
chetvā vanaṃ vanathañ ca
nibbānā hotha bhikkhavo //(Dhp 283)

〔欲望の〕森を伐れ。〔一本の〕樹を〔伐ってはならない。〕森から恐れが生じる。
森と欲望とを伐って、欲望なき者（＝ニルヴァーナに入った者）となれ、比丘らよ。

『法句』の道行品と愛欲品、さらには『出曜』と『法集』の当該箇所、Dhp や Uv との内容の比較検討に関しては、水野［一九八一］三三〇頁を参照。Dhp では vana を「森」と「欲望」との両方にかけている。Dhp, pāda d の nibbana (S. nir-vana) は「欲望なき」という意味であるが、これは nibbāna（涅槃）の語源解釈とされている。『法句』第四句では「比丘得泥洹」と nibbāna として訳されている。

樹を断つこと能わずんば……犢の乳を慕うが如し（六五14）『法句』愛欲品の第三十三偈（五七一中）、『出曜』華品の第五偈（七○八下―七○九上）、『法集』華喩品の第五偈（七八六上）を参照。また Dhp は、

yāvaṃ hi vanatho na chijjati
aṇumatto pi narassa nārisu /
paṭibaddhamano va tāva so
vaccho khīrapako va mātari //(Dhp 284)

たとえわずかでも男の女に対する愛欲が断たれない限りは、その男の心は実に縛られている。乳を飲む子牛が母牛に〔その心が縛られている〕ように。

Dhp, pāda b の narassa nārisu (男の女に対する) は、Uv XVIII. 4b では narasya bandhuṣu（人の親戚らに対する）とあり、水野博士は bandhuṣu の異読として nāriṣu, jñātiṣu を挙げる。また PDhp 362b でも narassa ñātisu とある。とすれば、nārisu と nātisu との混同があったと思われる。『法句』第二句でも「親戚相恋」とあり、ñātisu の方が原語であった可能性が高い。

能く意の本を断ち……疾く泥洹を得（六五16）『出曜』華品の第六偈（七○九上）は Dhp や Uv XVIII. 5 の内容に近い。すなわち、

当自断恋　如秋池華
息跡受教　仏説泥洹

『法集』華喩品の第六偈（七八六上）も同じ。おそらく『法句』は

Dhp や Uv とは異なる偈から訳されたのであろう。また Dhp は、

ucchinda sineham attano
kumudaṃ sāradikaṃ va pāṇinā /
santimaggam eva brūhaya
nibbānaṃ sugatena desitaṃ //(Dhp 285)

自身の愛着を断ち切れ。手で秋の蓮を〔切る〕ように。
寂静の道、すなわち善逝（＝仏）によって説かれたニルヴァーナを増大させよ。

前に釈け、後に解け……復た老死無からん（六1）『出曜』双要品の第四十四偈（七五二下）、『法集』相応品の第四十九偈（七九四上）。また Dhp は、

muñca pure muñca pacchato
majjhe muñca bhavassa pāragū /
sabbattha vimuttamānaso
na punaň jātijaraṃ upehisi //(Dhp 348)

生存の彼岸に達して、前に捨てよ。後に捨てよ。中間に捨てよ。
あらゆる点で心が解脱していて、汝は再び生死に近づかないであろう。

Dhp, pāda c の sabbattha vimutta-mānaso（あらゆる点で心が解脱していて）は、Uv XXIX. 57c でも sarvatra vimukta-mānaso、GDhp 161c でも sarvatra vimuta-moṇaso と共通している。一方『出曜』第三句は「一切尽捨」、『法集』第三句も「一切尽皆捨」と mānasa（意）は訳されていない。『法句』第三句の「一切念滅」の「念」が mānasa の訳語とすれば、『法句』の方が Dhp 等の原語を直訳していることになろう。

人、妻子を営み……水の湍に驟きが如くに（六3）『法喩』道行品の第一偈（五九八上）。『出曜』無常品の第三十八偈（六二四上）には次のようにある。すなわち、

生子歓予　愛染不離
酔遇暴河　溺没形命

また Dhp は、

taṃ puttapasusammattaṃ byāsattamanasaṃ naraṃ /
suttaṃ gāmaṃ mahogho va maccu ādāya gacchati //(Dhp 287)

その息子や家畜にうつつをぬかし、執著した心をもつ者を、死が連れ去ってしまう。眠っている村を大洪水が〔流し去ってしまう〕ように。

『出曜』は一見すると、Dhp や Uv I. 39 と全く一致をみないようであるが、その説明（六二四上）に、「未経旬月、便生一息。端正無双、世之希有。面如桃華、衆相具足。父母見已、歓喜踊躍、不

能自勝。復請比居、諸村落人。飲食歓宴、作倡伎楽、終日自娯。或躭酔睡眠、無所覚知。時有大水、暴漲駛流。尽漂没死、無存活者」とあり、「眠っている村人を大暴水がのみこんだ」と原文の内容を正しく理解している。おそらく『法句』は原文に忠実ではなく、かなりの意訳を試みたのではあるまいか。

また Dhp, pāda a の -sammattaṃ（うつつをぬかし）は、対応する MBh XII. 169. 17a では -sampannaṃ（〜をもった）とあり、『法句』第一句の「営」に近い。この MBh は、虎が鹿を連れ去るとある。Brough［1962 : 276, n. 334］を参照。

父子も救わざるに……盲の灯を守るが如し（六六5）『法喩』道行品の第二偈（五九八上）。『法句』無常品の第十七偈（五五九中）を参照。また Dhp は、

na santi puttā tāṇāya na pitā na pi bandhavā /
antakenādhipannassa n' atthi ñātīsu tāṇatā //(Dhp 288)

息子たちも父親も親戚たちも救いにはならない。
死に襲われた者にとって、縁者たちのあいだに救いはない。

『法句』第四句の「如盲守灯」は、『法句』無常品の第三句では「為死所迫」とあり、Dhp, pāda c の antakenādhipannassa（死に襲われた）によく対応する。Dhp 288 が『法句』で無常品と道行品の二偈に訳されながら、この箇所が異なっている。これは訳者が譬えとして加えたものであろうと推察されているが、antakena（死）と andhakena（盲）、-dhipa- と dīpa-（灯）という帯気音の入れ替えを主とした異本が存在した可能性もあろう。水野［一九八一］三三一頁を参照。

慧あるは是の意を解し……一切の苦を除くべし（六六7）『法喩』道行品の第三偈（五九八上）。『出曜』戒品の第十六偈（六五七中）を参照。また Dhp は、

etam atthavasaṃ ñatvā paṇḍito sīlasaṃvuto /
nibbānagamanaṃ maggaṃ khippam eva visodhaye //(Dhp 289)

賢者はこの道理を知って、戒律に守られて、
ニルヴァーナに至る道を、実にすみやかに清めるであろう。

諸の淵を遠離すること……是れを知見と為す（六六9）『法喩』道行品の第四偈（五九八上）、『出曜』道品の第二偈（六八一下）。これは、Uv XII. 2 よりも、そのスバシ写本 137 の方に近い。

uddhataṃ raja vātena yathā meghena śāmyate /
evaṃ śāmyanti saṃkalpā yadā prajñāya paśyati //(137)

風によって舞いあげられた塵が雨雲によっておさまるように、
智慧をもって見る時、諸々の構想は静まる。

Uv, pāda b の vṛṣṭena（雨によって）よりもスバシ写本の

meghena（雲によって）の方が『法句』に近い。ただし『法句』の第二句は「風が雲をしりぞける」と読めるから、これはむしろ Thag 675ab の rajam upātaṃ vātena yathā megho pasāmaye に一致するであろう。

次に『法句』第一句の「淵」は、この訳を踏襲する『出曜』も同じであるが、その説明（六八一下）に、「非図一類、淵有若干。或言風塵、或言深水。塵者、汚人身体、老少不別」とあり、「淵」は深い水ばかりではなく風にまいあがる塵も指すとして、「淵」＝ūddhataṃ raja vātena と理解している。

智は世の長為りて……生死、尽くるを得ん（六六11）『法喩』道行品の第五偈（五九八上）、『出曜』道品の第三偈（六八二上）、『法集』正道品の第五偈（七八三上）。また Uv は、

śreṣṭhā hi prajñā loke 'smiṃ yeyaṃ nirvedhagāminī /
yayā samyak prajānāti jātimaraṇasaṃkṣayam //(Uv XII. 3)

この世において、実相を洞察するに至るこの智慧が実に最もすぐれている。
それによって、人は生死の消滅することを正しく知るから。

『出曜』は『法句』の訳を踏襲するも、第二句「惔楽無為」の説明（六八二上）で、「乗此智慧、遠離生死。善能分別、不懐猶予。亦復、分別四諦。不懐狐疑」とあり、明らかに Uv, pāda b の nirvedha-（実相を洞察すること、分別すること）を知っていたと思われる。とすれば『法句』の「無為」はこの S. nirvedha, P. nibbedha に対応した訳となろう。『法集』の訳は『法句』や『出曜』を踏襲しつつも、五字一句としているため、その第一句が「智為出世長」と、意味が異なってしまっている。

衆の行は空なりと知る……是の道に従りて〔苦は〕除かる（六六13）『法句』道行品の第五偈（五六九上）とその補註を参照。

衆の行は苦なりと知る……是の道に従りて〔苦は〕除かる（六六15）『出曜』道品の第六偈（六八二中—下）、『法集』正道品の第七偈（七八三上）。また Uv は、

duḥkhaṃ hi sarvasaṃskārāṃ prajñayā paśyate yadā /
atha nirvidyate duḥkhād eṣa mārgo viśuddhaye //(Uv XII. 6)

「一切の形成されたものは実に苦である」と智慧をもって観察する時、
人は苦から厭い離れる。これが清めるための道である。

ただしこれは Dhp 278 と同じ。

衆の行は非身なる……是の道に従りて〔苦は〕除かる（六六17）『出曜』道品の第八偈（六八二下—六八三上）、『法集』正道品の第

九偈（七八三中）。また Uv は、

sarvadharmā anātmānaḥ prajñayā paśyate yadā /
atha nirvidyate duḥkhād eṣa mārgo viśuddhaye // (Uv XII. 8)

「一切の存在は無我である」と智慧をもって観察する時、
人は苦から厭い離れる。これが清めるための道である。

ただしこれは Dhp 279 と同じ。

吾れ汝に法を語る……如来の言を受くべし（六六19）『出曜』道品の第九偈（六八三上）、『法集』正道品の第十偈（七八三中）。これは Dhp 275 よりも Uv XII. 10 の方によく対応する。

deśito vo mayā mārgas tṛṣṇāśalyanikṛntanaḥ /
yuṣmābhir eva karaṇīyaṃ deṣṭāro hi tathāgatāḥ // (Uv XII. 10)

私は汝らに〔この〕道を説いた。〔汝らは〕愛欲の矢で射られている。
汝らは自ら行じるべきである。如来たちは示すだけである。

Uv, pāda b の tṛṣṇā-śalya-nikṛntanaḥ は意味をとるのが困難である。Dhp 275d では salla-santhanaṃ、PDhp 359b では śalla-saṃsano (Cone ed.), śalla-muṃsano (Shukla ed.) とある。対応する『出曜』第二句は「愛箭為射」、『法集』第二句では「愛箭而為射」とある。この tṛṣṇā-śalya-nikṛntanaḥ は「愛欲の矢で射られた」(der den Dorn des Lebensdurstes abschneidet) と訳されている。Lüders [1954 : 29, §22] を参照。一方 Dhp 275d の santhana は S. śāntvana（静めること）ではなく S. √śrath / √śranth の名詞形 śranthana（殺すこと、破滅すること）のパーリ語形であろうと考えられている。Norman [1997 : 129, n. 275] を参照。さらに『出曜』道品第十偈第二句の「除愛固刺」の説明（六八三下）に、「除愛固刺者、愛之為病。墜人悪趣、不可恃怙。於中自抜、御以止観、不興愛心。猶如毒箭、入人胸掖、不可得抜。此愛箭、亦復如是。入人心識、不可得抜」とあり、やはり「愛欲の箭が固く刺さって抜けない」という意味にとっている。

以上を考慮すれば、Uv の -nikṛntana は「ささった」という意味になろう。

吾れは都て以て滅すと為し……演ぶる所は道眼為り（六七2）『出曜』道品の第十四偈（六八四下）、『法集』正道品の第十六偈（七八三中）。また Uv は、

atyantaniṣṭhāya damāya śuddhaye
saṃsārajātīmaraṇakṣayāya /
anekadhātupratisaṃvidhāya
mārgo hy ayaṃ lokavidā prakāśitaḥ // (Uv XII. 14)

究極に住する為に、自己規制の為に、清浄さの為に、輪廻の生死を滅する為に、
多くの構成要素を一つずつ区別して知る為に、実にこの道が「世間を知る者」（＝仏）によって明らかにされた。

『法句』第一句の「以滅」は、宋・元・明三本では「已除」とある。「除」は「きよめる」の意味もあるので、この方がUvのśuddhaye（清浄さの為に）に合致する。『出曜』や『法集』では「清浄」とある。

次に『法句』第三句の「非一情以解」はUv, pāda cのaneka-dhātupratisaṃvidhāyaに対応するはずである。『出曜』では「弁才無数界」、『法集』では「弁才無辺界」とあり、『出曜』の説明（六八四下）では「如来神徳、適化無方。以弁才慧、遊於無量、無数刹土。観察衆生、有利根鈍根。有虚有実。有修正真行者。不修正真行者。如来皆悉知之」とあり、「弁才」は「弁才の智」「観察力」を表わすとしている。とすればpratisaṃvidhāyaは中村博士の指摘される如く、Uvの古写本、スバシ写本148cのpratisaṃvidāya（一つずつ区別して知るために）の可能性が高い。さらに『出曜』の「無数界」、『法集』の「無辺界」はUvのaneka-dhātu（多くの構成要素）の訳であるが、『法句』第三句はむしろ、an-ekadhātu-pratisaṃvidāya（一つの構成要素＝一情の理解のためではない）と否定辞an-をこの複合語全体にかけている。「一情」はeka-dhātuの訳語であろう。

「世間を知る者」(lokavidā)は、古写本のスバシ写本148dでは、「眼のある者」(cakṣumatā)とあり、『法句』に近い。

駛き流れは海に澍ぎ……趣きて甘露を服す可しと（六七4）『出曜』道品の第十五偈（六八五上）。またUvは、

gaṅgāgataṃ yadvad apetadoṣaṃ
saṃsyandate vāri tu sāgareṇa /
tathaiva mārgaḥ sugatapradeśitaḥ
saṃsyandate 'yaṃ hy amṛtasya prāptaye //(Uv XII. 15)

ガンジス河の水が汚れを離れて、海にむかって流れ行くように、善逝（＝仏）の説かれた、この道は実に甘露の獲得に向かって流れ行く。

『法句』第一句の「駛流」は『出曜』も同じであるが、その説明（六八五上）で、「有大河。名曰恒伽。……若有学人、去恒伽河、百由旬外。遙三称揚、恒伽名者。恒伽、恒伽、恒伽者。雖住百由旬外。一切衆悪、尽如蛇脱故皮。恒伽水者、悉帰于海、澄浄無衆穢」とあり、Uvのgaṅgā（ガンガー）を指すとされる。

『法句』第二句の「潘水」は『出曜』では「翻水」とあり、その説明（六八五上）で、「以至于海、昼夜不息。従海復至、入焦炭山。

従焦炭山、復至雪根本山。如是漸漸、還至本原。昼夜流逝、周而復始。海亦不満、流亦不停」とあり、ガンジス河の水が海に流れ込むと、海にとどまらず、焦炭山さらに雪山へと始めに還って、常に循環するという。これは『法句』の内容や Uv と全く異なっている。スバシ写本 149a は、gaṅgāya sroto vahataṃ va sāgaram とあるが、pāda b が欠落しているため、今一つ明らかではないが、『出曜』に近い内容であったかもしれない。

『法句』第三句の「故為智者説」は『出曜』では「故為智説道」とあり、この方が文意に即しているように思われる。「智者」もしくは「智」は Uv, pāda c では sugata-（善逝）、スバシ写本 149c では pṛthu-prājña-（広大な智ある者）とある。後者の方が『法句』に近いようにも思われる。しかし『出曜』の説明（六八五上）では「諸仏世尊、皆名善逝」とあるから、sugata が原語であった可能性も否定できない。

前に未だ聞かざる法輪を……之に礼すれば三有を度す （六七6）

『出曜』道品の第十六偈（六八五中）、『法集』正道品の第十七偈（七八三中）。また Uv は、

yo dharmacakraṃ hy anaśrutaṃ purā
prāvartayat sarvabhūtānukampī /
taṃ tādṛśaṃ devanarāgrasatvaṃ
nityaṃ namasyeta bhavasya pāragam //(Uv XII. 16)

以前に聞いたこともない法輪を、一切の生類を哀れんで転回した人、
神々と人間との間で最高の存在の人、生存の彼岸に到達した人、
そのような人にいつも敬礼すべきである。

『法句』第三句の「於是奉事者」は Uv, pāda c の taṃ tādṛśaṃ devanarāgrasatvaṃ（神々と人間との間で最高の存在の人）とかなり異なっている。『法句』の訳を踏襲する『出曜』ではその説明で（六八五下―六八六上）、「於是奉事者。諸天世人、所見恭敬。処閻浮利地、流化教授。従六天已下、皆蒙済度。問曰。何以故但、与天人説法。……唯有天人、最可奉敬」とあり、Uv の内容と一致する。その他 AN II. 9 を参照。

三念、念ず可きは善なり……之を滅するを正断と為す （六七8）

『出曜』道品の第十七偈（六八六上）、『法集』正道品の第十八偈（七八三中）。また Uv は、

sadā vitarkāṃ kuśalāṃ vitarkayet
sadā punaś cākuśalāṃ vivarjayet /
tato vitarkāṃś ca vicāritāni ca
prahāsyate vṛṣṭir ivoddhataṃ rajaḥ //(Uv XII. 17)

常に善い思考をめぐらすべきである。しかし常に悪い〔思考〕

を避けるべきである。
そうすれば、粗い思考（=尋）と細かい思考（=伺）とを捨て去るであろう。舞い上げられた塵を雨が〔しずめる〕ように。

Uv, pāda a, b の sadā（常に）は、古写本のスバシ写本 151a, b や Itv 87a, b では trayo, trayah, tayo（三）とあり、こちらの方が『法句』に近い。『法句』の訳を踏襲する『出曜』では、その第一句「三念可念善」の説明（六八六中）で、「随時興念、食息不廢。常当念善、具衆徳本。漸得越次、受諸果証、尽生死原。尽有漏、成無漏」とある。ここでは「三念に善を念ず可し」と読んでおり、「三念」は「時に随いて」と説明している。「念」は仏教では「きわめて短い時間」を指し、「刹那」(P. khaṇa, S. kṣaṇa)と同意とされる。おそらく『出曜』はこの「三念」を「一日の三時に」と理解したのであろう。

Uv, pāda c の vitarkāṃś ca vicāritāni ca（粗い思考=尋と細かい思考=伺）は、『法句』第三句では「従念而有行」とある。『出曜』の説明（六八六中）では、「有覚有観、遊戯、初禅乃至第四禅。除弊悪心、諸不善法。日進其行、終不退転」とあり、この「有覚有観」が正しく Uv を訳していよう。おそらく『法句』の「有行」は vicāritāni の動詞 vi-carati (S. vi√car) の「動き回る」の意味を採用したのであろう。

Uv, pāda d の vṛṣṭir ivoddhataṃ rajaḥ（舞い上げられた塵を雨が〔しずめる〕ように）は、『出曜』の説明（六八六中）で、「猶如風塵、卒起覆蔽、日月不覩光明。龍降甘雨、随時掩塵。便覩、日月精光」と正しく紹介されている。

三定は念を転ずるを為す……結を解くに応に念ず可し（六七10）

『出曜』道品の第十八偈（六八六中）、『法集』正道品の第十九偈（七八三中）には次のようにある。

三観為転念　逮獲無上道
得三除三窟　無量修念持

ただし『法集』第四句は「無量修念待」とある。また Uv は、

sa vai vitarkopaśamena cetasā
spṛśeta saṃbodhisukhaṃ hy anuttaram /
śubhaṃ samādhiṃ manasā nibandhayed
vivekajaṃ bhāvayitvāpramāṇam /
pradālayitvā tribhir ālayāṃs trīṃ
jahāti bandhāṃ nipakaḥ pratismṛtaḥ //(Uv XII. 18)

彼は実に、粗い思考を静める心によって、無上の悟りの楽しみを体得すべきである。
心で清浄な精神統一を結ぶべきである。遠離から生じた無量なるものを修して、

三によって三の巣窟を破壊して、慎重にしてよく気をつけている人は束縛を捨てる。

『法句』第一句の「三定為転念」については、『出曜』第一句でも「三観為転念」とあり、その説明（六八六下）で「永棄乱想、不生悪念、速成道果」とあるから、Uv, pāda a の vitarkopaśamena cetasā（粗い思考を静める心によって）と対応していると考えられる。

『出曜』第四句の「念持」は宋・元・明三本では「念待」とある。この「念待」は『法集』罪障品の第五偈第一句（七九二上）に「解知念待味」、同じく護心品の第三十九偈第二句（七九六中）に「分別念待意」とあり、それぞれ Uv XXVIII. 5a の pravivekarasaṃ jñātvā、Uv XXXI. 51b の pravivekasya rasaṃ prajānakaḥ に対応する。それ故「念待」は praviveka の訳語としてよかろう。Willemen［1978 : 55, n. 19］を参照。

以上の点から、Uv の各句は『法句』と『出曜』『法集』で、それぞれ以下の如くに訳されていることがわかる。

Uv	『法句』	『出曜』、『法集』
pāda a	第一句	第一句
pāda b	なし	第二句
pāda c	なし	なし
pāda d	第二句	第四句
pāda e	第三句	第三句
pāda f	第四句	なし

戒を以て悪を禁ずるを知り……意を息むれば一切解せん（六七12）　『法集』正道品の第二十―二十一偈（七八三中）に対応する。それを示せば、

能除三有垢　摂定用縛意
智慧禅定力　已定摂外乱　（第二十偈）
世間生滅法　一一彼無辺
覚道獲解脱　快楽無窮尽　（第二十一偈）

このうち第二十偈は『出曜』道品の第十九偈（六八七上）に同じ。『法集』第二十偈第二、三句と第二十一偈第一、三句が Uv XII. 19 や『法句』に対応する。『法句』は第一句の「知以戒禁悪」を除いて Uv XII. 19bcd によく対応している。一方『法集』第二十偈第三句は Uv, pāda a の prajñāyudho dhyānabalopetaḥ によく対応する。

この Uv は、

prajñāyudho dhyānabalopetaḥ
samāhito dhyānarataḥ smṛtātmā /

lokasya buddhvā hy udayavyayaṃ ca
vimucyate vedakaḥ sarvato 'sau //(Uv XII. 19)
智慧を武器とし、瞑想の力をそなえ、精神統一し、瞑想を楽しみ、気をつけている人は、
世界の盛衰を悟って、この智ある者は、あらゆることから解脱する。

広衍品（六七14）　この品の訳は、Dhp 21 の Pakiṇṇaka-vagga（雑品）から直接なされたとは言い難いほど、混乱しており、Dhp, Uv さらには所属部派不明の『法句経』の三本から訳出整理されたものと考えられている。水野［一九八一］三〇七頁を参照。

施の安は小と雖も……受くるに景福を見る（六七16）　『出曜』楽品の第三十一偈（七五七上）、『法集』楽品の第三十一偈（七九四下）を参照。また Dhp は、

mattāsukhapariccāgā
passe ce vipulaṃ sukhaṃ /
caje mattāsukhaṃ dhīro
sampassaṃ vipulaṃ sukhaṃ //(Dhp 290)
わずかの楽を捨てることによって広大な楽を見るとすれば、
賢者は広大な楽を見ながら、わずかの楽を捨てるべきである。

これは意味的には、『法句』安寧品の第八偈（五六七中）の方に近い。しかし Dhp の pariccāga, caje を「捨施」と解釈すればこの偈の内容に近くなろう。

労を人に施し……自ら広く怨みに遘わん（六八1）　『出曜』楽品の第二偈（七五三上）、『法集』楽品の第二偈（七九四上）。また Dhp は、

paradukkhūpadhānena yo attano sukham icchati /
verasaṃsaggasaṃsaṭṭho verā so na pamuccati //(Dhp 291)
他人に苦を与えることによって自己の楽を求める者は、
怨みとの接触にまとわりつかれて、怨みから解放されることはない。

Dhp, pāda d の verā は、Uv, XXX. 2d では duḥkhān、GDhp 179d では duha、PDhp 117d では dukkhā とあり、dukkha の方が本来の形であったであろうと考えられる。ただし『法句』第四句に「怨」とあるから、『法句』訳出時の言語は vera であったと思われる。

已に多くの事を為し……悪習日に増す（六八3）　『出曜』無放逸品の第十九偈（六四二中）を参照。また Dhp は、

yaṃ hi kiccaṃ apaviddhaṃ akiccaṃ pana kayirati /
unnaḷānaṃ pamattānaṃ tesaṃ vaḍḍhanti āsavā //(Dhp 292)

為すべきことはうち捨てられ、しかして為すべからざることがなされる。
態度が粗暴で放逸な者たちには、汚れが増大する。

Dhp の unnaḷa の語源に関しては Brough [1962 : 279-281] を参照。そこでは unnaḷa は ud-√lal（遊ぶ、たわむれる）、もしくは unnata（高慢な）の方言形を紹介し、unnata の説については否定的である。彼は対応する Uv IV. 19c の uddhata に注目し、「なすべきことをしないのが pamatta、してはならないことをするのが unnaḷa」であるから、boisterous, unseemly behaviour, frivolity 等の訳が適切であり、auddhatya, uddhacca の意味と重なるとしている。

ただし『法句』第三句では「伎楽」とあるから、unnaḷa を「遊ぶ」を意味する ud √lal か、もしくは「踊る」を意味する *unnṛta と解したのであろう。

精進して惟いを行じ……是れを正習と為す（六六5）『出曜』無放逸品の第二十偈（六四二下）。また Dhp は、

yesañ ca susamāraddhā niccaṃ kāyagatā sati /
akiccan te na sevanti kicce sātaccakārino /
satānaṃ sampajānānaṃ atthaṃ gacchanti āsavā // (Dhp 293)

しかし身体についての思いを、常によく行っていて、
為すべからざることは行わず、為すべきことを常に行い、
気をつけて、正知している人たちの煩悩は消え去る。

『法句』第一句の「精進」は Dhp, pāda a の susamāraddhā の訳語であろう。samāraddha は samārabhati（始める、努力する）の過去分詞形であり、その名詞形 samārambha は「努力」の意味が強い。また第一句の「精進惟行」を「精進、惟れ行じ」と読めば、Dhp, pāda b の sati は S. smṛti（念、思い）ではなく、satī と、atthi（存在する、ある）の現在分詞 sant の女性形と理解した可能性もあろう。

『法句』第三句の「修身自覚」は、Dhp, pāda e の satānaṃ sampajānānaṃ（気をつけて正知している）に対応している。『出曜』第五句では「有念思智慧」とある。「自覚」と sampajānāṃ との対応は理解できるが、「修身」と satānaṃ との対応は考えにくい。Uv IV. 20e では smṛtānāṃ、GDhp 340e では sadaṇa、PDhp 267e では satānaṃ とある。ところでこの P. satānaṃ を sant の複数、属格である sataṃ もしくは santānaṃ と混同したと考えれば、「善き人々の」という意味になり「修身」と幾分対応しよう。

道に近きものの名の顕らかなること……夜に箭を発つが如し

（六八11）　『出曜』双要品の第十九偈（七五〇上）、『法集』相応品の第十八偈（七九三中）。また Dhp は、

dūre santo pakāsenti himavanto va pabbato /
asant' ettha na dissanti rattikhittā yathā sarā //(Dhp 304)
立派な人たちは遠くにいても輝く。ヒマラヤ山のように。
立派でない人たちは、ここにいても見えない。夜に放たれた矢のように。

仏弟子と為りては……法を惟い衆を思う（六八13）　この偈は、同じ『法句』惟念品の第十一偈（五六一中）にほぼ同じ。この惟念品の偈に近い『出曜』惟念品では第十四―十六偈（七〇一中―下）の三偈に分けて、仏・法・衆（＝僧）を説いている。『法集』憶念品の第十四―十六偈（七八四下）も同じ。Dhp でも同様である。

suppabuddhaṃ pabujjhanti sadā gotamasāvakā /
yesaṃ divā ca ratto ca niccaṃ buddhagatā sati //(Dhp 296)
ゴータマの弟子たちはいつもよく覚醒していて、
彼らの心は昼夜に仏に専念している。

suppabuddhaṃ pabujjhanti sadā gotamasāvakā /
yesaṃ divā ca ratto ca niccaṃ dhammagatā sati //(Dhp 297)
ゴータマの弟子たちはいつもよく覚醒していて、
彼らの心は昼夜に法に専念している。

suppabuddhaṃ pabujjhanti sadā gotamasāvakā /
yesaṃ divā ca ratto ca niccaṃ saṃghagatā sati //(Dhp 298)
ゴータマの弟子たちはいつもよく覚醒していて、
彼らの心は昼夜に僧に専念している。

仏弟子と為りては……観と一心とを楽しむ（六八15）　『出曜』惟念品の第二十六偈（七〇二上）、『法集』憶念品の第二十八偈（七八五上）。また Dhp は、

suppabuddhaṃ pabujjhanti sadā gotamasāvakā /
yesaṃ divā ca ratto ca bhāvanāya rato mano //(Dhp 301)
ゴータマの弟子たちはいつもよく覚醒していて、
彼らの心は昼夜に瞑想を楽しんでいる。

『法句』第三、四句の「日暮思禅　楽観一心」は、『出曜』第三、四句では「昼夜当念是　入定而思惟」、『法集』第三、四句では「応当於昼夜　一心念意楽」とある。一方 Dhp, pāda d では bhāvanāya rato mano（心は瞑想を楽しむ）とあり、これは Uv XV. 25d, GDhp 105d, PDhp 242d も同じ。

『法句』第四句の「楽観一心」について、先の Dhp 297-298, pāda d に対応する『出曜』第四句の「一心念於法」等を参照すれば、「一

心念」は niccaṃ……sati（心は常に……に専念した）に対応する。とすれば『法句』の「観一心」も、Dhp の mano（心）に対応している可能性があろう。

人、当に念意有るべし……節消して寿を保たん（六八17）『法喩』広衍品の第一偈（五九八中）、『出曜』双要品の第十四偈（七四九中）、『法集』相応品の第十四偈（七九三上）。これは Uv に相応する。

manujasya sadā smṛtimato
labdhvā bhojanamātrajānataḥ /
tanukāsya bhavanti vedanāḥ
śanakair jīryati āyuḥ pālayam //(Uv XXIX. 14)

常に気をつけていて、〔食物を〕得ても、食物の量を知っている人にとっては、
彼の苦痛は微細になっていく。〔彼は〕寿命は保ちながら、徐々に老いる。

その他 PDhp 78, SN I. 81, 82 を参照。

学ぶことは難く罪を捨つることも難く……艱難、有に過ぐるは無し（六八19）『法喩』地獄品の第三偈（五九九下）、『出曜』沙門品の第八偈（六七九中）、『法集』沙門品の第八偈（七八二下）。これは Dhp 302 より Uv に近い。

duṣpravrajyaṃ durabhiramaṃ duradhyāvasitā gṛhāḥ /
duḥkhāsamānasaṃvāsā duḥkhāś copacitā bhavāḥ //(Uv XI. 8)

出家は困難であり、〔それを〕楽しむことは困難であり、家に住むのも困難である。
心を同じくしない人と一緒にいるのは苦しく、生存を積むのも苦しい。

『法句』第一句の「学難捨罪難」は Uv, pāda a や Dhp 302a, GDhp 262a の「出家は困難であり、〔それを〕喜ぶことも困難である」とかなり相違している。『法句』の訳を踏襲する『出曜』の説明（六七九中）では、「比丘出家、心恒著俗。追念家業、不修福事。中間自念、有変悔心。何為出家、修沙門法。……違失戒律、進無道心、退念家累。遂自積罪、不至永寂」とあり、比丘が出家しても家庭のことに心をうばわれていて罪を積んだ、とあり、原本を正しく理解していたことが分かる。

『法句』第三句は「会止同利難」とあり、この「同利」は Uv, pāda c の -asamāna-（等しくない、同じでない）と正反対である。Dhp 302c も ’samāna- で Uv に同じ。ただし GDhp 262c では dukhu samaṇa-savaso とあり、『法句』と同じである。Uv の古写本、スバシ写本 129c も samāna- とある。

『法句』第四句の「艱難無過有」は、『出曜』の説明（六七九中）では、「汝等比丘、積有以来。経無数世、渉苦無量」とあり、Uv, pāda d の duḥkhāś copacitā bhavāḥ（生存を積むのも苦しい）に対応する。一方、スバシ写本129dでは duḥkhānupatitā bhavāḥ（生存は苦しみとなる）とあり、GDhp 262d も同じである。この方が『法句』の意に即していよう。一方 Dhp, pāda d では dukkhānupatit' addhagū（旅人は苦しみにおちいる）とあり、この addhagū の方が古形を残していると Brough は指摘する。さらに Uv の bhavāḥ は本来動詞であった可能性が高い。しかしながら『法句』は「有」と Uv に正確に対応して名詞となっている。Brough [1962 : 257] を参照。

比丘は乞求すること難きも……後に人に欲すること無し（六九2）『法喩』地獄品の第四偈（五九九下）。

信有れば則ち戒成じ……在所に供養せらる（六九4）『法喩』地獄品の第五偈（五九九下）。『法句』篤信品の第八偈（五六〇下）を参照。Uv は、

śrāddhaḥ śīlena saṃpannas tyāgavāṃ vītamatsaraḥ /
vrajate yatra yatraiva tatra tatraiva pūjyate //(Uv X. 8)

信仰あり、戒をそなえ、捨施し、物惜しみのない人は、
どこに行こうとも、まさにそこで供養される。

『法句』第二句の「従戒多致宝」は、Uv, pāda b の tyāgavāṃ vītamatsaraḥ（捨施し、物惜しみのない）とは対応していない。これはむしろ Dhp 303b の yaso-bhoga-samappito（名声と財産を得て）の方に内容的には近い。Dhp に対応する『法句』篤信品の第八偈第二句は「亦受智慧」とあり、この篤信品の訳を踏襲する『出曜』信品の第六偈（六七四上）第二句は「亦寿智慧」、『法集』正信品の第八偈（七八二中）第二句は「亦獲寿及慧」とある。水野［一九八一］三三二頁を参照。

一で坐し、一で処り臥し……心楽しく樹間に居る（六九6）『法喩』地獄品の第六偈（五九九下）、『出曜』我品の第二偈（七二二下）、『法集』己身品の第二偈（七八八中）。また Dhp は、

ekāsanaṃ ekaseyyaṃ eko caraṃ atandito /
eko damayam atānaṃ vanante ramito siyā //(Dhp 305)

一人座り、一人臥し、疲れることなく一人歩き、
一人自己をととのえて、森のなかで楽しむであろう。

Dhp, pāda d の vanante（森のなかで）については、Uv XXIII. 2d も vaneṣv、PDhp 313d も vanānte と、すべて「森」とある。一方 GDhp 259d では arañi（P. arañña、阿蘭若、林野、閑林）とある。『法句』第四句は「樹間」とあり、『出曜』や『法集』では「山林」とある。しかしこの『出曜』の説明（七二二下）で、

「持心専意、恒楽空閑。雖入大衆、意如空無。天雷地動、心不錯乱。然後乃応、如来聖典」とあり、「空閑を楽し」み、人里に入っても心は「空無の如し」としている。この arañña は rukkhamūla（樹下）や suññāgāra（空屋）と並べられることが多く、禅定の修習にふさわしい場所と考えられ、しかも空の観念と何らかの関連性をもつとされる。藤田宏達「空—suñña, suññata, suññatā」『田村芳朗博士還暦記念論集　仏教教理の研究』春秋社、昭和五十七年、八四頁、西義雄『西義雄仏教学研究第一　原始仏教に於ける般若の研究』大東出版社、(昭和二十八年) 昭和五十三年改訂発行、五五三頁を参照。

地獄品（六九8）　この品は Dhp 22 の Niraya-vagga（地獄品）の十四偈（Dhp 306–319）にほぼ順序通り相当する。ただし第十、十一の両偈は Dhp にはなく、Uv に相当偈がある。おそらくこの品も初めに Dhp に従って訳出され、後に Uv によって補完されたものと考えられる。水野［一九八一］三〇七頁を参照。

妄語あるは地獄に近し……是の行いを自ら牽き往く（六九10）『出曜』誹謗品の第一偈（六六三下—六六四上）、『法集』語言品の第一偈（七八一中）。また Dhp は、

abhūtavādī nirayaṃ upeti
yo vāpi katvā na karomi c' āha /
ubho pi te pecca samā bhavanti
nihīnakammā manujā parattha // (Dhp 306)

偽りを語る者は地獄に近づく。あるいは為した後「自分は為していない」と言う者も〔そうである。〕
彼ら両者は死後に同じになる。来世では劣った行為の持ち主たちである。

法衣其の身に在るも……終に則ち地獄に堕す（六九12）『法句』沙門品の第二十九偈（五七二中）を参照。また Dhp は、

kāsāvakaṇṭhā bahavo pāpadhammā asaññatā /
pāpā pāpehi kammehi nirayaṃ te upapajjare // (Dhp 307)

黄衣を首に巻き、悪い行いをし、自己を規制しない者たちは多い。
〔彼ら〕悪人は悪い行いによって地獄に生まれる。

無戒にして供養を受くれば……然して熱さ劇しきこと火炭〔のごとし〕（六九14）『法句』利養品の第二十偈（五七一下）を参照。また Dhp は、

seyyo ayoguḷo bhutto tatto aggisikhūpamo /
yañ ce bhuñjeyya dussīlo raṭṭhapiṇḍam asaññato // (Dhp 308)

悪い戒を保ち、自己を規制しない者が国での行乞の食を食する

よりは、

火炎にも似た熱せられた鉄丸を食べる方がすぐれている。

放逸のものに四事有り……毀らるるは三、淫泆は四なり（六九16）『出曜』無放逸品の第十四偈（六四〇中）、『法集』放逸品の第十三偈（七七九上）。また Dhp は、

cattāri ṭhānāni naro pamatto
āpajjatī paradārūpasevī /
apuññalābhaṃ na nikāmaseyyaṃ
nindaṃ tatiyaṃ nirayaṃ catutthaṃ //(Dhp 309)

放逸で他人の妻に近づく者は、四つの事に遭遇する。
〔第一は〕福徳ある利益を得ず、〔第二は〕満足のいくままに臥すことなく、第三は非難を〔受け〕、第四は地獄に〔堕す〕。

これらの四事はテクストによって微妙に異なる。『法句』では、一 臥険、二 非福利、三 毀、四 淫泆、Dhp では、一 福徳ある利益を得ない、二 満足のいくままに臥すことない、三 非難、四 地獄。ここでは『法句』の淫泆と Dhp の地獄とが入れかわっている。一方『出曜』では、一 危険、二 非福利、三 毀、四 淫妷、『法集』では、一 獄、二 尠福、三 毀、四 睡眠である。Uv IV. 14, GDhp 270, PDhp 210 はすべて Dhp に同じ。

すなわち『法句』とその訳を踏襲した『出曜』のみが第四に「淫妷」を挙げ、その他は『法集』を含めて「地獄」を挙げている。しかも『出曜』の説明（六四一上）では、同時に「是故説曰、毀辱罵詈三、地獄四也。入地獄中、役使罪人、其事非一」とあり、第四は地獄とも説いている。

福利ならざるは悪に堕し……身死して地獄に入る（七〇1）『出曜』無放逸品の第十五偈（六四一上）、『法集』放逸品の第十四偈（七七九上）。また Dhp は、

apuññalābho ca gatī ca pāpikā
bhītassa bhītāya ratī ca thokikā /
rājā ca daṇḍaṃ garukaṃ paṇeti
tasmā naro paradāraṃ na seve //(Dhp 310)

福利を得ることなく、悪い帰趣があり、恐れる男や恐れる女の悦びはわずかであり、
王は重い刑罰を課す。それ故、人は他人の妻に親しむべきではない。

Dhp, pāda d の tasmā naro paradāraṃ na seve（それ故、人は他人の妻に親しむべきではない）は、『法句』第四句の「身死入地獄」と異なっている。Uv IV. 15d は parasya dārāṇi vivarjayeta（他人の妻らを避けるべきである）と Dhp に同じ。しかし Uv IV. 15d の異読は kāyasya bhedād narakeṣu pacyate（身体の滅後、

様々な地獄で苦しめられる）とある。一方『出曜』第四句は「制意離他妻」とUvに同じであるが、『法集』第四句では「身死入地獄」と『法句』やUvの異読と同じである。一方PDhp 211dではkāyassa bhedā nirayaṃ upeti（身体の滅後、地獄に趣く）と『法句』と同じとなっている。つまり

PDhp ＝『法句』＝『法集』＝Uvの異読

Dhp ＝Uv ＝『出曜』

譬えば菅草を抜くが如し……獄録乃ち自らを賊う（七〇3）『出曜』沙門品の第四偈（六七八下）、『法集』沙門品の第四偈（七八二下）。またDhpは、

kuso yathā duggahito hattham evānukantati /
sāmaññaṃ dupparāmaṭṭhaṃ nirayāy' upakaḍḍhati //(Dhp 311)

クシャ草の持ち方が悪いと、手そのものを傷つけるように、
沙門の生活も悪く修せられると地獄に引きずっていく。

『法句』の訳を踏襲する『出曜』の説明（六七八下）では、「収刈苗穀、知草剛軟。剛者牢執、緩則傷手。軟者緩持、無所傷損」とあり、剛い草はかたくつかむべきだとしている。『法句』や『出曜』では「菅」の草とあり、『法集』では「利剣」とある。DhpやPDhp 296aではクシャ草(kusa, kuśa)、Uv XI 4aやGDhp 215aでは、矢もしくは、白あしの一種（śara）とある。

人行に慢惰を為さば……終に大福を受けず（七〇5）『法句』沙門品の第二十七偈（五七二中）を参照。またDhpは、

yaṃ kiñci saṭhilaṃ kammaṃ
saṃkiliṭṭhañ ca yaṃ vataṃ /
saṃkassaraṃ brahmacariyaṃ
na taṃ hoti mahapphalaṃ //(Dhp 312)

どんな行いであれ、怠慢であり、どんな身のいましめであれ、
汚されており、
梵行も邪悪であるならば、それは大きな果報をもたらさない。

常に当に行ずべき所を行じ……習いて塵垢を為すこと莫かれ（七〇7）『法句』沙門品の第二十六偈（五七二中）を参照。またDhpは、

kayirañ ce kayirāth' enaṃ daḷham enaṃ parakkame /
saṭhilo hi paribbājo bhiyyo ākirate rajaṃ //(Dhp 313)

もし為すべきことがあればそれを為すべきである。それを確固として実行すべきである。
というのも怠慢な遍歴遊行者は、尚更に塵をまき散らすから。

Dhpは沙門品の方に近い。

当に為すべからざる所を為せば……適く所悔悋無し（七〇9）

『出曜』双要品の第三十一偈第三、四句―三十二偈第一、二句（七五一中―下）、『法集』相応品の第三十二偈第三、四句―三十三偈第一、二句（七九三下）。またDhpは、

akataṃ dukkataṃ seyyo pacchā tapati dukkataṃ /
kataṃ ca sukataṃ seyyo yaṃ katvā nānutappati // (Dhp 314)

悪いことはしない方が良い。後で悪いことを後悔する〔から〕。
しかし善いことはした方が良い。というのもそれを為せば後悔しないから。

其れ衆の悪行に於いて……罪近づきて避くるを得ること難し（七〇11）『出曜』行品の第四偈（六六八中）、『法集』業品の第五偈（七八一下）を参照。この対応偈はDhpにはなく、Uvにある程度対応するものが認められる。

sa cet pāpāni karmāṇi kariṣyasi karoṣi vā /
na te duḥkhāt pramokṣo 'sti hy utplutyāpi palāyataḥ // (Uv IX. 4)

もしも汝が悪い行いを為すならば、もしくは為すであろうならば、
たとえ〔空中に〕飛び上がって逃げても、汝には苦からの解放はない。

妄りの証もて賂を求め……自ら坑に投ず（七〇13）『法喩』地獄品の第一偈（五九九上）、『出曜』行品の第七偈（六六九下）、『法集』業品の第八偈（七八一下）。これも相当偈はDhpにはなく、Uvに認められる。

ye kūṭamānayogena viṣameṇa ca karmaṇā /
manuṣyān upahiṃsanti paratopakrameṇa vā /
te vai prapātaṃ prapatanti karmabaddhā hi te janāḥ // (Uv IX. 7)

詐欺や慢心によって、正しくない行いによって、
あるいは他人からの攻撃によって人々を傷つける者たちは、
実に〔悪〕業に縛られて、深い坑に堕ちる。

Uv, pāda a の ye kūṭa-māna-yogena（詐欺や慢心によって）と『法句』第一句の「妄証求賂」とはかなり異なる。『法句』の訳を踏襲する『出曜』の説明（六六九下―六七〇上）では、「或有衆生、不自量己、内不思惟。恒求人短。見非則喜、見善不従。所行衆事、以邪為正」とあり、自身を省みず思惟しないこととされている。これによれば、『出曜』のUv原本は ye kūṭamānā ayogena（他人を責めながら、内省しないことにより）であった可能性があろう。そして『出曜』の説明を参考にすれば、『法句』底本の「求敗」の方が「求賂」よりも適切かもしれない。

Uv, pāda d の paratopakrameṇa vā は意味がとりにくい。中村博士は、parata(ḥ)+upakrameṇa (他人から企まれて) という二重のサンディと解されている。中村［一九七八］三二三頁を参照。あるいは parato 'pakrameṇa vā (他人から離れることによって) とも読めそうであるが、これでは文意が通らない。『法句』第四句の「以枉治士」を参照すれば、para-tāpa-krameṇa vā (他人を苦しめるやり方によって) と原本にあったのではあるまいか。

辺城を備うるに……地獄に堕せしむ (七〇16) 『法喩』地獄品の第二偈 (五九九上―中)、『出曜』念品の第十三偈第三、四句―十四偈 (六五二中―下)、『法集』愛楽品の第十三偈第三、四句―十四偈 (七八〇上)。また Dhp は、

nagaraṃ yathā paccantaṃ guttaṃ santarabāhiraṃ /
evaṃ gopetha attānaṃ khaṇo ve mā upaccagā /
khaṇātītā hi socanti nirayamhi samappitā // (Dhp 315)

辺境にある都が内も外も守られているように、
そのように〔汝らは〕自己を守れ。一瞬も汝らを過ぎ去ることがあってはならない。
というのも一瞬が過ぎ去られた人々は地獄に引き渡されて憂い悲しむからである。

Dhp, pāda d, e の khaṇa (一瞬) は Uv V. 17b, c でも kṣaṇa、GDhp 131b, c でも khaṇa、PDhp 234d, e でも khaṇa である。『出曜』では「時」、『法集』でも「刹那」「時」とあり、『法句』のみ第四句「非法」、第五句「行欠」と異なっている。ただこの第四句を「法の生ぜざるに非ざれ」と読めば、この「法、行」は khaṇa を刹那滅の法という有部の解釈を援用した訳と考えてもいいのではなかろうか。福原亮厳『有部阿毘達磨論書の発達』永田文昌堂、一九六五、三一〇―三一一頁を参照。

羞ず可きを羞じず……死して地獄に堕す (七〇19) 『出曜』雑品の第四偈第一、二、五、六句 (七〇二下―七〇三上)、『法集』清浄品の第四偈第一、二、五、六句 (七八五上)。また Dhp は、

alajjitāye lajjanti lajjitāye na lajjare /
micchādiṭṭhisamādānā sattā gacchanti duggatiṃ // (Dhp 316)

恥ずべきでないものを恥じ、恥ずべきものを恥じない者たちは、
邪な見解をいだいて、悪い帰趣 (=地獄) に赴く。

畏る可きを畏れず……死して地獄に堕す (七一2) 『出曜』雑品の第四偈第四―六句 (七〇二下―七〇三上)、『法集』清浄品の第四偈第四―六句 (七八五上)。また Dhp は、

abhaye bhayadassino bhaye cābhayadassino /
micchādiṭṭhisamādānā sattā gacchanti duggatiṃ // (Dhp

317) 恐れなきことに恐れを見、恐れに恐れを見ない者たちは、邪な見解をいだいて、悪い帰趣（=地獄）に赴く。

避く可きを避けず……死して地獄に堕す（七一4） Dhp は、

avajje vajjamatino vajje cāvajjadassino /
micchādiṭṭhisamādānā sattā gacchanti duggatiṃ //(Dhp 318)

避けるべき（=罪）ではないものを避けるべきだと考え、避けるべきものを避けるべきではないと認める者たちは、邪な見解をいだいて、悪い帰趣（=地獄）に赴く。

近づく可きは則ち近づき……死して善道に堕す（七一6） Dhp は、

vajjañ ca vajjato ñatvā avajjañ ca avajjato /
sammādiṭṭhisamādānā sattā gacchanti suggatiṃ //(Dhp 319)

しかし、避けるべきこと（=罪）を避けるべきだと知り、避けるべきではないものを避けるべきではないと〔知って〕、人々は正しい見解をいだいて、善い帰趣（=天界）に赴く。

象喩品（七一8） この品の初めの十四偈は Dhp 23 の Nāga-vagga（象品）十四偈（Dhp 320-333）に順序通り対応し、終わりの四偈は Uv の Aśva-varga（馬品）の最初の四偈に対応する。この品もまず Dhp に従って訳出され、後に Uv によって追加補正されたものと考えられる。水野［一九八一］三〇七―三〇八頁を参照。

我れ、象の闘うに……無戒の人を度す（七一10）『法喩』象品の第一偈（六〇〇中）、『出曜』双要品の第二十一偈（七五〇中）、『法集』相応品の第二十偈（七九三中）を参照。また Dhp は、

ahaṃ nāgo va saṃgāme cāpāto patitaṃ saraṃ /
ativākyaṃ titikkhissaṃ dussīlo hi bahujano //(Dhp 320)

戦場で象が弓から放たれた矢〔があたっても、それを耐える〕ように、
私は誹謗を耐え忍ぼう。多くの人は実に悪い習慣の持ち主である。

譬えば、象の調正したるは……乃ち〔誹謗を〕受くるも誠信あり（七一12）『法喩』象品の第二偈（六〇〇中）、『出曜』馬喩品の第五偈（七一二上）、『法集』馬喩品の第六偈（七八六下）。また Dhp は、

dantaṃ nayanti samitiṃ dantaṃ rājābhirūhati /
danto seṭṭho manussesu yo 'tivākyaṃ titikkhati //(Dhp 321)

〔人々は〕調御されたものを戦場に引き連れ、調教されたものに
王は乗る。

制御されていて、誹謗を耐え忍ぶものが、人々のうちで最もす
ぐれている。

先のDhp 320cやこのDhp 321dのativākya（誹謗）は、『法句』の「誠信」に対応するはずであるが、意味的には両者は全く逆である。このativākyaはUv XXIX. 21c, XIX. 6dでもativākya、GDhp 329cでもadivaka、PDhp 215c, 90dではativādeとある。『法句』の原本がativākyaではなく、「上」、「増上」を意味するadhi-vākya (S. adhivacana, adhivāka は弁護、支持の意）であったとすれば、この「誠信」の訳語も理解できなくはない。『法集』第四句では「乃受誠信語」と、誠信＋語という原語を想定し得る。

一方、『法句』の訳を受け継いだ『出曜』では、この「誠信」の語に対して苦慮している。その説明（七一二上）で、「聞彼譏謗、不懐憂慼、逆慼其人。後当受殃、己終不瞋、亦無恚怒。不生悪心、向於前人」とあり、第四句の「乃受誠信」を、「譏謗を受けるも悲しまず、怒らず、誠信をもって、その人に向かう」という意味に解している。Beal (p. 84) もこの解釈に従っている。

常に調えらるると雖も……自ら調うるに如かず（七一14）『法喩』象品の第六偈（六〇〇下）、『出曜』馬喩品の第六偈（七一二上）、『法集』馬喩品の第七偈（七八六下）。また Dhp は、

varam assatarā dantā ājānīyā ca sindhavā /
kuñjarā ca mahānāgā attadanto tato varaṃ // (Dhp 322)

馴らされた騾馬たちはすぐれており、インダス河産の血統のよ
い馬たちも〔すぐれており〕、
クンジャラという大象たちも〔すぐれているが〕、自己を調えた
人はそれ以上にすぐれている。

彼れ適くこと能わざるは……能く調うる方に到る（七一16）『法喩』象喩品の第七偈（六〇〇下）、『出曜』馬喩品の第七偈（七一二中）、『法集』馬喩品の第八偈（七八六下）。また Dhp は、

na hi etehi yānehi gaccheyya agataṃ disaṃ /
yath' attanā sudantena danto dantena gacchati // (Dhp 323)

というのもこれらの乗物によっては、人は、善く制御された自
己によって〔到達しうる〕ような帰趣のない（＝再生のない）
場所へは到達しえないであろう。制御された者は調教された〔乗
物〕によって進む。

Dhp, pāda a の na hi etehi yānehi は Uv XIX. 8a では na hi tena sa yānena とあり、PDhp 92a では na hi tehi jānajātehi とある。この jānajātehi が yānehi に対応することは明らかであるが、yāna（乗物）と jāna（知っている）との混同を生じさせ

る可能性もあろう。辛嶋静志「法華経における乗（yāna）と智慧（jñāna）―大乗仏教における yāna の概念の起源について」（田賀龍彦編『法華経の受容と展開』平楽寺書店、一九九三、一三七―一九七頁）を参照。

象の財守と名づくるが如きは……猶お逸象を慕うがごとし（七三1）『法喩』象品の第三偈（六〇〇下）。また Dhp は、

dhanapālako nāma kuñjaro
kaṭukapabhedano dunnivārayo /
baddho kabalaṃ na bhuñjati
sumarati nāgavanassa kuñjaro // (Dhp 324)

「財を守る」という名のクンジャラ象は、こめかみの裂け目から
発情期の液汁が流れ出ると、制御しがたい。
縛られるとクンジャラ象は一口も食べないが、ナーガ象の林を
思い出す。

『法句』第四句の底本は「暴逸象」とあり、この訳は『出曜』心意品の第五偈（七五九上）の第四句にも「如御暴逸象」として現われる。対応する Uv XXXI. 5d では nāgaṃ prabhinnaṃ（発情した象）とある。この Dhp 324b でも kaṭuka-pabhedano とやはり発情した象を描写している。『法句』の原本が Dhp, pāda d ではなく、Uv, pāda d の方であったとすれば、底本通りの「暴逸象」の読みが正しい可能性もある。

悪行に没在する者は……故に数、胞胎に入る（七三3）『出曜』双要品の第十三偈（七四九上）、『法集』相応品の第十三偈（七九三上）の方が Dhp や Uv XXIX. 13 に即した訳となっている。

貪餮不自節　三転随時行
如圏被養猪　数数受胞胎

また Dhp は、

middhī yadā hoti mahagghaso ca
niddāyitā samparivattasāyī /
mahāvarāho va nivāpapuṭṭho
punappunaṃ gabbhaṃ upeti mando // (Dhp 325)

眠ってばかりで、大食らいで、眠りを楽しみ、ごろごろ横にな
ってばかりいる愚鈍な者は、
餌を食べて太った大きな豚のように、何度も何度も胎内に入る
（＝生存を繰り返す）。

この Dhp の「大豚」は Dhp の Nāga-vagga（象品）の比喩としては不適当である。おそらく『法句』の訳者は、Dhp の当該偈以外で内容的に近しいものを採用したのであろう。Norman [1997 : 140, n. 325] を参照。

本、意は純行を為し……鉤もて象を制し調うるが如し（七三5）

『法喩』象品の第四偈（六〇〇下）、『出曜』心意品の第五偈（七五九上）、『法集』護心品の第五偈（七九五中）。また Dhp は、

idaṃ pure cittam acāri cārikaṃ
yenicchakaṃ yatthakāmaṃ yathāsukhaṃ /
tad ajj' ahaṃ niggahessāmi yoniso
hatthippabhinnaṃ viya aṃkusaggaho // (Dhp 326)

この心は、かつて望む方へ、欲する所に、思いのままに動き回っていた。
今私はその〔心を〕徹底的に抑制しよう。鉤をもった〔象使い〕が、発情した象を〔抑制する〕ように。

道を楽しみ放逸ならず……象の坎より出づるが如くに（七三7）

『法喩』象品の第五偈（六〇〇下）、『出曜』無放逸品の第二十七偈（六四五下）、『法集』放逸品の第二十六偈（七七九中）。また Dhp は、

appamādaratā hotha sacittam anurakkhatha /
duggā uddharath' attānaṃ paṃke sanno va kuñjaro // (Dhp 327)

君たちは不放逸を楽しむ者であれ、自分の心を監視しろ。
泥に沈んだクンジャラ象が〔自己を引き上げる〕ように、君たちは難所から自己を引き上げよ。

若し賢の能き伴を得て……至に到りても意を失わず（七三9）

『出曜』忿怒品の第九偈（六九七上）、『法集』怨家品の第十一偈（七八四中）。また Dhp は、

sace labhetha nipakaṃ sahāyaṃ
saddhiṃcaraṃ sādhuvihāridhīraṃ /
abhibhuyya sabbāni parissayāni
careyya ten' attamano satīmā // (Dhp 328)

もし聡明な友で、共に歩める人、立派な生活をし、賢明な人を得るとするならば、
あらゆる危険困難に打ちかって、心悦び、よく思念して、彼と共に歩むべきである。

賢の能き伴を得ずして……寧ろ独りにて悪を為さざれ（七三11）

『法句』教学品の第十三偈（五五九下）を参照。『出曜』忿怒品の第十偈（六九七上）、『法集』怨家品の第十二偈（七八四中）。『法句』第一、二句は、Dhp 329ab に近く、同第三、四句は Uv の方に近い。

no ce labhetha nipakaṃ sahāyaṃ
saddhiṃcaraṃ sādhuvihāridhīraṃ / (Dhp 329ab)
rājeva rāṣṭraṃ vipulaṃ prahāya
ekaś caren na ca pāpāni kuryāt // (Uv XIV. 14cd)

もし聡明な友で、共に歩める人、立派な生活をし、賢明な人を得ることができなければ、
王が広大な王国を捨てて〔一人歩く〕ように、一人歩くべきである。悪をなすべきではない。

寧ろ独り行きて善を為し……象の驚きて自ら護るが如くせよ（七二13）『法句』教学品の第十四偈（五五九下）を参照。またDhpは、

ekassa caritaṃ seyyo
n' atthi bāle sahāyatā /
eko care na ca pāpāni kayirā
appossukko mātaṅg' araññe va nāgo //(Dhp 330)

一人で歩むことの方がずっとよい。愚者に友たる資格はない。
一人で歩んで悪を為すべきではない。林の中のマータンガというナーガ象のように、何事にも欲望少なくあるべきである。

生まれて利有るは安く……衆の悪を犯さざるは安し（七二15）『出曜』楽品の第三十五偈（七五七中）、『法集』楽品の第三十五偈（七九五上）。またDhpは、

atthamhi jātamhi sukhā sahāyā
tuṭṭhī sukhā yā itarītarena /
puññaṃ sukhaṃ jīvitasaṃkhayamhi
sabbassa dukkhassa sukhaṃ pahānaṃ //(Dhp 331)

必要なことが生じたときに友たちがいるのは楽しい、あれやこれやを（＝あらゆる点で）満足するのは楽しい、
命の尽きる際に福徳をなすのは楽しい、あらゆる苦を取り除くことは楽しい。

Dhp, pāda a の attha（S. artha）はここでは「必要なこと」と訳したが、『法句』第一句では「利」とある。また同じ pāda a の sahāyā（友たち）と pāda b を合わせて、『法句』第二句では「伴軟和為安」と訳されている。

人家に母有るは楽しく……天下に道有るは楽し（七二17）『出曜』楽品の第二十二偈（七五五中―下）、『法集』楽品の第二十二偈（七九四下）。またDhpは、

sukhā matteyyatā loke atho petteyyatā sukhā /
sukhā sāmaññatā loke atho brahmaññatā sukhā //(Dhp 332)

この世で母を敬うことは楽しい、また父を敬うことも楽しい、
この世で沙門を敬うことは楽しい、またバラモンを敬うことも楽しい。

Dhp の sāmaññatā や brahmaññatā は、それぞれ samaṇa（沙門）、brāmaṇa（バラモン）を抽象名詞化した sāmañña（沙門の

状態)、brahmañña（バラモンの状態）を、もう一度抽象名詞化したものであり、その意味は「沙門への敬愛」、「バラモンへの敬愛」となる。Norman［1997：142, n. 332］を参照。両語の漢訳は『法句』では「沙門」と「道」、『出曜』『法集』では「沙門」と「静志」とある。また『出曜』の説明（七五五下）では「出家梵志、懃身苦体、求断縛著。所行清浄、不造悪本」とあり、「静志」=「梵志」と解している。

戒を持して終に老ゆるは安く……悪を犯さざるは最も安し（七三19）『出曜』楽品の第二十一偈（七五五中）、『法集』楽品の第二十一偈（七九四下）を参照。またDhpは、

sukhaṃ yāvajarā sīlaṃ
sukhā saddhā patiṭṭhitā /
sukho paññāya paṭilābho
pāpānaṃ akaraṇaṃ sukhaṃ //(Dhp 333)

老いるまで戒〔を保つこと〕は楽しい、信仰が確立していることは楽しい、
智慧の獲得は楽しい、諸々の悪をなさないことは楽しい。

馬の調え軟らぐるは……意の如く所に随わん（七三2）　ここより象ではなく、馬の譬喩となっている。『出曜』馬喩品の第一偈（七一一中）、『法集』馬喩品の第一偈（七八六下）。『法句』刀杖品の第十二偈（五六五中）を参照。またDhpは本偈と次の第十六偈とを合わせた形となっている。

asso yathā bhadro kasāniviṭṭho
ātāpino saṃvegino bhavātha //(Dhp 143B)
saddhāya sīlena ca viriyena ca
samādhinā dhammavinicchayena ca /
sampannavijjācaraṇā patissatā
pahassatha dukkham idaṃ anappakaṃ //(Dhp 144)

鞭打たれた良馬の如くに、汝らは熱心にして、すみやかであれ。
信仰によって、戒によって、はげみによって、精神統一によって、真理を決定することによって、
智慧と行いを完備し、思いをこらして、汝らは少なからざる苦を捨てるであろう。

是れに従りて定に往くこと……是れ天の楽を受く（七三6）『法句』羅漢品の第五偈（五六四中）を参照。その他『出曜』馬喩品の第二偈（七一一中）、『法集』馬喩品の第三偈（七八六下）。

この『法句』象喩品の第十七偈はUv XIX. 3よりも、その古写本であるスバシ写本に対応する。

...samatāṅ gatāni
aśvo yathā sārathinā sudāntaḥ /

prahīṇa-krodhasya-m-anāsravasya
devāpi tasya smṛhayanti tādṛṇaḥ // (245)
馬が御者によってよく調御されるように、〔その人の感覚器官が〕均衡した状態になり、
怒りを捨てて、煩悩のなくなった、そのような境地にある人を、
神々でさえも羨む。

ただし、このpāda aには欠落があり、しかもsamatāṅ（均衡した状態）と、『法句』第一句の「従是往定」の「定」とは異なる。この「定」はむしろDhp 94aのsamathaṃ gatāni（静まり）の方に対応する。samatha (BSk, śamatha) は「止、止息」と訳され、禅定の意味に近い。この『法句』の訳を踏襲する『出曜』の説明（七一一中—下）にも、「彼習定人、収摂諸根、執意不乱。心無他念、心所念法、亦不流馳」とあり、「感覚器官を制御して心の集中に到る」としている。

自ら放恣ならず……悪を棄つるを賢と為す（七三8）『出曜』馬喩品の第三偈（七一一下）、『法集』馬喩品の第四偈（七八六下）、『法句』放逸品の第九偈（五六二下）を参照。またDhpは、

appamatto pamattesu suttesu bahujāgaro /
abalassaṃ va sīghasso hitvā yāti sumedhaso // (Dhp 29)
放逸な者たちの間で不放逸であり、眠っている者たちの間でよく目醒めている、
賢明なる者は、疾走する馬が弱い馬を抜き去って行くようなものである。

愛欲品（七三10）本品はDhp, Uv、さらに所属部派不明の『法句経』の諸本を参照して訳出された極めて複雑なものとされる。水野［一九八一］三〇八頁を参照。また本文では本品の偈数は三十二とあるが、ここでは水野博士に従い、三十三とする。

心を婬行に放在すれば……超躍し果を貪ること猴〔のごとし〕（七三12）『出曜』愛品の第四偈（六三三中）、『法集』貪品の第四偈（七七八中）。またDhpは、

manujassa pamattacārino
taṇhā vaḍḍhati māluvā viya /
so palavatī hurāhuraṃ
phalam icchaṃ va vanasmi vānaro // (Dhp 334)
放逸な行いをする人には、愛欲が蔓草のようにはびこる。
猿が森の中で果実を求めるように、彼はあちこちとただよう。

māluvā (S. mālu) は、『法句』では「枝条」とだけ訳されているが、『出曜』では「摩楼樹」と音写されている。このmāluvāについては、Norman［1997 : 103, n. 162］を参照。

愛を為すを以て苦を忍べば……莚ること蔓草の生ずるが如し

（七三14）『出曜』愛品の第九偈（六三四上）。また Dhp は、

yaṃ esā sahatī jammī taṇhā loke visattikā /
sokā tassa pavaḍḍhanti abhivaṭṭhaṃ va bīraṇaṃ //(Dhp 335)

この世に対する執著である、この激しい愛欲が征服する人、
彼の憂いは増大する。雨の降ったあとのビーラナ草〔の増大する〕ように。

Dhp, pāda a の sahatī（征服する）は、『法句』第一句では「忍苦」とある。sahati (S. √sah) は「征服する」と同時に「耐える、忍ぶ」の意味があるから、『法句』は後者の意味を採用したのであろう。

Dhp, pāda d の abhivaṭṭhaṃ（雨の降った）は、異読では abhi-vaḍḍhaṃ とある。abhivaṭṭaṃ, abhivaḍḍhaṃ, abhivuṭṭhaṃ はすべて abhivaṭṭha (S. abhivṛṣṭa) の異形。Norman [1997 : 143, n. 335] を参照。この abhivaḍḍhaṃ が abhivaḍḍhati (S. abhi √vṛdh) の「増大する、生育する」の現在分詞、単数、主格と誤解されたのではあるまいか。『法句』第四句では「莚如蔓草生」とある。

人は恩愛の為に惑い……滂滂として池に盈つ（七三16）『出曜』愛品の第十偈（六三四上）。『法集』貪品の第十二偈（七七八下）を参照。また Dhp は、

yo c' etaṃ sahatī jammiṃ taṇhaṃ loke duraccayaṃ /
sokā tamhā papatanti udabindu va pokkharā //(Dhp 336)

しかしながら、この世において打ち勝ち難い、この激しい愛欲に打ち勝つ者、
彼より悲しみは落ち去ってしまう。水滴が蓮華から〔落ち去る〕ように。

Dhp, pāda c の papatanti（落ちる）と『法句』第三句の「憂愛多」とは逆の内容になっている。Uv III. 10c も nivartante（止まる、消滅する）とあるが、PDhp 139c の Shukla edition では vivaḍḍhanti とある。さらに Cone edition では vivaṭṭanti とある。特に vi-vaḍḍhanti (S. vi √vṛdh) は「増大する」の意味であるから、『法句』第三句はこれに近い動詞であったようにも推察される。また Dhp, pāda c の tamhā（彼より）は、P. taṇhā (S. tṛṣṇā、渇愛）と誤訳されたものか。『法句』第三句に「憂愛」とある。

有るものは憂うるに死の時を以てし……愛し苦しみて常に危うきに堕す（七四5）『出曜』愛品の第十二偈（六三四中）。これは、Uv に幾分対応する。

tṛṣṇādvitīyaḥ puruṣo dīrgham adhvānam āśayā /
punaḥ punaḥ saṃsarate garbham eti punaḥ punaḥ /

itthaṃbhāvānyathibhāvaḥ saṃsāre tv āgatiṃ gatiṃ //(Uv III. 12)

男は渇愛を妻として長い道のりを〔進み〕、
妄執のゆえに何度となく流転して、何度となく母胎に入る。
この状態、あるいは別の状態となって、輪廻の中で行きつ戻りつ〔する〕。

Uv の pāda f の saṃsāre tv āgatiṃ gatiṃ は、Sn 740d では saṃsāraṃ nātivattati（輪廻を超越しない）とあり、PDhp 141d では tattha tattha punappuno（あちこちと、何度となく）とある。またこの āgatiṃ gatiṃ の形は MN I. 328 に sattānaṃ āgatiṃ gatiṃ として表われる。

『法句』第一句の「有憂以死時」は、宋・元・明三本や聖本、さらに『出曜』では「有愛以有死」、すなわち「愛有るを以て死有り」とあり、この異読の方が「愛をともなう」という点で、Uv, pāda a の tṛṣṇā-dvitīyaḥ（渇愛を妻とし）に近い。

道を為す行者は……復た生ぜしむること勿かれ（七四7）『出曜』愛品の第十三偈（六三四中）。また Dhp は、

taṃ vo vadāmi bhaddaṃ vo yāvant' ettha samāgatā /
taṇhāya mūlaṃ khanatha usīrattho va bīraṇaṃ /
mā vo naḷaṃ va soto va māro bhañji punappunaṃ //(Dhp 337)

私は汝らに次のことを話そう。ここに集まった汝らに幸あれ、
ウシーラの根を求める人がビーラナ草を〔掘る〕ように、渇愛の根を掘れ。
激流が葦を〔砕く〕ように、魔が何度となく汝らを砕かないように。

ただしこの Dhp は『出曜』愛品の第十一偈（六三四上―中）に近い。

諸賢我今説　衆会咸共聴
共抜愛根本　如択取細新
以抜愛根本　無憂何有懼

ただしこの第五、六句は、Dhp, pāda ef よりも Uv III. 11ef の tṛṣṇāyāḥ khātamūlāyā nāsti śokaḥ kuto bhayam（渇愛が根から掘られたら、憂いはない。何の恐れがあろうか）に近い。このように『出曜』の同じ品にこのような類似した二偈があることから推して、『法句』の本偈は Dhp 337 に相当するものではなく、別の原本から訳されたものであろう。

樹の根、深固ならば……輒ち当に還び苦を受くべし（七四10）『法喩』愛欲品の第一偈（六〇一上―中）、『出曜』愛品の第十七偈（六三五中）、『法集』貪品の第十三偈（七七八下）。また Dhp は、

yathāpi mūle anupaddave daḷhe
chinno pi rukkho punar eva rūhati /
evam pi taṇhānusaye anūhate
nibbattati dukkham idaṃ punappunaṃ //(Dhp 338)

たとえ木を切っても、根がそこなわれておらず堅固であれば、
再び生じるように、
そのように渇愛への潜在意向が根絶やしにされていなければ、
この苦しみは何度となく生起する。

獼猴の、樹を離るるを得……獄を出でて復た獄に入る（七四12）『法喩』愛欲品の第二偈（六〇一中）。『出曜』観品の第二十三偈（七三九中）、『法集』観察品の第二十二偈（七九一下）を参照。またDhp は、

yo nibbanatho vanādhimutto
vanamutto vanam eva dhāvati /
taṃ puggalam eva passatha
mutto bandhanam eva dhāvati //(Dhp 344)

〔愛欲の〕森から脱け出ていながら、〔愛欲の〕森を志向し、〔愛欲の〕森から脱していながら、同じ〔愛欲の〕森に向かって走る、
まさにその者を見よ。〔束縛から〕脱しているのに、同じその束縛に向かって走る。

Dhp, pāda c の eva は、PDhp 151c では etha とあり、Dhp 171a にも etha passatha という表現があることから、ここでも etha passatha（来い、見ろ）の可能性が指摘されている。さらにこの偈はバラモン文化の vāna-prastha（林棲者）に対する仏教側からの痛烈な批判であることも指摘されている。Norman [1997 : 146, n. 344]を参照。またこの林棲者に関する研究としては J. F. Sprockhoff, "Āraṇyaka und Vānaprastha in der vedischen Literatur", *WZKS*, Band 25 (1981), pp. 19–90 ; Band 28 (1984), pp. 5–43 ; Band 35 (1991), pp. 5–46 を参照。

次に Dhp の vana（森）は『法句』では「樹」、『出曜』では「園」と訳され、さらに『法句』では、おそらく原本になかったであろう「獼猴」が加筆されている。

貪意、常なる流れと為り……自ら覆いて見らるること無し（七四14）『法喩』愛欲品の第三偈（六〇一中）。『出曜』心意品の第十九偈（七六一上）、『法集』護心品の第十八偈（七九五下）を参照。さらに Dhp は『法句』と幾分異なる。

yassa chattiṃsatī sotā manāpassavanā bhusā /
vāhā vahanti duddiṭṭhaṃ saṃkappā rāganissitā //(Dhp 339)

その者に、快きものに向かって流れる三十六の流れが激しければ、
貪欲に依存した想念である〔この〕乗り物は邪な考えをもつ者を運び去る。

『法句』第一句の「貪意為常流」は、『出曜』第一句では「三十六駛流」とあり、その説明（七六一上）で、「三十六邪」とあり、それぞれ三の身邪、三の辺見、十二の邪見、十二の見盗、六の戒盗に分類されている。さらに「使世人迷惑、不覩正見。是以智人、防慮未然」と説明している。

次に Dhp, pāda b の manāpa-ssavanā bhusā（快きものに向かって流れる、激しき……）は、Uv XXXI. 29b では manaḥ-prasravaṇāni hi（心を流し去る）とあり、PDhp 237b では mānā-phassamayā bhriśā とある。Dhp の manāpa は、このように manaḥ とも mānā ともなり、かなり混乱しているので、『法句』第二句の「憍慢」に対応するような māna（慢、憍慢）の可能性もあったであろう。さらに PDhp の -phassa-（S. sparśa）は「接触」という意味にとれるから、『法句』第二句の「并ぶ」と対応する可能性もあろう。

さらに『法句』第四句の「無所見」は Dhp, pāda c の duddiṭṭhaṃ（邪な考えの者）に対応するのではなかろうか。

一切の意は流行し……能く意の根源を断て（七四16）『法喩』愛欲品の第四偈（六〇一中）。また Dhp は、

savanti sabbadā sotā latā ubbhijja tiṭṭhati /
taṃ ca disvā lataṃ jātaṃ mūlaṃ paññāya chindatha //
(Dhp 340)

〔愛欲の〕流れはいつでも流れる。蔓草は芽吹いている。
その蔓草が生じたのを見れば、智慧をもって〔その〕根を断ち切れ。

夫れ愛に従りて潤沢ならば……老死、是こを用て増す（七四18）『法喩』愛欲品の第五偈（六〇一中）、『出曜』愛品の第五偈（六三三中）、『法集』貪品の第五偈（七七八中）。また Dhp は、

saritāni sinehitāni ca
somanassāni bhavanti jantuno /
te sātasitā sukhesino
te ve jātijarūpagā narā //(Dhp 341)

人の喜悦は流れ出、愛欲で潤される。
悦楽にふけり、楽を求めるような、これらの人々は実に生死を体験する。

『法句』第一句の「夫従愛潤沢」は、『法句』の訳を踏襲する『出曜』の説明（六三三中）で、「此愛流溢。如泉出水漏」とあり、愛

欲という水の流れがあふれ出すことと解している。これは Dhp, pāda a や Uv III. 5a の saritāni vai snehitāni vai に近い。

『法句』第二句の「思想」は Dhp, pāda b の somanassāni（喜悦）に対応していよう。P. somanassa（S. saumanasya）は P. su-manas（善き心、もしくは心に良い）から派生した名詞であり、manas（心）を重視すれば「思想」という訳語も理解できる。この思想は、『出曜』の説明に、「火之熾熱、不過於思想。火所焼瘡、可以薬療。思想火被焼、不可療治」とあり、火の熱よりも激しい愛欲をいうとしている。

所生の枝は絶えず……愚人は常に汲汲たり（七五1）『法喩』愛欲品の第六偈（六〇二上）。

『法句』第一句の「所生枝」が何を指すのかは不明であるが、『法句』では愛欲の森（vana）を樹と訳しているので、枝は愛欲の一部ともとれる。また先の第十、十一偈のように、川の流れを愛欲に喩える点を考慮すれば、枝は「支流」ともとれる。『出曜』の説明（六三五下—六三六上）にも、「愛根深固、不伐根者。枝流不断。便当就於、生死病死。没彼生此、没此生彼、如是流転。永無休息」とある。

獄に鉤・鍱有りと雖も……染著する、愛は甚だ牢し（七五3）『法喩』愛欲品の第七偈（六〇二上）。『出曜』欲品の第六偈（六二八中）、『法集』愛欲品の第五偈（七七八上）。これは Dhp 345 よりも、Uv の方により近い。

na tad dṛḍhaṃ bandhanam āhur āryā
yad āyasaṃ dāravaṃ balbajaṃ ca /
saṃraktacittasya hi mandabuddheḥ
putreṣu dāreṣu ca yā avekṣā // (Uv II. 5)

鉄や木や麻紐でできた束縛を、聖者たちは堅固だとは言わない。心が愛欲に染まり、愚者が、妻や子にひかれること、（次の偈へ）

『法句』第三句の「妻子息」は『法喩』第三句では「妻子飾」とある。もしこの「飾」に注目するならば、『法喩』は Dhp, pāda c の maṇi-kuṇḍalesu（宝石の耳輪）を参考にした可能性もあろう。Uv, pāda c では、ここは manda-buddheḥ（愚者）とあり、『法喩』は『法句』の訳をもととしながらも、Dhp の原本を参照して、「妻子飾」と訳したのではなかろうか。

慧あるは愛を獄と為し……欲を視ざれば能く安し（七五5）『法喩』愛欲品の第八偈（六〇二上）。『出曜』欲品の第七偈（六二八下）、『法集』愛欲品の第六偈（七七八上）。『法句』は Dhp 346 よりも、Uv の方により近い。

etad dṛḍhaṃ bandhanam āhur āryāḥ

samantataḥ susthiraṃ duṣpramokṣm /
etad api cchitvā tu parivrajanti
hy anapekṣiṇaḥ kāmasukhaṃ prahāya //(Uv II. 6)

これを堅固な束縛だと聖者たちは言う。これはあらゆる点で大変堅固で、脱れ難い。

彼らはこれさえも断ち切って、〔このような束縛を〕顧みることなく、愛欲の楽を捨てて遍歴する。

『法句』第二句の「深固難得出」は、Uv, pāda b の samantataḥ susthiraṃ duṣpramokṣam（あらゆる点で大変堅固で、脱れ難い）によく対応している。一方 Dhp 346b では、ohārinaṃ sithilaṃ duppamuñcaṃ（引きずりおろし、怠慢なものには脱れ難い）とあり、『法句』とは異なる。興味深いことに、これは『出曜』第二句の「流室緩難解」に対応している。この「流」とはその説明（六二八下）で、「流者流在、界中有中、生中趣中」とあり、輪廻することとしている。DhpA IV. 56 では、「（地獄など）四つの悪処に (catūsu apāyesu) 引きずり下ろす」と注釈している。ohārin は『出曜』が「流」と訳すことによれば、osārin（流れる）の可能性もあろう。

色を見て心に迷惑し……安んぞ其の非真なるを知らん（七五7）

『法喩』愛欲品の第九偈（六〇二中）、『法集』愛欲品の第十七偈（七七八中）。

婬楽を以て自ら裹むは……盻せずして衆の苦を除く（七五9）

『法喩』愛欲品の第十偈（六〇二中）。また Dhp は、

ye rāgarattānupatanti sotaṃ
sayaṃkataṃ makkaṭako va jālaṃ /
etam pi chetvāna vajanti dhīrā
anapekhino sabbadukkhaṃ pahāya //(Dhp 347)

貪欲に染まった者たちは、〔自ら作った〕流れに沿って行く。蜘蛛が自ら作った網に〔沿って行く〕ように。

賢者たちはこれさえも断ち切って、〔貪欲を〕顧みることなく、あらゆる苦を捨てて進む。

『法句』第一句の「自裹」と Dhp, pāda a の sotaṃ（S. srotas, 流れ）とは異なる。ただこの sota は sva-ota（自ら編んだ）の意味もあると考えられているので、『法句』の蚕の喩えは、Dhp の「流れ」を「自ら編んだ」と理解し、蜘蛛よりも中国人に親しみ易い蚕に変えたものであろう。Brough [1962 : 233, n. 171] を参照。

心に放逸を念ずる者は……是れに従りて獄牢を造る（七五11）

『法喩』愛欲品の第十一偈（六〇二中）。『出曜』愛品の第一偈（六三二中）、『法集』貪品の第一偈（七七八中）を参照。また Dhp は、

vitakkapamathitassa jantuno

tibbarāgassa subhānupassino /
bhiyyo taṇhā pavaḍḍhati
esa kho daḷhaṃ karoti bandhanaṃ //(Dhp 349)

様々な考えで乱され、激しい貪欲あり、〔愛欲を〕清浄だとみなす人には、
渇愛がより一層増す。彼は実に束縛を堅固なものとする。

Dhp, pāda a の -pamathitassa（乱された）は、『法句』第一句の「放逸」と何らかの関係があろう。「放逸」は P. pamatta であり、翻訳の原本がこれに近いものであった可能性もあろう。

意を覚まし婬を滅する者は……能く老死の患いを断ず（七五13）『法喩』愛欲品の第十二偈（六〇二中―下）。『出曜』愛品の第二偈（六三二下）、『法集』貪品の第二偈（七七八中）。また Dhp は、

vitakkūpasame ca yo rato
asubhaṃ bhāvayatī sadā sato /
esa kho vyantikāhiti
esa-cchecchati mārabandhanaṃ //(Dhp 350)

しかし様々な考えの静まるのを楽しみ、常に思いをこらして、
〔愛欲を〕不浄だと観想する人、
彼は実に〔愛欲を〕断尽するであろう、彼は悪魔の束縛を断ち切るであろう。

欲の網を以て自ら蔽い……網を出でて弊う所無し（七五15）『出曜』愛品の第三偈（六三二下―六三三上）と、『法集』貪品の第三偈（七七八中）では次の偈と本偈とを合わせて一偈としている。『法句』でもこれを一偈とみなせば、全体が三十二偈となり、頭初の説明と一致するが、ここでは水野博士に従い、別々の偈とした。これは Uv に相当偈がある。

kāmāndhajālaprakṣiptās tṛṣṇayācchāditāḥ prajāḥ /
pramattā bandhane baddhā matsyavat kupināmukhe /
jarāmaraṇam āyānti vatsaḥ kṣīrapaka iva mātaram //(Uv III. 3)

人々は盲目の愛欲の網に投げ込まれ、渇愛におおわれて、
放逸であり、束縛にしばられている。魚が魚網の目にかかったように。
彼らは老いと死に向かう。乳を飲もうとする子牛が母牛に〔向かう〕ように。

Uv, pāda a の kāmāndha-jāla-prakṣiptās は、Ud VII. 4a, Thag 297a では kāmandhā jālasañchannā（愛欲で盲目になり、網でおおわれ）と微妙に異なる。

道を尽くし獄縛を除き……是れを大智ある士と為す（七五19）Dhp は、

vītataṇho anādāno niruttipadakovido /
akkharānaṃ sannipātaṃ jaññā pubbāparāni ca /
sa ve antimasārīro mahāpañño mahāpuriso ti vuccati // (Dhp 352)

渇愛を離れ、執著なく、〔諸々の〕語と〔それらの〕解釈とに巧みであり、
諸々の文字の結合と、その前後関係を知るならば、
彼は実に最後の肉体をもつ者であり、大いなる智慧ある者であり、大士であると言われている。

Dhp の pāda a, d, e, f がそれぞれ『法句』第一、二、三、四句に対応していよう。pāda b, c の文字に関することは、『法句』では省略されたと考えてよい。Dhp, pāda d の jaññā pubbāparāni ca（その前後関係を知れば）を参照すれば、『法句』第二句の「一切此彼解」は「一切の此と彼とを解し」とも読めよう。

若し一切法を覚り……是れ聖なるものの意に通ずと為す（七六4）『出曜』如来品の第一偈（七一六中）、『法集』如来品の第一偈（七八七中）。また Dhp は、

sabbābhibhū sabbavidū 'ham asmi
sabbesu dhammesu anūpalitto /
sabbañjaho taṇhakkhaye vimutto
sayaṃ abhiññāya kam uddiseyyaṃ // (Dhp 353)

私は全てに勝ち、一切を知り、あらゆることがらに汚染されていない。
全てを捨てて、渇愛は尽きたので、解脱している。自ら証智したあとでは、誰を私は〔師に〕指定しよう。

衆の施に経の施は勝れ……愛の尽くるは衆の苦に勝る（七六6）『出曜』泥洹品の第二十七偈（七三五下）、『法集』円寂品の第三十六偈（七九一上—中）。また Dhp は、

sabbadānaṃ dhammadānaṃ jināti
sabbaṃ rasaṃ dhammaraso jināti /
sabbaṃ ratiṃ dhammaratī jināti
taṇhakkhayo sabbadukkhaṃ jināti // (Dhp 354)

法施はすべての施にまさり、法味はすべての味にまさり、
法悦はすべての悦にまさり、渇愛の除去はすべての苦にまさる。

愚かは貪を以て自ら縛り……人を害し亦た自ら害す（七六8）『法喩』愛欲品の第十三偈（六〇三上）、『出曜』欲品の第十七偈（六三〇中）、『法集』愛欲品の第十八偈（七七八中）。また Dhp は、

hananti bhogā dummedhaṃ no ce pāragavesino /
bhogataṇhāya dummedho hanti aññe va attanaṃ // (Dhp 355)

財は愚者を損なうが、彼岸に渡らんとしている者はそうではない。

財への渇愛によって、愚者は他人を損なうように自己を〔損なう〕。

愛欲の意を田と為し……福を得ること量り有ること無し（七六10）『法喩』愛欲品の第十四偈（六〇三上）、『出曜』雑品の第十三偈（七〇五中）、『法集』清浄品の第十三偈（七八五中）。『法句』は Dhp 356-358 の三偈をひとまとめにしている。すなわち、

tiṇadosāni khettāni rāgadosā ayaṃ pajā /
tasmā hi vītarāgesu dinnaṃ hoti mahapphalaṃ //(Dhp 356)

田には雑草という欠陥があり、この世の人々は貪欲という過失がある。

それ故実に貪欲を離れた人々に布施されたものには大きな果報がある。

Dhp 356, pāda b の rāga-dosā, pāda c の vīta-rāgesu は、Dhp 357, pāda b では dosa-dosā（怒りという過失）、pāda c では vīta-dosesu（怒りを離れた人々に）とあり、Dhp 358, pāda b では moha-dosā（迷妄という過失）、pāda c では vīta-mohesu（迷妄を離れた人々に）とある。

伴少なくして貨多かれば……故に慧あるは貪欲せず（七六12）『法喩』愛欲品の第十五偈（六〇三上）。『出曜』悪行品の第十四偈（七四四上）、『法集』罪障品の第十三偈（七九二中）。また Dhp は、

vāṇijo va bhayaṃ maggaṃ appasattho mahaddhano /
visaṃ jīvitukāmo va pāpāni parivajjaye //(Dhp 123)

多くの財があるが、隊商の少ない商人が、恐ろしい道を〔避ける〕ように、

生きたいと望む人が毒を〔避ける〕ように、諸々の悪を避けるべきである。

心に可なるを則ち欲と為す……是れを乃ち勇士と為す（七六14）『法喩』愛欲品の第十七偈（六〇三中）。

欲無ければ畏れ有ること無し……是れを長く淵を出づと為す（七六16）『法喩』愛欲品の第十八偈（六〇三中）。『出曜』泥洹品の第二十四偈（七三五中）、『法集』円寂品の第三十三偈（七九一上）。また Dhp は、

niṭṭhaṅgato asantāsī vītataṇho anaṅgaṇo /
acchidda bhavasallāni antimo 'yaṃ samussayo //(Dhp 351)

究極に到り、恐れなく、渇愛なく、穢れなき人は、

生存の失を断ち切った。これが最後の身体である。

欲よ、我れは汝の本を知る……則ち汝は有らず（七六18）『法喩』愛欲品の第十六偈（六〇三中）、『出曜』欲品の第一偈（六二六下）、

『法集』愛欲品の第一偈（七七八上）。これは Dhp には対応偈がなく、Uv に認められる。

kāma jānāmi te mūlaṃ saṃkalpāt kāma jāyase /
na tvāṃ saṃkalpayiṣyāmi tato me na bhaviṣyasi //(Uv II. 1)

愛よ、私は汝の根本を知っている。愛よ、汝は種々の想いから生じる。
私は汝を想わないであろう。そうすれば汝は私に生じないであろう。

Mv III. 190 ; J. III. 450 ; Nidd I. 2, 28 ; Nidd II. 124 : Mūla-madhyamakakārikā (ed. by L. de la Vallée Poussin) pp. 350, 451 を参照。

樹を伐りて休むこと勿かれ……比丘は滅度せん（七七1）『法句』道行品の第九偈（五六九中）を参照。

夫れ樹を伐らずんば……犢の母を求むるが如し（七七3）『法句』道行品の第十偈（五六九中）を参照。

利養品（七七5）　この品は Uv の Satkāra-varga（恭敬品）にほぼ順序通り相当する。この品は Dhp から直接訳されたと考えられる二十六品の間に挿入されているが、どうしてそうなったのかは不明である。水野［一九八一］三一〇—三一一頁を参照。

芭蕉は実を以て死し……士は貪を以て自ら喪う（七七7）『出曜』利養品の第一偈（六八八中）、『法集』利養品の第一偈（七八三下）。また Uv は、

phalaṃ vai kadaliṃ hanti phalaṃ veṇuṃ phalaṃ naḍam /
satkāraḥ kāpuruṣaṃ hanti svagarbho 'śvatariṃ yathā //
(Uv XIII. 1)

〔芭蕉の〕実は芭蕉を滅ぼし、〔竹の〕実は竹を、〔蘆の〕実は蘆を滅ぼす。
尊敬は悪人を滅ぼす。自らの胎児が牝の驢馬を〔滅ぼす〕ように。

是の如く貪に利無く……首領、地に分かたる（七七9）『出曜』利養品の第二偈（六八八下）、『法集』利養品の第二偈（七八三下）。また Uv は、

yāvad eva hy anarthāya jñāto bhavati bāliśaḥ /
hanti bālasya śuklāṃśaṃ mūrdhānaṃ cāsya pātayet //(Uv XIII. 2)

愚者は知識の名声が生じても、実に〔それは彼にとって〕単に不利なものになってしまうだけである。
〔それは〕愚者の善き部分を滅ぼし、彼の頭を〔地に〕叩き落とすであろう。

Uv, pāda b の jñāto bhavati bāliśaḥ は Dhp 72b の ñattaṃ bālassa jāyati(愚者に知識の名声が生じても)を参照して訳した。「頭を叩き落とす」と訳した箇所は、対応する Dhp 72d では muddham assa vipātayaṃ とあり、中村博士は「頭を打ち砕く」と訳され、これは悪いことをすると、その報いとして、その人の頭が砕けてしまうという考えであり、その用例をウパニシャッドにまで求めておられる。中村［一九七八］八六頁を参照。また『出曜』の説明（六八八下）では、この「首領」は、「通出入息、起不浄想。乃至頂法、亦復如是。以其神通、貪著利養、自陥乎罪」とあり、四善根の一つである頂法と考えられている。Willemen [1978 : 59, n. 2] を参照。

一方、本偈と同様 Dhp 72 の対応偈とされる『法句』愚闇品の第十六偈（五六三下）の第四句には、「報有印章」とある。この「印章」は Dhp, pāda d の muddham（頭）が何らかの理由で muddam とあったのではなかろうか。P. muddā, S. mudrā は「印、印契、印章」の意味である。

天は七宝を雨らすも……覚る者を賢と為す（七七11）『法喩』利養品の第一偈（六〇四上）、『出曜』欲品の第十八偈（六三一下）。『法集』愛欲品の第十九偈（七七八中）を参照。また Uv は、

na karṣāpaṇavarṣeṇa tṛptiḥ kāmair hi vidyate /
alpāsvādasukhāḥ kāmā iti vijñāya paṇḍitaḥ //(Uv II. 17)

貨幣の雨をもってしても、愛欲に満足はない。
愛欲は味わうことや快楽が少ないと、賢者は知って、（次の偈へ）

Uv, pāda c の alpāsvāda-sukhāḥ kāmā は、対応する Dhp 186c では appassādā dukhā kāmā（愛欲は味わうこと少なく、苦である）とあり、この方が『法句』第三句の「楽少苦多」により対応する。

また Uv, pāda b の tṛptiḥ kāmair は、Dhp 186b では titti kāmesu とある。S. tṛpti, P. titti やこの動詞 tappati がとる名詞の格については、Lüders [1954 : 154, §222] を参照。

天の欲有りと雖も……仏弟子と為す（七七13）『法喩』利養品の第二偈（六〇四上）、『出曜』欲品の第十九偈（六三一下）。また Uv は、

api divyeṣu kāmeṣu sa ratiṃ nādhigacchati /
tṛṣṇākṣayarato bhavati buddhānāṃ śrāvakaḥ sadā //(Uv II. 18)

天上の愛欲にさえ悦びを得ない。
諸々の仏たちの弟子は常に渇愛の消滅を悦ぶ。

Uv, pāda d の buddhānāṃ śrāvakaḥ sadā は、対応する Dhp

187d では sammāsambuddhasāvako（正等覚の弟子）とある。これは PDhp 146d も同じ。

道に遠ざかり邪に順う……以て彼の姓より供えらる（七七15）『出曜』利養品の第三偈（六八八下）、『法集』利養品の第三偈（七八三下）。また Uv は、

asanto lābham icchanti satkāraṃ caiva bhikṣuṣu /
āvāseṣu ca mātsaryaṃ pūjāṃ parakuleṣu ca //(Uv XIII. 3)

不善の者たちは利益を求め、比丘たちの間では尊敬を、
僧院にあっては物惜しみを、他人の家々では供養を〔求める〕。

『法句』愚闇品の第十八偈（五六三下）を参照。

此の養いに猗ること勿かれ……用い用いて何の益かあらん（七七17）『出曜』利養品の第四偈（六八九上）。『法集』利養品の第四偈（七八三下）を参照。また Uv は、

mām eva nityaṃ jānīyur gṛhī pravrajitas tathā /
mama prativaśāś ca syuḥ kṛtyākṛtyeṣu keṣu cit //(Uv XIII. 4)

在家の者も出家した者も、いつも私のことだけを知るべきである。
為すべきこと、為すべきでないことについては、どんなことに対しても、私の意向に従うべきである。

Uv, pāda a の mām eva nityaṃ jānīyur（いつも私のことだけを知るべきである）と、『法句』第一句の「勿猗此養」とは全く対応しない。『法句』の訳を踏襲する『出曜』の説明（六八九上）では、「夫人処世、貪著利養者。自増慢惰、漸墜于罪」とあり、「利養に貪著するな」という禁止の意味に解している。一方、対応する Dhp 74a では mam' eva kata maññantu とあり、Dhammajoti は、翻訳時にこの mam'（私によって）が、禁止を示す mā とあったのではないかと考えている。これは Dhp 74 のもう一つの訳とされる『法句』愚闇品の第十九偈（五六三下）の第一句「学莫堕二望」の「莫」という禁止語を参考にしての推察であろう。PDhp 179a では mameva katamannentu とある。この利養品の原語が P. sakkāra, S. satkāra であることを考慮すれば、Dhp や PDhp の kata を P. sakkata, S. satkṛta と解したのではなかろうか。

次に『法句』第二句の「為家捨罪」は『出曜』の説明に、「或在国王、長者一億居士、比丘比丘尼、沙弥沙弥尼」とある。「捨罪」は Dhp, pāda b の pabbajitā, Uv, pāda b の pravrajitas（出家者）に対応する可能性もあろう。

さらに『法句』第四句の「用用」は Dhp, pāda c の kiccā-kiccesu, Uv, pāda c の kṛtyākṛtyeṣu の「為すべきことと為すべからざること」に対応しているが、「用用」からしてこれを「様々

な為すべきこと」に解したのであろう。

愚かは愚計を為し……泥洹とは同じからず（七六2）『出曜』利養品の第五偈（六八九中）、『法集』利養品の第五偈（七八三下）。また Uv は、

iti bālasya saṃkalpā icchāmānābhivardhakāḥ /
anyā hi lābhopaniṣad anyā nirvāṇagāminī //(Uv XIII. 5)

以上が愚者の考えであり、〔これは〕欲望や高慢を増大させるものである。
利益を得る手段とニルヴァーナにおもむく〔手段〕とは別々のものである。

Dhp 74＝Uv XIII. 4-5ab, Dhp 75ab＝Uv XIII. 5cd. その他『法句』愚闇品の第二十偈（五六三下）を参照。

是れを諦らかに知る者は……閑居して意を却けよ（七六4）『出曜』利養品の第六偈（六八九中）、『法集』利養品の第六偈（七八三下）。また Uv は、

etaj jñātvā yathābhūtaṃ buddhānāṃ śrāvakaḥ sadā /
satkāraṃ nābhinandeta vivekam anubṛṃhayet //(Uv XIII. 6)

諸々の仏たちの弟子は常にこのことを如実に知って、
恭敬を喜ぶべきではない。孤独の境地を増修すべきである。

Uv, pāda b の buddhānāṃ śrāvakaḥ sadā（諸仏の弟子は常に）は、『法句』第二句の「比丘仏子」とは対応しない。『法句』はむしろ Dhp 75d の bhikkhu buddhassa sāvako（仏弟子たる比丘は）の方に近い。

『法句』第四句の「閑居却意」は、『法句』の訳を踏襲しながらも五字句にした『出曜』では、「閑居却乱意」とある。この説明（六八九下）で、「常当五閑浄法。一為喜。……二為安。……三為自守。……四為念。……五為待。……所謂欲界者、衆乱之原。善求巧便、勤求解脱。願不生欲界」とあり、閑居に五種類あり、欲界の心を乱す煩悩を絶つこととある。「閑居」は Uv, pāda d の vivekaṃ（孤独の境地）に対応する。

自ら得るを恃まず……正定に至らず（七六6）『出曜』利養品の第九偈（六九一下）。『法集』利養品の第八―九偈（七八三下）を参照。また Uv は、

svalābhaṃ nāvamanyeta nānyeṣāṃ spṛhako bhavet /
anyeṣāṃ spṛhako bhikṣuḥ samādhiṃ nādhigacchati //(Uv XIII. 8)

自ら得たものを軽んじるべきではない。他人のものを羨むべきではない。
他人を羨む比丘は、精神の統一に到達しない。

『法句』の「自得不恃」は「自分が得たものをあてにするな、重視するな」という意味であり、同じ沙門品の第五偈（五七二上）の「学無求利」も同じような意味にとれる。一方、対応するUvのpāda a は nāvamanyeta（軽んじるべきではない）、Dhp 365a は nātimaññeyya（軽蔑すべきではない）とあり、『法句』と意味が正反対になる。GDhp 61a でも nadimañe'a と Dhp と同じ形になっている。おそらく漢訳時の原文は Dhp の方に近い形であり、訳者は ati-√man の意味を「過大に評価する」と誤って理解したのであろう。

夫れ命を安んぜんと欲せば……計数することを知らざれ（七六8）『出曜』利養品の第七偈（六八九下）。また Uv は、

sukhaṃ jīvitum icchec cec chrāmaṇyārtheṣv avekṣavān /
sāṃghikaṃ nāvamanyeta cīvaraṃ pānabhojanam //(Uv XIII. 11)

もし楽しく生きようと願うならば、修行者のつとめに関心を払い、
サンガに属する衣や飲食物を軽んじるべきではない。

『法句』第二句の「息心」は Uv, pāda b の śrāmaṇya-(沙門の義務)に対応する。パーリの対応偈 Thag 228b でも sāmaññasmiṃ とある。竺法護訳の『正法華経』でも、毘沙門の原語、Vaiśravaṇa、もしくはその異読 Vaiśramaṇa が「息意天王」もしくは「息心天王」と訳されている。辛嶋［一九九八］四八一頁を参照。この「息心」が P. samaṇa（沙門）の訳語であることは、Willemen [1978 : 49, n. 17] を参照。

『法句』第三句の「計数」は、Uv, pāda c の sāṃghikaṃ（サンガの）を、P. saṅkhā, saṅkhyā（計数、数えること）と誤解したのではなかろうか。ガンダーラ語では、P. saṅgha は G. saǧa となる。この ǧa は［ŋh］と発音される。一方 P. saṅkhyā は G. sagha となる。ガンダーラ語が『法句』の原本であったとすれば、この誤解はあり得るであろう。Brough［1962 : 62, §8］を参照。

夫れ命を安んぜんと欲せば……一法を守り行ぜよ（七六10）『出曜』利養品の第十一偈（六九二上）。『法集』利養品の第十二偈（七八三下）を参照。また Uv は、

sukhaṃ jīvitum icchec cec chrāmaṇyārtheṣv avekṣavān /
itaretareṇa saṃtuṣyed ekadharmaṃ ca bhāvayet //(Uv XIII. 10)

もし楽しく生きようと願うならば、修行者のつとめに関心を払い、
あらゆることに満足すべきである。唯一のダルマ（＝真理）を観想すべきである。

その他 Thag 230 を参照。

夫れ命を安んぜんと欲せば……潜み隠れて、教えを習せよ（七八12）『出曜』利養品の第十偈（六九二上）。『法集』利養品の第十一偈（七八三下）を参照。また Uv は、

sukhaṃ jīvitum icchec cec chrāmaṇyārtheṣv avekṣavān /
ahir mūṣakadurgaṃ vā seveta śayanāsanam //(Uv XIII. 9)

もし楽しく生きようと願うならば、修行者のつとめに関心を払い、
蛇が鼠の隠れ穴に〔近づくように〕、坐臥所に近づくべきである。

その他 Thag 229 を参照。

約せる利と約せる耳あるも……清吉にして怠ること勿かれ（七八14）『出曜』利養品の第十二偈（六九二上）。『法集』利養品の第十三偈（七八三下）を参照。また Uv は、

alpajñāto 'pi ced bhavati śīleṣu susamāhitaḥ /
vidvāṃsas taṃ praśaṃsanti śuddhājīvam atandritam //(Uv XIII. 12)

たとえ知識は少なくとも、様々な戒によく心を集中させていれば、
怠ることのない、清らかな生活を送るその人を、賢者たちは称讃する。

『法句』の「約利約耳」は、Uv, pāda a の alpajñāto 'pi（たとえ知識が少なくとも）と、対応する Dhp 366a の appalābho pi（たとえ得たものは少なくとも）を一緒にしたように考えられる。その他、『法句』沙門品の第六偈（五七二上）を参照。

如し三明有り……憶念せらるること無し（七八16）『出曜』利養品の第十三偈（六九二中）、『法集』利養品の第十四偈（七八四上）。また Uv は、

traividyaḥ syāt sa ced bhikṣur mṛtyuhantā nirāsravaḥ /
alpajñātam iti jñātvā hy avajānanty ajānakāḥ //(Uv XIII. 13)

たとえその比丘が三明を具し、死を打ちのめし、煩悩のない者であっても、
無智な者たちは、「〔彼は〕余り良く知られていない」と知るや、〔彼を〕実に軽蔑する。

『出曜』の説明（六九二中）では、三明（＝三達）に二種類あるとされる。第一は、「利根高徳、無疑解脱、棄八除入（＝第一明）。諸漏已尽（＝第二明）。得諸神通（＝第三明）」であり、第二は、「諸漏永尽（＝第一明）。知所従生（＝第二明）。自識宿命（＝第三明）」である。この「三明」（P. tevijja, S. traividya）は元来「三ヴェーダを知れるバラモン」を意味していたが、仏教では先の意

味に用いられている。その他 Thag 129 を参照。

其の食と飲とに於いて……供養に従りて嫉む（七六18）『出曜』利養品の第十四偈（六九二中）、『法集』利養品の第十五偈（七八四上）。また Uv は、

sa cet tv ihānnapānasya lābhī bhavati pudgalaḥ /
pāpadharmāpi ced bhavati sa teṣāṃ bhavati pūjitaḥ //(Uv XIII. 14)

しかしこの世で食物や飲み物を所有している者は、
悪いことをする者であっても、彼は彼ら（無智な者ども）から供養される。

その他 Thag 130 を参照。

多くの結怨を利し……仏の教えを奉ぜず（七九1）『出曜』利養品の第十五偈（六九二下）、『法集』利養品の第十六偈（七八四上）。また Uv は、

bahūn amitrāṃ labhate saṃghāṭīprāvṛtaḥ sadā /
lābhī yo hy annapānasya vastraśayyāsanasya ca //(Uv XIII. 15)

いつも重衣をまとっているが、食物や飲み物を所有し、衣服と
寝具と坐具を〔所有する〕者は、多くの敵を得る。

『法集』は『法句』の訳を踏襲しながら、五字句にしている。一方『出曜』は『法句』とは異なる訳を提示している。『法句』第一句の「多結怨利」は、『出曜』では「多集知識」とあり、意味が異なる。Uv, pāda a では bahūn amitrāṃ labhate とあり、『法句』はこれを逐語的に訳している。一方、対応する Thag 153a には bahū sapatte labhati（多くの敵を得る）とあるから、この P. sapatta (S. sapatna) を「知識」と訳したか、あるいは Uv の amitrāṃ が mitrāṃ（友）とあったのであろう。

『法句』第四句の「不奉仏教」は、『出曜』第四句では「床臥之具」とあり、Uv や Thag に近い訳となっている。

当に是の過を知るべし……比丘は心を釈け（七九3）『出曜』利養品の第十六偈（六九二下）、『法集』利養品の第十七偈（七八四上）。また Uv は、

etad ādīnavaṃ jñātvā satkāreṣu mahābhayam /
alpajñāto hy anutsukaḥ smṛto bhikṣuḥ parivrajet //(Uv XIII. 16)

尊敬には、この災いと大きな危険のあることを知って、
比丘は実に人に知られること少なく、無欲で、思いをこらして
遍歴すべきである。

『法句』第三句の「寡取無憂」は、Uv, pāda c では alpa-jñāto hy anutsukaḥ（実に人に知られること少なく、無欲で）とは対応して

いない。Uv は『法集』第三句の「少智不審慮」に近い。対応する Thag 154c には appalābho anavassuto（得ること少なく、漏泄なく）、Sn 741c には vītataṇho anādāno（渇愛を離れ、執著なく）とある。おそらく『法句』には Thag に近い原本があったのであろう。

食に非ざれば命は済われず……是れを知らば宜しく嫉むべからず（七九5）『出曜』利養品の第十七偈（六九三上）。また Uv は、

nāyam anaśanena jīvate
nāhāro hṛdayasya śāntaye /
āhāraḥ sthitaye tu vidyate
taj jñātvā hi careta eṣaṇām //（Uv XIII. 17）

この〔身体は〕食べなければ生きていけない。食物は心の静けさに向かうものではなくて、
食物は〔身体の〕存続に向かうものであると知られる。このことを実に知って、行乞を行うべきである。

Uv, pāda d は、Thag 123d でも iti disvāna carāmi esanaṃ とある。『法句』第四句では「知是不宜嫉」と否定形となっているから、S. eṣaṇām, P. esanaṃ が、『法句』の原本では、「嫉」に相当する P. issā に近い形と否定辞に分割されていたのであろう。

嫉は先ず己れを創つけ……是れ除くを得ず（七九7）『出曜』利養品の第十八偈（六九三上）。

寧ろ焼けたる石を噉らい……人の信施を食せざれ（七九9）『出曜』行品の第二偈（六六八上）、『法集』業品の第二偈（七八一下）。また Uv は、

śreyo hy ayoguḍā bhuktās taptā hy agniśikhopamāḥ /
na tu bhuñjīta duḥśīlo rāṣṭrapiṇḍam asaṃyataḥ //（Uv IX. 2）

戒律を守らず、自己を制することなくして、人々の施しを食するよりは、
火炎のように熱せられた鉄丸を食べる方がましである。

その他、『法句』地獄品の第三偈（五七〇上）を参照。

沙門品（七九11）本品の第一偈から第二十二偈までは、Dhp 25 の Bhikkhu-vagga（比丘品）二十三偈（Dhp 360-382）にほぼ順序通り対応する。第二十五偈から最後の第三十二偈までは Dhp に対応偈は見出せず、Uv の Śramaṇa-varga にほぼ順序通りに対応する偈がある。また第二十三、二十四偈は Uv の Bhikṣu-varga に対応する。すなわちこの品の前半部が Dhp よりまず訳出され、後に Uv によって追加補完され整備されたのであろう。水野［一九八一］三〇八頁を参照。

目と耳と鼻と口とを端しくし……以て衆の苦を免る可し（七九

13）『出曜』学品の第十一偈（六六二中―下）、『法集』善行品の第十三偈（七八一上）。Dhp は 360 と 361 の両偈を合わせたものと対応する。

cakkhunā saṃvaro sādhu sādhu sotena saṃvaro /
ghāṇena saṃvaro sādhu sādhu jivhāya saṃvaro // (Dhp 360)
kāyena saṃvaro sādhu sādhu vācāya saṃvaro /
manasā saṃvaro sādhu sādhu sabbattha saṃvaro /
sabbattha saṃvuto bhikkhu sabbadukkhā pamuccati //
(Dhp 361)

眼を抑制するのは善い。耳を抑制するのは善い。
鼻を抑制するのは善い。舌を抑制するのは善い。（360）
身体を抑制するのは善い。言葉を抑制するのは善い。
心を抑制するのは善い。あらゆる点で自己を抑制するのは善い。
あらゆる点で自己を抑制した比丘は、あらゆる苦から解放される。（361）

Dhp 361 の波羅提木叉の偈の対応一覧については、真柄［一九八五］九頁、Schmidt [1989: 52-54] を参照。また Dhp 360 と Prāt Mā との対応は、真柄［一九八五］一一頁に示されている。

手と足とを妄りに犯すこと莫く……一の行を守り寂然たれ（七九15）『出曜』沙門品の第七偈（七六五中）。また Dhp は、

hatthasaññato pādasaññato
vācāya saññato saññatuttamo /
ajjhattarato samāhito
eko santusito tam āhu bhikkhuṃ // (Dhp 362)

手を慎み、足を慎み、言葉を慎み、慎むもののうちで最高であり、
内心を楽しみ、精神を統一し、一人いて満足している、彼を人は比丘と呼ぶ。

学びて当に口を守るべし……言は必ず柔軟なり（七九17）『出曜』誹謗品の第十偈（六六六下）、『法集』語言品の第十二偈（七八一中）は『法句』言語品に近い。また Dhp は、

yo mukhasaññato bhikkhu mantabhāṇī anuddhato /
atthaṃ dhammañ ca dīpeti madhuraṃ tassa bhāsitaṃ //
(Dhp 363)

口を慎み、思慮して語り、心が浮わつかず、
意味と真理とを明らかにする、彼の言葉は甘美である。

manta-bhāṇī < manda-bhāṇin（=S. mandra）については、水野［一九八一］三三四―三三五頁、Brough [1986: 249] を参照。また『法句』言語品の第八偈（五六一下―五六二上）を参照。

法を楽しみ法を欲し……正しくして費えず（八〇2）『出曜』沙門品の第八偈（七六五中）、『法集』苾芻品の第七偈（七九六中―下）。また Dhp は、

dhammārāmo dhammarato
dhammaṃ anuvicintayaṃ /
dhammaṃ anussaraṃ bhikkhu
saddhammā na parihāyati //(Dhp 364)

真理を遊園とし、真理を楽しみ、真理をよく思惟し、
真理に従って思考する比丘は、正しい真理から衰退することはない。

学ぶに利を求むること無く……定意を得ず（八〇4）『法句』利養品の第九偈（五七一下）と、それに対応する Dhp 365 を参照。

比丘少しく取りて……浄を生じて穢れ無し（八〇6）『出曜』沙門品の第一偈（七六四下）、『法集』苾芻品の第一偈（七九六中）。また Dhp は、

appalābho pi ce bhikkhu salābhaṃ nātimaññati /
taṃ ve devā pasaṃsanti suddhājīviṃ atanditaṃ //(Dhp 366)

たとえ得るものは少なくとも、比丘が自分が得たものを軽んじることがないならば、
実にその彼を神々でさえ、清い生活をし、怠ることがないと、称賛する。

比丘は慈を為し……行を滅すれば乃ち安し（八〇8）『出曜』沙門品の第二偈（七六四下）、『法集』苾芻品の第二偈（七九六中）。また Dhp は、

mettāvihārī yo bhikkhu
pasanno buddhasāsane /
adhigacche padaṃ santaṃ
saṃkhārūpasamaṃ sukhaṃ //(Dhp 368)

慈しみに住し、仏の教えを浄信する比丘は、
寂静な境地である、形成作用（＝行）の安楽な静まりに到達するであろう。

Dhp 368bcd = Dhp 381bcd. Dhp 381 に対応する『法句』沙門品の第二十一偈（五七二中）では、pāda c の padaṃ santaṃ を「寂寞」と訳している。『法句』第三句の「止観」の原語は、この padaṃ santaṃ とはおそらく異なるものであったであろう。

一切の名色は……乃ち比丘と為す（八〇10）『出曜』沙門品の第十二偈（七六六上）、『法集』苾芻品の第十一偈（七九六下）。また Dhp は、

sabbaso nāmarūpasmiṃ yassa n' atthi mamāyitaṃ /

asatā ca na socati sa ve bhikkhū ti vuccati //(Dhp 367)

名称とかたちについて、「わがもの」という考えが決してなく、何も存在しないからといって憂うることがない人、彼こそ実に比丘と呼ばれる。

『法句』第三句の「不近」はDhp, pāda c の asatā（何も存在しないから）とは対応していないように思える。対応するGDhp 79c には asata とあり、Brough は S. asakta, P. asatta（執著なく）の可能性を指摘する。『法句』の「不近」はこの asatā と対応しているのではなかろうか。Brough［1962：196, n. 79］を参照。

比丘よ、船を戽め……是れを泥洹と為す（八〇12）　『出曜』泥洹品の第十二偈（七三三中）、『法集』円寂品の第十四偈（七九〇下）。また Dhp は、

siñca bhikkhu imaṃ nāvaṃ sittā te lahum essati /
chetvā rāgañ ca dosañ ca tato nibbānam ehisi //(Dhp 369)

比丘よ、この舟の水を汲み出せ。汝によって水が汲み出されると、〔舟は〕汝のためにすばやく進むであろう。
貪欲と怒りとを断ったならば、汝はニルヴァーナに赴くであろう。

Dhp, pāda b の lahum は、「すばやい」と同時に「軽い」の意味がある。『法句』第二句では「軽」とある。

五を捨て五を断ち……乃ち河淵を渡る（八〇14）　この偈は『出曜』にも『法集』にも対応しないが、『雑含』巻三十六（二六二下）、巻四十九（三六〇下）、『別雑』巻八（四二七下）に対応偈を見出せる。また Dhp は、

pañca chinde pañca jahe pañca vuttaribhāvaye /
pañcasaṅgātigo bhikkhu oghatiṇṇo ti vuccati //(Dhp 370)

五を切断すべきである。五を捨てるべきである。五をよりよく観想すべきである。
五つの執著を超えた比丘は、「激流を渡脱した者」と呼ばれる。

禅にして放逸無く……自ら悩み形を燋がさざれ（八〇16）　『出曜』沙門品の第十九偈（七六六下）、『法集』苾芻品の第十八偈（七九六下）。また Dhp は、

jhāya bhikkhu mā ca pāmado
mā te kāmaguṇe bhamassu cittaṃ /
mā lohaguḷaṃ gilī pamatto
mā kandi dukkham idan ti ḍayhamāno //(Dhp 371)

比丘よ、瞑想せよ。放逸なることなかれ。愛欲のより糸に汝の心をうろつかせるな。
放逸にして鉄丸を呑むことなかれ。焼かれながら「これは苦しみだ！」と泣くことなかれ。

禅無くんば智ならず……泥洹に至るを得（八〇18）『出曜』沙門品の第十八偈（七六六中―下）、『法集』苾芻品の第十七偈（七九六下）。また Dhp は、

n' atthi jhānaṃ apaññassa paññā n' atthi ajhāyato /
yamhi jhānañ ca paññā ca sa ve nibbānasantike //（Dhp 372）

智慧のない者には瞑想はなく、瞑想を修しない者には智慧はない。
瞑想と智慧とがある者が、実にニルヴァーナの近くにいるのである。

その他 Prāt Mā p. 37 との対応は、真柄〔一九八五〕一一頁を参照。

当に学びて空に入り……一心に法を観ずべし（八一1）『出曜』沙門品の第九偈（七六五下）、『法集』苾芻品の第八偈（七九六下）。また Dhp は、

suññāgāraṃ paviṭṭhassa santacittassa bhikkhuno /
amānusī ratī hoti sammā dhammaṃ vipassato //（Dhp 373）

誰もいない空家に入り、心を静めて、ダルマを正しく観想する比丘には、人間を超えた楽しみが生じる。

常に五陰を制し……甘露の味為り（八一3）『出曜』沙門品の第十偈（七六五下）、『法集』苾芻品の第九偈（七九六下）。また Dhp は、

yato yato sammasati khandhānaṃ udayavyayaṃ /
labhatī pītipāmojjaṃ amataṃ taṃ vijānataṃ //（Dhp 374）

〔五〕蘊という人間の構成要素の生起と消滅とを思惟すると、必ず喜びと悦楽とを得る。これは〔正しく〕知る者たちにとって不死〔の境地〕である。

Dhp の udaya-vyayaṃ（生起と消滅）は、GDhp 56b では、udaka-vaya となっており、これに近い形が漢訳時のテキストであった可能性が高い。というのも『法句』の「如水」はこの udaka- を「水」と誤訳した可能性が高いからである。

所有を受けざるを……苦を度し喜びを致す（八一5）『出曜』沙門品の第六偈（七六五中）、『法集』苾芻品の第六偈（七九六中）を参照。また Dhp は、『法句』第十五偈と第十六偈の前半の第一、二句とを合わせたものと対応する。

tatrāyam ādi bhavati idha paññassa bhikkhuno /
indriyaguttī santuṭṭhī pātimokkhe ca saṃvaro /
mitte bhajassu kalyāṇe suddhājīve atandite //（Dhp 375）

これが、この世で智慧のある比丘にとって、この点についての最初〔のつとめ〕である。

すなわち、感覚器官を守り、満足し、戒律のもとで〔自己〕を
よく守り、
浄らかに生きて、怠ることなくして、善き友と交われ。

Dhp, pāda f の suddhājīve atandie は東部インド語で、単数主格の -e とされる。Norman [1997 : 152, n. 375] を参照。次に『法句』第十六偈の後半、第三、四句は Dhp 376 と対応する。

paṭisanthāravutt' assa ācārakusalo siyā /
tato pāmojjabahulo dukkhass' antaṃ karissati // (Dhp 376)
贈物を配分することを行動習慣とし、行いに巧みであるべきである。
そうすれば喜びに満ち、苦の消滅をなすであろう。

『法句』第三句の「智者成人」のうち、「成人」は理解しにくい。ここでは「立派な人」というよりも「人〔の望み〕を成す」と読んだ。『出曜』や『法集』第三句には「施知応所施」とある。対応する Dhp 376a では paṭisanthāra-vutt' assa' Uv XXXII. 6c では pratisaṃstāra-vṛttiḥ syād' PDhp 64c では paṭisandhara-vaṭṭi ssa とある。BSk., S. pratisaṃstara は「贈物を分配すること」、「友情をもってもてなすこと」という意味に考えられている。Norman [1997 : 153, n. 376] を参照。おそらく『法句』の「成人」は Dhp 376a の意訳であろう。

その他 Dhp 375, 376 と Prāt Mā p. 37 との対応は、真柄〔一九八五〕一一頁を参照。

衛師華の如く……生死自ら解く（八一9）『出曜』華品の第十一偈（七〇九下）、『法集』華喩品の第十四偈（七八六上）。また Dhp は、

vassikā viya pupphāni maddavāni pamuñcati /
evaṃ rāgañ ca dosañ ca vippamuñcetha bhikkhavo // (Dhp 377)
ジャスミンの花がしなびた花びらを捨て落とすように、
比丘らよ！　そのように貪欲と怒りとを捨て去るべきである。

身を止め言を止め……是れを寂を受くと為す（八一11）『出曜』沙門品の第二十偈（七六六下）、『法集』苾芻品の第十九偈（七九六下）。また Dhp は、

santakāyo santavāco santavā susamāhito /
vantalokāmiso bhikkhu upasanto ti vuccati // (Dhp 378)
静かな身体をもち、言葉を静かにし、寂静で、よく精神集中をし、
世俗の享楽物を吐き出した比丘は、「寂静に達した人」と呼ばれる。

Dhp, pāda b の santavā は過去分詞 santa + -vant よりも santa

+vāk（言葉）であった可能性が高い。Uv XXXII. 24b では śānta-vāk とある。PDhp 53ab では śāntakāyo śāntacitto śāntavā susamāhito / とあり、本来はおそらく śānta-vāk であったであろう。Norman [1997 : 153, n. 378] を参照。

当に自ら身を勅めて……比丘惟れ安し（八一13） 他の漢訳に対応偈なし。また Dhp は、

attanā coday' attānaṃ paṭimāse attam attanā /
so attagutto satimā sukhaṃ bhikkhu vihāhisi //(Dhp 379)

自己によって自己を励ますべきである。自己によって自己を熟慮すべきである。
比丘よ、自己を守り、思いをこらしたならば、汝は安楽に住するであろう。

Dhp, pāda b の paṭimāse（熟慮すべき）と、『法句』第二句の「争」とは異なる。paṭimāre（殺し返すべき、仇をうつべき）の可能性もあろう。

我は自ずから我為り……調うるを乃ち賢と為す（八一15） 『出曜』馬喩品の第十二偈（七一二下）、『法集』馬喩品の第十六偈（七八七上）は Dhp, Uv XIX. 14, PDhp 322 の内容に近い。また Dhp は、

attā hi attano nātho attā hi attano gati /
tasmā saññamay' attānaṃ assaṃ bhadraṃ va vāṇijo //
(Dhp 380)

実に自己は自分の主人である。実に自己は自分の帰依所である。
それ故自己を制御せよ。商人が良い馬を〔制御する〕ように。

喜び仏の教えに在れば……行滅し永く安し（八一17） 他の漢訳に対応偈なし。また Dhp は、

pāmojjabahulo bhikkhu
pasanno buddhasāsane /
adhigacche padaṃ santaṃ
saṃkhārūpasamaṃ sukhaṃ //(Dhp 381)

喜びに満ちて仏の教えを浄信する比丘は、
寂静な境地である、形成作用（＝行）の安楽な静まりに到達するであろう。

儻し少なき行有るも……日に曀無きが如し（八一19） 『法句』放逸品の第十七偈（五六二下）と、それに対応する Dhp 382 を参照。

慢を棄て余りの憍無きは……是れ故より勝るを知る（八二2） Uv に幾分対応する。

yo mānam udācchinatty aśeṣaṃ
bisapuṣpam iva jaleruhaṃ vigāhya /
sa tu bhikṣur idaṃ jahāty apāraṃ

hy urago jīrṇam iva tvacaṃ purāṇam //(Uv XVIII. 21D)

水に生える蓮華の茎や花を、水にもぐって〔折りとる〕ように、
高慢を完全に断ち折る比丘は、
こちらの岸を捨てる。蛇が旧いもとの皮を〔捨てる〕ように。

Uv は Puṣpa-varga（華品）に対応偈をもち、GDhp では Bhikhu-（比丘品）に、Sn や PDhp では Uraga-vagga（蛇品）にそれぞれ対応偈をもつ。どうして『法句』が Uv, pāda d の uraga（蛇）を訳さなかったのか不明である。Uv XVIII. 21D＝XXXII. 59＝PDhp 408＝GDhp 83。また Uv, pāda a＝Sn 4a, Uv, pāda b-d＝Sn 2b-d。

ところで Uv, pāda c の sa tu bhikṣur idaṃ jahāty apāraṃ は、PDhp 408c では so bhikkhu jahāti orapāraṃ（その比丘はこちらとあちらの岸を捨てる）とあり、この方が『法句』第三句の「学能捨此彼」に近い。

Uv, pāda d の hy urago jīrṇam iva tvacaṃ purāṇam について、jīrṇam は「旧い、もとの」という意味である。GDhp 83d では urako jiṇa viva tvaya puraṇa とある。G. jiṇa は同時に P. jine（勝るべき）と同形である。おそらく『法句』第四句の「勝於故」や次の偈の第四句の「勝欲明」の「勝」は、G. jiṇa を P. jine と解したのである。さらに「故」は G. puraṇa, P. purāṇa の訳であろう。

愛を割き恋慕無きは……勝ちて故を明かさんと欲す（八二4）
Uv に幾分対応する。

tṛṣṇāṃ ya udācchinatty aśeṣaṃ
bisapuṣpam iva jaleruhaṃ vigāhya /
sa tu bhikṣur idaṃ jahāty apāraṃ
hy urago jīrṇam iva tvacaṃ purāṇam //(Uv XVIII. 21F)

水に生える蓮華の茎や花を、水にもぐって〔折りとる〕ように、
渇愛を完全に断ち折る比丘は、
こちらの岸を捨てる。蛇が旧いもとの皮を〔捨てる〕ように。

Uv XVIII. 21F＝XXXII. 61. Sn 2＝PDhp 404＝Uv XVIII. 21A＝XXXII. 56 は tṛṣṇāṃ（渇愛）の代わりに rāgam（貪欲）とある。

流れを截りて自ら恃み……一意猶お走る（八二6）『法喩』沙門品の第三偈（六〇四中）。また Uv は、

chindhi srotaḥ parākramya kāmān praṇuda sarvaśaḥ /
nāprahāya muniḥ kāmān ekatvam adhigacchati //(Uv XI. 1)

勇敢に流れを断て。諸々の欲望を完全に除去せよ。
諸々の欲望を捨てなければ、聖者は遠離（＝一人であること）に到達しない。

その他 SN I. 49 を参照。

之を為せ之を為せ……意猶お復た染す（六三8）『法喩』沙門品の第四偈（六〇四中）、『出曜』沙門品の第二十五偈（七六七上）、『法集』苾芻品の第二十四偈（七九七上）。この偈は Uv XI. 2 に対応するが、第一句はスバシ写本の方によく対応するため、その箇所はスバシ写本 123a の読みをとる。

kareyā nāṃ kareyā nāṃ dṛḍham eva parākramet /
śithilā khalu pravrajyā hy ādadāti puno rajaḥ //(Uv XI. 2)

これらを為すべきであり、これらを為すべきであり、必ず断固として実行すべきである。
実にだらけた出家は、再び塵を受ける。

その他『法句』地獄品の第八偈（五七〇上）と対応する Dhp 313 を参照。

行いの懈緩なれば……焉んぞ大宝を致さん（六三10）『法喩』沙門品の第五偈（六〇四下）、『出曜』沙門品の第二十六偈（七六七上）、『法集』苾芻品の第二十五偈（七九七上）。また Uv は、

yat kiṃ cic chithilaṃ karma saṃkliṣṭaṃ vāpi yat tapaḥ /
apariśuddhaṃ brahmacaryaṃ na tad bhavati mahāphalam // (Uv XI. 3)

何であれ行いが緩慢であり、あるいは苦行が汚れており、梵行（＝禁欲修行）が完全に清らかでなければ、それは大きな果報をもたらすものではない。

その他『法句』地獄品の第七偈（五七〇上）と対応する Dhp 312 を参照。

沙門、何こにか行く……但だ思いに随いて走る（六三12）『法喩』沙門品の第一偈（六〇四中）。これは Uv XI. 7 のスバシ写本に対応する。

kathañ careya śrāmaṇye cittañ ca na nivārayet /
pade pade viṣīdantaḥ saṃkalpānaṃ vaśaṃ gatāḥ //(128)

もし心を制御しなければ、どうして沙門として歩めようか。
一歩一歩うち沈んでいく者たちは、諸々の想いに支配されてしまう。

pāda b の ca は cet（もし）の意味にとる。この Uv XI. 7 の対応偈は、谷川泰教「ジャイナ教聖典にみられる Saṃyutta-Nikāya 1. 2. 7 の平行句」『密教文化』一三二（一九八〇）、八六頁を参照。この文献については榎本氏の教授による。

袈裟を肩に披るも……斯れ悪道に堕す（六三14）『法喩』沙門品の第二偈（六〇四中）、『出曜』沙門品の第九偈（六七九中）、『法集』沙門品の第九偈（七八二下）。また Uv は、

kāṣāyakaṇṭhā bahavaḥ pāpadharmā hy asaṃyatāḥ /

pāpā hi karmabhiḥ pāpair ito gacchanti durgatim //(Uv XI. 9)

袈裟を首にまとってはいるが、悪い性質を持ち、自制していない者が多い。
実に悪い者たちは、悪い行いによって、この世から悪趣へ赴く。

その他『法句』地獄品の第二偈（五七〇上）と対応するDhp 307を参照。

調めざるは誡むること難く……曷んぞ精進せざらん（八二16）『法喩』沙門品の第六偈（六〇四下）。これはUv XI. 10に幾分対応するが、これと対応するDhp 162は、むしろ『法句』愛身品の第六偈（五六六上）の方により相応する。

息心は剔るに非ず……乃ち息心に応ず（八二18）『出曜』沙門品の第十三偈（七六六上）、『法集』苾芻品の第十二偈（七九六下）。これはUvに幾分対応する。

na muṇḍabhāvāc chramaṇo hy avṛtas tv anṛtaṃ vadan /
icchālobhasamāpannaḥ śramaṇaḥ kiṃ bhaviṣyati //(Uv XI. 13)

頭を剃ったからといって、身を慎まず、嘘を言う者は、実に「沙門」ではない。
欲望と貪りを備えた者が、どうして「沙門」であろうか。

息心は剔るに非ず……上の沙門と為す（八三1）『出曜』沙門品の第十四偈（七六六上）、『法集』苾芻品の第十三偈（七九六下）。これもUvに幾分対応する。

na muṇḍabhāvāc chramaṇo hy avṛtas tv anṛtaṃ vadan /
śamitaṃ yena pāpaṃ syād aṇusthūlaṃ hi sarvaśaḥ /
śamitatvāt tu pāpānāṃ śramaṇo hi nirucyate //(Uv XI. 14)

頭を剃ったからといって、身を慎まず、嘘を言う者は、実に「沙門」ではない。
その人によって大小の悪が実に完全に止滅させられると、
諸々の悪の止滅したことより、実に「沙門」と呼ばれる。

その他『法句』奉持品の第十偈（五六九上）と対応するDhp 265を参照。

梵志品（八三3）　この品はDhp 26のBrāhmaṇa-vagga（婆羅門品）四十一偈（Dhp 383-423）にほぼ順序通り相応し、さらにUvのBrāhmaṇa-varga（婆羅門品）ともほとんど相応している。さらにSnの対応も認められる。すなわち、Dhp 396-423＝Sn 620-647である。それ故、本品も主としてDhpから訳出し、後でUvによる補正が行われたものと推察される。水野［一九八一］三〇九頁を参照。

流れを截りて渡り……是れを梵志と謂う（八三5）『法喩』梵志

品の第一偈（六〇五上）、『出曜』梵志品の第九偈（七七〇上）、『法集』梵志品の第九偈（七九八上）。また Dhp は、

chinda sotaṃ parakkamma kāme panuda brāhmaṇa /
saṃkhārānaṃ khayaṃ ñatvā akataññū si brāhmaṇa // (Dhp 383)

努力して流れを断て。バラモンよ！ 諸々の愛欲を除去せよ。
諸々の形成力（＝行）の消滅を知って、バラモンよ！ 汝は形作られざるもの（＝ニルヴァーナ）を知る者となる。

Dhp, pāda a の parakkamma（努力して）は、Uv XXXIII. 60a では parākramya、PDhp 34a では parākrāmma、GDhp 10a では parakamu とあり、P. parakkamma は parakkamati（S. para-kramati）の絶対詞である。S. √kram は「歩く、進む」の意味であり、para は「彼岸」ともとれるから、『法句』第一句の「渡」はこの語の訳であろう。その他『法句』沙門品の第二十五偈（五七二中）を参照。

二法無きを以て……是れを梵志と謂う（三三7） 『法喩』梵志品の第二偈（六〇五上）、『出曜』梵志品の第十二偈（七七〇上）、『法集』梵志品の第十二偈（七九八上）。また Dhp は、

yadā dvayesu dhammesu pāragū hoti brāhmaṇo /
ath' assa sabbe saṃyogā atthaṃ gacchanti jānato // (Dhp 384)

バラモンが二つの真理について彼岸に到ったとき、
このよく知れる人の、あらゆる束縛は消滅してしまう。

Dhp, pāda a の dvayesu dhammesu（二法）について、「一対の正反対のこと」、たとえば「嘘と真実」のようなものではないかと Norman は指摘する。Norman［1997 : 155, n. 384］を参照。
一方『出曜』の説明（七七〇上）でも、「尽捨一切、弊悪之法。出入行来、周施之処。言不及殺不害、一切無所傷損」とあり、出る、入るといった正反対の概念を指すとしている。

適ら彼と無彼と……是れを梵志と謂う（三三9） 『出曜』梵志品の第二十四偈（七七一上）、『法集』梵志品の第二十三偈（七九八中）。また Dhp は、

yassa pāraṃ apāraṃ vā
pārāpāraṃ na vijjati /
vītaddaraṃ visaññuttaṃ
taṃ ahaṃ brūmi brāhmaṇaṃ // (Dhp 385)

その人にとって、彼岸もあるいは此岸も、彼岸・此岸もなく、
恐れを離れ、束縛もない人、彼を私はバラモンと呼ぶ。

Dhp, pāda a の pāra, apāra はそれぞれ「来世」と「今世」を意味すると考えられている。pāra が涅槃と同義の「彼岸」を示すと

考えることに対する疑問については、Brough [1962 : 202] を参照。

Dhp, pāda c の vīta-ddaraṃ（恐れを離れ）は、PDhp 40c では vīta-jjaraṃ、GDhp 35c では vikada-dvara、Uv XXXIII. 27c では vīta-rāgaṃ とある。P. dara は「不安、恐れ」を示すが、これは初期の段階で jvara（熱悩）と理解されていた。Lüders は vīta-ddara は vīta-jvara を示すとしている。Lüders [1954 : 100, fn. 4], Brough [1962 : 186, n. 35] を参照。

思惟ありて垢無く……是れを梵志と謂う（八三11）　この偈には他の漢訳の相当偈なし。また Dhp は、

jhāyiṃ virajam āsīnaṃ
katakiccaṃ anāsavaṃ /
uttamatthaṃ anuppattaṃ
tam ahaṃ brūmi brāhmaṇaṃ //(Dhp 386)

静かに思惟し、汚れ無く、坐し、為すべきことを為し終え、煩悩（＝漏）無く、
最高の目的に達した人、彼を私はバラモンと呼ぶ。

Dhp, pāda c の anu-ppattaṃ (S. anu-prāptaṃ) は「到達」するという意味であるが、『法句』第三句では「不起」とある。これは anuppattaṃ を an-up-pataṃ (S. an-ut-√pat) と patati の現在分詞形の、単数主格と解したのであろう。Dhammajoti [1995 : 270, n. 9] を参照。

日は昼に照り……一切の冥を照らす（八三13）　『出曜』梵志品の第六十八偈（七七五中）、『法集』梵志品の第六十五偈（七九九中）。また Dhp は、

divā tapati ādicco rattiṃ ābhāti candimā /
sannaddho khattiyo tapati jhāyī tapati brāhmaṇo /
atha sabbam ahorattiṃ buddho tapati tejasā //(Dhp 387)

太陽は昼に輝き、月は夜に照り、
武士は武装すると輝き、バラモンは瞑想にふけると輝く。
しかし仏陀は威力をもって夜となく昼となくずっと輝く。

剃るを沙門と為し……是れを則ち道人と為す（八三16）　『出曜』梵志品の第十一偈（七七〇上）、『法集』梵志品の第十一偈（七九八上）。この偈は Dhp に対応偈がなく、Uv にある。

na muṇḍitena śramaṇo na bhoḥkāreṇa brāhmaṇaḥ /
yas tu vāhayate pāpāny aṇusthūlāni sarvaśaḥ /
vāhitatvāt tu pāpānāṃ brāhmaṇaḥ śramaṇaḥ sa ca //
(Uv XXXIII. 10)

頭を剃っているから沙門なのではない。「君よ！(bhoḥ)」と呼びかけるからバラモンなのではない。
そうではなくて、大きかろうと小さかろうと諸々の悪を完全に

取り除いた人は、
諸々の悪を取り除いたが故にバラモンなのであり、沙門なのである。

Uv, pāda a＝Dhp 264a, Uv, pāda c-e＝Dhp 265a-c.

悪より出づるを梵志と為し……是れを則ち家を捨つると為す（八四1）『出曜』梵志品の第十三偈（七七〇上―中）、『法集』梵志品の第十三偈（七九八上）。また Dhp は、

bāhitapāpo ti brāhmaṇo
samacariyā samaṇo ti vuccati /
pabbājayam attano malaṃ
tasmā pabbajito ti vuccati // (Dhp 388)

悪を取り除いたので（bāhitapāpo）「バラモン（brāhmaṇo）」と呼ばれ、行いが静まっているので（samacariyā）「沙門（samaṇo）」と呼ばれる。
自己の汚れを取り除いたので（pabbājayam）、それ故「出家者（pabbajito）」と呼ばれる。

Dhp の方は音の関連による、バラモン・沙門・出家者の通俗的語源解釈を基調としているが、『法句』は、訳語という性格上、それが生かされていない。Dhp, pāda b の sama-cariyā の sama- は、S. śama-（寂静の）の可能性が高いが、同時に S. sama-（等しい、正しい）の可能性もあろう。『法句』第二句の「入正」は後者の意味にとっている。

このP. samaṇa, S. śramaṇa の語源解釈による漢訳には、一、「勤勉」を意味する勤労、功労、二、「止む、静まる」を意味する息止、息心、三、一と二との結合した勤息、以上の三種があるとされる。Dhammajoti [1995 : 271, n. 17] を参照。

若し愛に猗すれば……是れ衆の苦を滅す（八四3）『出曜』梵志品の第四偈（七六九中）、『法集』梵志品の第四偈（七九八上）。また Dhp は、

na brāhmaṇass' etad akiñci seyyo
yadā nisedho manaso piyehi /
yato yato hiṃsamano nivattati
tato tato sammati-m-eva dukkhaṃ // (Dhp 390)

心を好ましき対象から抑止するとき、バラモンにとってこれ以上すぐれたことは何もない。
害する心がやめばやむほど、それにつれて苦はまさに静まる。

Dhp, pāda a の na brāhmaṇass' etad akiñci seyyo は意味がとりにくい。特に na . . . akiñci は二重否定で強い肯定なのか、あるいは互いが単に否定を強調しているのか不明である。さらに seyyo（すぐれた）は、Uv XXXIII. 75a では asti kiṃ cid' GDhp

15a では kiji bhodi とあり、これはむしろ √as（ある）の願望法、第三人称単数 siyā の異形とみなすべきであろう。すなわち siyā＞sīyā＞seyyo である。『法句』第二句の「心無所著」は「心に何ものも執著すべきものはない」という Dhp や Uv に一致する。『出曜』同品の第六十九偈（七七五下）の第一句は「梵志無有是」と、Uv, pāda a を直訳する。

Dhp, pāda b の yadā nisedho manaso piyehi は Uv XXXIII. 75b では yathā priyebhyo manaso niṣedhaḥ と同じであるが、GDhp 15b では yo na nisedhe maṇasa pri'aṇi と反対の意となっている。『法句』第一句も「若し愛に猗すれば」と読めば、「禁止しない」ことになり、GDhp に近い。Dhp の piyehi（快きもの）は 'piyehi と、a-piyehi（不快なもの）の可能性も考えられるが、心を不快なものからそむけるのは当然であるから、この意見はあまり意味がないであろう。以上否定辞の数を中心に二句を調べてみると、次のようになる。

	pāda a	pāda b
Dhp	na＋akiñci	肯定
Uv	na	肯定
GDnp	na	na
法句	＝第二句否定	＝第一句 na（愛に猗する＝禁止しない）

このようにみれば『法句』の否定辞の使用は GDhp に一番近いことになろう。おそらく本来の意味は、「心を好ましき対象から抑止しなければ、バラモンにとって何もない」であろう。

Dhp, pāda c の hiṃsamano は「害する心」と解釈されていたが、Norman は hissa＞hiṃsa として、これを hi ssa（＝sma）mano と解した。Uv, pāda c でも hy asya mano とある。この解釈の方が『法句』第三句の「已捨已正」に近い。『出曜』第六十九偈の第三句は「如如意所転」と直訳している。Norman [1997 : 156, n. 390], Brough [1962 : 181-183] を参照。

身・口と意と……是れを梵志と謂う（八四5）　『出曜』梵志品の第十六偈（七七〇中）、『法集』梵志品の第十六偈（七九八中）。また Dhp は、

yassa kāyena vācāya manasā n' atthi dukkataṃ /
saṃvutaṃ tīhi ṭhānehi tam ahaṃ brūmi brāhmaṇaṃ //
(Dhp 391)

その人によって身・口・意によって悪が行われず、
三つのところ（＝身・口・意）を制している人、彼を私はバラモンと呼ぶ。

若し心に仏の説く……水に浄めらるる〔がごとし〕（八四7）『出曜』梵志品の第六十三偈（七七五上）を参照。また Dhp は、

yamhā dhammaṃ vijāneyya
sammāsambuddhadesitaṃ /
sakkaccaṃ taṃ namasseyya
aggihuttaṃ vā brāhmaṇo //(Dhp 392)

正しく目覚めた人（＝仏）によって説かれたダルマを誰から知ろうとも、
その人をうやうやしく敬礼すべきである。バラモンが火祀を〔敬する〕ように。

『出曜』は、このDhpやUv XXXIII. 66d, GDhp 3d, PDhp 36dの如く、火祀（P. aggihutta, S. agnihotra）を敬うとあるが、『法句』のみ「水」となっている。

蔟と結髪とを……清白ならば則ち賢なり（八四9）『法喩』梵志品の第三偈（六〇五上）。またDhpは、

na jaṭāhi na gottena
na jaccā hoti brāhmaṇo /
yamhi saccañ ca dhammo ca
so sukhī so ca brāhmaṇo //(Dhp 393)

螺髪《らほつ》を結っているからといって、氏姓によって、生まれによってバラモンとなるのではない。
その人に真実とダルマがあれば、彼は安幸である、彼はバラモンである。

Uv XXXIII. 7d は、sa śucir brāhmaṇaḥ sa ca（彼は清浄である、彼はバラモンである）とあり、『法句』の方に近い。Norman は、sukhī は sucī と読むべきであるとしている。生まれよりも行為そのものを重視する考え方は、すでにウパニシャッドにもあり、その精神を特に仏教が強調したとされる。中村〔一九七八〕一四六頁を参照。さらにMahābhārata XIII. 131. 49 では、バラモンなどの四姓は生まれによるのではなく行為によるという、仏典やジャイナ経典と共通する思想が説かれている。この Mahābhārata の次章の、XIII. 132 と、韻文で十善業を説く経として重要な『雑含』一二九九（二五七中—下）と、GDhp 343-344 とが互いに共通する原伝承に基づいて成立し、その中でも『雑含』が最も原伝承に近いものであることを論述した、榎本文雄「雑阿含1299経と1329経をめぐって—Gāndhārī Dharmapada 343-344 と Turfan 出土梵文写本 No. 50 の同定と Mahābhārata 13. 132 の成立—」『印度学仏教学研究』第三十巻、第二号（一九八二）、九五七—九六三頁を参照。

髪を飾りても慧無くんば……外に捨つるも何の益かあらん（八四11）『法喩』梵志品の第四偈（六〇五上）。『出曜』梵志品の第六偈（七六九下）、『法集』梵志品の第六偈（七九八上）を参照。ま

た Dhp は、

kin te jaṭāhi dummedha kin te ajinasāṭiyā /
abbhantaran te gahanaṃ bāhiraṃ parimajjasi // (Dhp 394)

愚者よ、螺髪が汝にとって何の役に立とう。やぎの皮の衣服が汝にとって何の役に立とう。
内には汝は〔愛欲の〕叢林があるのに、外面を汝は磨く。

『法句』第一句の「飾髪」は、Dhp, pāda a では jaṭā（螺髪）とある。これは Uv XXXIII. 6a, GDhp 2a も同じ。前の Dhp 393a の jaṭāhi を『法句』は「結髪」と訳している。『法句』の「飾髪」は宋・元・明三本では「剔髪」（髪をそる）とあり、何らかの混乱があったのであろう。『出曜』や『法集』では「猥髪」（髪をみだす）とある。jaṭā は、編んだ髪よりも、むしろ手入れせず絡まるにまかせたままの長髪を指す可能性の方が高い。土田龍太郎「隠棲の問題」『東洋文化』（東京大学東洋文化研究所）第七三号（一九九三年）、七四頁、注（一〇）を参照。

服の弊れ悪きを被……是れを梵志と謂う（八四13）『出曜』梵志品の第七偈（七六九下）、『法集』梵志品の第七偈（七九八上）。また Dhp は、

paṃsukūladharaṃ jantuṃ
kisaṃ dhamanisanthataṃ /
ekaṃ vanasmiṃ jhāyantaṃ
tam ahaṃ brūmi brāhmaṇaṃ // (Dhp 395)

糞掃衣《ふんぞうえ》を着、やせて、血管が身体の表面に浮き出、
一人森の中で瞑想を行う人、彼を私はバラモンと呼ぶ。

Dhp, pāda b の dhamani-santhata については、Minoru Hara, "A note on the Phrase *kṛśo dhamani-saṃtata*", *Asiatische Studien / Études Asiatiques*, XLIX. 2 (1995), pp. 377–389 を参照。原教授は kṛśo dhamani-saṃtata（やせて、血管が表面に浮き出た）という表現が Mahābhārata に認められるのに対して Rāmāyaṇa には見出されず、さらに仏教文献には見出されることを数多くの事例をもとに論証され、しかも Mahābhārata ではこの定型句が苦行者の描写に用いられるのに対し、仏教、特にパーリ文献ではずっと自由に使用されている、と結論づけられた。

仏は彼れに、己れを讃え……乃ち梵志と為す（八四15）『出曜』梵志品の第十五偈（七七〇中）、『法集』梵志品の第十五偈（七九八中）を参照。また Dhp は、

na cāhaṃ brāhmaṇaṃ brūmi
yonijaṃ mattisambhavaṃ /
bhovādi nāma so hoti
sa ve hoti sakiñcano /

akiñcanaṃ anādānaṃ
tam ahaṃ brūmi brāhmaṇaṃ //(Dhp 396)
しかし私は子宮から生まれた者、つまり母から生まれた者をバラモンとは呼ばない。
もし彼に何か所有物があれば、彼は「オーと呼びかける人」と名づけられる。
所有する物なく、執著なき人、彼を私はバラモンと呼ぶ。

Dhp, pāda d の sa ve は、Uv XXXIII. 15d では sa ced、GDhp 17d では sayi とあり、Sn 620d の sa ve は異読として sa ce が指摘されている。これによれば、Dhp の sa ve は sa ce（もし～ならば）とすべきであろう。Norman [1997 : 158, n. 396], Brough [1962 : 183, n. 17] を参照。

Dhp, pāda d の sa-kiñcana の kiñcana は、「何か、障碍」という意味であるが、『出曜』や『法集』では「瑕穢」と訳されている。このように考えれば Dhp, pāda e の akiñcana は「欠点がない」とも訳されるので、『法句』第三句の「如諦」と対応すると考えてもよいのではなかろうか。すなわち、Dhp の pāda a＝『法句』第一句、pāda c＝同第二句、pāda e＝同第三句、pāda f＝同第四句と考えてよかろう。そして『出曜』『法集』の第一句＝Dhp の pāda a、同第二句＝同 pāda b、同第三句＝pāda d、同第四句＝同 pāda e, f となろう。

諸の欲す可きことを絶ち……是れを梵志と謂う（八四17）『出曜』梵志品の第四十八偈（七七三中）、『法集』梵志品の第四十八偈（七九九上）。また Dhp は、

sabbasaṃyojanaṃ chetvā
yo ve na paritassati /
saṅgātigaṃ visaṃyuttaṃ
tam ahaṃ brūmi brāhmaṇam //(Dhp 397)
一切の束縛を断ち、実に怖れることなく、
執著を超越して、束縛から離れた人、彼を私はバラモンと呼ぶ。

生死の河を断ち……是れを梵志と謂う（八四19）『出曜』梵志品の第五十八偈（七七四中―下）、『法集』梵志品の第五十七偈（七九九中）。また Dhp は、

chetvā nandhiṃ varattañ ca
sandānaṃ sahanukkamaṃ /
ukkhittapalighaṃ buddhaṃ
tam ahaṃ brūmi brāhmaṇaṃ //(Dhp 398)
革紐と革緒と、綱と手綱とを切り、
門の閂《かんぬき》を引き抜いて、目覚めた人、彼を私はバラモンと呼ぶ。

Dhp, pāda c の -palighaṃ（閂）は、Uv XXXIII. 58c では

-parikhaṃ、GDhp 42c では -phali'a とある。S. parigha は戸を締める横木を指すが、S. parikhā は「溝」を意味する。おそらく Uv の -parikhaṃ は、この parigha と parikhā とを混同したのであろう。『法句』第三句の「塹」は S. parikhā の意味に解釈している。parikha / paligha のように -r- が -l- となっているのは、古代東部インド語の痕跡であるとする。Lüders[1954 : 105, §130]を参照。また『法句』の訳を踏襲する『出曜』の説明（七七四下）では、「壍者、憍慢之壍。能度此壍、不為憍慢所繫」と、壍を「憍慢」の比喩としている。

罵られ撃たるるも……是れを梵志と謂う（八五2）　『出曜』梵志品の第十七偈（七七〇中―下）、『法集』梵志品の第十七偈（七九八中）。また Dhp は、

akkosaṃ vadhabandhañ ca aduṭṭho yo titikkhati /
khantībalaṃ balānīkaṃ tam ahaṃ brūmi brāhmaṇaṃ //
(Dhp 399)
悪くないのに、罵倒と、打たれ束縛されることを耐え忍び、
忍耐の力あり、〔心の〕強き軍隊を持てる人、彼を私はバラモンと呼ぶ。

『法句』第二句の「不怒」は Dhp, pāda b の aduṭṭha, a-duṭṭha (dussati の過去分詞) を「怒ることなく」と解したのであろう。Dhp, pāda c の khantībalaṃ balānīkaṃ の bala が重出する点は疑問が残る。Uv, XXXIII. 18c では kṣānti-vrata-balopetaṃ とあり、おそらく本来の偈は、二番目の bala- が vrata（おそらく vada あるいは vala の形）であった可能性が高い。Norman [1997 : 159, n. 399] を参照。ただし『法句』第三句は「有忍辱力」とあり、vrata に対応する「戒」に相当する語が見当たらないから、この Norman の説は不適切であるか、もしくは『法句』の底本以外の対応偈に適用されるか、のどちらかであろう。

若し侵し欺かるるも……是れを梵志と謂う（八五4）　『出曜』梵志品の第十八偈（七七〇下）、『法集』梵志品の第十八偈（七九八中）。また Dhp は、

akkodhanaṃ vatavantaṃ sīlavantaṃ anussutaṃ /
dantaṃ antimasārīraṃ tam ahaṃ brūmi brāhmaṇaṃ //
(Dhp 400)
怒ることなく、禁戒を保ち、戒律を保ち、貪欲なく、
身を調御し、最後の身体を持つ人、彼を私はバラモンと呼ぶ。

Dhp, pāda b の anussuta は、DhpA IV. 165-166 では taṇhā-ussāvābhāvena anussutaṃ (渇愛という漏出のないことから、「貪欲のない」) とある。これによれば an-ussuta は S. an-ut-sruta (あふれ出ない) と解することも可能であろう。Dhp 39a では

anavassuta- とある。対応する Sn 624b では anussadaṃ とある。一方、Uv XXXIII. 19b では bahu-śrutam（多聞の）とあり、これは Dhp の anussutaṃ を anu-ssutaṃ、すなわち anu-suta（S. anu-śruta, 随聞の、かつて聞いた）と解したのであろう。さらに『法句』第二句の「但念」は anussutaṃ を anu-ssutaṃ、すなわち anu-ssata (S. anu-smṛta, 随念した、念じた）と理解したのであろう。

Dhp, pāda c の antima-sārīraṃ（最後の身体をもつ）は、『法句』第三句の「端身」と対応していよう。「端」は「はし、最後」の意味もあるので、この「端身」は Dhp の直訳と考えられる。

心に悪法を棄つること……是れを梵志と謂う（八五6）『出曜』梵志品の第三十偈（七七一下）、『法集』梵志品の第二十九偈（七九八中—下）は、Dhp の方に近い内容をもつ。

猶如衆華葉　以鍼貫芥子
不為欲所染　是謂名梵志

また Dhp は、

vāri pokkharapatte va āragge-r-iva sāsapo /
yo na lippati kāmesu tam ahaṃ brūmi brāhmaṇaṃ //(Dhp 401)

蓮の葉の上の水のように、錐の先の芥子のように、
諸々の愛欲の対象に汚されない人、彼を私はバラモンと呼ぶ。

『法句』の蛇の皮の比喩は、Dhp を初め他の漢訳には認められない。ただしその他の箇所では、『出曜』で九偈（七六七下—七六八中）、『法集』でも九偈（七九七上—中）に、この比喩が現われる。

生の苦為るを覚り……是れを梵志と謂う（八五8）『出曜』梵志品の第二十七偈（七七一中）、『法集』梵志品の第二十六偈（七九八中）を参照。また Dhp は、

yo dukkhassa pajānāti
idh' eva khayam attano /
pannabhāraṃ visaññuttaṃ
tam ahaṃ brūmi brāhmaṇaṃ //(Dhp 402)

すでにこの世において自らの苦の消滅を知り、
重荷を下ろして、とらわれのない人、彼を私はバラモンと呼ぶ。

微妙の慧を解し……是れを梵志と謂う（八五10）『出曜』梵志品の第三十四偈（七七二上）、『法集』梵志品の第三十三偈（七九八下）。また Dhp は、

gambhīrapaññaṃ medhāviṃ
maggāmaggassa kovidaṃ /
uttamatthaṃ anuppattaṃ
tam ahaṃ brūmi brāhmaṇaṃ //(Dhp 403)

深い智慧があり、聡明で、正しい道と悪い道とに通達し、
最高の目的に到達した人、彼を私はバラモンと呼ぶ。

家居と無家の……是れを梵志と謂う（八五12）『出曜』梵志品の第二十六偈（七七一中）、『法集』梵志品の第二十五偈（七九八中）を参照。また Dhp は、

asaṃsaṭṭhaṃ gahaṭṭhehi anāgārehi c' ūbhayaṃ /
anokasāriṃ appicchaṃ tam ahaṃ brūmi brāhmaṇaṃ //
(Dhp 404)

在家の者たち、あるいは出家の者たち、その両者とも交わらず、
家々を頻繁に訪ねることなく、欲の少ない人、彼を私はバラモンと呼ぶ。

『法句』第二句の「無家之畏」は、Dhp, pāda b や PDhp 44b では anāgārehi cūbhayaṃ、Uv XXXIII. 20b では anagārais tathobhayam、GDhp 32b では aṇakarehi y≃uha'ï とあり、すべて ubhaya（両者）ととれる。ただし『法句』訳出時に何らかのテクストの混乱から、ca bhayaṃ（恐れ）とあった可能性もあろう。

Dhp, pāda c の anokasāriṃ は、対応する Sn 628c の異読に anokacāriṃ とある。an-oka-sāriṃ を「家々を訪れない」とここでは訳したが、『法句』第三句では「少求」、『出曜』第三句では「無貪」とあり、「世俗の欲なく」と解されている。

活生を棄放し……是れを梵志と謂う（八五14）『出曜』梵志品の第三十七偈（七七二上）、『法集』梵志品の第三十六偈（七九八下）。また Dhp は、

nidhāya daṇḍaṃ bhūtesu tasesu thāvaresu ca /
yo na hanti na ghāteti tam ahaṃ brūmi brāhmaṇaṃ // (Dhp 405)

動くもの、動かないもの、〔両方の〕生類に暴力を放棄し、
殺したり、殺させたりしない人、彼を私はバラモンと呼ぶ。

争いを避けて争わず……是れを梵志と謂う（八五16）『出曜』梵志品の第三十八偈（七七二中）、『法集』梵志品の第三十七偈（七九八下）。また Dhp は、

aviruddhaṃ viruddhesu attadaṇḍesu nibbutaṃ /
sādānesu anādānaṃ tam ahaṃ brūmi brāhmaṇaṃ // (Dhp 406)

害意ある者たちのなかで害意なく、棒を取って〔力を加えんとする〕者たちのなかで心静かであり、
執著ある者たちのなかで執著のない人、彼を私はバラモンと呼ぶ。

婬と怒と痴と……是れを梵志と謂う（八五18）『法喩』梵志品の第五偈（六〇五上）。『出曜』梵志品の第四十偈（七七二中）、『法

集』梵志品の第三十九偈（七九八下）の第三句は芥子の比喩を出す。また Dhp は、

yassa rāgo ca doso ca māno makkho ca pātito /
sāsapo-r-iva āraggā tam ahaṃ brūmi brāhmaṇaṃ //(Dhp 407)

その人の貪欲と憎悪と高慢と偽善とが、芥子粒が錐の先から〔落ちる〕ように、脱け落とされると、彼を私はバラモンと呼ぶ。

『法句』第三句のみ蛇の比喩を出す。

世事を断絶し……是れを梵志と謂う（八六1）『法喩』梵志品の第六偈（六〇五上）、『出曜』梵志品の第五十五偈（七七四上）、『法集』梵志品の第五十四偈（七九九上）。また Dhp は、

akakkasaṃ viññāpaniṃ giraṃ saccaṃ udīraye /
yāya nābhisaje kañci tam ahaṃ brūmi brāhmaṇaṃ //(Dhp 408)

粗暴でなく、ためになり、快い言葉を発し、
この〔言葉に〕よって誰も害さないような人、彼を私はバラモンと呼ぶ。

世の善悪とする所……是れを梵志と謂う（八六3）『出曜』梵志品の第十九偈（七七〇下）、『法集』梵志品の第十九偈（七九八中）。また Dhp は、

yo 'dha dīghaṃ va rassaṃ vā
aṇuṃthūlaṃ subhāsubhaṃ /
loke adinnaṃ nādiyate
tam ahaṃ brūmi brāhmaṇaṃ //(Dhp 409)

しかし長かろうと、あるいは短かろうと、大きかろうと小さかろうと、浄かろうと不浄であろうとも、
この世において与えられていないものを取ろうとしない人、彼を私はバラモンと呼ぶ。

今世に行い浄ければ……是れを梵志と謂う（八六5）『出曜』梵志品の第三偈（七六九中）、『法集』梵志品の第三偈（七九八上）。また Dhp は、

āsā yassa na vijjanti
asmiṃ loke paramhi ca /
nirāsayaṃ visaṃyuttaṃ
tam ahaṃ brūmi brāhmaṇaṃ //(Dhp 410)

この世やあの世に対する期待なく、
依存することなく、束縛を離れた人、彼を私はバラモンと呼ぶ。

Dhp, pāda c の nirāsaya（依存することなく）は、同じ pāda a の āsā と語呂遊びをしている。DhpA IV. 185 では、āsā ti taṇhā, nirāsayan ti nittaṇhaṃ と、「渇愛」(taṇhā) のないこと

と解している。Dhp に対応するもう一つの偈、『出曜』梵志品の第四十三偈（七七二下）では、

人無希望　今世後世
以無希望　是謂梵志

とあり、āsā (S. āśā) を「希望」、nirāsayaṃ (Uv XXXIII. 43c, nirāśiṣaṃ) を「無希望」と訳している。さらに Dhp に対応する Sn 634c は nirāsayaṃ の異読として、nirāsāsaṃ を挙げる。

これによれば『法句』第一句は、Dhp, pāda a-b の asmiṃ loke までを、さらに第二句は、pāda b の paraṃhi ca から pāda c の nirāsayaṃ までを訳していることになる。そして第三句は、pāda c の visaṃyuttaṃ を意訳したものであろう。

さらに『法句』第一句の「行浄」は、Dhp の āsā を註釈のように「渇愛」と解して、「渇愛がなければ」と解したか、あるいは āsā yassa が何らかの理由で āsaya 'ssa となって、āsaya をやはり「渇愛」ととったか、もしくは āsava (S. āśrava, 漏、煩悩) と解したかのどちらかであろう。

身を棄て猗るところ無く……是れを梵志と謂う（六六7）　水野博士の指摘する『出曜』『法集』は本偈に対応すると考えにくい。また Dhp は、

yassālayā na vijjanti
aññāya akathaṃkathī /
amatogadhaṃ anuppattaṃ
tam ahaṃ brūmi brāhmaṇaṃ // (Dhp 411)

その人に著する所なく、知解の心ある故に疑惑なく、
甘露という堅固な地に到達した人、彼を私はバラモンと呼ぶ。

Dhp の ālaya は「依、処、処所、蔵、舎」と漢訳され、本偈の「猗」もこの語の訳であろう。DhpA IV. 186 では taṇhā（渇愛）と註される。Dhp, pāda b の aññāya akathaṃkathī（知解の心ある故に疑惑なく）と、『法句』第二句の「不誦異行」とは対応しないように見える。しかし aññāya は aññā (S. ājñā) の単数具格であるが、これを añña (S. anya, 他の、異なる) と解し、akathaṃkathī は a-kathaṃkathin の単数主格であるが、これを kathaṃ kathī と切り離したら「話を話す」とも解されるから、『法句』に近い内容になろう。『法句』の「行」は宋・元・明三本では「言」とある。

罪と福とに於いて……是れを梵志と謂う（六六9）『出曜』梵志品の第二十八偈（七七一中）、『法集』梵志品の第二十七偈（七九八中）。また Dhp は、

yo 'dha puññañ ca pāpañ ca
ubho saṅgaṃ upaccagā /

asokaṃ virajaṃ suddhaṃ
tam ahaṃ brūmi brāhmaṇaṃ //(Dhp 412)

しかしながら、福と罪という、両方の執著を超越し、
憂いなく、汚れなく、清浄な人、彼を私はバラモンと呼ぶ。

心喜び垢無きこと……是れを梵志と謂う（八六11）『出曜』梵志品の第三十一偈（七七一下）、『法集』梵志品の第三十偈（七九八下）。また Dhp は、

candaṃ va vimalaṃ suddhaṃ
vippasannam anāvilaṃ /
nandībhavaparikkhīṇaṃ
tam ahaṃ brūmi brāhmaṇaṃ //(Dhp 413)

月のようにしみなく、清浄であり、澄み、濁りなく、
歓悦と生存の尽きた人、彼を私はバラモンと呼ぶ。

Dhp, pāda c の nandī-bhava-parikkhīṇaṃ は nandī（歓悦）と bhava（生存）との尽きた、と訳したが、「歓悦の生存の尽きた」の解釈も可能であろう。この語と、『法句』第三句の「謗毀」とは全く正反対であり、nandī- が何らかの理由で nindā-（非難）とあったのではないかとされる。Willemen[1978:178, n. 30]を参照。

痴の往来して……是れを梵志と謂う（八六13）『出曜』梵志品の第四十一偈（七七二中―下）、『法集』梵志品の第四十偈（七九八下）。また Dhp は、

yo imaṃ palipathaṃ duggaṃ
saṃsāraṃ moham accagā /
tiṇṇo pāragato jhāyī
anejo akathaṃkathī /
anupādāya nibbuto
tam ahaṃ brūmi brāhmaṇaṃ //(Dhp 414)

この行き難き難路、輪廻、迷妄を超え去って、
渡りおわり、彼岸に達し、瞑想し、貪愛なく、疑惑なく、
執著することなく、ニルヴァーナに達した人、彼を私はバラモンと呼ぶ。

『法句』第一句の「痴往来」の痴は Dhp, pāda b の mohaṃ（迷妄）に、往来は saṃsāraṃ（輪廻）に対応しよう。Dhp, pāda a の palipathaṃ は、Uv XXXIII. 41a では parikhāṃ（ほり、濠）とあり、この方が『法句』第二句の「塹」に対応する。ところで Dhp, pāda b の saṃsāraṃ moham accagā は、Uv, pāda b では saṃsāraugham upatyagāt（輪廻の激流を超えた）と moha（迷妄）の語は出ていない。Bernhard 校註（p. 480, fn. 2）の、Dhp 414ab は、yo 'maṃ palipathaṃ duggaṃ saṃsāraṃ oham accagā / とあり、これを参照すれば、saṃsāra-moham（＜ogham)→saṃsāraṃ-m-oham→saṃsāraṃ moham となったのであろうと推察されている。Norman［1997 : 162, n. 414］を参照。さらに palipatha (paripantha) の、pari- の代わりに pali- と書くのは、古代東部インド語の名残とされる。Lüders［1954 : 58, §61］を参照。『法集』第八偈の第一、二句は「見凡愚往来　堕塹受苦悩」と『法句』第一、二句に相当する訳を出すが、『法集』第四十偈や『出曜』の第一、二句では「城以塹為固　往来受其苦」と moha に相当する訳語を出していない。

Dhp, pāda d の anejo は an-eja で、「貪りのない」意であるが、Uv, pāda d では aneyo とあり、Willemen［1978 : 176, n. 8］は anya（他の）の可能性を指摘する。akathaṃkathī が『法句』第四句の「不好他語」や『出曜』第三句の「不肯受他語」と訳される可能性については、前の偈の補註を参照。

Dhp, pāda e の anupādāya（執著なく）は、an-up-pādāya (S. an-ut-pādāya, 生じることなく) と解されて、『法句』第五句に「不起」と訳されたのであろう。

已に恩愛を断じ……是れを梵志と謂う（八六16）　『法喩』梵志品の第七偈（六〇五上）、『出曜』梵志品の第二十三偈（七七一上）、『法集』梵志品の第二十二偈（七九八中）。また Dhp は、

yo 'dha taṇhaṃ pahatvāna
anāgāro paribbaje /
taṇhābhavaparikkhīṇaṃ
tam ahaṃ brūmi brāhmaṇaṃ //（Dhp 416)

しかしながら、渇愛を捨て去り、出家して遍歴し、
渇愛と生存の尽きた人、彼を私はバラモンと呼ぶ。

Dhp 415 には taṇhā（渇愛）の代わりに kāma（愛欲）とあるだけで、あとはすべて同じである。おそらく『法句』の「恩愛」は、この taṇhā と kāma の両者を訳したものであろう。

人の聚まる処を離れ……是れを梵志と謂う（八六18）　『法喩』梵志品の第八偈（六〇五上)。この他『出曜』や『法集』に相応偈は認められない。また Dhp は、

hitvā mānusakaṃ yogaṃ
dibbaṃ yogaṃ upaccagā /
sabbayogavisaṃyuttaṃ
tam ahaṃ brūmi brāhmaṇaṃ //（Dhp 417)

人間の絆を捨て、神の絆を超越し、
あらゆる絆を離れた人、彼を私はバラモンと呼ぶ。

楽と無楽とを棄て……是れを梵志と謂う（八七1）　『法句』以外に漢訳の相応偈なし。また Dhp は、

hitvā ratiñ ca aratiñ ca

sītibhūtaṃ nirūpadhiṃ /
sabbalokābhibhuṃ vīraṃ
tam ahaṃ brūmi brāhmaṇaṃ //(Dhp 418)

悦楽と不快とを捨て、涼しくなって、来世への存在の基礎なく、あらゆる世界に打ち勝った勇者、彼を私はバラモンと呼ぶ。

生ずる所已に訖わり……是れを梵志と謂う（八七3）『出曜』梵志品の第四十七偈（七七三上）、『法集』梵志品の第四十七偈（七九九上）を参照。またDhpは、

cutiṃ yo vedi sattānaṃ
upapattiñ ca sabbaso /
asattaṃ sugataṃ buddhaṃ
tam ahaṃ brūmi brāhmaṇaṃ //(Dhp 419)

生類の発生と死とをあまねく知り、
執著なく、よく行き、目覚めた人、彼を私はバラモンと呼ぶ。

已に五道を度り……是れを梵志と謂う（八七5）『出曜』梵志品の第四十四偈（七七二下）、『法集』梵志品の第四十三偈（七九九上）。またDhpは、

yassa gatiṃ na jānanti devā gandhabbamānusā /
khīṇāsavaṃ arahantaṃ tam ahaṃ brūmi brāhmaṇaṃ //
(Dhp 420)

神々もガンダルヴァも人間も、その人の行方を知らないような、
煩悩を消滅させた、供養に価する人、彼を私はバラモンと呼ぶ。

『法句』第一句は「已度五道」とあるが、『出曜』第二句では「天捷沓和」、『法集』第二句でも「天人彦達嚩」とあり、Dhp, pāda b の devā gandhabba-mānusā（天、ガンダルヴァ、人間）や Uv XXXIII. 46b, GDhp 43b を直訳している。おそらく『法句』はそれを「五道」という語で意訳したのであろう。また、興味深いことに E. W. Burlingame, *Buddhist Legends* (The Harvard Oriental Series, 30) Pt. 3, PTS, 1979, pp. 334-336 には、「五道」を五つの頭蓋骨と対比させている。

『法句』第三句の「無余」は Dhp, pāda c の arahantaṃ（供養に価する）に対応すべきであるが、一見すればそうとは考えられない。『出曜』第三句の「知無量観」や『法集』第三句の「能知無量観」は Uv, pāda c の異読 ananta-jñāna-darśāvī の訳であって、Dhp の pāda c とは全く関係ない。Dhp, pāda c は Sn 644c や GDhp 26c に対応する。arahantaṃ は P. arahati (S. arhati) の現在分詞であるが、もしこれを a-rahantaṃ ととれば、rahati（捨てる、欠ける）の現在分詞の否定形となり「欠けることなく＝あますことなく」とも解せよう。そうすれば『法句』の「余り無き」にも対応するようにも推察される。

前に後に……是れを梵志と謂う（八七7）『出曜』梵志品の第三十九偈（七七二中）、『法集』梵志品の第三十八偈（七九八下）。また Dhp は、

yassa pure ca pacchā ca majjhe ca n' atthi kiñcanaṃ /
akiñcanaṃ anādānaṃ tam ahaṃ brūmi brāhmaṇaṃ //(Dhp 421)

その人には前にも、後にも、中間にも、何物もないような、無一物で、執著して取ろうとしない人、彼を私はバラモンと呼ぶ。

Dhp, pāda cd=Dhp 396ef. 対応する『法句』梵志品、第十四偈の第三、四句は「如諦不妄　乃為梵志」とある。『法句』の本偈第三句の「無操無捨」は、Dhp, pāda c の akiñcanaṃ anādānaṃ を直訳したものであろう。

Dhp, pāda ab について、DhpA IV. 230 では pure ti atitesu kkhandhesu, pacchā ti anāgatesu khandhesu, majjhe ti paccuppannesu khandhesu とあり、「前」とは「過去」、「後」とは「未来」、「中」とは「現在」のあつまりと解している。『法句』の訳を踏襲する『出曜』の説明（七七二中）でも、「猶如有人。於未来世、不作衆悪行。已不作、当不作。於過去世、不作衆悪行。已作衆悪行。已不作、当不作、現不作。……」とあり、やはり未来（＝後）、過去（＝前）、現在（＝中）に悪行をしないこととしている。

最雄、最勇にして……是れを梵志と謂う（八七9）『出曜』梵志品の第四十九偈（七七三中）、『法集』梵志品の第四十九偈（七九九上）を参照。また Dhp は、

usabhaṃ pavaraṃ vīraṃ
mahesiṃ vijitāvinaṃ /
anejaṃ nhātakaṃ buddhaṃ
tam ahaṃ brūmi brāhmaṇaṃ //(Dhp 422)

人中の雄牛であり、もっともすぐれており、勇者であり、大聖仙、勝利者、
貪愛のない人、沐浴者、覚った人、彼を私はバラモンと呼ぶ。

『法句』第三句の「不動」は、Dhp, pāda c の anejaṃ（貪愛のない）と対応している。P. aneja は an-ejā であり、P. ejā は iñjati（動揺する、動く）からの名詞であるから、aneja を「不動」と訳したのも自然であろう。『出曜』第三句は「無数仏沐浴」とあり、この「無数」は Dhp, pāda c の anejaṃ、Uv XXXIII. 50c の aneyaṃ を anekaṃ（数多くの）と解したのであろう。

自ら宿命と……是れを梵志と謂う（八七11）『法喩』梵志品の第九偈（六〇五上）、『出曜』梵志品の第四十五偈（七七三上）、『法

集』梵志品の第四十五偈（七九九上）を参照。また Dhp は、

pubbenivāsaṃ yo vedi saggāpāyañ ca passati /
atho jātikkhayaṃ patto abhiññāvosito muni /
sabbavositavosānaṃ tam ahaṃ brūmi brāhmaṇaṃ //(Dhp 423)

前生の生涯を知り、天界と苦界とを見、
さらに生存の消滅に到達して、証智において完成した聖者、
あらゆる最終目標を完成した人、彼を私はバラモンと呼ぶ。

Dhp, pāda a-c は仏教の三明（tevijjā）を示す。三明は宿命、天眼、漏尽をいう。Dhp, pāda d の abhiññā は「証智」と訳したが、「神通」の意味もある。

『出曜』の次の偈、第四十六偈（七七三上）に、

自知心解脱　脱欲無所著
三明以成就　是謂為梵志

とある。三明は本来三ヴェーダを意味したが、仏教ではバラモン批判の一つとして、内面の浄化の象徴を強調した意味に変化した。これについては、榎本［一九八一］、［一九八二(1)］を参照。

泥洹品（八七14）　本品はその半数ほどの偈が Uv の Nirvāṇa-varga（涅槃品）と対応し、その他は Dhp, Uv の両方にも対応偈がないから、おそらく所属部派不明の『法句経』から訳出されたのであろう。水野［一九八一］三一一頁を参照。またこの品は三十六偈あると言うが、水野博士は三十五偈とする。

忍を最も自ら守ることと為し……息心は害する所無し（八七16）　『出曜』泥洹品の第二偈（七三二上）、『法集』円寂品の第二偈（七九〇中）。また Uv は、

kṣāntiḥ paramaṃ tapas titikṣā
nirvāṇaṃ paramaṃ vadanti buddhāḥ /
na hi pravrajitaḥ paropatāpī
śramaṇo bhavati paraṃ viheṭhayaṃ vai //(Uv XXVI. 2)

隠忍という忍耐は最上の苦行である。ニルヴァーナは最高であると諸仏は言う。
他人を害する者は決して出家者ではなく、他者を圧迫する者は沙門ではない。

その他『法句』述仏品の第九偈（五六七上）と対応する Dhp 184 を参照。

病無きは最利……泥洹は最快たり（八八1）　『出曜』泥洹品の第六偈（七三二上）、『法集』円寂品の第六偈（七九〇中）。また Uv は、

ārogyaparamā lābhā saṃtuṣṭiparamaṃ dhanam /
viśvāsaparamaṃ mitraṃ nirvāṇaparamaṃ sukham //(Uv

XXVI. 6)

健康は第一の獲得物、満足は第一の財、

信頼は第一の友、ニルヴァーナは第一の安楽である。

その他 Dhp 204 を参照。

飢えを大病と為し……泥洹は最楽なり（八八3）『出曜』泥洹品の第七偈（七三二中）、『法集』円寂品の第七偈（七九〇中）。また Uv は、

kṣudhā parama rogāṇāṃ saṃskārā duḥkham eva tu /

etaj jñātvā yathābhūtaṃ nirvāṇaparamo bhavet //(Uv XXVI. 7)

飢え病気のうちで最大のものであり、形成された存在（＝行）は苦にほかならない。

このことをあるがままに知れば、ニルヴァーナに専念する者となろう。

『法句』第四句の「泥洹最楽」は、Uv, pāda d の nirvāṇa-paramo bhavet よりも、Dhp 203d の nibbānaṃ paramaṃ sukhaṃ、PDhp 75d の nibbāṇa-paramaṃ sukhaṃ、GDhp 163d の nivaṇa paramo suha の方により対応する。

少しく善道に往き……泥洹最も安し（八八5）『出曜』泥洹品の第八偈（七三二下）、『法集』円寂品の第十偈（七九〇下）。また Uv は、

alpakāḥ sugatiṃ yānti bahavo yānti durgatim /

etaj jñātvā yathābhūtaṃ nirvāṇaparamo bhavet //(Uv XXVI. 8)

善趣に赴くものは少なく、悪趣に赴くものは多い。

このことをあるがままに知れば、ニルヴァーナに専念する者となろう。

因に従りて善を生じ……所縁も亦た然り（八八7）『出曜』泥洹品の第九偈（七三三上）、『法集』円寂品の第十一偈（七九〇下）。また Uv は、

sahetuṃ sugatiṃ yānti sahetuṃ yānti durgatiṃ /

sahetuṃ parinirvānti hy evam etat sahetukam //(Uv XXVI. 9)

人々は因縁があって善趣に赴き、人々は因縁があって悪趣に赴き、

人々は因縁があってニルヴァーナに入る。このように、このことは因縁にもとづいているのである。

sahetum の文法的解釈については、*Buddhist Hybrid Sanskrit Grammar* (F. Edgerton) 12. 28–30 (pp. 86–87) を参照。

麋鹿は野に依り……真人は滅に帰す（八八9）『出曜』第十偈（七

三三上—中）、『法集』円寂品の第十二偈（七九〇下）を参照。また Uv は、

gatir mṛgāṇāṃ pravaṇam ākāśaṃ pakṣiṇāṃ gatiḥ /
dharmo gatir vibhāgīnāṃ nirvāṇaṃ tv arhatāṃ gatiḥ //
(Uv XXVI. 10)

鹿たちの帰るところは森であり、鳥たちの帰るところは虚空であり、
分別する人々の帰するところは真理であり、供養に価する人々の帰するところはニルヴァーナである。

『法句』第三句の「其報」は、宋・元・明三本では「分別」とあり、この方が Uv, pāda c の vibhāgīnāṃ（分別する人々）に対応する。さらに『出曜』や『法集』第三句では「義帰（於）分別」とあり、これは、P. attha-vibhāga, S. artha-vibhāga という「意味の分類解釈」によく相応している。

始めは無にして如して不ず……亦た思い有ること無し（六八11）

この偈の意味はよく分からない。Uv に次のようにある。

abhūt pūrve tato nābhūn nābhūt pūrve tato hy abhūt /
na cābhūn na bhaviṣyati na vāpy etarhi vidyate // (Uv XXVI. 13)

前にあったが、それからはなかった。前にはなかったが、それからはあった。
過去になかったし、未来にもないであろう。また現在にもない。

この Uv を参照すれば、abhūt を誤って「無」と訳し、pūrve を「前」、tato を「如」、nābhūt を「不」に対応させることができよう。また『出曜』泥洹品の第十三偈（七三三下）には、

我有本以無　本有我今無
非無亦非有　如今不可獲

と「我《が》」の有無についての内容となっており、その説明（七三三下）で、第三、四句について、「非無」とは過去、「非有」とは未来、「如今不可獲」とは現在についていうとある。その他『法集』円寂品の第十五偈（七九〇下）も『出曜』に同じ。

心は見ること難きも習わば観る可し……愛欲に在れば痛みを増すことを為す（六八13）『出曜』泥洹品の第十四偈（七三三下）、『法集』円寂品の第十六偈（七九〇下）。また Uv は、

durdṛśaṃ satyam acalaṃ sudṛśaṃ pratividhyataḥ /
tṛṣṇākṣayaṃ paśyato hi duḥkhasyānto nirucyate // (Uv XXVI. 14)

不動の真理は見難いが、〔真理を〕洞察する人には見やすい。
渇愛の消滅を見る人には、実に苦の消滅が〔生じる〕と説かれる。

『法句』第二句の「覚欲者」は、Uv, pāda b の pratividhyataḥ (洞察する）に対応し、『出曜』には「分別」とある。さらに『法句』第二句の「具見」は Uv の sudṛśaṃ (見やすい）に対応し、『出曜』には「善観」とある。『法句』の欲、所楽、愛欲はおそらく Uv の tṛṣṇā (P. taṇhā, 渇愛）の訳語であろう。対応する Ud VIII. 2 に、

duddasaṃ anattaṃ nāma na hi saccaṃ sudassanaṃ /
paṭividdhā taṇhā jānato passato n' atthi kiñcanan ti //

とあり、pratividhyataḥ (洞察する）の対象は渇愛であることが分かる。

清浄ならざるを明らめて能く御し……識れば識ること〔のみ〕有り（八八15）『出曜』泥洹品の第十五偈（七三四上）の後半二句と、同第十六偈（七三四上）の前半三句とが対応する。すなわち、

断愛除其欲　竭河無流兆
能明此愛本　是謂名苦際（第十五偈）
見而実而見　聞而実而聞
知而実而知　是謂名苦際（第十六偈）

以上、傍点が『法句』に対応。

また Uv は、

chitvā tṛṣṇāṃ praśāmyeha rajaḥ sarvaṃ samāhitaḥ /
viśoṣayitvā saritāṃ duḥkhasyānto nirucyate //(Uv XXVI. 15)

dṛṣṭe tu dṛṣṭamātreṇa śrute ca śrutamātratā /
mate tathaiva vijñāte duḥkhasyānto nirucyate //(Uv XXVI. 17)

この世で渇愛を断ち切り、あらゆる塵を静めて、精神を集中し、〔愛欲の〕川の流れを乾かせば、苦の終わりが〔生じる〕と説かれる。

見られたものは見られただけのものであり、聞かれたものは聞かれただけのものであり、考えられたもの、識別されたものも同様であると〔知れば〕、苦の終わりが〔生じる〕と説かれる。

覩て著無く亦た識無く……識已に尽くれば苦竟わると為す（八八18）『出曜』泥洹品の第十八偈（七三四中）。また『法集』円寂品の第十八偈（七九〇下）の方が読みが分かりやすい。すなわち、

無身滅其想　諸痛得清涼
衆行永止息　識想不復興
如実知此者　是謂名苦際

また Uv は、

bhitvā kāyaṃ ca saṃjñāṃ ca vedanāṃ vyupaśāmya ca /

vijñānāstagamaṃ labdhvā duḥkhasyānto nirucyate //(Uv XXVI. 16)

身体を壊し、表象作用（＝想）と感受作用（＝受）とを静めて、識別作用（＝識）の消滅を得れば、苦の終わりが〔生じる〕と説かれる。

Uv と『法句』は次のように対応する。kāya（身体）＝身（＝色）、saṃjñā（表象作用）＝想、vedanā（感受作用）＝痛（＝受）、vijñāna（識別作用）＝識。Uv には五蘊のうちの行（＝saṃskāra）に相当する語がない。中村博士はこれに着目して、この Uv の偈は五蘊の説の確立する以前の段階の思想を示していると、指摘される。中村［一九七八］三四七頁、註一六を参照。しかし Uv の古写本のスバシ写本 363 では、

*abhe*di k(ā)yan ni(ru) *ddhā* sa(ṃ)j*ñā*
c*e*tanā śītir-bhavan*ti* /
sarvva-saṃsk(ārā vyupa)śāmyanti
vijñānā eṣ(a) evānt(o) duḥkhasya

と、一切の行（sarva-saṃskārā）が説かれており、対応する Ud VIII. 9 でも、

abhedi kāyo nirodhi saññā vedanā pi 'tidahaṃsu sabbā /
vūpasamiṃsu saṅkhārā viññāṇam attham agamā 'ti //

と、やはり行（saṅkhārā）の語が出る。このように見れば、本来五蘊の説があって、Bernhard の校訂した Uv のみ、「行」に相当する語が何らかの理由で欠落したと考えるべきであろう。

『法句』第一、二句は、見る→執著しない→識が無い→一切を捨てる→輪廻の終わりという縁起の法則を予想させる。対応する『出曜』の第四句「識想不復興」の説明（七三四中）には、「識想流馳、興病万端。是以聖人、摂識不散。人之興識、多起痴根。……復以無漏聖行、頂忍之法、而滅識想」とあり、識想を滅する必要と、その手段としての頂、忍という聖行を説いている。さらに同じ偈の説明（七三四下）で、「必有所依。所謂依者、山河石壁、有形之類。目所覩者、皆謂依也。能滅此者、乃応第一義。於第一義。不見、来往周施。以無来往周施、則無生死」とあり、目の対象を滅すれば第一義、すなわち来・往・周施がなく、生も死もない状態である涅槃に到るとし、反対に滅しなければ輪廻し五陰の苦形を受けるとする。これは『中論』観因縁品第一（大正三〇、一中）の八不（＝不生・不滅、不常・不断、不一・不異、不来・不去）を連想させる。

猗らば則ち動じ虚しければ則ち浄なり……寂し已に寂して往来すること無し（六九1）『法集』円寂品の第十九偈（七九〇下）に次のようにある。

住動虚則静　非近非有楽
無動得軽安　静乃獲円寂

また Uv は、

aniḥśritasyācalitaṃ prasrabdhiś ceha vidyate /
na gatir na cyutiś caiva duḥkhasyānto nirucyate // (Uv XXVI. 20)

依存することのないものには動揺がなく、そこには心の軽快さ（＝軽安《きょうあん》）がある。行くこともなく没することもないことが、苦の終わりであると説かれる。

『法句』はこの Uv よりも、むしろ古写本のスバシ写本 367 に対応する。

(niśritasya calitam as) *ti a*(n) *iś*(r) *itas*(ya) n(a) cal *i* (tam asti calite asati ratir nna bhavati ratyāsati pra) srabdhir bhavati /
prasrabdhyā sati āgata-gatir na bh(a)v(a)*t*(i) *ā* (gata)-

依存することに動揺があり、依存することなきものに動揺がなく、動揺がなければ楽しみはなく、楽しみなければ軽安がある。軽安があれば往来はない。

また対応する Ud VIII. 4 の散文も同様である。

nissitassa ca calitam, anissitassa calitaṃ n' atthi, calite asati passaddhi, passaddhiyā sati rati na hoti, ratiyā asati āgati-gati na hoti . . .

これを『法句』の訳語と対応させると、**第一句**、猗＝S. niśrita, P. nissita（依存すること）、動＝S., P. calita（動くこと）、虚＝S. aniśrita, P. anissita（依存しないこと）、浄＝S. na calitam asti, P. calitaṃ n' atthi（動くことがない）。ただし浄は、宋・元・明三本では「静」とあり、『法集』第一句の「虚則静」を参照しても、ここは「静」の方が適切であろう。

第二句、動非近＝S., P. calite asati（動くことがなければ）、非有楽＝S. ratir na bhavati, P. rati na hoti（楽しみはない）。

第三句、楽無近＝S. ratyāsati, P. ratiyā asati（楽しみなければ）、為得寂＝S. prasrabdhir bhavati, P. passaddhi。prasrabdhi は普通「軽安」と訳されるが、その他「安息、止」とも訳されるので、ここでは「寂」と訳されたのであろう。

第四句、寂已寂＝S. prasrabdhyā sati, P. passaddhiyā sati（軽安があると）、無往来＝S. āgata-gatir na bhavati, P. āgati-gati na hoti（往来はない）。

『法句』の順は Ud よりもスバシ写本の方に一致する。

来往絶ゆれば生死無く……滅して余り無きを苦除かると為す

（八九3）　『法集』円寂品の第二十偈（七九〇下）には次のようにある。

亦不由往来　往来絶生滅
老死煩悩除　断苦獲円寂

これは Ud VIII. 4 の前の散文の続きに対応する。

āgati-gatiyā asati cutūpapāto na hoti, cutūpapāte asati n' ev' idha na huraṃ na ubhaya-m-antare, es' ev' anto dukkhassā 'ti.

往来なければ死と再生はない。死と再生なければ、この世でも他世でも、両世の間でも存在しない。これがまさに苦の終わりである。

『法句』**第一句**、来往絶＝P. āgati-gatiyā asati（往来なければ）、無生死＝P. cutūpapāto na hoti（生と再生なし）。

第二句、無此彼＝P. n' ev' idha na huram（この世でも来世でもない）。

第三句、為両滅＝P. na ubhaya-m-antare（両世の間でもない）。

第四句、為苦除＝P. es' ev' anto dukkhassa（これがまさに苦の終わりである）。

さらに『出曜』の説明（七三四中―下）には、『法句』の前の偈と本偈の二偈をあわせた内容が説かれている。

有依便有動。有動便無滅。已無滅、則知無厭。以知無滅、則不見去来今。以無去来今、則無生死。以無生死、愁憂苦悩。……

比丘よ、世に生ずる有り……作すこと無く、行ずる所も無し（八九5）『法集』円寂品の第二十五偈（七九一上）は『法句』と微妙に異なる。

苾芻有世生　有造無作行
有無生無有　無作無所行

これは Ud VIII. 3 に対応するが、Ud の文意がそのまま『法句』に反映されているとは思えない。むしろ各語の羅列にとどまっていよう。

atthi bhikkhave ajātaṃ abhūtaṃ akataṃ asaṃkhataṃ, no ce taṃ bhikkhave abhavissa ajātaṃ abhūtaṃ akataṃ asaṃkhataṃ, na yidha jātassa bhūtassa katassa saṅkhatassa nissaraṇaṃ paññāyetha.

比丘たちよ、生じないもの・存在しないもの・作られないもの・形成されないものが実在する。比丘たちよ、もしこの生じないもの・存在しないもの・作られないもの・形成されないものがなければ、この世でこの生じたもの・存在するもの・作られたもの・形成されたものからの出離は認められないであろう。

ここで、『法句』第一句の有世生＝P. jāta↔同第三句の無生＝P.

ajāta、同第二句の有有＝P. bhūta↔同第三句の無有＝P. abhūta、同第二句の有作＝P. kata↔同第四句の無作＝P. akata、同第二句の（有）行＝P. saṅkhata↔同第四句の無所行＝P. asaṃkhata となる。↔は反対の概念を示す。

さらに『出曜』の説明（七三四下）にも、同様な表現を見出すことができる。

或有比丘、有生、有実、有為。或有比丘、無生、無実、無為。比丘、不為無為者、亦不有生。設不有生、不有実、不有為者。則因生、因実、因有為、而説無為也。

生と有と作と行とは……則ち生じて有るも要を得（八九9） Uv XXVI. 21 に幾分対応する。

ajāte sati jātasya vaden niḥsaraṇam sadā /
asaṃskṛtaṃ ca saṃpaśyaṃ saṃskṛtāt parimucyate //(Uv XXVI. 21)

不生なものがあると、生じたものの出離を常に語るべきである。形成されざるもの（＝無為）を観じて、形成されたもの（＝有為）から脱れる。

ただし『法句』は Ud VIII. 3（＝Itv 43）の方により近い。

yasmā ca kho bhikkhave atthi ajātaṃ abhūtaṃ akataṃ asaṅkhataṃ, tasmā jātassa bhūtassa katassa saṅkhatassa nissaraṇaṃ paññāyatī 'ti.

実に比丘たちよ、生じないもの、存在しないもの、作られないもの、形成されないものが存在するから、それ故に、生じたもの、存在するもの、作られたもの、形成されたものからの出離が認められる。

この対応は、Uv の古写本のスバシ写本 368 にも見出される。『法句』第二句の「不得要」は S. niḥsaraṇa, P. nissaraṇa（出離）の誤訳ではなかろうか。S. nis- は「～から外へ」と同時に「～を欠いた」を意味し、さらに S. saraṇa（√sṛ、行く、進む）が、sāra（精要）と誤解されたとも推察される。

生と有已に起こりてより……食に従りて憂いと楽しみを致す（八九12） Uv XXVI. 22 に対応する。

jātaṃ bhūtaṃ samutpannaṃ kṛtaṃ saṃskṛtam adhruvam /
jarāmaraṇasaṃghātaṃ moṣadharmapralopanam /
āhāranetriprabhavaṃ nālaṃ tad abhinanditum //(Uv XXVI. 22)

生じたもの、あるもの、生起したもの、作られたもの、形成されたもの、確固としてないもの、
老いと死の集まり、虚妄なるもので壊れるもの、
食物という原因から生じたもの、これは喜ぶに足りない。

『法句』第二、三句は、『出曜』泥洹品の第十九偈、第三、四句（七三四下）、『法集』円寂品の第二十二偈、第三、四句（七九一上）に幾分対応し、『法句』第四、五句は、『法集』円寂品の第二十八偈の第一、二句（七九一上）に対応する。

『法句』第一句の「従生有已起」は、Uv, pāda a の jātaṃ bhūtaṃ samutpannaṃ（生じたもの、あるもの、生起したもの）に対応し、同第二句の「作行」は、Uv, pāda b の kṛtaṃ saṃskṛtam（作られたもの、形成されたもの）に、さらに同「致死生」は、Uv, pāda c の jarā-maraṇa-saṃghātam（老いと死の集まり）に対応する。次に同第三句の「為開為法果」は、Uv, pāda c の moṣa-dharma-pralopanam（虚妄なるもので壊れるもの）に対応するはずであるが、今一つはっきりとしない。明らかなのは「法」が -dharma-（法、性格）に対応する点だけである。S. moṣa-（P. mosa）は P. musā（S. mṛṣā, 妄りの）であるが、これが moca- もしくは muca- とあり、P. muccati, muñcati, moceti との関連から「開く」と訳されたのではあるまいか。さらに -pralopanam（破壊する）も難解な語である。P. paloka（破壊）は pa-rujati（破壊する）から派生した名詞であり、その BSk. は pralopa とされる。この -r- と -l- との交替を参考にすれば、訳出時の原本が -paropanam とあった可能性もあろう。P. ropana（S. ropaṇa）は中性名詞で「治癒、生育」の意味があるから、『法句』はこれを「為法果」と訳したのではあるまいか。対応する Itv 43 第一偈の pāda d は roganīḷam pabhaṅguṇaṃ（病の巣であり、こわれやすい）とあり、全く異なっている。

さらに『法句』第四句「従食因縁有」は、Uv, pāda e の āhāra-netrī-prabhavaṃ（食という原因から生まれた）に対応する。

而して此の要滅すれば……行滅し湛然として安し（六六15）『法集』円寂品の第二十八偈第三、四句（七九一上）は『法句』第一、三句に対応する。また Uv は、

tasya niḥsaraṇaṃ śāntam atarkāvacaraṃ padam /
nirodho duḥkhadharmāṇāṃ saṃskāropaśamaṃ sukham //
(Uv XXVI. 23)

それからの出離は寂静で、考えの及ばない範囲である境地であり、
諸々の苦しみのことがらの止滅であり、形成するはたらきの静まった安楽である。

その他 Itv 43, 第二偈 ab, ef を参照。

比丘よ、吾れ已に知る……諸の入の用きの入無く（六九17）『法集』円寂品の第二十六偈（七九一上）。また Uv は、

abhijānāmy ahaṃ sthānaṃ yatra bhūtaṃ na vidyate /

nākāśaṃ na ca vijñānaṃ na sūryaś candramā na ca // (Uv XXVI. 24)

そこには有は存在せず、虚空もなく、識別作用もなく、太陽もなく、月もないような境地を、私は知っている。

この偈は Ud VIII. 1 (p. 80, *l*. 10-16) の散文の内容とよく一致しているが、ここでは

atthi bhikkhave tad āyatanaṃ, yattha n' eva paṭhavī na āpo na tejo na vāyo na ākāsānañcāyatanaṃ na viññāṇānañcāyatanaṃ na ākiñcaññāyatanaṃ na nevasaññānāsaññāyatanaṃ. . .

とあり、bhikkhave（比丘らよ！）という呼びかけの形になっており、āyatana という「入」と漢訳される語が散見されるから、おそらく漢訳の原文は Uv よりも Ud に近い形の韻文であった可能性が高い。また Willemen [1978 : 117, n. 26, 27] に従えば、『法句』の本偈と次の第十九偈は四無色定（S. ārūpya-samāpatti）を示している。すなわち、一、虚空無辺処（ākāśānantyāyatana）、二、識無辺処（vijñānānantyāyatana）、三、無所有処（ākiṃcanyāyatana）、四、非想非非想処（naivasaṃjñānāsaṃjñāyatana）である。これらの四つは先の Ud にも説かれている。さらに四つのうち第一から第三までは劣ったものであり、加行（P. payoga, S. prayoga）の範疇に入るとされる。これは『倶舎論』を引用したものである。平川彰等『倶舎論索引』第一部、大蔵出版、一九七三年、二五六頁を参照。Étienne Lamotte, *Le traité de la grande vertu de sagesse de Nāgārjuna* (*Mahāprajñāpāramitā-śāstra*). Tome III, Louvain: Publications de L'Institut Orientaliste de Louvain, 2, 1970, p. 1274, fn. 1 を参照。

これにより、『法句』の「入用」は「加行」（S. prāyogika）に対応し、先の第一から第三までを含むとして、『法句』の「虚空入」＝第一、「諸入用」＝第一から第三、「無想不想」＝第四とする。

ただし『出曜』の説明（七三五上）に Ud の訳がある。

仏告諸比丘。我知諸入、非地、非水、非火、非風。所以、非識、非空、非不用、非識非有想無想。

これによると Ud の na ākiñcaññāyatanaṃ は「非不用」と訳され、ā(不)-kiñcañña(用) となり、加行の意味ではない。

想不想の入無く……懸たる所無し（八九19）『法集』円寂品の第二十七偈（七九一上）。『法句』第二句以下は Ud VIII. 1 (p. 80, *l*. 10-16) の前の続きに対応する。

n' āyaṃ loko na paraloko ubho candimasūriyā, . . .

『出曜』の説明（七三五上）に、この Ud の箇所は「非今世後世。非及日月所明処」とある。

我れ已に往反すること無く……是の際を泥洹と為す（九〇2）

『法集』円寂品の第二十一偈（七九〇下）。また Uv は、

naivāgatir na ca gatir nopapattiś cyutir na ca /
apratiṣṭham anālambaṃ duḥkhāntaḥ sa nirucyate //(Uv XXVI. 25)

来ることもなく、行くこともなく、生じることもなく、没することもない。

停まり住することもなく、依拠することもない。〔これが〕苦の終わりであると説かれる。

Ud VIII. 1 (p. 80, *l*. 10-16) にも同様の表現がある。

tad amhaṃ bhikkhave n' eva āgatiṃ vadāmi na gatiṃ na ṭhitiṃ na cutiṃ na upapattiṃ, appatiṭṭhaṃ appavattaṃ anārammaṇam eva taṃ, es' ev' anto dukkhassā 'ti.

『出曜』の説明（七三五上）にも同様の表現がある。

是故比丘。我亦不説、周施、往来、生死、起滅。此謂苦際之本也。

是の如き像と無像……無言にして言に疑い無し（九〇4）　『出曜』泥洹品の第二十二—二十四偈（七三五上—中）、『法集』円寂品の第三十一—三十三偈（七九一上）を参照。また Uv は、

na tatra candramā bhāti nādityo vai prakāśyate /
yathā tv ihātmanā vetti munir mauneyam ātmanaḥ /
atha rūpād arūpāc ca sarvaduḥkhāt pramucyate //(Uv XXVI. 27)

そこでは月も照らず太陽も輝かない。

聖者はこの〔境地〕で自ら自己の沈黙を知るがままに、形あるものからも形なきものからも、一切の苦しみから解放される。

さらに、

niṣṭhāgato hy asaṃtrāsī na vikanthī na kaukṛtiḥ /
ācchettā bhavaśalyānām antimo 'sya samucchrayaḥ //(Uv XXVI. 28)

さとりの究極に達し、恐れることなく、誇示することなく、後悔なく、

生存の矢を断ち切った人、彼の身体は最後のものである。

『法句』第一、二句は Uv XXVI. 27ef に、同第三、四句は Uv XXVI. 28ab に対応する。さらに『法句』第一、二句は『出曜』第二十三偈第三、四句、『法集』第三十二偈第三、四句に、『法句』第三、四句は『出曜』第二十四偈第一、二句、『法集』第三十三偈第一、二句に対応する。

『法句』第一句の「像無像」は、『出曜』では「非色非不色」、『法

集』では「非色非無色」とあり、Uv の rūpād arūpāc ca（形あるものからも形なきものからも）に対応する。『法句』第二句の「苦楽為以解」は、『出曜』『法集』では「得脱一切苦」「得脱第一苦」とあり、Uv の sarva-duḥkhāt pramucyate（あらゆる苦から解放される）に対応する。ただ『法句』のみなぜ「苦楽」とあるのかは不明。『法句』第三句の「所見不復恐」は、『出曜』や『法集』では「究竟不恐懼」とあり、Uv の niṣṭhāgato hy asaṃtrāsī（さとりの究極に達し、恐れることなく）に対応する。S. niṣṭhā（P. niṭṭhā）は「究竟、終結」の意味と、「依止」の意味があり、『法句』の「所見」は後者の意味に解したか、もしくは P. niṭṭhā が誤って P. diṭṭha（S. dṛṣṭa, 所見）と書写されていたかであろう。

『法句』第四句の「無言言無疑」は対応を決定するのが困難である。『出曜』や『法集』では「越縛無狐疑」とあり、Uv では na vikanthī na kaukṛtiḥ とある。na vikanthī は「誇示することなく」と訳したが、これは S. √vikatth（誇示する）に基づいたものである。中村博士は「疑いなく」と訳されている。一方『法集』の訳語「縛」は『法集』のその他の箇所にも「縛」、「縛著」として頻出し、対応する Uv の語は bandhana, bandh, grantha, nibandh, pratibandha である。特に『法集』円寂品の第十三偈第四句の「縛著」は Uv XXVI. 11d の -grantha- に対応している。このように考えると少なくとも『法集』の「越縛」は、S. vikanthī ではなく、S. vi-granthī であった可能性が強い。一方『法句』の「無言」の原語は不明である。Uv XXVI. 27d の munir mauneyam ātmanaḥ のいずれかの語が挿入されたか、もしくは先の S. vi-grantha のパーリ語形、vi-gantha もしくは vi-gandha が「越縛」ではなく、「典籍、書を離れて」の方の意味に解され、それが「無言」と訳されたか、のいずれかであろう。

さらに『法句』の「言無疑」は『法集』や『出曜』では「無狐疑」とあり、Uv では na kaukṛti とある。この kaukṛti に近い形に P. kukkucca（BSk. kaukṛtya）があり、「悪作、後悔、悔疑」と訳されている。一方『法集』の「孤疑」は他の箇所にも現われるが、特に相応品の第六偈第一句（七九三上）では、Uv XXIX. 6a の kāṅkṣā に対応する。この S. kāṅkṣā (P. kaṅkhā) か、S. kaukṛtya (P. kukkucca) のどちらが、当該箇所の「孤疑」あるいは「疑」に相当するか不明である。『出曜』の説明（七三五中）に、「断諸結縛、永尽無余。生死久長、輪転五道、輪転無際。不知慚愧、恥辱之法」とある。

有の射箭を断ち……此の道は寂にして無上なり（九〇6）『法句』第一、二句は、『出曜』泥洹品の第二十四偈第三、四句（七三五中）、『法集』円寂品の第三十三偈第三、四句（七九一上）に、

『法句』第三、四句は、『出曜』泥洹品の第二十五偈第一、二句（七三五中）、『法集』円寂品の第三十四偈第一、二句（七九一上）に対応する。また『法句』第一、二句は、先の Uv XXVI. 28cd に、さらに第三、四句は、以下の Uv XXVI. 29ab に対応する。

eṣā hi paramā niṣṭhā śāntaṃ padam anuttaram /
kṣayaḥ sarvanimittānāṃ pradānapadam acyutam //(Uv XXVI. 29)

これが実に最上の究極であり、無上の寂静の境地である。
あらゆる相が消滅し、没することのない〔解脱を〕叶える境地である。

『法句』第一句の「断有之射箭」は Uv XXVI. 28c の ācchettā bhava-śalyānām（生存の矢を断ち切った人）に対応する。対応する Dhp 351c には acchidda bhavasallāni とあり、『法句』愛欲品の第三十偈第三句（五七一中）は「欲除使結解」とする。

『法句』第二句の「遘愚」との対応は不明。さらに同第二句の「無所猗」は、Uv, pāda d の samucchrayaḥ（身体）、Dhp 351d の samussayo に対応しよう。『出曜』や『法集』は「豈知身為患」と正しく訳している。ただ P. sam-us-saya を、同じ P. ā-saya (S. āśraya, BSk. āśaya, 所依)、P. ni-ssaya (S. niśraya, 依止）と同じと考えたとすれば、samussaya を「依りどころ」と訳しても不思議ではなかろう。

辱めを受くるも心地の如く……生尽くれば彼れを受くること無し（九〇8）『出曜』水品の第十二偈（七〇八中）、『法集』水喩品の第十三偈（七八五下）を参照。また Uv は、

pṛthivīsadṛśo na lipyate
tāyī kīlavad aprakampayaḥ /
hrada iva hi vinītakardamo
niṣkaluṣā hi bhavanti paṇḍitāḥ //(Uv XVII. 12)

そのような境地にある人は、大地のように汚されず、門のしまりのように動揺せず、
泥のない湖のようである。聖者たちは実に汚れを離れている。

その他『法句』羅漢品の第六偈（五六四中）と対応する Dhp 95 を参照。

利の勝は恃むに足らず……已に勝たば生まるる所無し（九〇10）『法喩』泥洹品の第一偈（六〇五下）。

生死品（九一15）この品は Dhp や Uv にもほとんど対応偈がないことから、所属部派不明の『法句経』から訳されたものと考えられる。水野［一九八一］三一一—三一二頁を参照。

命は菓の熟するを待ち……孰か能く不死を致さん（九一17）『法喩』生死品の第一偈（六〇六上）、『出曜』無常品の第十一偈（六

一四上)、『法集』有為品の第十一偈(七七七上)。またUvは、

yathā phalānāṃ pakvānāṃ nityaṃ patanato bhayam /
evaṃ jātasya martyasya nityaṃ maraṇato bhayam //(Uv I. 11)

熟した果実には常に落下するという恐れがあるように、
生まれた人間には常に死という恐れがある。

その他I. Yamada, "Anityatāsūtra,"『印度学仏教学研究』第二十巻、第二号(一九七二)、九九七頁を参照。

初め従り恩愛を楽い……昼夜に流れて止まること難し(九二2)『法喩』生死品の第二偈(六〇六上)。

是の身は死物と為し……罪福は敗亡せず(九二4)『法喩』第三偈(六〇六上)。またこの品では、身体と精神とを対比させて説いている。すなわち、

偈数	身体	精神
3	身	精神
4	身	神
5	身	識
6		神
8		識神
10	身	神

偈数	身体	精神
12	身	識神
13	身、形	神
14	形軀	精神
	身	神
17	身	命気と煴煖の識

終始は一世に非ず……身は死すとも神は喪びず(九二6)『法喩』生死品の第四偈(六〇六上)。

識神は三界と……往く所は響の応ずるが如し(九二14)『法喩』生死品の第五偈(六〇六中)。

欲と色と不色と有るは……自然の報いは意の如し(九二16)『法喩』生死品の第六偈(六〇六中)。

精神の形軀に居ること……身壊るれば神逝きて生ず(九三7)興味深いことにアートマンを鳥に、肉体を器、もしくは籠に喩える文が、仏教とは全く関係のない、ヴィシュヌ教の一派であるパーンチャラートラのテクストSāttvata Saṃhitāに認められる。

vimuktaḥ pañjarād yadvat sukham āste vihaṅgamaḥ // (19.99cd)

籠から脱け出した鳥が楽々と〔その上に〕いるように。

またアートマンが古い肉体を捨てて別の新しい肉体に趣くことは、Bhagavadgītā 2.22を参照。

道利品(九四1) この品もUvやDhpにほとんど対応偈がないことから、所属部派不明の『法句経』から訳されたであろうと考えられている。水野[一九八一]三一二頁を参照。章題では、この品は一九偈あるとするが、ここでは水野博士に従って二〇偈とする。

人其の上なるに奉るを知る……終に吉にして生ずる所安し（九四3）『法喩』道利品の第一偈（六〇六下）。『法句』篤信品の第一偈（五六〇中）を参照。

宿命に福慶有らば……法を奉りて従わざるは莫し（九四5）『法喩』道利品の第二偈（六〇六下）。

王は臣民の長為り……之に示すに休咎を以てす（九四7）『法喩』道利品の第三偈（六〇六下）。

安きに処るも危うきを忘れず……尊と卑とを問わず（九四9）『法喩』道利品の第四偈（六〇六下）。

夫れ世間の将為るや……是の如くして法の王為り（九四11）『法喩』道利品の第五偈（六〇七上）。

正しきを見て能く施し恵み……是の如くして衆は附き親しむ（九四13）『法喩』道利品の第六偈（六〇七上）。

妄りに神象を嬈し……終に善き方に至らず（九四17）『法喩』道利品の第七偈（六〇七中）。

戒の徳は恃怙す可し……終に三悪道を遠ざく（九五2）『法喩』道利品の第八偈（六〇八上）。

戒慎は苦と畏れを除き……持戒の人を犯さず（九五4）『法喩』道利品の第九偈（六〇八上）。

美しく説きて正しきを上と為し……誠を説きて欺かざるは四なり（九五12）『出曜』誹謗品の第十一偈（六六七上）、『法集』語言品の第十三偈（七八一中）。また Uv は、

subhāṣitaṃ hy uttamam āhur āryā
dharmaṃ vaden nādharmaṃ tad dvitīyam /
priyaṃ vaden nāpriyaṃ tat tṛtīyaṃ
satyaṃ vaden nāsatyaṃ tac caturtham //(Uv VIII. 11)

実に善く説かれたものは最上である、と聖者たちは説く。〔これは第一である。〕ダルマ（＝法）を語るべきであって、ダルマにあらざるもの（＝非法）を〔語るべきでは〕ない。これが第二である。好ましきことを語るべきであって、好ましくないことを〔語るべきでは〕ない。これが第三である。真理を語るべきであって、真理にあらざるものは〔語るべきでは〕ない。これが第四である。

その他 Sn 450 とその対応偈は、矢島［一九九七］四九頁を参照。

今我れの上体の首……時に正に宜しく出家すべし（九六5）『法喩』道利品の第十偈（六〇八中、下）。また『増一』巻四十八（八〇八中）に次のようにある。

我身首上　生此毀莊
身使来召　入道時到

さらに『増一』巻一（五五一下―五五二上）では、

於今我首上　已生衰耗毛
天使已来至　宜当時出家

さらに『中含』巻十四（五一三下）では、

我頭生白髪　寿命転衰滅
天使已来至　我今学道時

とある。

さらに **J I. 138** では、

uttamaṅgaruhā mayhaṃ ime jātā vayoharā /
pātubhūtā devadūtā pabbajjāsamayo mamā ti //

私の頭に若さを奪う、これらの〔白〕髪が生じた。
〔死〕神の使者が現われた。私の出家の時がきたのだ。

とある。

この偈については、中村元監修・補註『ジャータカ全集』春秋社、（一九八四）一九九一、五二八―五二九頁に詳しい註がある。

吉祥品（九六7）　この品の数偈は Suttanipāta の Mahāmaṅgala-sutta（吉祥経）に類似しており、何らかの関係があるかも知れないが、内容的には両者はかなり異なっている。『法句』の本品はパーリ仏教とは異なる部派の吉祥経に属していたものと考えられ、さらには所属部派不明の『法句経』そのものが、その異なった部派の伝えた『法句経』または句集ではなかったかと、水野博士は推察しておられる。水野［一九八一］三一二頁を参照。榎本氏は、この Mahāmaṅgala-sutta がチベット訳で現存する二文献に対応することを指摘された。そのうちの一つ Lhas žus pa'i bkra šis kyi tshigs su bcad pa (Devaparipṛcchāmaṅgala-gāthā) は、Mahāmaṅgala-sutta を伝えていた南方上座部とはおそらく所属部派を異にし、Mahāmaṅgala-sutta とは対応しない偈を含むうえに、偈の順序や内容もかなり相違している。榎本氏のこの成果は『アーガマ』に掲載される予定。

仏の尊きこと諸天に過ぎ……『何をか吉祥とす』と（九六9）『法喩』吉祥品の第一偈（六〇九上）。Sn 258 に対応する。

bahū devā manussā ca maṅgalāni acintayuṃ /
ākaṃkhamānā sotthānaṃ brūhi maṅgalam uttamaṃ // (Sn 258)

多くの神々や人間たちは、幸運を願って様々な吉祥なことを考えた。「最上の吉祥を語って下さい。」

是こに於いて仏は愍傷し……是れを最吉祥と為す（九六11）『法喩』吉祥品の第二偈（六〇九上）。

若し天と人より……是れを最吉祥と為す（九六13）『法喩』吉祥品の第三偈（六〇九上）。

賢なるを友とし善なるを択びて居り……是れを最吉祥と為す（九六15）『法喩』吉祥品の第四偈（六〇九上）。これは Sn 259, 260 両偈に対応する。

asevanā ca bālānaṃ paṇḍitānañ ca sevanā /
pūjā ca pūjanīyānaṃ etam maṅgalam uttamaṃ //(Sn 259)

愚者たちに親しまず、賢者たちに親しみ、
供養に価する者たちを供養すること、これが最上の吉祥である。

patirūpadesavāso ca pubbe ca katapuññatā /
attasammāpaṇidhi ca etam maṅgalam uttamaṃ //(Sn 260)

好適の場所に住むこと、以前に功徳をなしていること、
自ら正しく誓いをたてること、これが最上の吉祥である。

『法句』第一句の「友賢」は Sn 259b の paṇḍitānañ ca sevanā（賢者たちに親しみ）に対応しよう。さらに同第一句の「択善居」は Sn 260a の patirūpa-desa-vāso（好適の場所に住み）に対応する。同第二句の「先」は Sn 260b の pubbe（以前に）に、同第二句の「為福徳」は kata-puñña-tā（功徳をなしていること）に対応する。

同第三句の「勅身従真正」は Sn 260c の atta-sammāpaṇidhi（自ら正しく誓いをたてること）に対応する。-sammā-paṇidhi は「正願」と訳されるが、P. sammā（S. samyak, 正しく）と paṇidhi (BSk. praṇidhi, 願、誓願) とに分けられる。paṇidhi は paṇidahati (S. pra-ni-√dhā)、すなわち「前に置く、定置する、願う」の名詞形であり、『法句』の「真正」は P. sammā に、「従」は P. paṇidahati（正しく置く）の意味で解されたものであろう。

悪を去り善に従い就き……是れを最吉祥と為す（九六17）『法喩』吉祥品の第五偈（六〇九上）。Sn 264 に対応する。

ārati viratī pāpā majjapānā ca saññamo /
appamādo ca dhammesu etaṃ maṅgalam uttamaṃ //(Sn 264)

悪を去り、〔悪から〕離れ、酒を飲むことをつつしみ、
諸々のダルマに放逸にならない、これが最上の吉祥である。

『法句』第一句の「従就善」は Sn 264a の ārati（悪を去り）に対応していない。しかしこの ārati (S. ā√ram) は「止める」の意味と同時に「楽しむ」という意味もあり、これを「善を楽しむ」と意訳したのではなかろうか。同第二句の「避酒知自節」は Sn 264b の majjapānā ca saññamo を、majjapānā（酒を飲むこと）+ pāda a の viratī（離れ）と saññamo (S. saṃyama, 自制) とに分けて解したのであろう。あるいは『法句』が「悪を去り」(ārati) を「善に従う」と意訳した可能性もある。

多聞にして戒の如くに行い……是れを最吉祥と為す（九七2）

『法喩』吉祥品の第六偈（六〇九上）。Sn 261 に対応する。

bāhusaccañ ca sippañ ca vinayo ca susikkhito /
subhāsitā ca yā vācā etaṃ maṅgalam uttamaṃ //(Sn 261)

多くを聞いて学んでいること、技芸、よく学ばれた戒律、
善く説かれた言葉、これが最上の吉祥である。

Sn, pāda b の vinayo ca susikkhito の vinaya は「戒」と訳されるが、ここでは「法律」の原語の可能性もある。

居りては孝もて父母に事え……是れを最吉祥と為す（九七4）『法喩』吉祥品の第七偈（六〇九上）。Sn 262 に対応する。

mātāpitu-upaṭṭhānaṃ puttadārassa saṅgaho /
anākulā ca kammantā etaṃ maṅgalam uttamaṃ //(Sn 262)

父母に仕えること、息子や妻を愛護すること、
行為に乱れがないこと、これが最上の吉祥である。

慢らず自大ならず……是れを最吉祥と為す（九七6）『法喩』吉祥品の第八偈（六〇九上）。Sn 265 に対応する。

gāravo ca nivāto ca santuṭṭhī ca kataññutā /
kālena dhammasavanaṃ etaṃ maṅgalam uttamaṃ //(Sn 265)

尊敬、謙遜さ、満足、為された恩を知ること、
適切な時にダルマを聞くこと、これが最上の吉祥である。

聞く所は常に忍を以てし……是れを最吉祥と為す（九七8）『法喩』吉祥品の第九偈（六〇九上）。Sn 266 に対応する。

khantī ca sovacassatā samaṇānañ ca dassanaṃ /
kālena dhammasākacchā etaṃ maṅgalam uttamaṃ //(Sn 266)

忍耐、よい言葉づかいをすること、沙門たちに出会うことと、
適切な時にダルマを議論すること、これが最上の吉祥である。

斎を持し梵行を修し……是れを最吉祥と為す（九七10）『法喩』吉祥品の第十偈（六〇九中）。Sn 267 に対応する。

tapo ca brahmacariyā ca ariyasaccāna dassanaṃ /
nibbānasacchikiriyā ca etaṃ maṅgalam uttamaṃ //(Sn 267)

苦行、梵行、聖なる真理をみること、
ニルヴァーナを目の当たりにすること、これが最上の吉祥である。

道徳有るを信ずるを以て……是れを最吉祥と為す（九七12）『法喩』吉祥品の第十一偈（六〇九中）。

等しき心もて布施を行い……是れを最吉祥と為す（九七14）『法喩』吉祥品の第十二偈（六〇九中）。

常に貪欲と……是れを最吉祥と為す（九七16）『法喩』吉祥品の第十三偈（六〇九中）。榎本氏はこの偈を Lhas žus pa'i bkra śis kyi tshigs su bcad pa, tsha, 318b8-319a1 に対応させる。

若し以て非務を棄て……是れを最吉祥と為す（九七18）『法喩』吉祥品の第十四偈（六〇九中）。

一切、天下の為にし……是れを最吉祥と為す（九八1）『法喩』吉祥品の第十五偈（六〇九中）。榎本氏はこの偈を Lhas žus pa'i bkra śis kyi tshigs su bcad pa, tscha, 318b6-7 に対応させる。

智者は世間に居りて……是れを最吉祥と為す』と（九八7）『法喩』吉祥品の第十六偈（六〇九中）。

〔付　録〕『法句経』と Udānavarga（＝Uv）、Dhammapada（＝Dhp）、Patna Dharmapada（＝PDhp）、Gāndhārī Dharmapada（＝GDhp）との対応表

『法句経』の各品と偈数はどうなっているのか。これを先に述べた五百偈本、九百偈本、七百偈本を中心に見てみたい。この際五百偈本は Dhammapada（＝Dhp）で、九百偈本は Udānavarga（＝Uv）で代用させることにする。各品の偈数は『法句経』の各品題の下に記されているものを挙げ、水野弘元博士の計算された偈数は［　］の中に入れた。また、Patna Dharmapada（＝PDhp）を参考資料として挙げた。さらに各品中、特に関係が深いと考えられるパーリ語の経典の偈数を参考までに列挙した。即ち、Suttanipāta（＝Sn）、Theragāthā（＝Thag）、Udāna（＝Ud）である。

(一) 無常品 (Uv I. Anitya-varga)　二十一偈［21］

『法句経』	Uv	Dhp	PDhp	GDhp
1	I.1			
2	I.3			181
3	I.12			
4	I.15			
5	I.17	135	200	148
6	I.21			
7	I.18			
8	I.22			
9	I.23			
10	I.27			
11	I.29			140
12	I.30			141
13	I.33			145
14	I.34	148	259	142
15	I.36			158
16	II.15			
17	I.40	288	366	261
18				
19	I.25	128		
20	I.41			332
21	I.42			

(二) 教学品　二十九偈［29］

『法句経』	Uv	Dhp	PDhp	GDhp
1				
2				

3	IV.7			
4	IV.9			
5	IV.8	167	31	121
6				
7	VII.10	234,225cd	282,240cd	51
8				
9				
10				
11				
12	XXIX.24; XXXIII.61	294	47	12
13	XIV.15	61		
14	XIV.16	330	11	
15				
16				
17	XXIV.5	112	392	316
18	XXIV.16	107	380	319,320
19				
20	XXIII.7	158	317	227
21				
22	XXXII.62-64		402	82
23	XXII.10			
24	XXII.9			
25				
26				
27				
28				
29	cf.XI.12	267		68

(三) 多聞品　十九偈 [19]

『法句経』	Uv	Dhp	PDhp	GDhp
1				
2				254
3				246-247
4	XXII.6			
5				
6				
7				
8		cf.178	cf.338	
9				
10				

11				
12				
13				
14				
15				
16				
17				
18				
19				

(四) 篤信品 (Uv X.Śraddhā-varga)　十八偈 [18]

『法句経』	Uv	Dhp	PDhp	GDhp
1	X.1			
2	X.2	177	293	
3	X.3			
4	X.4			
5	X.5			
6	X.6			
7	cf. X.7	261,263cd	289	185
8	X.8	303	331	323
9	X.9			(260)
10	X.10			
11	X.11			
12	X.14			
13	X.15			
14	cf. X.16			
15				
16				
17				
18				

(五) 戒慎品 (Uv VI.Śīla-varga)　十六偈 [16]

『法句経』	Uv	Dhp	PDhp	GDhp
1				
2	VI.1			
3	VI.2			
4	VI.3			
5	VI.5			
6				
7	VI.4			

8	VI.6	cf.8	cf.8	cf.218
9	VI.9			
10	VI.8			
11	VI.10			
12	VI.11			
13	VI.12			
14	VI.13			
15	VI.19	57	124	297
16	VI.20	274ab,276cd	360ab,359ef	

（六）惟念品（Uv XV.Smṛti-varga）　十二偈［12］

『法句経』	Uv	Dhp	PDhp	GDhp
1	XV.1			
2	XV.2			
3	XV.2			
4	XV.3			
5	XV.4			
6	XV.5			
7	XV.6			
8	XV.7			
9	XV.8	226	269	
10	XV.9-11			
11	XV.12-14	296-298		100-102
12	cf. XV.15-26	299-301	241-243	103-105

（七）慈仁品　十八偈［19］

『法句経』	Uv	Dhp	PDhp	GDhp
1	VII.7	225	240	
2	VII.8-9			
3				
4	cf.XXXIII.17	cf.408	cf.43	cf.22
5				
6	cf.XXXII.21	cf.368	cf.59	cf.70
7				
8				
9				
10				
11				
12				
13				

14				
15				
16				
17				
18				
19	XXV.25			

(八) 言語品 (Uv VIII. Vāca-varga) 十二偈 [12]

『法句経』	Uv	Dhp	PDhp	GDhp	Sn
1					
2					
3	VIII.2		299		657
4	VIII.4		301		659
5	VIII.3		300		658
6	VIII.6				
7	VIII.8		303		
8	VIII.10	363	54		54
9	VIII.12				451
10	VIII.13				cf.452
11	VIII.14				453
12	VIII.15				454

(九) 双要品 (Dhp I. Yamaka-vagga) 二十二偈 [22]

『法句経』	Uv	Dhp	PDhp	GDhhp
1	XXXI.23	1	1	201
2	XXXI.24	2	2	202
3	XXXI.25,27	cf.3	cf.5	
4	XXXI.26	cf.4	cf.6	
5	XIV.11	5	253	
6	XIV.8	6	254	
7	XXIX.15	7	7	217
8	XXIX.16	8	8	218
9	XXIX.7	9	94	192
10	XXIX.8	10	95	193
11	XXIX.3	11	171	213
12	XXIX.4	12	172	214
13	XXXI.11	13	351	219
14	XXXI.17	14	352	220
15	cf. XXV.7			
16	cf. XXV.8			

17	XXVIII.34	15	3	205
18	XXVIII.35	16	4	206
19		17		203
20		18		204
21	IV.22	19	290	190
22	IV.23	20	291	191

（十）放逸品（Dhp II.Appamāda-vagga）　二十偈［20］

『法句経』	Uv	Dhp	PDhp	GDhp
1	IV.1	21	14	115
2	IV.2	22	15	116
3	IV.3	23	16	(128)
4	IV.6	24	28	112
5	IV.5	25	29	111
6	IV.10	26	17	117
7	IV.12	27	cf.26	129,130
8	IV.4	28	19	119
9	XIX.4	29	18	118
10				
11	IV.13			
12	IV.36	cf.327		cf.132
13	IV.29	31	23	74
14	IV.32	32	22	73
15	XVI.5,6	172	20	122
16	XVI.9,10	173		
17	XVI.7	382		
18	cf.XVI.9	cf.173		
19	XVI.11,12			
20	XVI.14	87	263	

（十一）心意品（Dhp III.Citta-vagga）　十二偈［12］

『法句経』	Uv	Dhp	PDhp	GDhp
1	XXXI.8	33	342	136
2	XXXI.1	35	345	
3	(XXXI.1)	36	346	138A
4	XXXI.8A	37	344	137A
5	XXXI.28	38	335	137C
6	XXVIII.6	39	347	137D
7				
8				

9	I.35	41	349	153
10	XXXI.9	42		
11	XXXI.10	43		
12	XXXI.35	40	350	138B

(十二) 華香品 (Dhp IV. Puppha-vagga)　十七偈 [17]

『法句経』	Uv	Dhp	PDhp	GDhp
1	XVIII.1	44	131	301
2	XVIII.2	45	132	302
3	XVIII.19			
4	XVIII.18	46	134	300
5	XVIII.14	47	128	294
6	XVIII.15	48	129	(294)
7	XVIII.8	49	127	292
8	XVIII.9	50	309	271
9	XVIII.6	51	125	290
10	XVIII.7	52	126	291
11	XVIII.10	53	130	293
12	VI.16	54	121	295
13	VI.17	55	122	296
14	VI.18	56	123	
15	VI.19	57	124	297
16	XVIII.12	58	135	303
17	XVIII.13	59	136	304

(十三) 愚闇品 (Dhp V. Bāla-vagga)　二十一偈 [20]

『法句経』	Uv	Dhp	PDhp	GDhp
1	I.19	60	185	
2	XIV.15	cf.61		
3	cf.IX.13, XXX.26	cf.66,207	cf.174,70	cf.176
4	I.20	62		
5	I.38	286	364	333
6	[XXV.22]	63	184	
7	XXV.13	64	191	233
8	XXV.14	65	192	234
9	IX.13	66	174	
10	IX.14	67	175	
11	IX.15	68	176	
12	XXVIII.18	69		(283)
13	cf. IX.10			

14	IX.12	136		
15	XXIV.17, 20E	70	387	313
16	XIII.2	72	177	
17				
18	[XIII.3]	73	178	
19	XIII.4,5ab	74	179,180ab	
20	XIII.5cd,6	75	180cd,181	

（十四）明哲品（Dhp VI.Paṇḍita-vagga）　宋・元・明三本等に十七偈とある［16］

『法句経』	Uv	Dhp	PDhp	GDhp
1		cf.76		
2				
3		cf.77		
4	XXV.3	78	205	
5	XXX.13	79	348	224
6				
7	XVII.10	80		
8	XXIX.49	81	93	239
9	XVII.11	82	275	225
10	XXX.52	83	80	226
11		84	326	324
12				
13	XXIX.33	85	261	
14	XXIX.34	86	262	
15	XVI.14	87	263	
16	XVI.14e-f	88	264	
17	XXXI.39	89	265	

（十五）羅漢品（Dhp VII.Arahanta-vagga）　十偈［10］

『法句経』	Uv	Dhp	PDhp	GDhp
1	XXIX.35	90	86	
2	XVII.1	91	231	
3	XXIX.26	92	87	
4	XXIX.29	93	270	
5	XIX.3	94	89	
6	[XVII.12]	95		
7	XXXI.45	96	88	
8	XXIX.23	97	333	
9	XXIX.18	98	245	
10	XXIX.17	99	155	

(十六) 述千品 (Dhp VIII. Sahassa-vagga)　十六偈 [16]

『法句経』	Uv	Dhp	PDhp	GDhp
1	XXIV.1	100	376	306
2	[XXIV.1]	101		308
3	[XXIV.1]	102	377	309
4	[XXIII.3]	103	378	305
5	XXIII.4	104	319	
6	XXIII.5	105	320	
7	ab:XXIV.21-29, cf:XXIV.16	106	379	310
8	XXIV.16	107	380	319,320
9	XXIV.30	108	381	321
10		109		172
11	XXIV.3	110	390	
12	XXIV.4	111	391	
13	XXIV.5	112	392	316
14	XXIV.6	113	393	317
15	XXIV.15	114	395	
16	XXIV.14	115	394	318

(十七) 悪行品 (Dhp IX. Pāpa-vagga)　二十二偈 [22]

『法句経』	Uv	Dhp	PDhp	GDhp
1	XXVIII.23	116	96	
2	IX.12ab, IX.13cd	136ab, 66cd	174cd	
3	XXVIII.21	117	97	207
4	XXVIII.22	118	98	208
5	XXVIII.19	119	102	
6	XXVIII.20	120	103	
7	XIV.3			
8	XIV.4			257
9	XVII.5	121	193	209
10	XVII.6	122	194	210
11	IX.8			
12	IX.9			
13	IX.17	71	107	
14	IX.16			
15	IX.18			
16				
17	XXVIII.9	125	115	
18	cf.XVI.9	cf.173		
19	XXVIII.10			

20		126	274	
21	IX.5	127		
22	IX.6			

（十八）刀杖品（Dhp X.Daṇḍa-vagga）　十四偈［14］

『法句経』	Uv	Dhp	PDhp	GDhp
1	V.19	129	202	
2	XXX.4	132	204	
3	XXVI.3	133	197	
4	XXVI.5	134	199	
5	XXVIII.26	137		
6	XXVIII.28	138		
7	XXVIII.27	139		
8	XXVIII.29	140		(211)
9	XXXIII.1	141	195	
10				
11	XIX.5	143A		
12	XIX.2	143B，144	329	
13	XXXIII.2	142	196	80
14	XXXI.42		248	199ab,198cd

（十九）老耗品（Dhp XI.Jarā-vagga）　十四偈［14］

『法句経』	Uv	Dhp	PDhp	GDhp
1	I.4	146	233	143
2	[XXVII.20]	147		
3	I.34	148	259	142
4	cf.I.5	cf.149		cf.154,155
5	XVI.23	150		284
6	I.28	151		160
7		152	209	
8	XXXI.6	153		
9	XXXI.7	154		
10	XVII.3	155	229	139A
11	XVII.4	156	230	139B
12				
13				
14				

(二十) 愛身品 (Dhp XII. Atta-vagga) 十三偈 [13]

『法句経』	Uv	Dhp	PDhp	GDhp
1	V.15	157	312	
2	XXIII.7	158	317	227
3	XXIII.8	159	318	
4	XXIII.11	160	321	
5	XXVIII.11,12	161	307	
6	XI.10	162	306	330
7	XXVIII.16	163	167	264
8	VIII.7	164	315	258
9	XXVIII.11,12ab	165	308	
10	XXIII.10	166	325	265
11				
12				
13				

(二十一) 世俗品 (Dhp XIII. Loka-vagga) 十四偈 [14]

『法句経』	Uv	Dhp	PDhp	GDhp
1	IV.17			
2	IV.18			
3	XXX.5	169	224	328
4	XXVII.15	170	258	
5	X.13	250	328	
6	X.12	249	327	
7	XXVII.5	174		
8	XVII.2	175	232	
9				
10				
11				
12	IX.1	176	297	
13		178	338	
14	V.12			

(二十二) 述仏品 (Dhp XIV. Buddha-vagga) 二十一偈 [21]

『法句経』	Uv	Dhp	PDhp	GDhp
1	XXIX.52	179	276	
2	XXIX.53	180	277	
3	XXI.9	181	244	
4		195		
5		182	334	263

6	XXI.4			
7				
8	cf.XI.15	cf.388		cf.16
9	XXVI.2	184	239	
10	XXXI.50	185		
11	XXVIII.1	183	357	
12	XXI.3			
13	XXX.11			
14	XXVII.31	188	216	
15	XXVII.32	189	217	
16	XXVII.33	190	218	
17	XXVII.34	191		
18	XXVII.35	192	219	
19				
20	XXX.27	193	79	173
21	XXX.22	194	68	

（二十三）安寧品（Dhp XV.Sukha-vagga）　十四偈［14］

『法句経』	Uv	Dhp	PDhp	GDhp
1	XXX.47	197	255	166
2	XXX.45	198		
3	XXX.43	199	256	165
4	XXX.49	200	257	168
5	XXX.44			
6	XXX.1	201	81	180
7		202		
8	XXX.30	290	77	164
9	XXI.3			
10	XXX.25	206	69	175
11				
12	XXX.26ef,[XXV.25ab]	207ed-208ab	70ef-71ab	176ef-177ab
13				
14				

（二十四）好喜品（Dhp XVI.Piya-vagga）　十二偈［12］

『法句経』	Uv	Dhp	PDhp	GDhp
1	V.9	209	173	266
2	V.5	210	73	
3	V.8	211	74	
4	V.1	212	72	

5	II.3	214		
6	[II.2-3]; [V.1]	216		
7	V.24	cf.217	294	322
8	II.9	218		
9	V.20	219		
10	V.21	220		
11	V.26	77	207	230
12	V.27			

（二十五）忿怒品（Dhp XVII.Kodha-vagga） 二十六偈［26］

『法句経』	Uv	Dhp	PDhp	GDhp
1				
2				
3	XX.22	222		275
4	XX.19	223		280
5	XX.16	224	292	281
6	VII.7	225	240	
7	XV.8	226	269	
8	XXIX.45	227	283	237
9	cf.XXIX.46	cf.228	cf.284	cf.240
10	XXIX.47ab, 48ab	229	286	241
11	XXII.11cd, XXIX.48cd	230	287	242
12	VII.1	231	279	
13	VII.2	232	280	
14	VII.3	233	281	
15	VII.10	234	282	51
16	XX.1	221	238	274
17	XX.2			
18	XX.3			289
19	cf.XX.4			
20	XX.5			
21	XX.7			
22	XX.9			
23	XX.10			
24	XX.11			
25	XX.13			
26	XX.18			

(二十六) 塵垢品 (Dhp XVIII. Mala-vagga) 十九偈 [19]

『法句経』	Uv	Dhp	PDhp	GDhp
1		237		
2	XVI.3	238		
3	II.10	239	163	
4	IX.19	240	160	
5		241	157	
6		242	158	
7		243	159	
8	XXVII.3	244	164	221
9	XXVII.4	245	165	222
10		246		
11		247		
12		248		
13	X.12	249	327	
14	X.13	250	328	
15	cf. X.16			
16	[XXVII.2]	253	268	(339)
17	XXIX.37	251		
18	XXIX.38	254		
19	cf. XXIX.38	255		(183)

(二十七) 奉持品 (Dhp XIX. Dhammaṭṭha-vagga) 十七偈 [17]

『法句経』	Uv	Dhp	PDhp	GDhp
1		256		
2		257		
3		258		
4	IV.21	259	32	114
5	XI.11	260		182
6	[X.7]	261	289	185
7	XXIX.10	262	288	186
8	X.7, XXIX.9	263		187
9	XI.13	264	235	188
10	[XXXIII.8c-f], [XI.14d-f]	265	236	189, (1)
11	XXXII.18	266		67
12	XXXII.19	267		68, (1, 183)
13		268		
14		269		
15		270		
16	XXXII.31	271	271	65

17	XXXII.32	272	272	66,(134)

(二十八) 道行品 (Dhp XX.Magga-vagga) 二十八偈 [28]

『法句経』	Uv	Dhp	PDhp	GDhp
1	XII.4	273	358	109
2	XII.11	274	360a-d	
3	XII.9	275,276	359,360e-f	
4	XII.5	277	373	106
5	XII.7			
6	[XXXI.32]	280	30	113
7	[XXIX.40]	282	375	
8	VII.12	281	278	
9	XVIII.3	283	361	93
10	XVIII.4	284	362	94
11	XVIII.5	285	363	299
12				
13	XXIX.57	348	150	161
14	I.39	287	365	334
15	I.40	288	366	261
16	VI.15	289	cf.368-369	
17	XII.2			
18	XII.3			
19	cf.XII.7			
20	XII.6	278		107
21	XII.8	279	374	108
22	XII.10			
23	XII.14			
24	XII.15			
25	XII.16			
26	XII.17			
27	XII.18			
28	XII.19			

(二十九) 広衍品 (Dhp XXI.Pakiṇṇaka-vagga) 十四偈 [14]

『法句経』	Uv	Dhp	PDhp	GDhp
1	XXX.30	290	77	164
2	XXX.2	291	117	179
3	IV.19	292	266	339
4	IV.20	293	267	340
5				

6				
7	XXIX.19	304		
8	XV.12-14	296-298	241	100-102
9	XV.25	301	242	105
10	XXIX.14		78	
11	XI.8	302		262
12				
13	X.8	303	331	323
14	XXIII.2	305	313	259

(三十) 地獄品 (Dhp XXII. Niraya-vagga) 十六偈 [16]

『法句経』	Uv	Dhp	PDhp	GDhp
1	VIII.1	306	114	269
2	XI.9	307	113	
3	IX.2	308	295	331
4	IV.14	309	210	270
5	IV.15	310	211	
6	XI.4	311	296	215
7	XI.3	312		
8	XI.2	313		
9	XXIX.41ab, 42ab	314	100ab	337
10	IX.4			
11	IX.7			
12	V.16cd, V.17a-d, III.14d-f	315	234	131
13	XVI.4ab, ef	316	169ab,ef	273
14	XVI.4c-f	317	169c-f	273
15		318	170	
16		319		

(三十一) 象喩品 (Dhp XXIII. Nāga-vagga) 十八偈 [18]

『法句経』	Uv	Dhp	PDhp	GDhp
1	XXIX.21	320	215	329
2	XIX.6	321	90	
3	XIX.7	322	91	341
4	XIX.8	323	92	342
5		324		
6	XXIX.13	325		
7	XXXI.5	326		
8	IV.27	327		132
9	XIV.13	328	9	

10	XIV.14	329	10	
11	XIV.16	330	11	
12	XXX.34	331	65	
13	XXX.21	332	66	
14	XXX.20	333	67ab, 82cd	
15				
16 (15+16)	XIX.2	143B,144	329	
17	XIX.3	94	89	
18	XIX.4	29	18	118

（三十二）愛欲品（Dhp XXIV. Taṇhā-vagga）　三十二偈［33］

『法句経』	Uv	Dhp	PDhp	GDhp
1	III.4	334	137	91
2	III.9	335	138	
3	III.10	336	139	
4				
5				
6	cf.III.12			
7	III.11	337	140	126ab
8	III.16	338	156	
9	XXVII.29	344	151	92
10	XXXI.29	339	237	
11		340		
12	III.5	341	148	95
13				
14	II.5	345	143	169
15	II.6	346	144	170
16				
17		347		171
18	III.1	349		
19	III.2	350		
20	III.3a-d			
21	III.3ef			
22	III.18c	352	147	
23				
24	XXI.1	353		
25	XXVI.31	354		
26	[II.16]	355		
27	XVI.16-18	356-358	152-154	
28	XXVIII.14	123	116	

29				
30	XXVI.28	351		(96A)
31	II.1			
32	XVIII.3	283	361	93
33	XVIII.4	284	362	94

(三十三) 利養品 (Uv XIII.Satkāra-varga) 二十偈 [19]

『法句経』	Uv	Dhp	PDhp	GDhp	Thag
1	XIII.1				
2	XIII.2	72	177		
3	II.17	186	145		
4	II.18	187	146		
5	XIII.3	73	178		
6	XIII.4	74a-d	179		
7	XIII.5	74ef, 75ab	180		
8	XIII.6	75c-f			
9	XIII.8	365	55	61	
10	XIII.11				228
11	XIII.10				230
12	XIII.9				229
13	XIII.12	366	56	62	
14	XIII.13				129
15	XIII.14				130
16	XIII.15				153
17	XIII.16				154
18	XIII.17				123
19					
20	IX.2	308	295	331	

(三十四) 沙門品 (Dhp XXV.Bhikkhu-vagga) 三十二偈 [32]

『法句経』	Uv	Dhp	PDhp	GDhp
1	VII.11	360,361	51	52
2	XXXII.7	362	52	53
3	VIII.10	363	54	54,(24)
4	XXXII.8	364	226	64
5	XIII.8	365	55	61
6	[XIII.12]	366	56	62
7	XXXII.21	368	59	70
8	XXXII.17	367		79
9	XXVI.12	369	57	76

10		370		78
11	[XXXI.31]	371	33	75
12	XXXII.25	372	62	58
13	XXXII.9	373	60	55
14	XXXII.10	374	61	56
15	XXXII.26cd, 27ab	375a-d	63	59,60
16	XXXII.6	375ef, 376	64	60
17	XVIII.11	377	133	298
18	XXXII.24	378	53	
19		379		(60)
20	XIX.14	380	322	
21	XXXII.21, 23c	381		72a,c
22	XVI.7	382		
23	XVIII.21D, XXXII.59		408	83
24	XVIII.21F, XXXII.61			
25	XI.1			9
26	XI.2	313		
27	XI.3	312		
28	XI.7			
29	XI.9	307	113	
30	XI.10	162	306	330
31	XI.13	264	235	188
32	XI.14	265	236	189,(1)

(三十五) 梵志品 (Dhp XXVI. Brāhmaṇa-vagga)　四十偈 [40]

『法句経』	Uv	Dhp	PDhp	GDhp	Sn
1	XXXIII.60	383	34	10	
2	XXXIII.72	384	41	14	
3	XXXIII.24,26	385	40	35	
4	XXXIII.32,33	386	49	48,(25)	
5	XXXIII.74	387		50	
6	XXXIII.10	cf.264a, 265a-c			
7	[XI.15]	388		16	
8	XXXIII.75	390		15	
9	XXXIII.16	391	45	23	
10	XXXIII.66	392	36	3	
11	XXXIII.7	393		1	
12	XXXIII.6	394		2	
13	[XXXIII.53]	395		38	
14	XXXIII.15	396		17	620

15	XXXIII.49	397			621
16	XXXIII.58	398		42	622
17	XXXIII.18	399		28	623
18	XXXIII.19	400		(44)	624
19	XXXIII.30	401	38	21	625
20	XXXIII.27	402		30, (27)	626
21	XXXIII.33	403	48	49, (25)	627
22	XXXIII.20	404	44	32	628
23	XXXIII.36	405		18	629
24	XXXIII.39	406		29	630
25	XXXIII.40	407		27	631
26	XXXIII.17	408	43	22	632
27	XXXIII.25	409		19	633
28	XXXIII.43	410			634
29	XXXIII.54	411			635
30	XXXIII.29	412		46, (183)	636
31	XXXIII.31C	413		(40, 36)	637
32	XXXIII.41	414		(47)	638
33	[XXXIII.35]	415, 416		20, (33)	639, 640
34	XXXIII.45	417			641
35	XXXIII.44	418		(33)	642
36	XXXIII.48	419		44	643
37	XXXIII.46	420		43, (26)	644
38	XXXIII.29A	421		34	645
39	XXXIII.50	422		41, (49)	646
40	XXXIII.47	423		5	647

(三十六) 泥洹品 (Uv XXVI. Nirvāṇa-varga) 三十六偈 [35]

『法句経』	Uv	Dhp	PDhp	GDhp	Ud
1	XXVI.2	184	239		
2	XXVI.6	204	76	162	
3	XXVI.7	203	75	163	
4	XXVI.8				
5	XXVI.9				
6	XXVI.10				
7	XXVI.13	cf.228	cf.284	cf.240	
8	XXVI.14				
9	XXVI.15, 17				
10	XXVI.16				
11	XXVI.20				VIII.4

12				VIII.4
13				VIII.3
14				
15	XXVI.21			VIII.3
16	XXVI.22			
17	XXVI.23			
18	XXVI.24			VIII.1
19				VIII.1
20	XXVI.25			VIII.1
21	XXVI.27ef,28ab			
22	XXVI.28cd,29ab			
23	XVII.12	95		
24				
25				
26				
27				
28				
29				
30				
31				
32				
33				
34				
35				

（三十七）生死品　十八偈［18］

『法句経』	Uv	DPhp	PDhp	GDhp
1	I.11			147
2				
3				
4				
5				
6				
7				
8				
9				
10				
11				
12				
13				

14				
15				
16				
17				
18				

(三十八) 道利品　十九偈 [20]

『法句経』	Uv	Dhp	PDhp	GDhp
1				
2				
3				
4				
5				
6				
7				
8				
9				
10				
11				
12				
13				
14	VIII.11			
15				
16				
17				
18				
19				
20				

(三十九) 吉祥品　十九偈 [19]

『法句経』	Uv	Dhp	PDhp	GDhp	Sn
1					258
2					
3					
4					259,260
5					264
6					261
7					262
8					265
9					266

10				267
11				
12				
13				
14				
15				
16				
17				
18				
19				

法句経　索引

ページ数は各頁に算用数字で示した通しページによる。

《法　句　経》

校註者紹介

引《ひき》田《た》弘《ひろ》道《みち》　1953年，鳥取県生まれ。東京大学卒。
現在，愛知学院大学教授。

②本縁部　4　　新国訳大蔵経

2000年1月10日　第1刷　発行©
2019年11月20日　オンデマンド版発行

校 註 者　引　田　弘　道

発 行 者　石　原　大　道

発 行 所　大 蔵 出 版 株 式 会 社
〒150-0011 東京都渋谷区東2-5-36 大泉ビル2F
TEL. 03-6419-7073　FAX. 03-5466-1408
http://www.daizoshuppan.jp/
E-mail : daizo@daizoshuppan.jp

印 刷 所
製 本 所　㈱デジタルパブリッシングサービス

落丁本・乱丁本はお取り替えいたします

ISBN 978-4-8043-8519-8